明明 / 著

债务周期
与交易策略

中信出版集团 | 北京

图书在版编目（CIP）数据

债务周期与交易策略 / 明明著. -- 北京：中信出版社，2024.1
ISBN 978-7-5217-6147-4

Ⅰ.①债… Ⅱ.①明… Ⅲ.①中国经济－经济周期－研究 Ⅳ.① F124.8

中国国家版本馆 CIP 数据核字（2023）第 212469 号

债务周期与交易策略
著者：　明明
出版发行：中信出版集团股份有限公司
（北京市朝阳区东三环北路 27 号嘉铭中心　邮编　100020）
承印者：　北京通州皇家印刷厂

开本：787mm×1092mm　1/16　印张：33.75　字数：405 千字
版次：2024 年 1 月第 1 版　印次：2024 年 1 月第 1 次印刷
书号：ISBN 978-7-5217-6147-4
定价：118.00 元

版权所有·侵权必究
如有印刷、装订问题，本公司负责调换。
服务热线：400-600-8099
投稿邮箱：author@citicpub.com

序

近年来，我国宏观杠杆率有持续走高的迹象，政府与私人部门的债务压力均有所凸显。根据中国社会科学院金融研究所7月23日发布的《2023年二季度中国杠杆率报告》，2023年二季度，我国宏观杠杆率已从一季度末的281.8%上升至283.9%，上升了2.1个百分点。分部门看，居民部门杠杆率从一季度末的63.3%升至63.5%，上升0.2个百分点；非金融企业部门杠杆率从一季度末的167.0%上升至167.8%，上升0.8个百分点；政府部门杠杆率从一季度末的51.5%增长至52.6%，上升1.1个百分点。三部门的杠杆率均为历史最高纪录。横向比较来看，我国居民部门杠杆率在2021年以后就已经超过欧元区，较为接近美国和日本等发达经济体的水平。考虑到居民可支配收入水平的差异，接近发达国家的高杠杆率毫无疑问加大了我国宏观经济面临的压力。尤其是房地产和地方债务两个领域，已成为我国债务高企的重大金融风险隐患。其中，房地产企业近年来违约事件不断，叠加地产销售和房价下行压力，已成为当前宏观经济最大的风险点之一。我国地方政府杠杆率也在2011年以后超过中央政府，虽然相较于主要发达经济体我国政府整体杠杆水平并不算高，但究其主要原因是城投平台替地方政府分担了较多的融资压力。鉴于此，研究和化解债务问题成为当下政策、学术和市场的焦点。明明博士的新著《债务周期与交易策

略》，正是围绕这一热点问题展开了深入研究。

从宏观来看，杠杆与债务可被视为经济增长的重要助推剂。在地方财政支持实体经济发展的需求下，除税收等财政收入来源外，地方政府通常会通过发行地方债来筹集资金，因此一定程度的杠杆水平是有必要的。在一般或专项地方债到期后，地方政府通常会选择发行再融资券实现"借新还旧"。在土地财政模式成效不及以往的环境下，地方政府对于债务滚动的需求也存在一定黏性，进而导致近年来地方债务余额持续抬升。截至 2023 年 5 月，地方债余额总量已升至 37.6 万亿元，每年专项债付息 7 020.76 亿元，一般债付息 4 279.26 亿元。从负债率的角度来看，中西部省市债务余额占 GDP 的比重更高，面临更大的债务压力。

从居民端来看，基于我国居民的消费与投资习惯，住房贷款通常是居民最主要的负债。2011 年以来我国个人住房贷款余额持续抬升，直到 2022 年以后才有所企稳；房贷余额占贷款余额总量的比重也基本维持上升趋势，虽然近几年有所回落，但仍保持在 17% 以上。我国个人住房贷款利率主要参考长期贷款利率基准，2019 年 8 月之前主要参考 5 年期中长期贷款利率，之后则是参考 5 年期贷款市场报价利率（LPR）。2010 年以来我国住房贷款利率以中枢下行为主，到 2023 年一季度已下行至 4.14% 的历史相对低位。据此计算，当前房贷 1 年的付息规模大约为 1.61 万亿元，尽管如此，这对于居民部门来说仍是较高的一项负债成本。由此可见，宏观层面的债务杠杆是一把双刃剑，既可以是呵护实体经济增长的良药，也可以成为推升金融风险的诱因。

从微观和市场层面来看，我国主要的债务品种是信贷与债券。截至 2023 年 6 月，我国信贷存量规模为 220 万亿元，其中短期和长期贷款余额分别为 56 万亿元和 146 万亿元；托管的人民币债券总量为 150 万亿元，其中利率债存量规模为 88 万亿元，同业存单存量规模为 14 万亿元，信用债存量规模为 45 万亿元。相对于信贷，债券市场具备前者无法替代的优势。其一，贷款利率的定价方式主要是对 LPR 加点，鉴于 2019 年 LPR 改革后 LPR 主要由中期借贷便利（MLF）利率加点而来，因此尽管商业银行对于加点幅度有一定的自主决定权，但显然政策利率对于贷款利率的定价权要更高一些，且贷款利率数值也较为稳定。与之相对，债券市场中各类券种的到期收益率则基本由市场决定，债券利率的市场化程度也显著高于信贷市场。其二，债券市场作为资本市场的重要组成部分，具有信息透明、投资者多元、监管效率更高等优势。

从政策角度来看，与债券市场联系最为紧密的宏观政策正是货币政策，货币政策通过在货币市场上调控短期利率，再通过债券市场收益率曲线传导到实体经济中。央行的主要货币工具大致可以划分为数量端工具和价格端工具，其中数量端工具包括存款准备金制度、MLF、公开市场操作（OMO）等，价格端工具则包括 MLF 利率、公开市场操作利率以及 LPR 等。当然，除此之外还有面向特定领域的结构性政策工具。近年来，逆回购作为央行的主要调控工具，对于短期和中期利率具有显著影响，在有效货币政策的传导渠道下，我国收益率曲线呈现相对稳定的向上倾斜的走势。

不过，从货币政策透过金融体系影响实体经济的传导途径来看，货币政策只能影响货币供给端而非需求端，在需求偏弱主导的经济下行周期中，通过宽松货币政策起到的效果类似于"推绳子"。比如，在 2023 年以来市场讨论较多的资产负债表衰退理论中，在资产大幅缩水而负债价值保持不变的环境下，企业部门的目标多从收益最大化转变为负债最小化。在这样的环境中，宽松货币政策所释放的流动性并不会流向实体经济，进而也无法对实体经济的修复提供支撑。当下我国是否面临资产负债表衰退局面仍有待商榷，但在不考虑财政货币化的前提下，货币政策在提振需求端的短板已较多显现。解决这类问题的方式之一,是宽货币和宽财政的协同配合,也就是在足够的财政工具刺激实体经济投资需求回升后,通过宽货币工具提供充足的流动性供给。除在需求端刺激层面的短板外,当市场利率大幅偏离政策利率时,后者对前者的指导意义也会下降,比如信用债市场的市场分层问题,就会严重削弱货币政策的传导效果。

总的来看,明明博士的《债务周期与交易策略》,从宏观经济入手,自上而下对债务周期、货币政策、债券市场的交易策略进行了深入和翔实的阐述。较之当前市场上一些过于理论化、术语化,或者以市场记录为主体,缺乏系统的债券投资框架的债券理论图书,这本书无论是对于债券投资初学者,还是市场投资经验丰富的老兵,都是值得认真学习和参考的读物。而且,相对于"水土不服"的引进版固定收益教材,这本书也将为我国本土大学教材填补空白。作为同在央行货币政策部门工作过的同事,非常高兴看到明明博士将债券市场引入货币政策的分析框架中,并将理论、政策和实践结合起来,帮助市场更深刻地理解货币政策和宏观经济。所以,我很高兴为大家推荐这本读物,希望大家能有所获益。

张晓慧
中国人民银行原行长助理

前言

大家好，我的这本新书终于要和大家见面了，这是在我的货币政策三部曲——《流动性理论与分析》《货币政策理论与分析》《全球货币政策与大国兴衰》之后的一本新书。在感谢大家一直以来的支持的同时，我还想跟大家聊聊这是一本什么样的书。

首先，这是一本理论和实践相结合的债券（固定收益）市场学习指南。我从2015年离开央行，加入中信证券以来，一直都在研究债券市场。随着我国债券市场的快速发展，债券市场的从业人员也在迅速增长。我在工作当中经常有很多好学的朋友请我推荐一本能够全面学习我国债券市场的书。这些朋友不仅包括债券市场的从业人员，比如分析师、交易员、投行人员、销售、客户经理等，还包括很多在校的学生，他们正在与债券相关的单位实习或者希望未来进入债券市场工作。但遗憾的是，既贴近市场实践，又具备一定理论高度的图书非常稀缺。很多研究生同学都去读国外的固定收益教材以了解债券市场，但是众所周知，我国的债券市场与国外市场存在差异，国外教材的内容在国内运用时往往水土不服。此外，目前有很多关于债券市场的研究报告，但大部分报告的内容关注短期事件，缺少长期框架。也有部分机构通过总结研究手册或者汇编报告来整理研究资源，但总体上缺少理论高度，而且拼凑感十足，达不到正式出版物的要求。所以，我一直想写这样一本书，既源于实践，又有理论高度，可以把债券市场自上而下讲清楚，让想要了解和学习债券市场的朋友通过本书实现快速、轻松的入门，成为一个"老手"，不用再花费大量的时间去寻找学习素材。

有人评价说本书像是一本教材，我感觉这是对我的书最高的评价。之前，我的第二本书《货币政策理论与分析》曾被国内的高校选为教材，我的前三本书都进入了清华大学的图书馆，我认为这些是对我最大的褒奖。这些年的金融教育越来越贴近实践，我想这也是整个金融行业竞争加剧的结果，很多研究生甚至是本科生都花大量时间在校外实习。当然，这个现象背后有很多原因，其中一点就是广大同学希望，也需要更快地接触实践，只是学校的理论课本离实践仍然有较远距离，比如固定收益的教材，基本都包括关于久期、凸性、衍生品的内容，但是这些内容在实践中的运用相对有限，特别是对只想总体了解债券市场的人来说，有些过于遥远。因此，本书的一个重点就是贴近实践，包括对交易策略的强调。

我想，一本成功的书就像一部精彩的电影，上来就应该抓住读者的眼球，所以我在开篇就把大家带到多空博弈、充满硝烟的债券市场交易中。就像《金融炼金术》所表达的，"金融的魅力就在于资本的盈利"，或者直白一点就是"钱能生钱"，所以学习市场知识一个最大的动力就是盈利或者亏损。金融市场的精彩之处就是其峰回路转、扣人心弦的波动和起伏，就像一场体育比赛。实践永远是学习的好老师，我的这本书也一样，相信会让大家读起来不忍释卷。

其次，为什么本书着墨于债务周期和货币政策理论？债券市场是一个特别的市场，因为利率本身既是一个重要的宏观变量，又是一种金融资产。第一，大部分的金融资产都是依靠利率进行定价的，比如股票、外汇（利率平价）、商品（通胀与名义利率相关）等；第二，利率也是重要的宏观变量，利率与通胀、产出共同构成了宏观经济学的理论基础；第三，利率本身又是一种资产，比如债券现券交易、期货交易等。所以，想要全面学习债券市场知识就必须站在一定的宏观理论高度。

从宏观经济学的角度来看，货币和债务构成了我们理解理论的两面。它们就像硬币的两面，相辅相成，又彼此联系。例如，从居民和企业的角度来看，我们持有的现金、存款构成货币；从国家的角度来看，这些货币又是一个国家的债务，因为它们是国家以国家信誉或者资产准备为基础发行的信用凭证。但从市场的角度来看，货币和债务又互相矛盾。熟悉债券市场的读者都知道，有一个简单而又传统的债券市场分析框架，即"货币—信用"分析框架，也就是说当市场的债务扩张快，比如贷款、债券发行快的时候，利率倾向上行，而反之，当债务扩张慢，而货币扩张快，比如存款增速快、央行的基础流动性供给多的时候，利率则倾向下行。

从更为广义的角度来看，债务周期的运动也和大类资产涨跌有着紧密的关系。特别是2008年金融危机以来，全球债务扩张明显加速，各国政府在去杠杆和加杠杆之间的摇摆，导致全球金融市场剧烈波动。可以说，全球债务的扩张推动了全球资产价格的上升。但是债务显然不是越多越好，什么是好的债务扩张，什么是糟糕的债务扩张，如何扩张良性债务，如何有效防范和化解不良债务，成为各国金融主管部门亟须处理的问题。而这恰恰就是债券市场与政策最大的结合点。遗憾的是，虽然国外有不少研究债务周期的书，其中也有部分涉及我国的内容，但是总体上比较欠缺。所以本书也希望能在这方面填补一些空白，以深度参与中国债券市场发展、变化的视角，去分析和研究中国的债务周期理论。

从另一个方面来看，债务周期的扩张如何驱动金融市场变化？比如2008年金融危机之后，美联储通过大量扩表来缓解私人部门债务压力，同时通过财政大量扩张债务赤字来稳定经济增速，并以极低的利率环境进行配合，从而实现了 2008 年之后美股长达 10 年的大牛市。近年来，在全球新冠疫情影响和地缘政治变化导致大通胀的时代，叠加老龄化、人口增速放缓、贫富差距拉大等导致有效需求不足的背景下，全球经济、金融发展何去何从存在诸多不确定性。对于我国，我们如何在高债务率下实现稳定增长，同时有效防范和化解地方政府和房地产债务风险，这些都值得我们去认真思考。所以，本书在立足市场实践的基础之上，也坚持仰望星空的态度，把对宏观经济、货币和财政政策对债券市场的影响和启示作为重要内容放在书中，给大家提供一个长期和全面的视角。

我想，对债券从业者、金融专业学生，还有关心宏观经济的人来说，本书是一本不错的入门和升级教材。书中的内容分为四篇，包括从经济周期到债务周期、债务周期的变化与交易、经济与债务周期的中美差异、债券市场投资策略，大家可以选择自己感兴趣的部分阅读。

最后，我想说写书确实是一个漫长、艰苦和孤独的过程。我从货币政策三部曲开始（其中的第一本再版），到现在写完第五本书，大概花了十年的时间。回想起来感触良多，自己的人生、事业和心境都发生了很大变化。但我想，一个是坚持写书和研究没有变，另一个是一路上有很多志同道合的朋友和同事的陪伴没有变。在本书的写作过程中，中信出版社的张巧云、姜艺萍和许志老师给了我极大的帮助，她们的专业和兢兢业业的付出是本书能够顺利出版的最大力量。在本书的写作过程中，我在中信证券的同事，李晗、周成华、彭阳、秦楚媛、丘远航、徐烨烽、史雨洁、王淦、王楠茜、赵云鹏、周昀锋、赵诣、李天雄、来正杰、孙毓铭都参与了写作，他们都是非常优秀的年轻人，也是中国金融市场的未来。当然，最重要的是有各位读者的陪伴。记得曾经有一位素未谋面的读者给我发微信，说想要我的签名，而且一定要在他手里的那本书上签，当他把书快递给我的时候，我发现上面密密麻麻做满了笔记和批注，当时我真的非常感动，一切写作时的辛苦和孤独跟这个比起来都不算什么。正是有你们的陪伴，让我一路走来虽然很辛苦，但内心是充实的。未来的路还很远，我会一直写下去，也希望各位朋友都平安、顺意，我们总能在生活中、市场中、书中相见。

目录

引言 债务、通胀与经济 / 001
    什么是债务 / 001
    债务简史 / 002
    债务对现代经济的影响 / 009
    理解债务的重要性 / 015

第一篇 从经济周期到债务周期

第一章 货币、信用如何驱动经济和债务 / 023
    "货币—信用"分析框架 / 023
    流动性传导与资金面分析 / 036
    金融数据的价值 / 046

第二章 流动性的量与价 / 058
    短期流动性缺口 / 058
    短期利率走廊 / 073

第三章　人口、资本、自然增速与长期利率　/ 100

短周期下的利率走势　/ 100

利率的中长期趋势　/ 107

第四章　通胀、利率与货币政策　/ 125

CPI 分析　/ 125

CPI 如何影响货币政策和债券市场　/ 137

第五章　货币政策大创新，是货币财政化，还是财政货币化　/ 157

财政 + 货币的演进　/ 157

政策性金融工具和准财政功能　/ 166

结构性货币政策工具和货币财政化　/ 171

第六章　未来利率趋势　/ 175

LPR 改革与债市利率之"锚"　/ 178

存款利率市场化改革　/ 188

第二篇　债务周期的变化与交易

第七章　2018 年——中美货币周期背离　/ 199

股债跷跷板、监管冲击、通胀预期三重压力下的熊市阶段　/ 203

贸易战压力初显而宽货币基调确定，长债利率持续回落　/ 206

资金面重现波动而中美贸易摩擦放缓，长债利率短暂回调　/ 209

资金转松而信用趋紧，贸易摩擦再度紧张　/ 210

宽信用预期与通胀风险回升，长债利率震荡走高　/ 213

风险偏好下行而中美货币周期背离，长债利率震荡下行　/ 215

宽地产、宽信用政策预期与宽货币预期之间的博弈　/ 217

第八章 2019年——政策不急转弯与信贷开门红 /219

年初至2月上旬，流动性宽松下利率快速下行 /219
2月中旬至3月上旬，金融与实体分化下的利率回升 /221
3月中旬货币宽松预期带动利率回落 /224
4月利率大幅回调 /224
5月至8月初的收益率趋势下行 /227
8月至10月利空集中下的利率回调 /228
11月降息引发利率再度下行 /232

第九章 2020年——新冠疫情与下半年政策回归正常化 /234

经济预期谨慎，货币政策宽松，债市走向牛陡 /235
国内疫情防控难度加大，长端利率大幅下行 /236
海外金融市场动荡，国内宽松货币政策迎来尾声，债市欲扬先抑 /239
经济加速修复，货币政策基调改变，债市转熊 /242
股债跷跷板效应推动债市超跌后回调 /244
经济修复叠加资金面趋紧，长端利率震荡上行 /246
信用事件突发，利率先上后下 /249
流动性重回宽松，配置力量抢跑，利率小幅下行 /250

第十章 2021年——"类滞胀"环境下的市场博弈 /252

2020年年末行情延续，利率小幅下行 /253
流动性收紧与杠杆去化共振，长端利率快速逼近3.3% /255
债市环境趋于稳定，慢牛开启 /256
资金波动加剧，债市有所调整 /259
全面降准点燃债市做多热情 /259
政策预期从宽货币转向宽信用，债市震荡上行 /261
通胀风险加剧，流动性压力增大，债市加速调整 /262
通胀降温，基本面偏弱，宽松预期带动利率下行 /263

第十一章　2022年——疫情扰动、地产收紧与理财市场波动　/266

意外降息与宽信用预期修正下的V型走势　/267

多空交织下的宽幅震荡　/271

宽货币力度不及预期，基本面利多钝化引起的债熊　/273

资金面大幅偏离政策利率，长债利率强势震荡　/274

复工潮下基本面修复预期回升，而资金利率二度探底，
　债市倒U型调整　/276

8月意外降息主导的债牛　/278

资金面收敛叠加汇率波动，利率倒U型调整　/280

疫情防控优化措施落地，长债利率迎来中枢上行　/282

隔夜利率下破新低，疫情防控优化措施落地后10年期国债
　到期收益率触顶回落　/284

第三篇　经济与债务周期的中美差异

第十二章　如何研究美国经济　/289

美联储货币政策工具　/289

美国通胀的结构　/297

美国经济结构　/302

美国债券市场　/308

美国国债利率与大类资产走势　/315

第十三章　中美利差、汇差与国际收支　/324

人民币汇率　/324

国际收支　/332

中美货币政策周期分化与中美利差　/343

中美利差如何影响人民币汇率　/348

第四篇　债券市场投资策略

第十四章　从土地财政到地方债务压力 /353
　　城投债知多少　/353
　　城投债研究框架　/358
　　城投债的挑战与未来　/384

第十五章　房地产债务的周期变迁 /391
　　房地产债券的基本概念　/391
　　房地产债券的研究框架　/396
　　研究框架的影响因素与打分卡模型　/402
　　房地产债券走势回顾　/407

第十六章　拼图式产业债 /413
　　产业债图谱变迁　/413
　　行业分析框架　/416
　　企业性质之辨　/426
　　产业债的创新　/437

第十七章　股债联动的可转债 /455
　　可转债的基本要素　/455
　　可转债的条款博弈　/461
　　可转债的估值定价体系　/466
　　正股研究方法　/477
　　可转债发行审核流程与一级市场参与方式　/478
　　可转债的交易规则与信息披露机制　/482

附录　基础概念 /493
　　债券定义和债券收益率　/493
　　债券的基本要素　/495
　　债券市场的交易结构　/505

后记　平凡的坚持 /515

引言
债务、通胀与经济

想要理解债券市场的运行，首先要明确基本定义。什么是债务？什么是债务的价格，也就是利率？债务对整个宏观经济和资产价格有何影响？这是本部分将要探讨的主题。

在接下来的第一小节中，我们通过梳理生活中常见的债务形式，来总结债务的定义及特点。在第二小节中，我们从历史演进的角度，描述债务是如何发展成今天的形式的，并探讨其对社会经济有何影响。在第三小节中，我们从现代理论的角度，探讨债务周期对经济及资产价格的影响。这些问题是后续章节内容的基础。

什么是债务

债务在生活中有很多种表现形式，比如，亲戚间的私人借款，信用卡或互联网金融公司提供的消费信贷，买房使用的银行按揭贷款，企业为扩大生产而向银行借款或发行的债券，政府为补贴财政赤字而发行的债券，国际货币基金组织向发展中国家提供的援助贷款，等等。

从上述债务形式可以总结出以下共同点：第一，都涉及经济利益的转移，在上述例子中表现为货币。第二，通常有事先约定好的偿还期限，虽然有些债务可能是永续的。第三，还款的金额可能比借出的金额更多，中间的差额被称为"利息"，利息的多少以及如何偿还通常也是事先约定好的。

但债务不具备以下特点：第一，债务双方的主体固定。债务可以发生在个人、企业、政府和非政府组织之间，而有些债务可以被转移或交易。第二，利息的多少有公允价格。利息的多少只要由债务双方商量就可以灵活确定，但超过一定水平会被视为高利贷而涉嫌违法，只有在公开市场上交易或者存在市场竞争的债务关系才能形成稳定价格。第三，涉及控制权的转移。大多数债务关系除了还款义务外不涉及其他义务，是否存在控制权的转移是区分债权和股权的主要标准，但新兴的金融工具已经让这两者间的界限变得越来越模糊。第四，出借和偿还的一定是货币。实物资产也可以用于借贷，比如在货币尚不发达时使用谷物，此外租赁关系也可以视为一种债务。

总结下来，债务是一种在两个市场主体间形成的将经济利益跨期转移的约定，债权人在期初将经济利益出借给债务人，而债务人在期末一次性或分期将经济利益与利息偿还给债权人，期限和利息的多少以及如何偿还通常是事先约定好的。

以上是我们从生活中总结出的债务特点及其定义，但是要理解债务为什么会产生以及它对社会、经济有何影响，上述这些还不够。接下来我们从债务的历史演进角度来理解债务的含义。而在现代经济中债务起到何种作用，我们将在本部分的第三小节来讲。

债务简史

债务的历史非常悠久，甚至可能早于文字的产生和货币的发明。债务可能起源于农耕时代出借种子的活动，在种植季将种子借给邻居，然后期待在收获季得到邻居的偿还并获得更多的种子。实际上，利息的"利"这个象形字就是由一束小麦和一把刀组成，指的是在田地中耕种以收获更多的种子。

古代美索不达米亚人将重要事项记录在泥板上，至今为止出土的一块最古老的泥板记载了苏美尔文明拉格什城邦的国王恩美特那（Enmetena）的王室铭文。在公元前2402年，恩美特那指责乌玛城邦的国王占据了一块法律上属于拉格什城邦的农田长达十年，通过计算那片土地的租金和利息（按照年复利计算），得出乌玛城邦欠拉格什城邦4.5万亿升大麦。这个数字实际上被夸大了，是恩美特那每年大麦收入的1 000多倍（Mieroop，2002），只是作为开战的理由而已。

债务也和道德密切相关，尤其是在奴隶制下。在古代，无法偿还债务时可能需要通过劳务偿债，进而成为债务奴隶。实际上道德和法律的产生可能就与债务有关。尼采在《论道德的谱系》（1887）中写道，个人责任感起源于最古老、最原始的人际关系，起源于买主和卖主的关系、债权人和债务人的关系。他指出，在德语中"schuld"同时具有"债务"和"有罪"的含义，最初欠债就意味着有罪，债主非常愿意惩罚那些不能偿还债务的债务人。

有记录的法律史也是从规范信贷关系中开始的。公元前1776年古巴比伦王国的国王汉谟拉比（Hammurabi）制定了已知最早的正式法典，其中一些主要规定就规范了债务人与债权人的关系。法定利率上限为谷物贷款每年33.333%，银子贷款每年20%，如果收取的利息超过上限则本金会被免除。土地可以用作债务抵押，债主的仆人、妻妾、子女或奴隶也可以用作抵押。然而，个人劳役偿债被限制为3年。

过多的债务以及过多的债务人破产变为债务奴隶，也导致了经济危机。回到国王恩美特那的故事。他在开战两年后取得了胜利，但在得胜归来时不得不宣布一道法令，废除其城邦内的所有债务。他后来以此为荣——"他在拉格什城邦创立了自由（amargi）。他让母子重逢，他废除了所有的利息"（Lambert，1971）。这是"自由"一词第一次出现在政治文献中。

汉谟拉比也在公元前1761年废除债务时表示，"清除巴比伦金融债务的时间被指定在春天庆祝新年期间。巴比伦的统治者监督'砸碎泥板'（也就是债务记录）的仪式，恢复经济的平衡，与其他自然事物一道，迎接新年新气象。被质押作为债务保证的人获得释放，与家人团聚。另外一些负债者恢复了耕种他们固有土地的权利"（Hudson，1993）。

公元前594年，古希腊的雅典执政官梭伦制定了一部较为完整的法典。当时雅典出现了经济危机，部分原因是过度的债务扩张和普遍的个人劳役偿债，因此需要改革。与《汉谟拉比法典》的区别在于，梭伦的法典没有对利率设置限制，减少或者豁免了许多债务，允许不转移抵押的土地，但是禁止个人劳役偿债。古罗马在公元前450年左右制定的《十二铜表法》更加接近《汉谟拉比法典》，贷款的利息被限制为不得超过每年8.333%。高于法定上限的利息将被处以4倍损害赔偿。个人劳役偿债得到允许，但是奴隶的人身健康受到保护。

最早的银行实体也出现在这一时期。在公元前600年前后，巴比伦的商号埃吉比（Egibi）和穆拉苏（Murassu）两大家族开展了大型而复杂的银行业务：将巨额款项贷给政府和个人，按汇票要求将存款从一个商号划拨到另一个商号，支付存款利息，购买有土地抵押的贷款，以合伙人身份进入风险企业。

中国有记录的债务关系始于周朝。西周时期的青铜器曶鼎上的铭文写着："偿曶禾十秭，送十秭，为廿秭。来岁弗偿，则付卅秭。"郭沫若将其解读为："有一年饥谨，匡季手下的人盗走曶的十秭禾，召将此事上告打官司，判令匡季偿还一倍，如果第二年不偿还，又要增加一倍。"这可能反映当时出借粮食的利息，而无息贷款在重视礼仪的西周时期可能更加常见（魏悦，2004）。反映周朝礼仪的《仪礼》中写道："异居而同财，有余则归之宗，不足则资之宗。"这是指家族各自分家而过，但由宗主掌握共同的财产。宗族内出借财产无利息且不需要偿还，属于赠予。

随着社会的发展，关于债务关系的记录更加普遍和多样。尽管基督教将收取利息视为不道德的行为，但有息借贷仍然普遍存在。不同时期和地区的利率差异极大。霍默（Homer）在《利率史》中写过如下例子：

> 在12世纪，英国的个人贷款利率为每年52%~120%——视抵押物的不同而定——而同期的荷兰长期不动产抵押贷款的利率却是8%~10%。还有一些史料记载了怪异的贷款抵押物。耶路撒冷国王鲍德温二世（Baldwin II）有一次遇到资金压力，抵押了自己的胡子。一个世纪以后，另一位叫鲍德温的国王，在威尼斯用荆棘之冠（Crown of Thorns）作抵押借款。当该笔贷款出现违约时，抵押物被法国的路易九世（Louis IX）赎回。在14世纪，威尼斯共和国利率为5%的债券在几年里的售价超过面值，而同期奥地利的腓特烈三世（Frederick III）的借款利率为80%。在15世纪，法国的查理八世（Charles VIII）在意大利筹借的一笔战争贷款利率高达100%，而意大利的商人却能以5%~10%的利率借到款。在17世纪，荷兰以3.75%的利率为其利率为8.333%的国债进行再融资，荷兰商人的借款利率只有1.75%，而大约同期的西班牙王室却在为短期贷款支付40%的利率。

中国古代的情况也类似,尽管儒家文化轻视商人,甚至将谋利动机本身视作不正当的,但商业相当发达。同时由于中国古代有着统一的国内市场以及强大的中央集权,国家货币主义在中国盛行。

秦始皇统一六国后废除旧币,将铜质的半两钱作为全国通行货币。汉武帝将铸币权收归国有,设立上林三官统一铸造铜币,还设置了法律——《钱律》进行监督。秦汉时期的《管子》中记载,"谷贱则以币予食,布帛贱则以币予衣……故贵贱可调而君得其利",主张通过货币的流通职能来调节物价。王莽掌权后,将大型地产国有化,推动国有产业(盐、铁、酒)发展并禁止私人蓄奴,他还设立国有贷款机构,由五均官管理,工商业者的贷款年利率是10%,祭祀丧事可以无息贷款,当然后来改革并未成功。唐代白居易主张将用货币调节商品流通作为国家职责。明代叶子奇主张用兑现纸币的方法来调节物价。中国历史上的货币政策思想可以参考叶世昌所著《中国货币理论史》,这里不再赘述。

关于民间借贷活动是如何发生的记录更少一些。中国古代使用竹片或木棍,在其上刻齿作为计数,然后剖为两半,出借方持有一半,借入方持有另一半,这被称为"契",本意是雕刻。它们在偿还的时候合二为一,随后将其打碎,标志着债务一笔勾销。《列子》中记录了这样一个故事:"宋人有游于道,得人遗契者,归而藏之,密数其齿。告邻人曰:'吾富可待矣。'"这是说一个宋国人捡到了别人遗弃的凭据,然后说自己发财指日可待。《史记》中写了另一个故事:秦朝末年沛县有一个亭长,他因为酗酒欠下不少账单,醉倒后酒肆的店主经常看到有一条龙在他头上盘旋,于是"折券弃责",免去了所有债务。这个亭长名叫刘邦,是西汉的开国皇帝。

中国最早的信贷机构是由寺院僧侣经营的"质库",也就是当铺的前身，在南朝时期已有文献记载。质库向社会提供信贷，抵押物为贵金属、农产品和各种物品，并将抵押物存放在仓库里（林立，2009）。唐朝时期从南方运输茶叶的商人及押运赋税到京城的官员，由于担心长距离携带金属货币比较危险，开始将他们的钱存入一些在各地开店的大商人处，并形成了一个承付票据的系统，这些票据被称为"飞钱"。这些"飞钱"可以在各地的分店中兑换为现金，发挥了类似货币的作用。唐朝政府曾试图禁止使用"飞钱"，但是失败了，于是改为官办，授权"进奏院"（也就是地方政府在京城的办事处）发行这种票据（Yang，1971；Peng，1994）。这种票据系统在商业更加发达的宋朝逐渐演化为纸币——"交子"，宋朝政府也曾试图禁止，但同样失败了，于是设立了一个政府垄断机构"交子务"，专门负责印制、推行和兑换纸币（贾大泉，1994）。

在西方，现代金融工具以及纸币的起源是从城市发行债券开始的。12世纪的威尼斯政府最早开始发行市政债券。当时出于军事目的，威尼斯亟须快速获取一笔收入，因此它向其纳税公民发放了一笔强制性的贷款，并保证5%的年利率。而且它允许债券流通，随即设立了政府债券市场。威尼斯政府虽然在支付利息上一丝不苟，但由于它发行的债券没有确切的到期日，所以债券市场价格总是随着城市的政治、军事命运而大幅度波动，这也影响了人们对威尼斯政府能否偿付债券的评估。其他意大利城邦和欧洲商人也纷纷效仿威尼斯政府的做法。荷兰发行过为数众多的自愿采购债券，凭借这一系列强制贷款来支撑它摆脱哈布斯堡王朝统治而进行的漫长战争（Munro，2003）。

纸币出现在英格兰银行成立的1694年。英格兰银行的银行券和其他政府的债券一样，源于国王的战争债务。由40位伦敦和爱丁堡商人组成的财团向威廉三世提供了一笔120万英镑的贷款，作为其对法战争的资金。与此同时，他们说服国王允许他们组建一家公司，拥有银行券发行的垄断权。这家公司就是英格兰银行，其发行的银行券是国王偿还其所欠债务的承付票。这是第一家独立的中央银行，它成了清算小型银行之间债务的场所，它发行的银行券不久就演变为欧洲的第一种国家纸币。

18世纪见证了现代资本主义的崛起。荷兰和英国最早的证券市场主要以交易东印度公司和西印度公司的股票为基础，这两家公司集军事、贸易于一身，谋求私利的公司统治印度近一个世纪。英国、法国及其他国家的国债，主要并不是用于挖掘运河和修建桥梁，而是用于获取炮轰城市所需要的火药，建设监狱，训练新兵。一个巨大的金融资产泡沫也在这一时期出现，也就是1720年的南海泡沫。按照麦基的记载（MacKay，1854），那时南海公司长成了一个庞然大物，大部分国债都是它购买的。这是一个巨大的公司，其股票市值持续膨胀，它很快成了数百只新发行的公司股票的模型。每个项目都发行了股票，然后人们在城市各处酒馆、咖啡店、小巷和杂货店里热切地买入卖出。这些股票的价格很快都被炒上天——每个新的买家实际上都相信，他可以在股价不可避免的崩溃之前将股票转手给某个更容易上当的傻瓜。很多人发了财，但更多的人败得很惨，包括牛顿。

回到债务与道德哲学的关系上来。亚当·斯密在1776年出版的《国富论》中提出，人的"自利本性"（self-interest）是支撑经济活动的主要动力。那么为什么要使用"利"（interest）这个词呢？在英语中，这个单词毫无疑问直接借用了罗马法中指代利息支付的术语"interesse"。按照大卫·格雷伯（David Graeber）在《债：5000年债务史》中的解释："之所以要用这个词，有一部分原因在于它是从记账派生出来的。它是数学化的，这让它看似客观，甚至科学。相信我们实际上都在追逐自己的利益为我们提供了一种手段，得以穿越那些似乎主宰了我们日常存在、激励人们所作所为的激情和情感。也正是以这个假设为基础，经济学理论中的那些二次方程最终才得以建构起来。"爱尔维修（Helvétius）在一篇文章中写道："正如物理世界受运动的法则所支配，道德宇宙同样由利益的法则所支配。"（Hirschman，1986）

近现代出现更多债务相关的金融工具创新，也引发更多关于债务的研究和如何管理债务的争议。20世纪20年代引发第二次世界大战的全球经济危机就与主动去杠杆有关。凯恩斯为其开出的药方是，通过政府的主动加杠杆来逆转居民和企业的降杠杆倾向。2008年的金融危机与美国次级房贷的过度扩张有关，大量低评级的房地产抵押贷款被衍生品层层包装，然后卖给低风险偏好的投资者，最终引发债务崩盘。新冠疫情期间，传统货币政策对经济的刺激作用有限，也导致了是否应当将财政赤字货币化的讨论。此外，达利欧在《债务危机》中也探讨了全球债务规模的快速扩张是否会引发类似于百年前全球性债务危机的可能性。关于债务的未来，不确定性是唯一的确定性。

债务对现代经济的影响

以上两小节我们从常见生活案例中总结出债务的定义，并从历史演进的角度解释了债务是如何发展成如今的样子的。接下来，我们从经济学的角度解释债务对现代经济的影响。

债务和货币的概念其实是等同的。这句话可以从许多方面来理解：第一，银行在吸纳存款后，进行贷款，如果该贷款还存在银行，还可以进一步贷款，因此创造债务的过程实际上创造了购买力，也就是货币。第二，居民可以使用货币消费，也可以使用债务消费，比如信用卡。第三，对于主权货币，货币实际上是该国央行的债务，其价值取决于央行的信用。这一信用就是该货币可以稳定地兑换为其他货币。如果信用坍塌，比如因为战争、货币超发以及黄金储备不足等原因，该国的货币可能快速贬值甚至被弃用。

因此，一国债务规模的增长或收缩，实际上反映货币供给/购买力的增长和收缩。如果经济形势向好，那么居民和企业因对未来收入增长乐观，就会主动增加负债规模用于消费或投资，银行也有更强的意愿投放信贷，购买力因此增加；如果经济形势恶化，居民和企业对前景悲观，就会主动降低负债规模，也可能被动降低，比如违约、破产，银行的风险偏好也会下降，购买力因此消失。所以债务/货币供给的增加与降低实际上有放大经济波动的特点。央行的逆周期调节，就是要求在经济衰退时主动增加货币投放，刺激投融资的意愿，而在经济过热时，主动收紧货币供给，以此来降低经济的波动。

主流的经济学理论在解释经济周期的原理时，也经常提到信贷扩张与收缩的影响。比如穆勒在《穆勒经济学原理》中提到，"借出的意愿往往比平时要大，而在随后的撤资期中，又比平常要小"。马歇尔在《工业经济学》中写道，"信贷增长期常常始于一系列大丰收……信贷门槛放宽……物价、工资和利润继续上涨"。凯恩斯在《货币论》中直接用信用周期指代经济周期。弗里德曼和哈耶克更是认为，货币是经济周期的直接驱动因素或传导方式。信贷的扩张和收缩在经济周期中扮演的重要角色得到普遍认同（见表0-1）。

那么如何客观衡量一国的债务规模呢？我们通常使用宏观杠杆率来衡量。各国的经济体量有明显差异，同样的1万亿美元债务对于美国和发展中国家，偿债压力完全不同。因此我们将各国的总债务规模除以名义GDP，来反映各国的债务压力。值得一提的是，这里的总债务规模是指金融部门向非金融部门出借的总债务，非金融部门包括政府、居民和非金融企业三大部门。私人之间的债务因

表0-1 各学派对经济周期的理论解释

周期理论	代表人物	经济解释
古典经济周期理论	阿尔弗雷德·马歇尔、卡尔·马克思、约瑟夫·熊彼特	马歇尔对经济周期的解释是人们的非理性预期；马克思认为经济危机的出现是因为资本报酬率的减少；熊彼特认为技术创新和产业更迭是周期成因
凯恩斯主义经济周期理论	约翰·凯恩斯	凯恩斯指出"三大心理因素"（边际消费倾向递减规律、资本的边际效率递减规律、流动性偏好规律）是经济周期的重要驱动因素
新古典综合派经济周期理论	保罗·萨缪尔森、约翰·希克斯	萨缪尔森认为"乘数—加速数"原理即居民边际消费倾向 α 和资本与产出比例 β 是形成周期的关键，希克斯进一步将自发投资和引致投资区分形成"超级乘数"
货币主义经济周期理论	米尔顿·弗里德曼、乔治·霍特里	霍特里认为经济周期完全是由银行体系的扩张和紧缩造成的，弗里德曼认为经济的波动源于货币供给的不规则变动，并提出名义影响实际的"货币幻觉"
奥地利学派经济周期理论	弗里德里希·哈耶克	哈耶克认为信贷的扩张会引起资本的错配和不当投资的增多，而当信贷扩张停止，人们会意识到那是"错误的投资"，经济危机随之而来
真实经济周期理论	芬恩·基德兰德、爱德华·普雷斯科特	真实经济周期否认传统的长期增长和短期波动的划分，认为市场机制在任何时候都能实现均衡，经济波动是由外部因素如技术或政策的持续冲击产生的

资料来源：W.W.罗斯托.经济增长理论史：从大卫·休谟至今［M］.陈春良，等，译.杭州：浙江大学出版社，2016.

为难以统计，且标准化程度偏低，因此不计入宏观杠杆率之中。我们也可以用政府、居民和非金融企业三大部门的债务规模除以名义GDP，计算出分部门的杠杆率。

$$实体经济杠杆率 = \frac{非金融部门对金融部门债务规模}{名义GDP（TTM）} \times 100\%$$

$$分部门杠杆率 = \frac{该部门对金融部门债务规模}{名义GDP（TTM）} \times 100\%$$

实体经济杠杆率 = 非金融企业杠杆率 + 居民杠杆率 + 政府杠杆率

如果观察国内宏观杠杆率的变化，会发现明显的3年左右的周期性特征（见图0-1）。熊彼特在《经济周期》一书中，按照持续时间将经济周期划分为4个不同的周期，包括持续时间在3年左右的基钦周期、10年左右的朱格拉周期、20年左右的库兹涅茨周期，以及60年左右的康德拉季耶夫周期（见表0-2）。宏观杠杆率的波动与基钦周期的持续时间吻合。宏观杠杆率的周期性波动也被称为债务周期，反映一国债务水平的周期性上升与下降。债务周期一方面反映经济景气度的变化，另一方面也与其他宏观指标和资产价格存在广泛的关联。

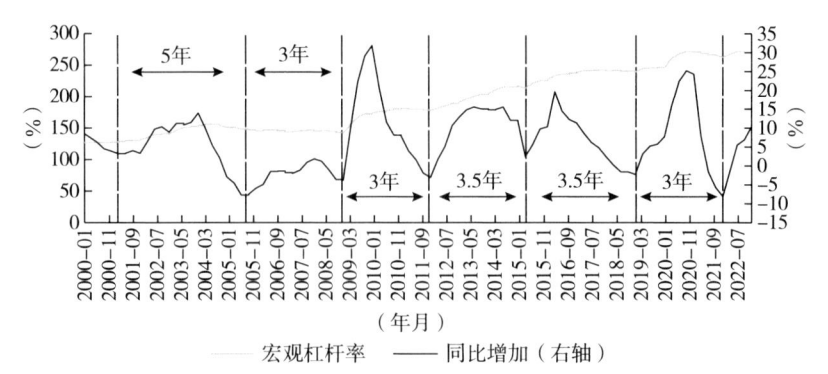

图0-1 国内宏观杠杆率具备3年左右周期性波动的特征

资料来源：中国社会科学院。

表0-2 不同持续时间的经济周期

类型	持续时间（年）	内涵	可能的成因
基钦周期	3~5	库存周期	厂商行为对物价、利润、利率因素的适应
朱格拉周期	9~10	资本开支周期	资本品的定期折旧与置换形成资本开支周期
库兹涅茨周期	15~20	资本形成周期	人口迁移与产业变迁形成资本积累的周期
康德拉季耶夫周期	50~60	技术周期	底层技术创新驱动一轮长期经济增长

债务周期的产生存在内生的正/负反馈机制。在经济上行期，居民和企业的乐观预期转化为融资意愿，银行看到企业和居民收入增加、资产价格上涨也更愿意放贷。债务的增加带来更多的购买力，转化为居民的消费和企业投资，进一步支撑收入的增加和资产价格的上涨，因此债务进一步增加。而在经济下行期，这一过程发生反转，债务的收缩使得购买力下降，消费和投资的下降引发收入的降低和资产价格下降，使得债务进一步收缩。而在经济周期反转的阶段，可能有多种因素发挥作用，比如，政策的主动逆周期调节；资产价格泡沫破裂，或者价格是如此便宜引发资金买入；产能过剩导致企业开始亏损，或者产能出清使得企业基本面发生改善；外生冲击，如疫病、战争或者出口的繁荣。以上机制导致了债务周期的产生。

债务的扩张与收缩也与通胀有关，债务周期大致领先通胀周期2~4个季度（见图0-2）。弗里德曼曾有一句著名论断："一切通胀现象都是货币现象。"债务的扩张与收缩，反映金融机构向实体经济提供的货币供给的扩张与收缩。因此通胀也与债务周期存在关

|复苏|繁荣|过热|衰退|

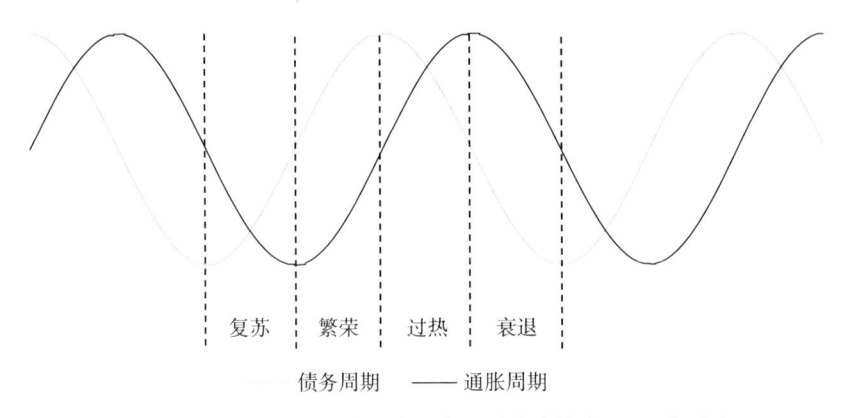

----- 债务周期　　——通胀周期

图 0-2　债务周期领先通胀周期，时滞大约在 2~4 个季度

联。2020 年全球疫情暴发后，美联储迅速开始史无前例的宽松政策，这一政策也引发全球大通胀。2022 年美联储货币政策转向紧缩，通胀也见顶回落。一般而言，债务周期领先于通胀周期 2~4 个季度，这是因为从货币供给量的增加，到企业支出和居民消费的增加，再到收入的增加存在时滞。债务扩张引发通胀的原理，可能是债务导致需求扩张的速度快过供给，因为需求可以在短期内发生高弹性的变化，而供给的增加或减少往往需要多年时间。

我们可以根据债务与通胀周期的上行和下行，将经济周期划分为 4 个阶段，在不同阶段配置不同类别的资产可以实现资产轮动（见图 0-3 和图 0-4）。在债务周期上行、通胀周期下行阶段，定义为复苏。债务周期和通胀周期都上行定义为繁荣，然后依次是过热和衰退。历史上大类资产收益率在不同阶段有着相对稳定的收益率。通过在复苏阶段配置股票，繁荣和过热阶段配置商品，衰退阶段配置债券，则从 2004 年开始的组合年化收益率可以达到 20%。这说明上述理论对于指导资产轮动有一定价值。

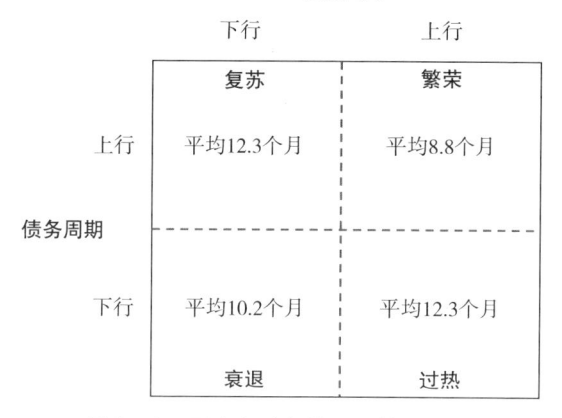

	通胀周期	
	下行	上行
债务周期 上行	复苏 平均12.3个月	繁荣 平均8.8个月
债务周期 下行	平均10.2个月 衰退	平均12.3个月 过热

图 0-3 历史各阶段的平均持续时间

资料来源：万得资讯。

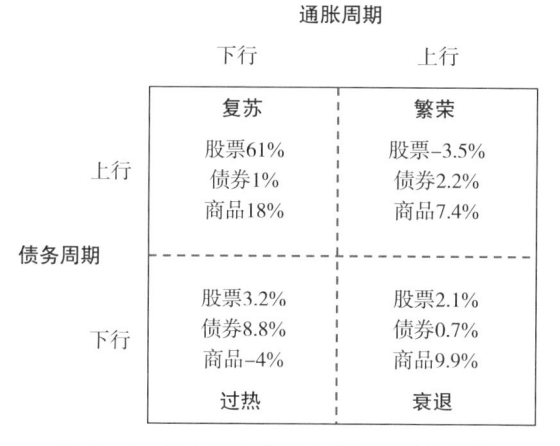

	通胀周期	
	下行	上行
债务周期 上行	复苏 股票61% 债券1% 商品18%	繁荣 股票-3.5% 债券2.2% 商品7.4%
债务周期 下行	股票3.2% 债券8.8% 商品-4% 过热	股票2.1% 债券0.7% 商品9.9% 衰退

图 0-4 历史各阶段的大类资产平均收益

资料来源：万得资讯。

理解债务的重要性

为什么理解债务的运行如此重要呢？这一方面是因为它与我们的日常生活息息相关，购房和购车的决策可能涉及大量债务，未来

引言 债务、通胀与经济

利率的变化可能会影响我们的财务成本，对投资决策来说，利率的波动乃至信用风险都会影响投资回报。另一方面则是因为债务对于国家经济的运行至关重要，无法理解债务的运行，就无法理解很多宏观事件。比如：2008年美国金融危机是如何发生的？第三世界国家大量非本币计价的债务是怎样拖垮一国经济的？地方政府隐性债务有怎样的潜在风险？或者更进一步，美联储的货币政策选择对美国经济的结构乃至全球经济造成了怎样的影响？解释这些问题都需要我们对债务运行的规律有深入理解。

2008年以后，发达国家央行的资产负债表大幅扩张，债务对经济的重要性已经与过去数百年不可同日而语。过去20年，发达国家无一例外通过大量印钞来应对各类危机。这一方面体现在硬通货——黄金的价格膨胀上。21世纪初，以美元计价的黄金价格大约在280美元/盎司附近。到2023年，这一价格已经涨至1 950美元/盎司附近。而在这期间，黄金的供给并没有出现重大变化，也未出现新的有规模的工业用途。黄金价格7倍的涨幅更多反映了各国尤其是发达国家的大量印钞情况。从资产负债表的情况来看，2002年美联储、欧央行和日本央行的总资产都在1万亿美元附近。而2023年，美联储和欧央行的资产规模已经扩张至8万亿美元附近，日本央行的资产规模大约在5万亿美元，上述扩张的规模与金价的涨幅相近。央行资产负债表的扩张反映在经济中是流通的货币数量增加，以及债务规模的大幅扩张（见图0-5）。

债务问题对经济的影响增加，也体现在宏观杠杆率的扩张上。至2022年年底，按照国际清算银行（BIS）统计的数据，我国宏观杠杆率的水平已经超越美国和欧元区，接近300%，但仍低于日本的414%（见图0-6）。由于各国杠杆率的长期攀升，债务问题带来的影响也日益扩大，具体体现在以下方面：第一，存量债务的违约风险，由于经济的运行存在周期性，在下行阶段债务违约可能会放

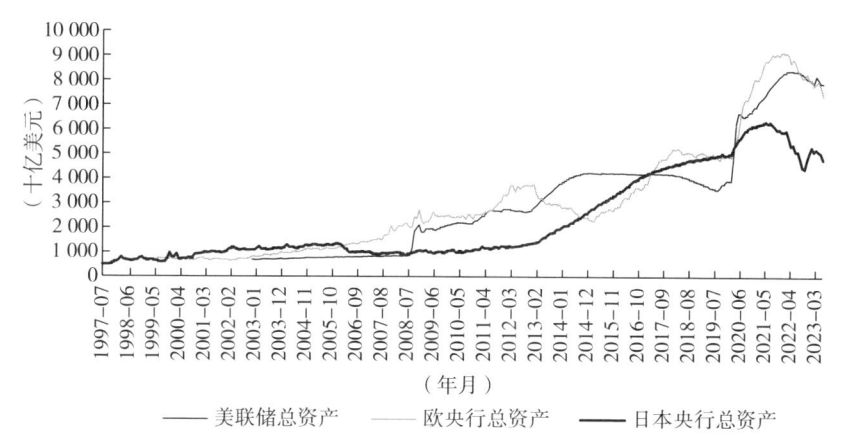

图 0-5 2008年以后美联储、欧央行、日本央行的资产负债表大幅扩张
资料来源：万得资讯。

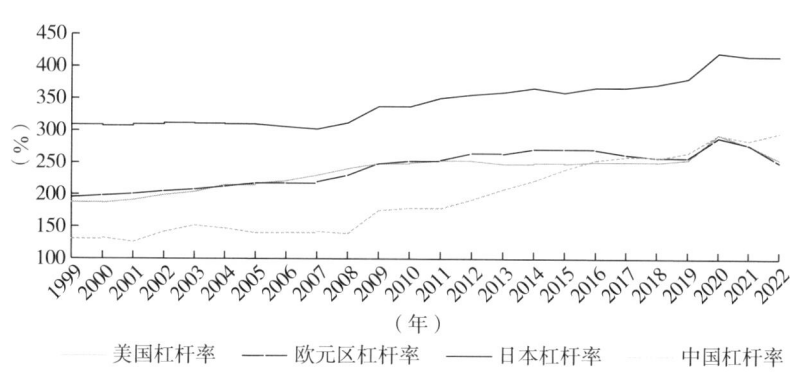

图 0-6 主要国家和地区宏观杠杆率持续增长
资料来源：万得资讯。

大经济的波动，并破坏现有生产能力。第二，增量债务的空间有限，比如在日本，由于庞大的私人部门债务和已经过低的利率，常规货币政策工具的刺激效果非常有限，而对其他国家来说每一次货币宽松都是在降低未来支持经济的政策空间。第三，债务率可能存在上限，对企业和居民来说，债务的增长并不是永无止境的，受制于收入的增长或投资回报率，对政府来说过高的债务也会增加财政

引言　债务、通胀与经济　017

压力，如何以低成本化解存量债务是必须面对的问题。第四，我国的金融体系是以间接融资为主、以银行业为中心的，债券市场的规模远超股票市场，这一情况与日本、德国较为接近，因此债务问题对我国的影响超越大部分欧美国家。

过高的债务水平可能增加资产负债表衰退的风险。这种情况一般出现在资产泡沫破裂后，企业和居民部门因为资产负债表受损严重而增加储蓄、减少投资，企业不再追求利润最大化，转而追求债务最小化。此时，央行的货币政策刺激失效，在银行降低利率后，企业和居民部门不仅不会增加贷款，反而会借机偿还债务以及提前还贷。20世纪90年代的日本就经历严重的资产负债表衰退，此可谓前车之鉴。

日本在第二次世界大战后40多年的高速发展不仅带来了经济繁荣，也催生了资产价格的巨大泡沫，于是在20世纪90年代先后经历股票市场崩盘以及房价腰斩，居民资产端大幅受损。1989年年底，日本的股票总市值高达4万亿美元，接近全球总市值的一半。1991年东京的房价相比1986年增长了接近1.45倍。在巨大的资产泡沫下，日本政府有意识地快速收紧了货币政策和土地政策。在政策突然转向的情况下，股市及房市先后暴跌。1989年12月—1990年9月的9个月里，日经指数从39 000左右的高点暴跌超过46%至不到21 000点。1990—2003年东京房价指数的跌幅也超过60%（见图0-7）。在资产泡沫破裂后，日本企业和居民的资产负债表严重受损，私人部门变得更加关注债务的偿还而不是进行借贷和投资，日本也因此陷入了长时间的低经济增长状态（见图0-8）。

除了企业和居民部门，过高的政府债务也会对经济带来负面影响。美国政府债务占GDP的比重自疫情出现以来大幅增长，甚至已经超越第二次世界大战时期的历史高点，带来庞大的利息支出压

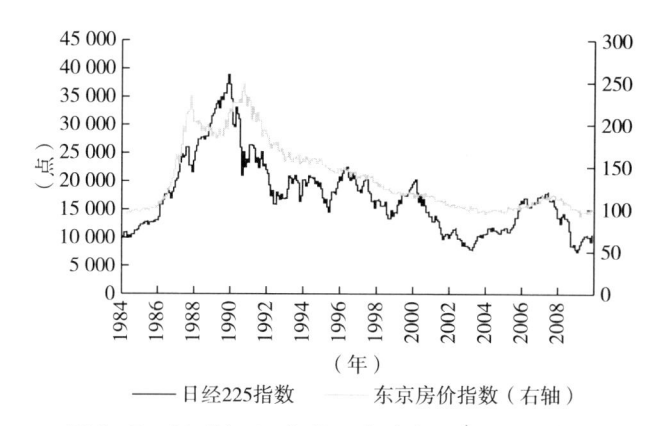

图 0-7　20 世纪 90 年代日本地产及金融泡沫破裂

注：东京房价指数以 2010 年为基准值 100。
资料来源：万得资讯。

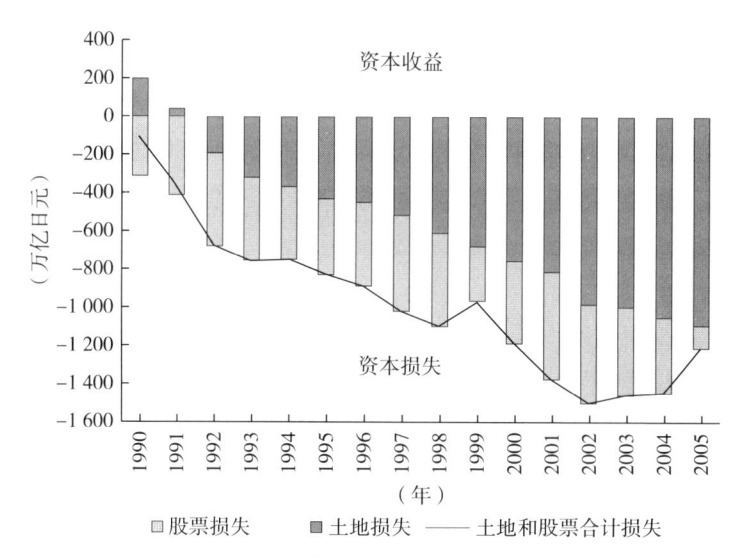

图 0-8　日本经济危机期间资本损失

资料来源：郑鸬捷. 日本经济危机的反思与借鉴——基于资产负债表的金融视角[J]. 金融理论与实践，2019（03）：111-118.

引言　债务、通胀与经济　019

力（见图0-9）。美国国会研究局（CRS）的研究显示，若财政政策不变，将政府消费支出减少1%，预计第一年后美国实际GDP将减少1.55%（Stupak，2019）。如果极端情况发生，美国债务违约，则其对经济的影响将十分严重。白宫经济顾问委员会（CEA）的研究表明，如果美国政府违约，经济将迅速逆转，损失的深度取决于违约持续时间的长短，即使是短期违约，也可能导致50万个岗位减少，实际GDP增速下降0.6%。长期违约可能会对经济造成严重损害，就业方面将出现800万个以上的岗位减少。

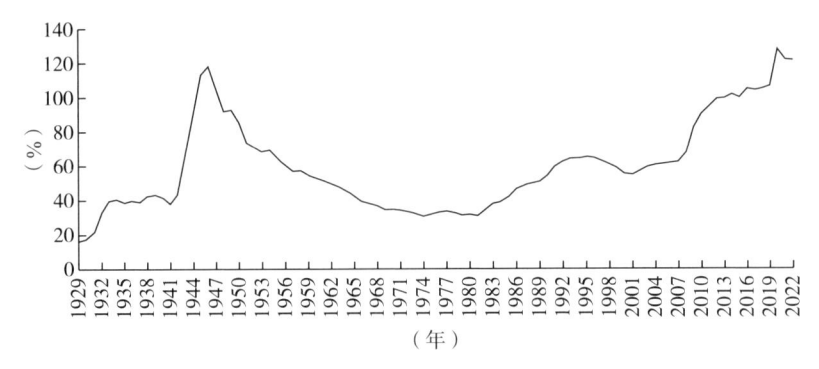

图0-9 2020年新冠疫情后美国未偿政府债务占GDP比重大幅上升
资料来源：万得资讯。

而要理解乃至解决上述债务问题，就要从基础开始打起，逐步深入，这也是本书的主要内容。我们将先后讲解宏观经济的运行规律、利率的定价原理以及国内债券市场投资者的博弈，再详细就不同的债券类型展开，包括地产债、城投债和不同的产业债。本书不仅包含理论解释，更包含了笔者在国内债券市场上多年的实践经验，既有自上而下的宏观、货币政策和学术理论，也有自下而上的交易策略和规避风险的方法。希望本书能为各类债券市场从业人员提供所需的帮助。

第一篇

从经济周期到债务周期

第一章
货币、信用如何驱动经济和债务

在各类市场分析方法论中,"货币—信用"分析框架占据了相当重要的地位。它连接了金融市场与实体经济,从流动性传导的角度反映了在货币周期与信用周期的更迭下,不同大类资产配置的表现。有别于传统分析方法中仅仅聚焦于基本面的方法,"货币—信用"分析框架还考虑了金融体系内部的资金供需分配情况,在金融市场日益发达、金融产品愈发丰富的今天,"货币—信用"分析框架的应用不断拓展,也衍生了更多的投研方法,不仅对市场投资提供指导,也成为监管部门关注流动性变化,防范金融风险的重要视角。

"货币—信用"分析框架

"货币—信用"分析框架的初步搭建和"美林时钟"较为类似,都是从两个维度出发,根据各自周期内不同的情况,最终以 2×2 组合构成"四象限",在每一个"象限"中都存在胜率相对高的投资策略。接下来,我们将介绍常用的观测指标并搭建基本分析框架,并据此复盘,以验证框架的效果。

"货币—信用"分析框架的指标选取与概念搭建

首先，我们回顾一下美林时钟（见图1-1）。美林时钟理论是金融投资交易里最基础的框架之一，其将经济周期划分为过热、滞胀、衰退、复苏4个阶段，并进一步将周期轮动效应与资产配置和行业布局策略相结合，形成一套清晰的逻辑体系。债券作为资产的一种形式，其往往被认为在美林时钟的经济衰退阶段表现最佳。在这个阶段，名义经济增速和价格水平持续回落，社会生产供需同步低迷，经济不景气的悲观预期导致投资者风险偏好较为保守，对债券等相对稳定的避险资产需求度上升，债市也进入通常意义上的牛市。

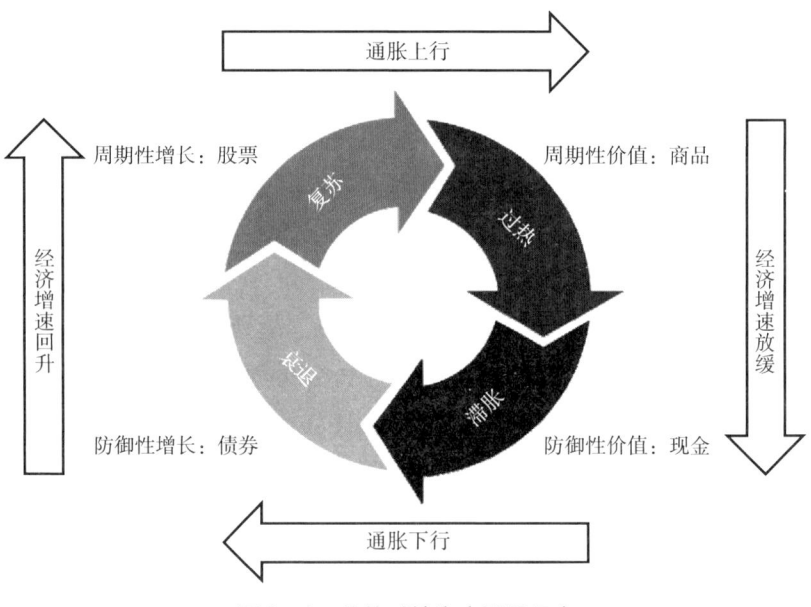

图1-1 美林时钟资产配置示意

然而从选取指标的角度，美林时钟更多是从增长与通胀两个宏观维度去考察经济周期的变化，整体分析与结论也更侧重于实体经济的波动。而对债券、股票等金融产品来说，二级市场上的买卖交易导致其本身与金融体系内部的资金供需情况更紧密。具体来说，相比于实体经济的周期波动，货币供给和融资需求分别作为金融体系价和量的两个维度，对债市周期轮动的指引更强。虽然实体经济的走势从根本上决定了所有资产的收益中枢，但金融体系作为一个高度反映预期的流通市场，如果完全将债市的分析框架建立在美林时钟的周期划分上，难免会出现一些偏差和滞后。因此依托于金融市场的供需逻辑，我们构建了"货币—信用"分析框架，以更具体地研究债券市场的波动变化。

如何构建"货币—信用"分析框架？货币政策的宽紧极大程度决定了流入金融体系的资金规模，承载着金融市场的供给属性。从政策角度来看，货币政策的宽紧本质上是央行实施宏观经济调控的"外生工具"，具有明确的目的性。无论是推动经济复苏或是抑制通胀增长，央行实施"宽货币"或是"紧货币"对应的中介目标一定也是达成社会信用条件的宽松或收紧，即"宽货币"导向"宽信用"，"紧货币"导向"紧信用"。

然而在实践中，我们也常常看到有关"宽货币+紧信用""紧货币+宽信用"的描述。出现这种货币与信用周期错位的主要原因在于，虽然货币政策对应货币供给作为"外生工具"，是直接由央行决定的，但信用条件作为社会融资信贷条件的表现，实际上更多反映的是市场机构、投资者和实体经济共同的"内生预期"。这种预期虽与央行的货币政策态度关联，但同样受制于经济周期、风险事件、市场信心等其他因素的变化。

以2022年为例，由于基本面压力较大，央行年初货币政策定调宽松，意图通过"宽货币"工具达成"宽信用"目标，最终推动经济复苏向暖。但在海外大幅加息、疫情持续扰动、高温限电以及地产断贷等一系列风险事件影响下，投资者对经济增长的预期较为悲观。这也导致虽然央行持续货币宽松，但市场加杠杆和融资意愿依然审慎偏紧，信用派生和扩张受到制约，最终形成"宽货币+紧信用"的组合模式。反之，在经济过热时期，市场信贷意愿回落同样可能滞后于央行"紧货币"的目标调整，形成"紧货币+宽信用"的组合模式。

由上述分析，参考美林时钟的周期轮动，我们可以将"货币—信用"分析框架划分为"宽货币+宽信用""紧货币+宽信用""紧货币+紧信用""宽货币+紧信用"4个阶段（见图1-2）。那么在上述4个阶段中，宏观经济运行和债市又有何不同表现？

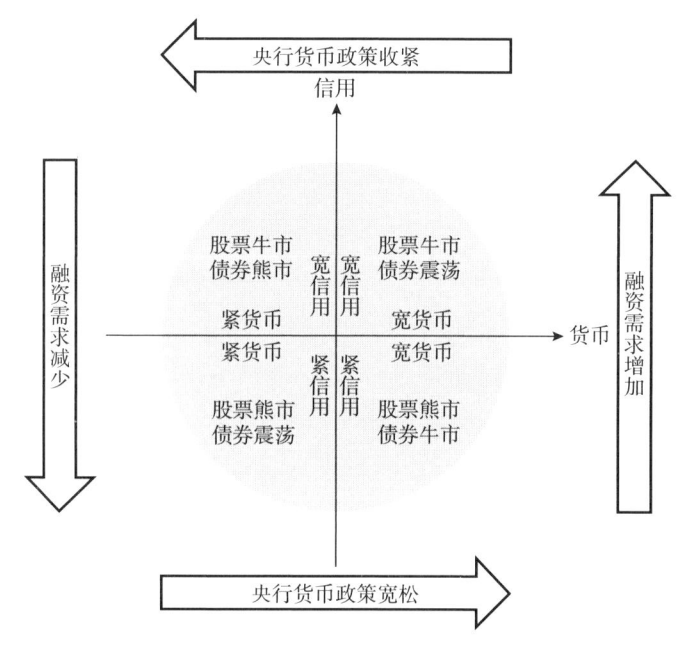

图 1-2 "货币—信用"分析框架下债市的周期轮动

- 宽货币+宽信用。央行资金供给意愿增加，居民和企业融资需求增加。对未来经济的乐观预期显著推动社会加杠杆行为，投资者风险偏好逐步修复。对股票等收益更高的进攻性资产需求增加，债券等防御性资产的需求下降，但流动性宽松同样对债市形成强利好。整体来看，这个阶段股市转牛，而债市处于牛熊未定的震荡阶段。

- 紧货币 + 宽信用。央行资金供给意愿减小，但居民和企业融资需求保持高涨。信用条件的变化滞后于货币流动性的收紧，社会加杠杆行为与投资者风险偏好仍较为积极。整体来看，这个阶段股市转牛，而债市转熊。
- 紧货币 + 紧信用。央行资金供给意愿减小，居民和企业融资需求减小。对未来经济的悲观预期显著收束社会加杠杆行为，投资者风险偏好逐步回落。对股票等收益更高的进攻性资产需求减少，债券等防御性资产的需求上升，但流动性紧缩同样对债市形成强利空。整体来看，这个阶段股市转熊，而债市处于牛熊未定的震荡阶段。
- 宽货币 + 紧信用。央行资金供给意愿增加，居民和企业融资需求保持低迷。信用条件的变化滞后于货币流动性的放宽，社会加杠杆行为与投资者风险偏好仍较为消极。整体来看，这个阶段股市转熊，而债市转牛。

以上分析仅限于逻辑层面的机制推导，而在宏观经济与金融市场的实际运行过程中，市场突发事件、外部风险与周期轮动间本身的滞后效应均会导致市场表现与预期不符，但"货币—信用"机制的构建仍能为投资者判断市场行情和建立投资策略提供重要指导。

在介绍完"货币—信用"分析框架的基本概念后，就需要进一步明确定义货币和信用松紧的方法或指标，以结合历史数据对债市的周期轮动进行更精确的定位。

那么如何定义货币框架的松紧？通常来说，我们可以通过央行货币政策目标、央行货币政策工具信号和资金面利率指标来界定货币框架的放宽和收紧。这3类方法中，前两者侧重于定性分析，而资金面利率指标则侧重于定量刻画。在定性分析中，央行货币政策目标更为笼统；而央行货币政策工具信号则更为具体，但同时具有以下阶段性特点。

第一，央行货币政策目标。历年以来央行都会对当年的货币政策目标属性进行描述定位。综合来看，央行的货币政策目标总体可划分为宽松、稳健、从紧三类。而结合经济实际运行情况，稳健的货币政策目标在实施中还可划分为中性、略宽松、略紧缩以及灵活适度等类型。由于货币政策是政府实施宏观经济调控的重要工具之一，因此央行货币政策目标的变动具备极强的目标性和动态性，同时与经济形势密切相关。历史上，央行的货币政策目标既有为刺激经济修复的宽松阶段，如2008年金融危机和2020年新冠疫情初期；也有应对经济过热和金融泡沫的从紧阶段，如2006—2008年金融危机前的经济高速增长期。然而综合来看，稳健的货币政策仍是我国长期持续且占主导地位的政策目标，但稳健中灵活适度、略紧缩、略宽松及中性的表述切换仍能反映央行对宏观流动性的政策基调（见表1-1）。

第二，央行货币政策工具信号。根据中国人民银行货币政策司披露的信息，央行货币政策工具具体可以分为9类，包括公开市场业务、存款准备金制度、中央银行贷款业务、利率政策、常备借贷便利（SLF）、中期借贷便利（MLF）、抵押补充贷款、定向中期借贷便利和结构性货币政策工具。其中公开市场业务、存款准备金制度以及中央银行贷款业务中的再贴现政策是央行调控市场流动性最核心的常备工具。由于货币政策目标仅是央行对未来流动性供给的笼统描述，因此考察货币政策工具的阶段性变化可以帮助投资者更直观有效地刻画央行货币政策目标状态的转变，尤其是"由宽到紧"和"由紧到宽"的切换。从实际效果来看，公开市场操作（OMO）作为更

表1-1 2003—2022年央行货币政策目标描述变化

阶段（年）	货币政策目标描述	主要目标
2003—2004	稳健略紧缩	控制通胀增长
2005	稳健中性	保障国际收支平衡、控制隐性通胀增长
2006	稳健略紧缩	保障国际收支平衡、控制隐性通胀增长
2007—2008	从紧	控制通胀增长
2009	适度宽松	就业、经济稳增长
2010—2011	稳健略紧缩	控制通胀增长
2012	稳健略宽松	经济稳增长
2013	稳健中性	金融稳定
2014—2015	稳健略宽松	经济稳增长
2016Q1—Q3	稳健灵活适度	无重点目标
2016Q4—2018Q1	稳健中性	保障国际收支平衡、金融稳定
2018Q2—2019	稳健略宽松	经济稳增长
2020Q1—Q2	适度宽松	经济增长
2020Q3—Q4	稳健中性	金融稳定
2021—2022	稳健灵活适度	金融稳定、经济稳增长

注：Q代表季度，Q1为第一季度，以此类推。
资料来源：中国人民银行官网。

高频的工具，正、逆回购和MLF的投放往往最先发出货币政策目标切换的信号。而针对部分特殊时间点，如岁末年初和节假日前后，不同年份间货币政策工具的差异性同样能为投资者判断当年货币条件宽紧提供旁证。此外，SLF、MLF等新型货币政策工具通过与商业银行"一对一"的模式实现市场定制化和结构化融资，2013年以后的重要性也逐渐提升。该类工具在推出后规模与重要性不断增加，也逐渐成为市场判断央行货币政策态度的又一重要工具指标。央行常用货币政策工具见表1-2。

表1-2 央行货币政策工具分类

分类	主要工具	说明
公开市场业务	回购交易 现券交易 发行央行票据 短期流动性调节（SLO）	公开市场操作是央行吞吐基础货币，调节市场流动性的主要货币政策工具，通过央行与市场交易对手进行有价证券和外汇交易，实现货币政策调控目标
存款准备金	人民币存款准备金 外汇存款准备金	央行通过调整存款准备金率，影响金融机构的信贷资金供应能力，从而间接调控货币供应量
利率政策	贷款、存款、贴现基准利率调整 常备借贷便利利率调整 小额外币存款利率调整	
常备借贷便利	常备借贷便利（SLF）	由金融机构主动发起，金融机构可根据自身流动性需求向央行申请"一对一"常备借贷便利
中期借贷便利	中期借贷便利（MLF）	中期借贷便利利率发挥中期政策利率的作用，通过调节金融机构中期融资的成本来对金融机构的资产负债表和市场预期产生影响，引导其向符合国家政策导向的实体经济部门提供低成本资金，促进降低社会融资成本
抵押补充贷款	抵押补充贷款（PSL）	抵押补充贷款的主要功能是支持国民经济重点领域、薄弱环节和社会事业发展而对金融机构提供的期限较长的大额融资

(续表)

分类	主要工具	说明
结构性货币政策工具	支农、支小再贷款 再贴现 普惠小微贷款支持工具 碳减排支持工具 支持煤炭清洁高效利用专项再贷款 科技创新再贷款 普惠养老专项再贷款 交通物流专项再贷款	结构性货币政策工具是央行引导金融机构信贷投向，发挥精准滴灌、杠杆撬动作用的工具，通过提供再贷款或资金激励的方式，支持金融机构加大对特定领域和行业的信贷投放，降低企业融资成本

资料来源：中国人民银行官网，作者整理。

第三，资金面利率指标。银行间市场存款类机构 7 天质押式回购利率（DR007）作为央行货币政策工具的操作目标之一，可以有效且定量地反映金融体系内流动性的供需变动情况。当资金面利率上行，机构间融资成本上升，表明市场整体资金供给不足，货币条件转向紧缩。反之，当利率下行，机构间融资成本降低，表明市场整体资金供给增加，货币条件转向宽松。结合 DR007 月均值的历史走势，并与央行货币政策目标描述和工具信号进行对照，我们可以具体刻画 2015 年以来货币条件松紧的周期变化（见图 1-3）。

在完成对货币框架的搭建后，我们需要进一步对信用框架的松紧变化进行定义。逻辑上，信用与货币作为一个硬币的两面，信用条件的派生衍变也会同步反映在货币供应量的变化上。我们通常采用广义货币供应量（M2）同比增速和社会融资（简称"社融"）规模存量同比增速两类指标来反映社会信贷条件的波动。

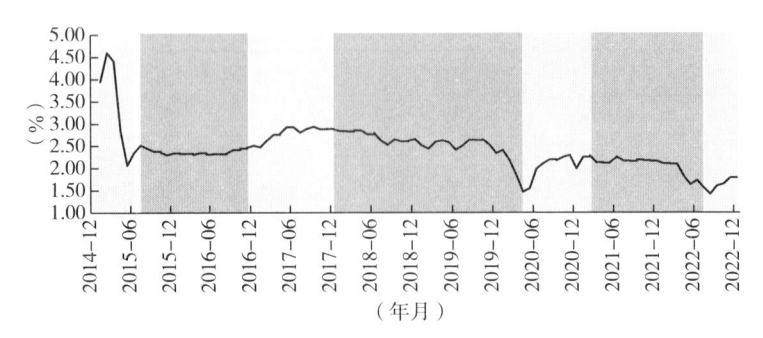

图 1-3 DR007 月均值走势

注：浅色阴影部分表示货币条件收紧阶段，深色阴影部分表示货币条件宽松阶段。
资料来源：万得资讯，作者整理。

- M2 同比增速。M2 是指流通于银行体系之外的现金加上企业存款、居民储蓄存款以及其他存款。理论上，狭义货币供应量（M1）往往被认为反映着经济中的现实购买力，而 M2 则在此基础上反映现实和社会的潜在购买力。如果 M2 出现高速增长，流通于银行体系中的货币体量大幅增长，相应地也为社会信贷扩张提供了更多潜在货币。此时社会投资活跃度提高，信用条件出现改善并转向宽松。反之，如果 M2 增速回落，流通于银行体系的货币体量收缩，社会信贷扩张动力不足。居民对现金的需求增加导致投资低迷，信用条件出现恶化并转向紧缩。
- 社融存量同比增速。社融与 M2 实际上是一个硬币的两面，体现为：社融是金融体系的资产，是实体经济的负债；M2 是金融体系的负债，是实体经济的资产。但在实际操作中，M2 增速有时会与信用变化出现背离。例如 2015 年 8—12 月，这一阶段内 M2 增速持续增长，但社会信用派生不尽如人意，尤其是社融增速维持下滑。2015 年以后，国家统计局开始公布月频的社融数据，为了更精确地定位社会信用条件的松紧变化，市场逐渐开始更多地采用社融存量增速这一指标衡量信用条件。

结合社融存量同比增速的历史走势，并与 M2 的同比增速进行对照，我们可以具体刻画 2015 年以来信用条件松紧的周期变化（见图 1-4）。

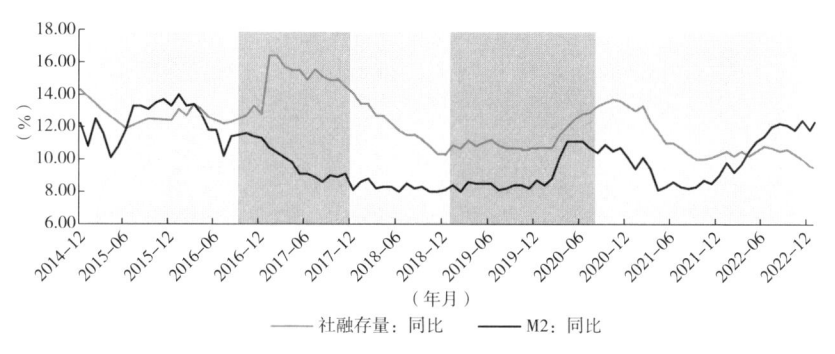

图 1-4　社融存量增速与 M2 增速走势

注：浅色阴影部分表示信用条件收紧阶段，深色阴影部分表示信用条件宽松阶段。
资料来源：万得资讯，作者整理。

将货币条件与信用条件的松紧变化相结合，我们完成了对"货币—信用"分析框架的初步建构。而正如前文所述，不同组合状态下债市的收益表现与牛熊逻辑不尽相同，"货币—信用"周期轮转的精确定位能帮助债券投资者对历史债市进行更有效的复盘，并为未来的配置策略提供具有前瞻性的经验总结。

"货币—信用" 周期轮转的历史复盘

参考"货币—信用"分析框架的周期轮转变化，同时结合央行货币政策、经济周期波动、海内外各类风险事件影响，2014 年 7 月以来债券市场经历了以下 10 次行情切换。

1. 2014 年 7 月—2015 年 12 月（牛市）。在经历了 2014 年的大

幅上涨后，2015年1—2月，在降准、经济悲观预期和全球债市大涨的联动作用下，利率债收益率迅速走低，7月股市大跌，风险偏好回落，资金回归债市，加上8月央行货币宽松再启，增量资金不断涌入债市，开启了下半年第二轮债市快牛。

2. 2016年1月—2016年10月（震荡市）。2016年开启的宏观审慎评估体系（MPA）考核导致债市被动去杠杆，债市利率回升。年中由于经济数据再度下行，银行资金面转宽以及较强的配置需求，债市进入脆弱牛市。直到10月下旬，在一系列因素累积和事件爆发下，债市收益率一度飙升，终迎调整。

3. 2016年11月—2017年11月（熊市）。央行开始主动去杠杆、收紧资金面，市场开始修正房地产紧缩预期，国内黑色系价格高涨，直到国海证券"萝卜章事件"引发了国债期货上市以来第一次跌停。此后，"金融监管去杠杆"几乎成为2017年全年市场的唯一逻辑。

4. 2017年12月—2018年12月（牛市）。2018年年初以来流动性持续宽松，"宽货币"政策得到确认，而在连续3个月的社融存量同比增速回落后，"宽货币+紧信用"的格局得以确认。在此期间，中美贸易战也催化了市场对于经济发展的担忧，推动债市行情。

5. 2019年1月—2019年10月（震荡市）。2019年年初利率阶段性触底，央行明确宽信用目标，然而年内基本面走弱，叠加中美贸易战和包商银行事件助推，债市利率在基本面改善、风险催化以及宽信用之间震荡运行。

6. 2019年11月—2020年4月（牛市）。受新冠疫情影响，央行为了支撑经济，货币政策基调以金融委确定的"扩总量"为指导，逆回购大规模投放、降准降息、再贷款、再贴现等总量宽松政策陆续落地，资金面保持宽松。同时，国内外疫情的不确定性，使得市场对经济的悲观预期和避险情绪升温,整体利好债市,收益率一度下行至历史低位。

7. 2020年5月—2020年11月(熊市)。国内由于疫情防控措施得当,疫情得到有效控制,伴随着经济逐步恢复,货币政策基调也从"扩总量"逐步转向"总量适度"。5月央行公开市场操作趋于谨慎,受基本面修复、特别国债供给放量和结构性存款监管加码影响,利空因素逐步积累,债市收益率上行调整。

8. 2020年12月—2022年8月(牛市)。2021年,在基本面利好和流动性呵护之下,债券市场震荡慢牛,尤其是下半年基建投资见底、制造业投资疲弱、地产链条下行压力逐渐显现,第三季度降准落地、宽松加码,驱动全年债市行情。进入2022年,流动性维持宽松,在疫情扰动之下,"资产荒"逻辑加深,推动利率再下一城。

9. 2022年9月—2022年10月(震荡市)。全球经济疲软引导外需回落,叠加国内疫情分散化多点扰动,基本面仍相对承压。然而二十大前后密集出台一系列稳增长和稳地产政策,市场对经济修复预期增加,同时人民币阶段性贬值导致央行宽货币节奏放缓。债市资金面有所收紧。利好与利空交织下,债市整体偏强震荡,长债利率弱势调整。

10. 2022年11月—2022年12月(熊市)。11月疫情防控政策调整优化,开放预期叠加宽地产、稳增长及扩内需政策推动市场对经济修复形成"强预期"。投资者风险偏好大幅修复,对保守资产需求回落,理财负债端压力显著增加。机构为应对赎回而大规模抛售现券和债券型基金(简称"债基"),利率波动和投机行为进一步形成二次挤兑。在风险事件下债市迅速转熊,收益率大幅攀升。

2014年7月以来,"货币—信用"情况见图1-5和表1-3。

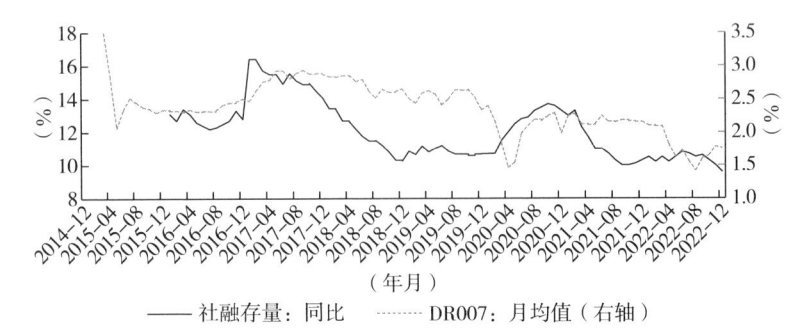

图 1-5 社融存量增速与 DR007 月均值

资料来源：万得资讯，作者整理。

表 1-3 信用与货币组合情况

起始时间	终止时间	债市方向	信用货币组合
2014 年 7 月	2015 年 12 月	牛市	宽货币 + 紧信用
2016 年 1 月	2016 年 10 月	震荡市	稳货币 + 稳信用
2016 年 11 月	2017 年 11 月	熊市	紧货币 + 宽信用
2017 年 12 月	2018 年 12 月	牛市	小幅宽货币 + 紧信用
2019 年 1 月	2019 年 10 月	震荡市	稳货币 + 稳信用
2019 年 11 月	2020 年 4 月	牛市	宽货币 + 宽信用
2020 年 5 月	2020 年 11 月	熊市	紧货币 + 宽信用
2020 年 12 月	2022 年 8 月	牛市	宽货币 + 紧信用
2022 年 9 月	2022 年 10 月	震荡市	紧货币 + 紧信用
2022 年 11 月	2022 年 12 月	熊市	紧货币 + 稳信用

流动性传导与资金面分析

"货币—信用"分析框架的出现，进一步强化了流动性分析的重要性。金融的本质是"资金融通"，旨在实现资源的合理高效配置，而流动性便是贯穿始终的关键命题。接下来，我们将全面梳理流动性传导的过程，并介绍流动性分析中常用的相关指标，最后围绕"金融空转"这个问题进行深入探讨。

流动性的内涵与传导过程

不同语境下的流动性概念

"流动性"是一个很复杂的概念，在日常研究中，主要涉及银行间市场和信用市场，可以分为狭义流动性和广义流动性（见图1-6）。狭义流动性通常指央行投放至银行体系的基础货币，与银行体系的超储水平较为对应，一般用五因素模型来分析预测，影响着资金面的波动和短端利率走势。广义流动性还包含了银行给实体投放信贷形成的派生货币，与实体融资需求以及金融机构行为有关，决定较长一段时间的利率走势，对长端利率走势的影响更大。

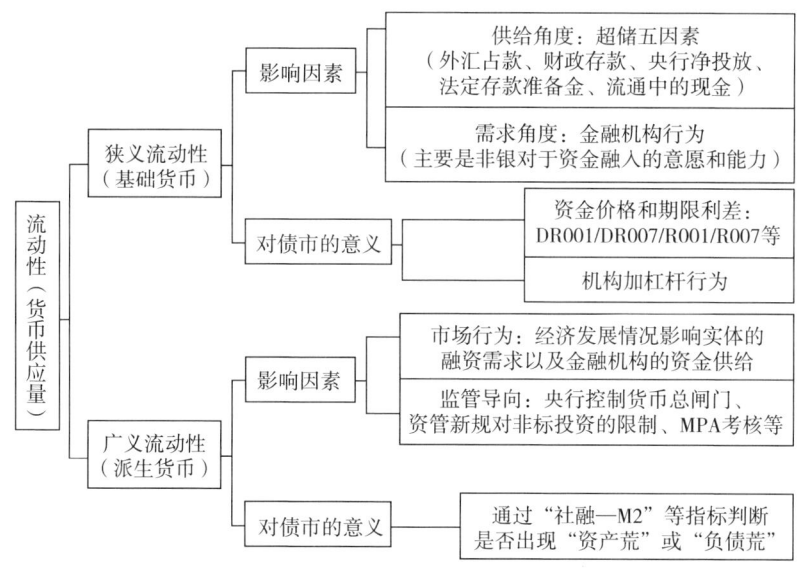

图1-6 流动性的广义与狭义之分

流动性传导框架

不考虑权益市场以及更复杂的衍生品市场等，我们将流动性传导的主体大致分为央行、金融机构（可以划分为存款类金融机构以及非银机构）以及实体部门，在传导的过程中，各类重要利率指标也在互相影响。从各层次流动性之间的关系来看，传导链条大致可以按照"央行—银行间市场—实体经济"（严格来说，央行也是银行间市场的一部分，但为了后续区分市场利率与政策利率，故而在此单独列示）来划分，而银行间市场又可以分为期限较短的货币市场和期限较长的债券市场。央行向金融机构（主要是银行）投放基础货币，金融机构之间的投资交易、贷款投放、非标投资等行为再将其派生传递，最终流入实体部门。借助这一链条，央行可以通过货币政策工具的量、价调整，引导金融市场稳定有序运行，一旦在某个环节流动性传导出现了问题，监管部门也可以及时对症下药，避免风险扩散（见图1-7）。

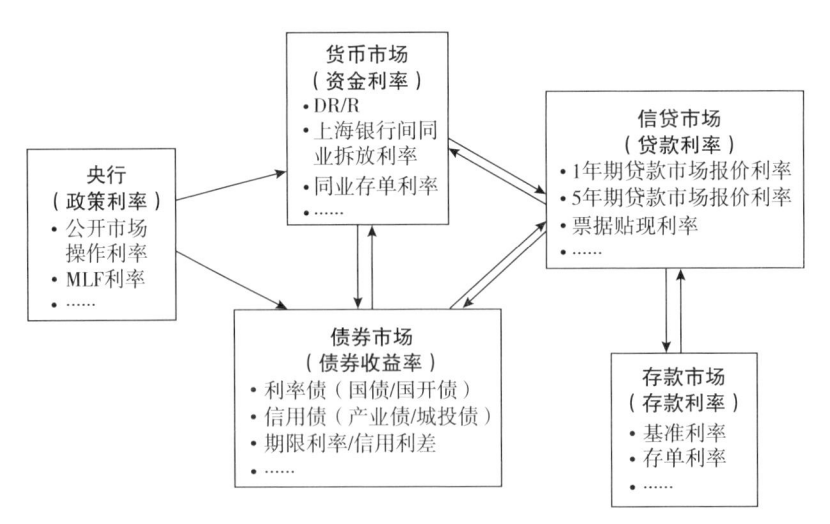

图1-7 流动性传导的简易框架

常见的流动性观测指标

超储率：放在银行门口的钱

超额储备金是商业银行等其他存款性公司除法定存款准备金外，因业务支付的需要，还要在中央银行储存一定数额应付日常业务需要的备付金，包括库存现金、超额存款准备金等。超储率综合地考虑了银行整体的可用资金状况，更代表银行闲置资金的充裕程度，因而其变化情况也反映了流动性的松紧。

超额储备 = 超储率 × 各项存款余额 = 其他存款性公司储备资产 −
　　　　　法定存款准备金 = 其他存款性公司储备资产 −
　　　　　需缴准的存款 × 平均存款准备金率

受限于数据可得性，将其变式为：

超储率 = [其他存款性公司储备资产 − （M2 − M0 −
　　　　　各类保证金存款）× 平均存款准备金率] ÷
　　　　　各项存款余额

我们在近期内法定存款准备金率没有调整的情况下，默认平均存款准备金率没有改变并通过最近一次官方公布的超储率倒算得出（见图1−8）。

银行间市场杠杆率：投资者情绪与行为的直接反映

当资金面维持平稳，资金利率较低时，投资者往往通过加大回购抬高杠杆以增厚收益，因此债市杠杆率作为市场情绪的晴雨表，既反映了投资者对资金面的态度，反过来也会影响后续流动性的供需格局，以下是债券市场杠杆率计算公式。

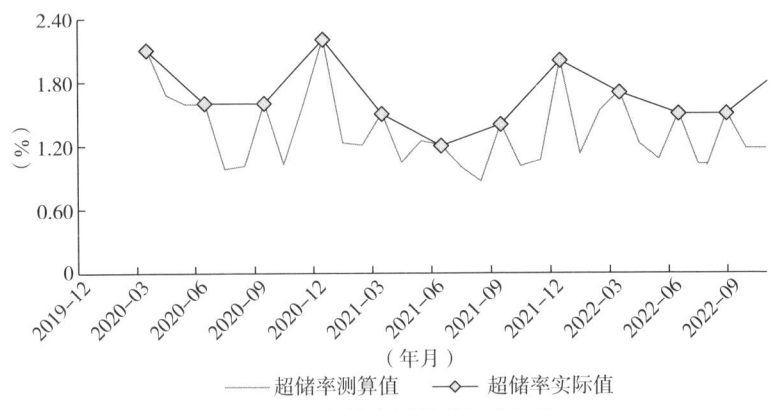

图 1-8 超储率测算值与实际值

资料来源：万得资讯，作者整理。

杠杆率 = 银行间债券市场托管量 ÷（银行间债券市场托管量 - 待购回债券余额）

其中，托管量利用中央国债登记结算有限责任公司（简称"中债登"）公布的银行间债券市场托管量，然而中债登不再公布回购余额，因此我们利用对市场上每日各期限质押式回购交易量测算月末时点的待回购债券余额（由于买断式总余额相比于质押式规模较小，因此我们忽略该指标）。银行间市场杠杆率测算值如图 1-9 所示。

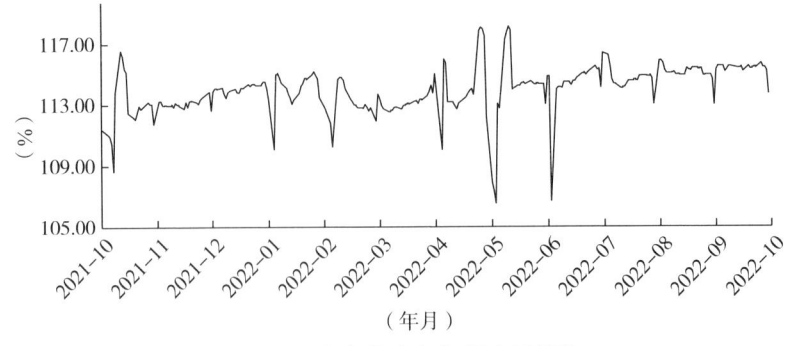

图 1-9 银行间市场杠杆率测算值

注：受节假日影响部分时点数据会出现异常值。
资料来源：万得资讯，作者整理。

回购成交量与隔夜占比：投资者情绪与行为的间接反映

质押式回购成交量可以在短期内反映出回购交易的频率，也是侧面观察投资者情绪的一个指标，但是由于其近几年基本上呈现出逐年上升的趋势，在观察较长一段时间的杠杆变化时，从绝对数值上不容易体现出来其真实加杠杆的情况（见图1-10），而隔夜回购占比避免了绝对值整体处于上升空间下带来的扰动因素，因此是非常适合的杠杆情况观察与预警指标。隔夜质押式回购成交量在所有期限的回购中占比最大，通常在70%以上。隔夜回购成交量可以反映出当前市场滚动续作的频率，成交量越高，说明市场期限错配情况和期限套利情况越严重，87%和90%是两个重要的水位线（见图1-11）。

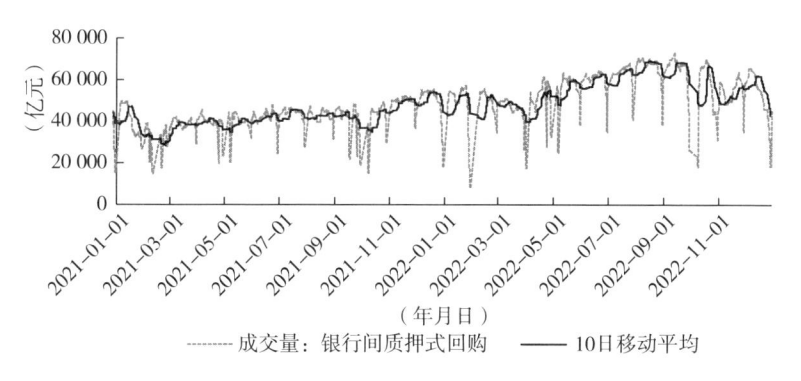

图1-10 质押式回购成交量

资料来源：万得资讯，作者整理。

空转倍数：基于"46号文"量身定制的指标

2017年，《关于开展银行业"监管套利、空转套利、关联套利"专项治理的通知》（银监办〔2017〕46号，简称"46号文"）发布，主要目标是交叉性金融，并确定以资金方为标准落实风险管

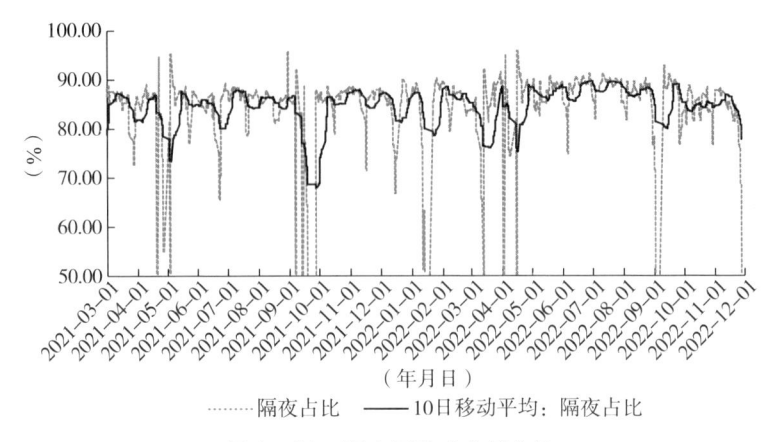

图 1-11 隔夜回购成交量占比

资料来源：万得资讯，作者整理。

理责任。根据"46号文"的监管精神，对涉及银行信用的空转资金，包括信贷、票据、理财及同业资金，我们用表内外信贷（银行信贷＋信托贷款＋委托贷款）、未到期商业汇票、理财产品存续余额及同业融入（对其他金融性公司负债＋对其他存款性公司负债＋同业存单托管余额）来估算涉及银行信用的资金总规模。资金空转程度则为其与流入实体经济、用于实际经营的资金规模的比值，即空转倍数＝（表内外信贷＋未到期商业汇票＋理财产品存续余额＋同业融入）／（扣除票据的信贷＋企业债券＋信托贷款＋委托贷款＋非现金支付业务：商业汇票）。空转倍数涵盖的范围更广，相较于杠杆率等指标能够更直接地衡量资金空转的情况，但弊端在于更新频率较低，难以反映一些短期事件和市场行为（见图 1-12）。

"金融空转"问题的防范与化解

"金融空转"的本质是流动性配置失衡，既包括资金在银行业金融机构内部流转，也包括资金流向实体经济前被拉长融资链条来套利的行为。从实际情况来看，资金停留在金融体系内的情形包括

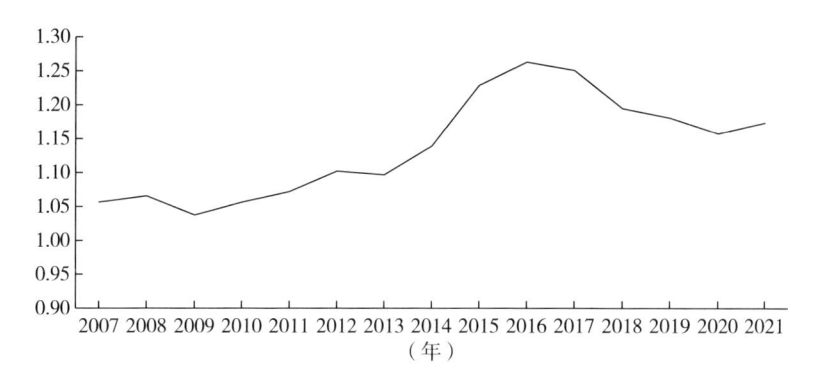

图 1-12 空转倍数的测算

资料来源：万得资讯，作者测算。

金融市场投机等业务，拉长融资链条则包括同业业务向以收益为目的的投资行为转变，借助理财信托拓展通道等的"加杠杆"业务，其最主要的危害在于，阻碍资金流向实体，抬高实体经济获取资金的成本，违背了金融服务实体的初衷。空转抬高的资金成本最终仍将转嫁于实体经济，当成本高企至实体企业无法承受，或是仅有高风险实体企业可以承受时，资金就会继续滞留在金融体系或固定流向泡沫聚集的行业内，形成了恶性循环，延伸的资金链条也将不断积累潜在的系统性风险。因此"金融空转"问题的发生与化解，一直是监管和市场关心的话题。

两轮典型"金融空转"的回顾

1. 2015—2016 年：金融加杠杆与同业扩张。2015 年起，国家为了应对经济下行的压力、维护金融市场的稳定、助力实体经济的发展，先后多次下调存贷款基准利率与存款准备金率，并运用各类货币政策工具增加市场流动性与可贷资金。在宽松的政策操作下，7 天期逆回购利率中枢由 2014 年年末的 4% 降至 2015 年年中的 2.5%，为投资者提供了预期相对稳定的流动性环境，但也为后续各类期限错配、多层嵌套等行为提供了空间。

市场流动性的充裕状态使得银行自营资金需要寻找更多合意资产进行配置，而此时恰逢货币基金（简称"货基"）发展起步之际，由于货基存在免税以及流动性强的特点，大量自营资金流入其中，推动货基规模快速增长。同时，较低的利率使得银行利用同业存单进行负债管理的成本大幅下降，而且彼时同业存单并未纳入同业负债项目，可以绕过监管部门对风险指标的限制，因此许多银行开始通过大量发行同业存单进行主动负债和加杠杆，再用融入的资金去进行同业理财投资等。而同业存单流动性好，收益率也具备一定的吸引力，因此也成为货基的优质资产。至此，各类金融产品之间的联结已经形成，构成了"自营—货基—同业存单—同业理财"的空转链。虽然在这个过程中，各类投资都是正常的同业业务，但随着各环节产品规模持续扩张、加杠杆行为愈演愈烈，整个链条变得复杂且脆弱，资金在金融市场里空转构筑了"繁荣假象"，但实体经济在这一过程中并未获得有效的支持或服务。

"脱实向虚"的发展苗头已经威胁到金融市场的长期安全与稳定，引起相关部门高度重视。2017年央行持续强化MPA考核，将表外理财纳入银行广义信贷考核口径，强化对商业银行同业资产盲目扩张的约束；同年年初，银监会发布了《关于银行业风险防控工作的指导意见》，并下发了《关于开展银行业"违法、违规、违章"行为专项治理工作的通知》和"46号文"。这一系列文件表明金融去杠杆政策在加速落地，银行同业业务创新成为监管重点，对同业存单的严监管已至。严监管加快了银行去杠杆的步伐，许多机构出于监管压力收缩同业链条，资产端也随之同步收缩，给各类资产带来抛压。此前利多债市的根基被动摇，长达两年的熊市就此开启。

2. 2019—2020年："票据—结存"链条下的空转套利。2019

年，为支持民营及小微企业的发展，央行持续推进宽信用政策，银行也积极通过票据贴现增加对中小企业的授信，因此票据融资规模持续扩大。与此同时，受资管新规的影响，保本理财产品持续收缩，导致商业银行负债端资金来源减少，银行对存款等资金的需求增强，因此转而采用结构性存款这类利率较高的产品以吸引储户。然而，较低的贴现率与较高的结构性存款利率为企业提供了套利的空间，企业可以在购买较高利率的结构性存款后，将其质押并开立利息前置的银票，最后以较低利率在市场上贴现，获得高于本金的融资额，赚取无风险套利收益，甚至可以不断滚动这一操作。监管层发现这一问题后进行了严厉打击，对于开票的真实贸易背景展开严格调查，本轮空转很快便平息了下来。

2020年新冠疫情暴发后，为保障经济、促进民生改善，央行持续推进积极宽松的货币政策，银行间市场流动性充足，贴现率持续下行。但由于结构性存款收益率的相对刚性，二者利差不断增大。加之此时实体经济较为疲软，市场需求不足，与以较低利率资金来投资、生产相比，部分企业更愿意投资结构性存款产品进行套利，这使得结构性存款规模迎来第二轮扩张，资金空转问题也随之加重。而面对这一轮空转，监管层重心转移至结构性存款，对于其规模和收益率均提出了较高的限制，结构性存款规模自2020年第二季度高点快速压降，预期收益率也逐步恢复至相对合理的区间。

"金融空转"治理的规律总结

从两轮"金融空转"的发生背景与监管举措来看，宽松的资金面是问题产生的温床，因此监管首先要控制泛滥的流动性，"锁短放长"，边际收敛资金面，抬升短端利率，短期内对于总量型的货币政策工具使用会更加谨慎。与此同时，为了引导资金顺利流入实体，尤其是流入重点领域和薄弱环节，也会进行一系列的政策引导。例如，2020年央行曾先后进行三批再贷款、再贴现投放，合计规模达到了1.8万亿元。

其次，金融监管及货币政策的收紧力度与基本面情况成反比，与空转的复杂程度成正比。监管的收紧短期内难免会对经济增长带来一定的压力，因此在措施的选择和力度的控制上，监管部门均需要结合基本面的情况灵活调控、相机抉择。如果基本面环境较好，修复的确定性较高，那么监管措施会更加严格，在经济可承受的改革阵痛阈值以下，尽快扭转不合理的金融资源错配问题；反之，如果经济增长压力较大，市场情绪悲观，那么监管政策与货币政策的出台也要相对温和，避免进一步放大风险，加剧市场的波动。

最后，空转的复杂程度也决定了修正的紧迫性，如果影响范围较小、风险相对可控，那么政策给市场的调整时间也会更宽松。综合来看，金融监管及货币政策的收紧力度与基本面情况成反比，与空转的复杂程度成正比。2015年空转问题更严重但基本面压力较小，因此我们看到了一系列严格的监管和市场的快速、大幅调整；2020年则相反，新冠疫情带给经济的不确定性高于"票据—结存"套利的危害，因此虽然监管对这一模式有所打击，但是货币政策更多是边际收敛，引导资金利率向常态回归，而非收紧。

金融数据的价值

每月中上旬，央行都会公布前一个月的金融数据，这也是宏观经济研究以及市场投资者都非常关注的话题，围绕金融数据的预测分析对于策略的制定都有着重要的影响。接下来，我们将介绍常见的金融数据与分析思路，并在最后的部分将各类指标与债市表现进行综合分析，从而为未来投资寻找最优的领先信号。

货币供应量的基本概念

在人们漫长的货币探索史中，不仅货币形式发生了巨大的转变（从实物到信用），货币创造的原理也不断革新。社会的运转离不开货币的流动，在"量入为出、以收定支"的货币观指导下，人们对"货币来自循环派生"这一观点深信不疑，但在信用货币体系全面铺开的背景下，能够正确概括商业银行实际业务过程的贷款创造存款理论开始受到人们的重视，并逐步成为目前国内理解货币派生过程的主导理论，货币供应量及其结构也因此成为宏观经济以及债券研究的日常话题。

根据市场货币流动性的不同，一般把货币供应量划分为 3 个层次，即 M0、M1、M2（实际上也存在 M3，但应用范围不及前者）。

$$M0 = 流通中现金（包括居民和企业持有的现金）$$

M0 是流动性最强的货币，与消费密切相关，也受到节日影响而呈现出季节性波动特征。

$$M1 = M0 + 企业存款 + 机关团体部队存款 + 农村存款 + 信用卡类存款（个人持有）$$

M1 中企业存款占据主体，代表企业基于当前形势对未来经营的判断，当预期乐观时，企业倾向于持有更多的活期存款以备投资生产，因此 M1 增速提升意味着市场资金具有活力。

$$M2 = M1 + 城乡居民储蓄存款 + 企业存款中具有定期性质的存款 + 外币存款 + 信托类存款$$

M2 涵盖一切可能成为现实购买力的货币形式，代表着未来潜在购买力，反映社会总需求的变化和未来通胀的压力状况（见图 1-13）。

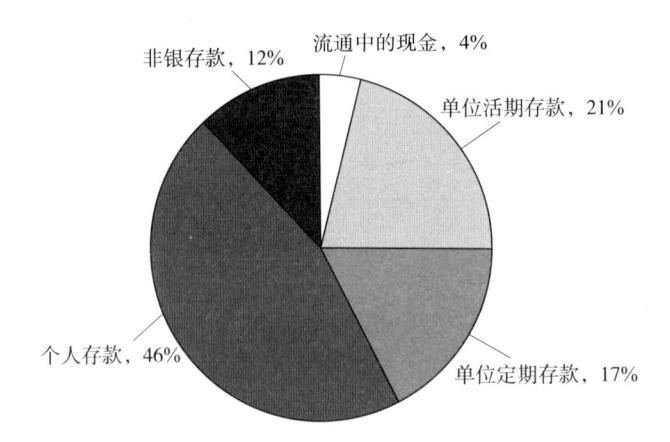

图 1-13　M2 的主要构成部分

注：数据截至 2022 年 12 月。
资料来源：万得资讯，作者整理。

社会融资规模及其分项

社会融资规模是指实体经济（非金融企业和住户）从金融体系中获得的资金，与传统的信贷规模不同，它还包括从证券业和保险业等非银体系获得的资金。社融统计由多项子指标构成，主要包括人民币贷款、外币贷款、表外融资（委托贷款、信托贷款、未贴现银行承兑汇票）、企业债券、非金融企业境内股票和政府债券等。

从图 1-14 可以看出，人民币贷款是实体经济的主要融资工具，需要注意的是，这里社融口径下的人民币贷款不包含银行业机构拆放给非银机构的款项（后文介绍信贷口径下的人民币贷款则包含了非银贷款）。委托贷款和信托贷款均为表外融资，以往曾被称为"影子银行"，是实体融资的重要补充，不过近年来随着监管的加强，整体规模有所压缩。企业债券和股票融资都是当前重要的直接融资工具，随着我国金融市场的持续发展，二者的规模和占比正在不断提升。2019年12月起，央行进一步完善社融统计，将"国债"和"地方政府一般债券"纳入社融统计，与原有"地方政府专项债券"合并为"政府债券"指标。

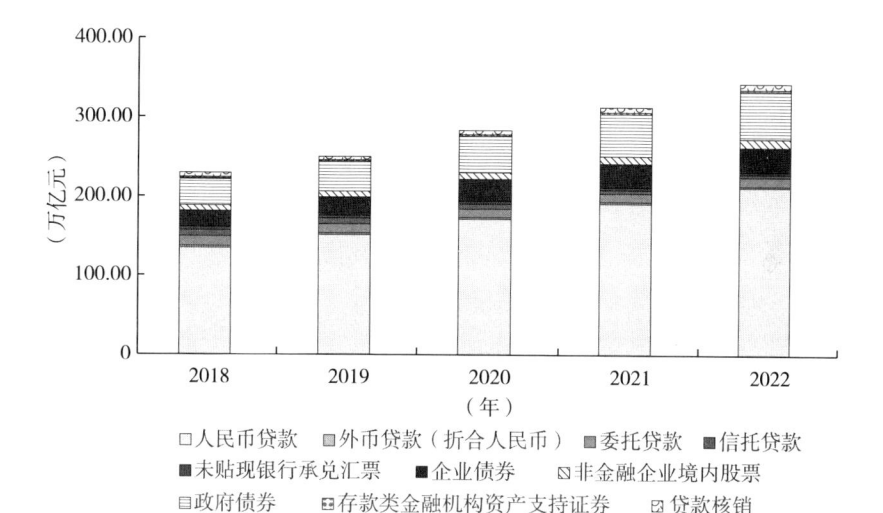

图1-14 社融结构变化

注：数据截至2022年12月。
资料来源：万得资讯，作者整理。

社融这一指标诞生之初，曾被误解为"统计口径扩大的货币供应量"，但实际上二者有着本质的不同。社融包含的贷款、债券等内容，反映的是金融体系的资产、实体经济的负债；而货币供应量包含的现金、存款等内容，则是站在了金融机构负债端的角度，反映的是金融体系对实体提供的购买力。货币供应量成为货币政策传导机制中的中介目标，而社融则是从资产端角度而来的对照与补充，二者相辅相成，共同为货币政策调整以及市场投资策略提供重要的参考信息。

信贷数据的总量与结构

信贷数据的关注要点

人民币贷款根据贷款主体和期限可以简单划分为居民短贷、居民中长贷、企业短贷、企业中长贷、票据融资以及非银贷款,其中短贷是指期限在一年以内的贷款。居民短贷主要与日常消费相关,伴随着人们借贷消费的理念深入以及信用卡与互联网的普及发展,银行零售业务也越发重视这一领域。而居民中长贷则主要取决于住房按揭贷款的投放情况,随着近年"房住不炒"政策的推行,居民中长贷增长也趋于平缓。非金融企业借贷款项包括了短贷、中长贷以及票据融资,其中票据属于相对特殊的一种融资方式,我们将在下一部分"从票据利率预判信贷情况"进行详细阐释。非银贷款是信贷口径下"人民币贷款"与社融口径下人民币贷款的重要差异项。2022年新增信贷情况如图1-15所示。

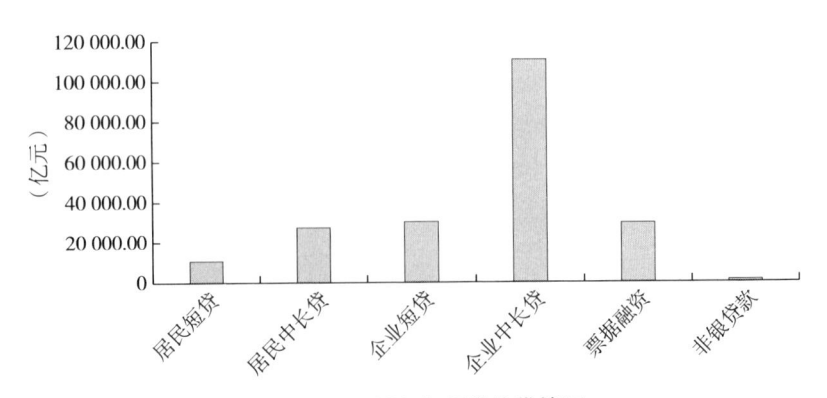

图1-15 2022年新增信贷情况

注:数据截至2022年12月。
资料来源:万得资讯,作者整理。

在各个贷款分项中,企业中长贷是更受关注的一个类别。企业举借中长期信贷往往是为购置机器设备、购置住房或者扩建厂房等资本性开支需求进行筹资,通常反映着经济内生增长动能的提升。新增中长期信贷在新增贷款中的占比同贷款需求指数的同比变动有较强的相关性(见图1-16)。由于金融数据的公布是领先央行贷款需求指数的,因此新增中长贷的情况也是观察信贷需求的一个工具。

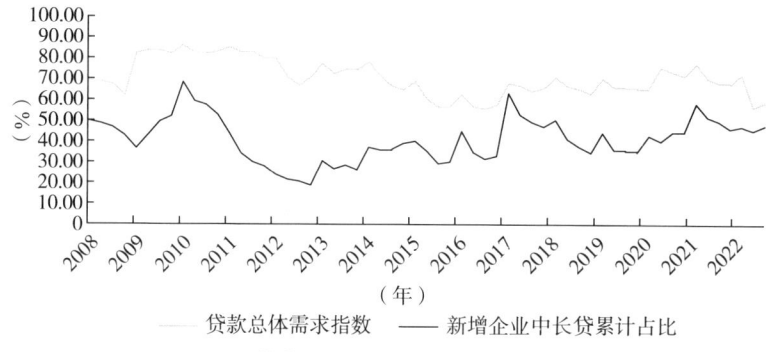

图1-16 贷款需求变化与中长贷累计占比关系

注:数据截至2022年12月。
资料来源:万得资讯,作者整理。

从票据利率预判信贷情况

信贷数据一直都是市场高度关注的指标,对于实体融资需求和信用宽紧进程的判断都有重要的指示意义,因此信贷数据的预测也成为债市投融分析中备受关注的话题。在传统方法中,市场会通过观察月末票据贴现率走势来预判当月信贷投放景气度,但2022年以来信贷数据与票据利率的关联性明显减弱,因此我们需要对背后的原因以及改良的方式进行讨论。

票据拥有资金属性和信贷属性,其中信贷属性体现在,诸多银行机构包括财务公司在内,都会将票据流动性的调整和规模的调整作为贷款规模调控的最后一道防线。因为除票据以外的一些信贷资产的流转和调控所需要的周期都比较长,但票据融资需要的时间很短，因此部分银行内部会在接近月末向票据经营部门释放信号，通过票据来满足央行对整个信贷规模管理的要求，因此票据的利率波动会受到信贷供需情况的影响，反之也会对整个信贷市场以及债券市场有吹哨效应。具体来说，票据利率在月末下行，意味着银行在月末借助票据给信贷"冲量"，那么该月信贷增长往往表现较弱；反之亦然。银行承兑汇票流程如图1-17所示。

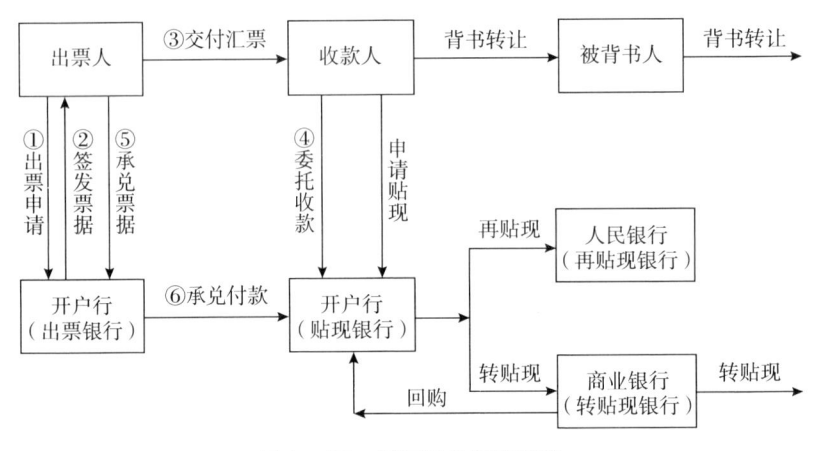

图1-17 银行承兑汇票流程

从历史经验来看，由于票据的信贷属性，月末票据利率与人民币贷款规模同比变化成正相关，与票据融资规模成负相关。然而从2022年下半年的情况来看，票据利率变化虽然在趋势上具备指导预测作用，但是在规模的判断辅佐作用上则出现了下滑，主要原因是监管层督促商业银行控制表内票据贴现的增长，避免出现月末大幅冲量的现象，侧面导致月末票据利率的指示性作用也相应减弱。同时，利率水平的波动也会对判断造成影响（见图1-18）。考虑到资金面等因素的影响，我们将观测指标改良为月末票据利率较全月均值下滑的情况（见图1-19）。同时，将同业存单净融资规模和发行利率纳入辅佐指标，对于预判信贷也具有一定的指示意义。

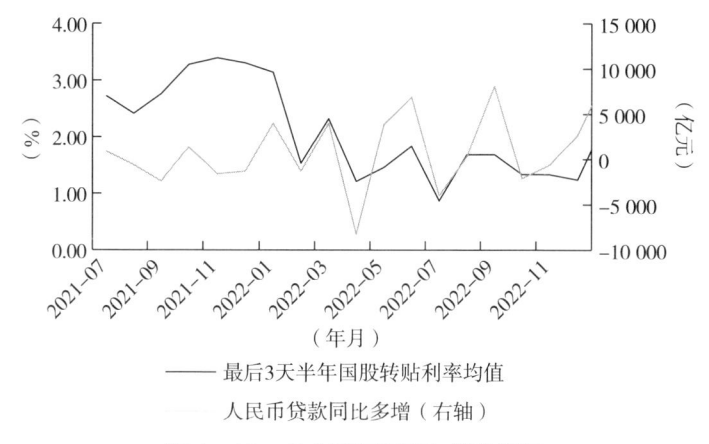

图 1-18 月末票据利率与贷款情况

资料来源：万得资讯，作者整理。

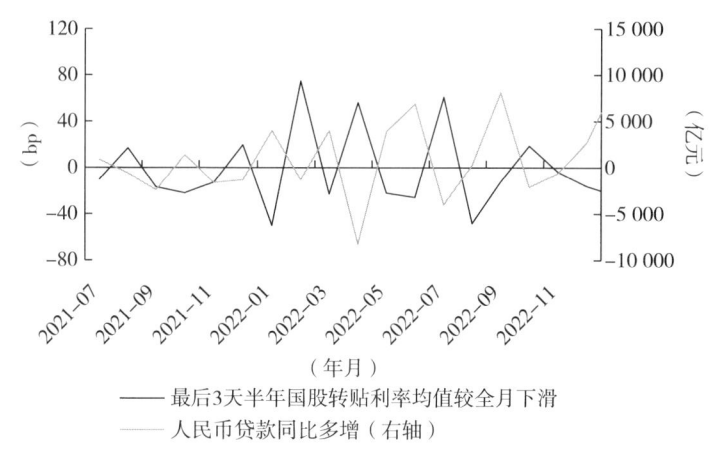

图 1-19 月末票据利率变化与贷款情况

资料来源：万得资讯，作者整理。

金融数据对债市投研的指导价值

前文我们介绍了各类金融数据，然而落实到实际应用中，还是更关注这些指标与债市基准利率的关系，尤其是当各类指标提供的信息出现矛盾时，应分析哪类指标在哪些情况下更具备参考意义。

下文将选取常见指标与 10 年期国债到期收益率进行回溯分析。

社融增速是最直观的"宽信用"效果观察指标，当社融增速大幅抬升，债市收益率往往也会随之上行。新增社融直接衡量了融资需求，暗示实体对于经济增长的预期。在信用周期向经济周期的传导过程中，经济回暖特征或下行趋势往往会通过社融提前反映，因而与利率表现出相关性。此外，当社融增速过快，经济出现过热风险时，货币政策收紧的概率也随之增大，从而带动利率上行。并且，市场的资金并不是无限的，当社融高增，银行大量投放信贷时，也会挤占一部分配债力量，使得利率有所走高。

社融与 M2 反映货币的供需两面，社融—M2 同比增速差反映了货币供需矛盾间的较量，是利率的先行指标，当增速差扩大，利率水平预计将随之抬升（见图 1-20）。M2 从银行负债端展示传统间接融资渠道释放的货币量，社融则从实体企业的角度考量金融对实体的支持力度，二者增速差值走阔，表明实体经济的融资需求或资产扩张速度快于银行 M2 的派生扩张速度，信用主体对货币的需求更加旺盛，因此对应更高的资金价格，并最终反映到利率这个衡量指标上。若无基础货币的超预期紧缩或扩张，理论上，社融—

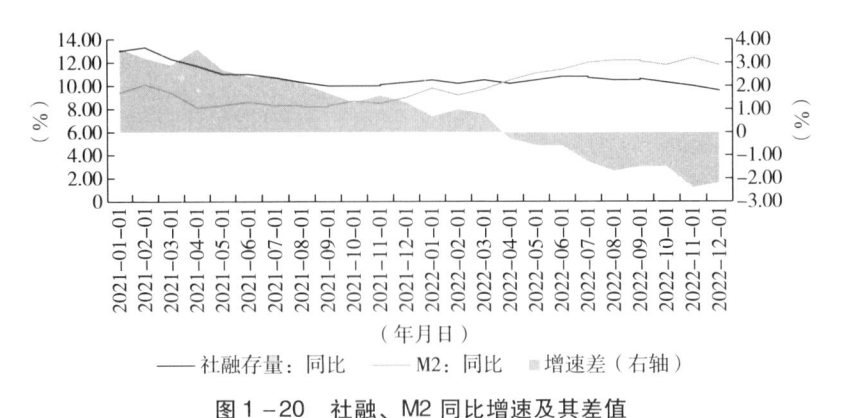

图 1-20　社融、M2 同比增速及其差值

资料来源：万得资讯，作者整理。

M2同比增速差应当与10年期国债收益率呈现出正相关关系，且前者的拐点应当相对靠前，这对于债市走势有较好的风向标意义。

M2—M1同比增速差是非金融企业活跃度的重要体现，当企业预期乐观时将扩大生产规模，通过存款活期化来提供充足的现金流以应对生产需求，使得M2向M1转换，因此M2—M1同比增速差与实体企业对于未来经营的乐观程度高度相关，而10年期国债收益率也明显受到经济预期的影响，于是反映在指标中便出现了较高的负相关性。同样站在预期的角度，企业新增中长期贷款占比是观察融资需求和经营预期的重要工具，理论上也会与国债收益率具有较强的相关性。

为了更好地观察各类指标对债市收益率的预测效果，我们将2018年以来社融同比增速（见图1-21）、社融—M2同比增速差（见图1-22）、M2—M1同比增速差（见图1-23）和中长期企业贷款占比（见图1-24）分别与10年期国债到期收益率进行回归，并计算相关系数来判断各指标与债市利率的拟合程度。结果显示，社融—M2同比增速差与国债利率走势的相关性最强，相关系数高达0.70；M2—M1同比增速差和社融同比增速其次，相关系数分别为-0.53和0.25；中长期企业贷款的拟合表现最差，相关系数为-0.14。

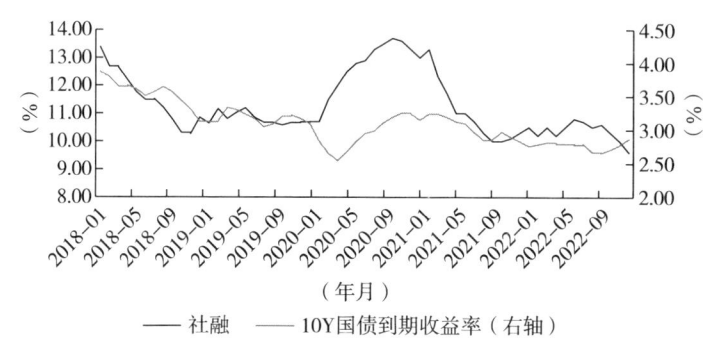

图1-21 社融同比增速与国债收益率变化

资料来源：万得资讯，作者整理。

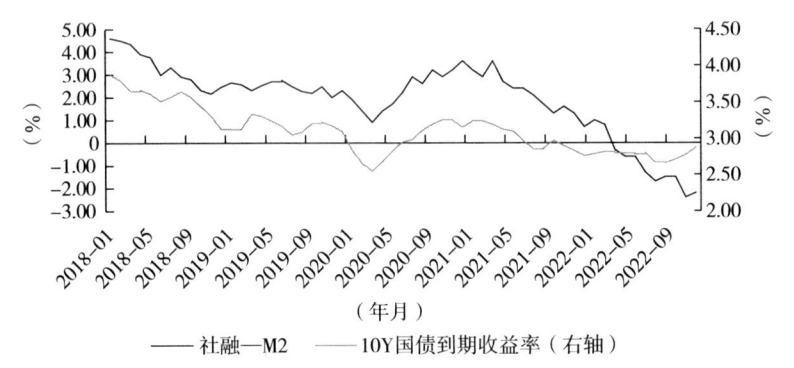

图 1-22　社融—M2 同比增速差与国债收益率变化

资料来源：万得资讯，作者整理。

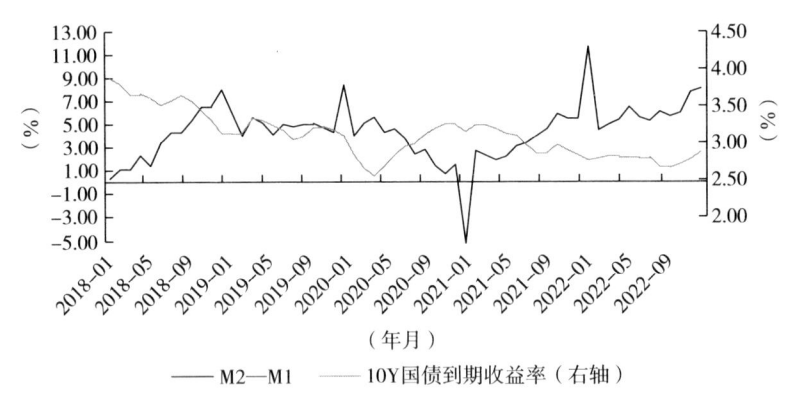

图 1-23　M2—M1 同比增速差与国债收益率变化

资料来源：万得资讯，作者整理。

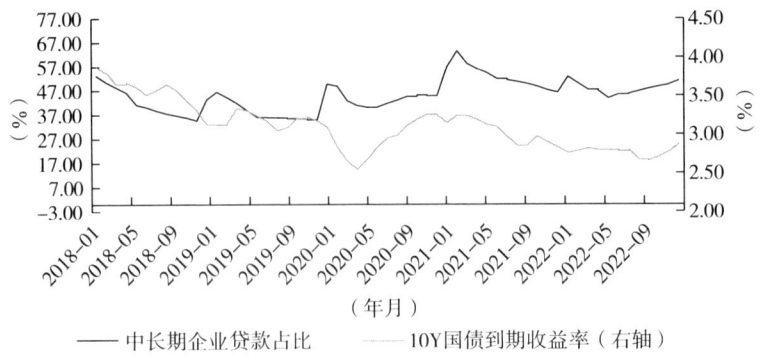

图 1-24　新增中长期企业贷款占比与国债收益率变化

资料来源：万得资讯，作者整理。

新增中长贷占比的指引作用表现较差，一方面是因为用指标本身来代表融资需求，再反映经济预期，最后与国债利率挂钩本身逻辑链条较长，其间会存在诸多其他影响因素；另一方面可能是因为房地产信贷规模较大，对房地产融资监管力度的边际变化会对数据产生较大的扰动，从而削弱新增中长期贷款占比对国债收益率的解释力。

综合来看，在各类常见的利率先行指标中，社融—M2 同比增速差和 M2—M1 同比增速差的指示作用最好，仅仅观察社融同比增速或企业中长贷占比对债市利率走势的参考意义有限。但是在政策聚焦稳增长，市场从"宽货币"向"宽信用"过渡的阶段，社融同比以及企业中长贷占比也会成为市场非常关注的指标。因此社融—M2 同比增速差虽然是重要的参考指标，但也不可以完全忽视其他总量数据的信号意义。

第二章
流动性的量与价

短期流动性缺口

银行间流动性环境是影响债券市场最直接、最敏感的因素。利率中枢受中长期的经济基本面影响,而短期的利率波动则更多受银行间流动性环境影响(见图2-1)。要观察银行间流动性环境的变化,最为重要的就是测算银行间短期流动性缺口。根据银行间短期

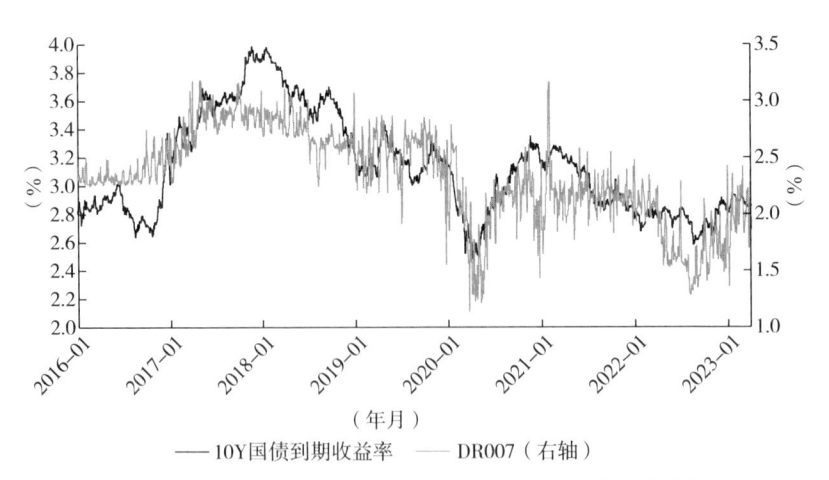

图2-1 银行间资金利率与10年期国债到期收益率走势

资料来源:万得资讯,中信证券研究部。

流动性缺口来预判未来银行间流动性环境变化，进而形成对资金利率的预期。

短期流动性供需

从供需两端分析银行间短期流动性缺口。银行间流动性缺口，即金融机构对流动性的需求超过流动性供给的部分。银行间金融机构的流动性需求，一方面体现为伴随商业银行信贷规模扩大，导致其存款余额增长的法定准备金需求，以及应付提现、清算需要和不确定性的超额存款准备金需求；另一方面则是金融机构回购市场进行加杠杆操作形成的资金需求。此处将银行间流动性需求简化为商业银行的流动性需求。流动性供给是央行通过各项货币政策操作工具和规则，向银行体系投放的流动性规模。央行主动投放流动性的手段主要包括降低法定准备金率、公开市场操作（央行票据、正/逆回购、买入/卖出债券、MLF、SLO、PSL、SLF）。除此之外，外汇占款、政府财政性存款、公众持有现金转移，都会对银行间流动性供需形成扰动。

银行间流动性缺口 = 流动性需求 – 流动性供给 =
　　　　Δ 商业银行法定存款准备金需求 +
　　　　Δ 超额存款准备金需求 + Δ 货币发行 –
　　　　Δ 央行公开市场操作净投放 – Δ 外汇占款 –
　　　　Δ 财政存款

基础货币的定义是，社会公众持续的现金及银行体系准备金的总和，因而基础货币的变化基本可以体现银行间流动性需求。从央行资产负债表角度看，基础货币即央行资产负债表中的储备货币，包括货币发行、其他存款性公司存款、非金融机构存款（见图 2 – 2）。其中，货币发行包括流动中的现金 M0 以及银行的库存现金，其他存款性公司存款包括银行的法定存款准备金和超额存款准备金的总和，非金融机构存款是支付机构交存央行的客户备付金存款。

基础货币 = 货币发行 + 其他存款性公司存款 + 非金融机构存款 =
M0 + 银行库存现金 + 法定存款准备金 + 超额存款
准备金 + 支付机构备付金

资产（亿元）		负债（亿元）	
国外资产	231 574.38	储备货币	365 235.34
外汇（占款）	217 733.71	货币发行	110 311.22
货币黄金	3 539.95	非金融机构存款	23 535.15
其他国外资产	10 300.72	其他存款性公司存款	231 388.96
对政府债权	15 240.68	不计入储备货币的金融性公司存款	6 781.46
其中：中央政府	15 240.68	发行债券	950
对其他存款性公司债权	143 449.64	国外负债	1 458.24
对其他金融性公司债权	1 559.25	政府存款	36 873.7
对非金融性部门债权	0	自有资金	219.75
其他资产	26 238.89	其他负债	6 544.37
总资产	418 062.84	总负债	418 062.84

图 2-2 2022 年 12 月央行资产负债表

资料来源：中国人民银行，中信证券研究部。

根据 2022 年 12 月央行资产负债表的结构，可以将其资产端和负债端进一步简化。资产端占比最大的为外汇占款和对其他存款性公司债权，占比约 85.9%；负债端占比最大的货币发行、其他存款性公司存款、政府存款，占比约 91.0%；其他资产和负债科目规模占比小且变动小。因而将央行资产负债表简化为，资产端为外汇占款和对其他存款性公司债权（以及对其他金融性公司债权），负债端为货币发行、其他存款性公司存款（以及非金融机构存款）。将资产端的变动与负债端的变动相匹配，有：

$$\Delta 货币发行 + \Delta 其他存款性公司存款 + \Delta 非金融机构存款 + \\ \Delta 政府存款 = \Delta 基础货币 + \Delta 政府存款 \\ \approx \Delta 外汇占款 + \Delta 对其他存款性公司债权 + \\ \Delta 对其他金融性公司债权$$

而从央行的货币政策操作看，对其他存款性公司债权与对其他金融性公司债权是央行对银行和非银机构开展的再贷款、再贴现、逆回购、MLF、SLF、PSL等流动性投放的累计值。因而，以上公式可以变型为：

$$\Delta 基础货币 + \Delta 政府存款 \approx \Delta 外汇占款 + \Delta 央行流动性净投放$$

继而有：

$$\Delta 基础货币 \approx \Delta 外汇占款 + \Delta 央行流动性净投放 - \Delta 政府存款$$

基础货币变动拟合见图2-3。

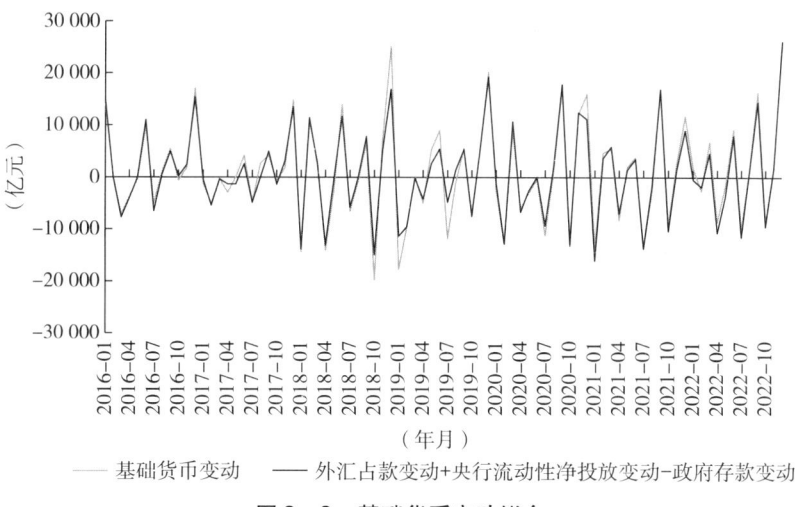

图2-3 基础货币变动拟合

资料来源：万得资讯，中信证券研究部。

影响基础货币的因素

外汇占款

当企业和银行进行结售汇时，央行将被动投放相应的货币，这一部分形成外汇占款。因而外汇占款的变动是央行被动进行的流动性投放或回笼，外汇占款增加则会形成央行相当规模的基础货币投放，反之则会形成相当规模的基础货币回笼。2014年5月以前，我国外汇占款一直保持较大规模的增长（从2011年年底到2012年年底外汇占款变动很少），外汇占款的增加额为银行体系提供了较大的流动性支持；从2014年年中到2016年12月，外汇占款规模显著降低；2017年起外汇占款的变动幅度明显缩小，单月变动规模在100亿元以内（见图2-4）。

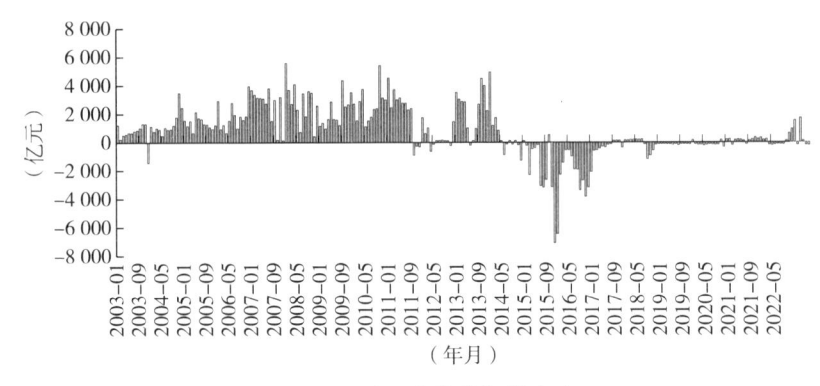

图2-4 外汇占款增加额变动

资料来源：万得资讯，中信证券研究部。

从历史经验看，影响外汇占款的最重要因素是贸易顺差的变化，顺差越大，外汇占款越多。但是也应该看到，虽然2020年以来的几年里贸易顺差大幅增加，但是外汇占款并没有明显增加。这可能是受到企业结汇意愿不高的影响。除此之外，从汇差的角度看，外汇占款的变动与在岸和离岸人民币汇率之差还存在同步走势。当在岸人民币汇率较离岸人民币汇率低，则外资倾向于在在岸市场兑换成美元后再到离岸市场兑换成人民币获利，导致外资流出、外汇占款减少；反之则倾向于到在岸市场兑换成人民币，导致外资流入、外汇占款增加。因而外汇占款的变动与在岸人民币—离岸人民币汇率之差的走势相关性明显（见图2-5）。

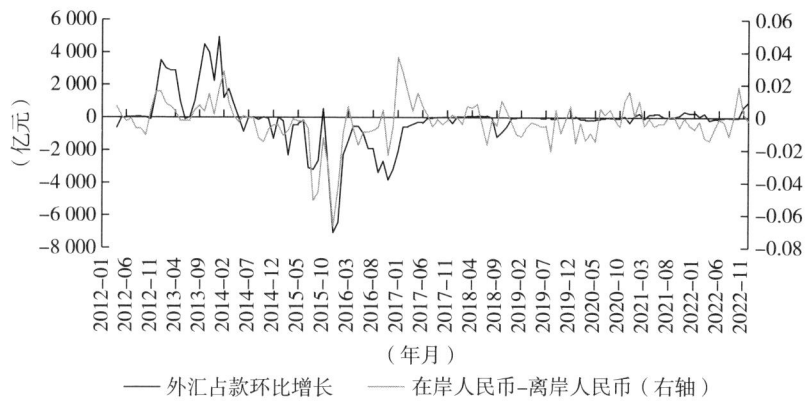

图2-5 外汇占款与在岸人民币和离岸人民币汇率之差
资料来源：万得资讯，中信证券研究部。

政府存款

政府存款包括各级政府在央行的财政性存款，由于财政性存款缴纳100%的准备金率，因而财政性存款增加会导致存款被动冻结，信用派生放缓、基础货币投放减少；而财政性存款的支出则会释放存款和基础货币。

从结构上看，各级政府在央行的财政性存款，包括地方政府和中央政府在央行的财政性存款。财政性存款主要是财政国库款项和其他特种公款等。而国库存款是指在国库的预算资金（含一般预算和基金预算）存款。因而财政性存款的变动可以大致与公共财政收支差额、全国政府性基金收支差额、国债和地方政府一般债净融资额之和的变动一致（见图2-6）。

公开市场操作

公开市场操作是央行吞吐基础货币，调节市场流动性的主要货

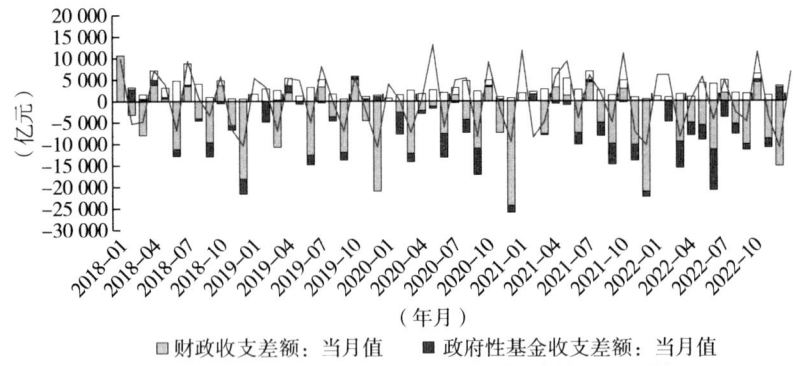

图 2-6 财政性存款变动的拆分

资料来源：万得资讯，中信证券研究部。

币政策工具。央行通过与交易对手交换有价证券和外汇交易，实现货币政策调控目标。央行的公开市场操作最早可以追溯至1994年3月启动的外汇公开市场操作。1996年4月，以国债为交易工具的央行公开市场操作正式启动，此后，公开市场业务得到长足发展，目前已经成为央行货币政策日常操作的主要工具之一，对于调节银行体系流动性水平、引导货币市场利率走势、促进货币供应量合理增长发挥了重要作用。

央行公开市场操作工具包括正回购、逆回购、现券交易、央行票据、SLO、中央国库现金定存（见表2-1）。与调节法定存款准备金率的时机相似，公开市场操作工具选择也在2012年前后出现分野。2012年以前，央行公开市场操作以正回购和发行央行票据为主，这两种工具的操作都具有回收流动性、减少流动性供给的作用；2012年以后（特别是2015年以后），央行公开市场操作以逆回购为主，同时创新了SLO、SLF、MLF、PSL等创新型货币政策工具（见表2-2），作为逆回购等公开市场操作的补充，这些工具的创设和开展都能增加流动性供给（见图2-7）。

表 2-1　央行公开市场操作

	正回购	逆回购	现券交易	央行票据	SLO	中央国库现金定存
定义	央行向一级交易商卖出有价证券,并约定在未来特定日期买回有价证券的行为	央行向一级交易商购买有价证券,并约定在未来特定日期将有价证券卖给一级交易商的行为	央行直接从二级市场买入卖出债券,一次性地投放/回笼基础货币	央行发行的短期债券	实质上是超短期逆回购,期限在7天以内	将中央国库闲置现金存入中央国库现金管理商业银行定期存款业务参与银行
对流动性的影响	正回购操作收回流动性,正回购到期投放流动性	逆回购操作投放流动性,逆回购到期收回流动性	现券买断投放流动性,现券卖断收回流动性	央行发行央票是收回流动性,央票到期投放流动性	SLO 操作投放流动性,SLO 到期收回流动性	中央国库定存投放流动性,中央国库定存到期收回流动性
推出日期	2000 年 8 月 1 日	1999 年 10 月 12 日	—	2002 年 6 月 25 日	2013 年 1 月	2006 年 12 月 6 日
推出目的	回笼银行体系流动性,引导货币市场利率走势	投放银行体系流动性,引导货币市场利率走势	调节较长时间内金融机构的流动性	吸收商业银行流动性	调节市场短期资金供给,熨平突发性、临时性因素导致的市场资金供求大幅波动	一方面向市场投放流动性,另一方面实现国库闲置现金有效管理

第二章　流动性的量与价　065

（续表）

	正回购	逆回购	现券交易	央行票据	SLO	中央国库现金定存
期限品种	央行历史上开展过7天、14天、21天、27天、28天、31天、84天、90天、91天、182天、364天正回购操作，其中7天、14天、28天和91天正回购操作最为常见	央行历史上开展过5天、6天、7天、14天、21天、28天、91天、182天逆回购操作，其中7天、14天和28天逆回购操作最为常见	—	央票的期限包括3个月、6个月、12个月和36个月，其中3个月和12个月央票规模最大	央行开展过1天、2天、3天、4天、5天、6天、7天SLO操作，以6天SLO最为常见	中央国库现金定存期限有3个月、6个月和9个月，其中以3个月定期存款为主
期末余额	2014年11月后暂停开展正回购	截至2017年6月30日，逆回购存量为8 150亿元	—	2013年11月后暂停发行央行票据	2016年1月后暂停SLO操作	1 400亿元3个月和800亿元9个月中国库定存尚未到期

资料来源：中国人民银行，中信证券研究部。

表2-2 创新型货币政策工具

交易品种	MLF	SLF	PSL	TMLF
定义	央行提供中期基础货币的货币政策工具	央行正常的流动性供给渠道，以抵押方式向金融机构提供短期、较大额的贷款	央行为支持国民经济重点领域、薄弱环节和社会事业发展而对金融机构提供的期限较长的大额融资	央行为支持小微企业信贷而创设的定向中期流动性投放工具
对流动性的影响	MLF 操作投放流动性，MLF 到期收回流动性	SLF 操作投放流动性，SLF 到期收回流动性	PSL 操作投放流动性，PSL 到期收回流动性	TMLF 操作投放流动性，TMLF 到期收回流动性
推出日期	2014年9月1日	2013年年初	2014年4月	2018年12月
推出目的	满足金融机构期限较短的大额流动性需求	根据流动性需求的期限、主体和用途不断丰富和完善工具组合，以进一步提高调控的灵活性、针对性和有效性	为支持国家开发银行加大对"棚户区改造"重点项目的信贷支持力度，央行创设 PSL 为开发性金融支持棚改提供长期稳定、成本适当的资金来源	操作对象为符合相关条件并提出申请的大型商业银行、股份制商业银行和大型城市商业银行，支撑其加大力度支持小微企业和民营企业贷款

资料来源：中国人民银行，中信证券研究部。

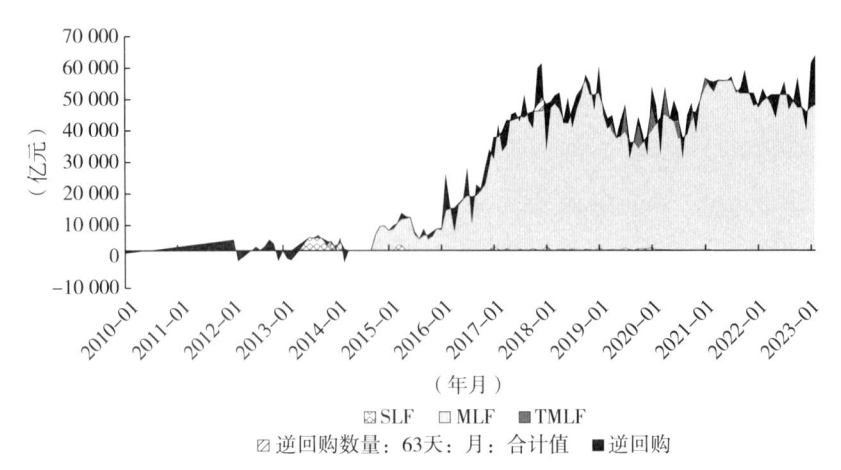

图 2-7　各项货币政策工具存量余额

资料来源：万得资讯，中信证券研究部。

季节性和临时性因素

基于月度视角的基础货币影响因素，主要是外汇占款、财政存款的变动及央行公开市场操作；但基于月内视角，月内时点部分季节性和临时性因素也会导致流动性供需结构的变化，进而导致流动性缺口的波动。

主要的季节性因素为月中缴税和银行走款、银行缴准、月末财政支出、政府债券发行，以及季末、年末跨季节资金需求旺盛。临时性因素则包括央行公开市场操作到期和政府债券发行缴款等。

缴税和银行走款导致银行体系流动性被暂时占用，银行间流动性需求阶段性提高。每月缴税时点及缴税截止日前约 3 个工作日的银行走款日，银行体系内资金流动为企业和居民使用存款资金缴纳税收，即企业和居民存款转变为政府存款，相应地该部分资金从对应法定存款准备金率转变为 100% 缴准，可以理解为商业银行部分超额存款准备金转变为法定存款准备金，因而出现银行间流动性缺口。而由于纳税时点集中在中旬后半段，时点冲击较为强烈。政府债券发行缴款对流动性的影响与缴税相类似，即政府债券发行缴款过程是企业和居民的存款资金转变为政府存款的过程，导致银行间流动性缺口出现时点性扩大。

需要注意的是，当缴税形成的政府存款支出后，银行体系内资金流动则是政府存款再次转化为企业或居民存款，形成流动性释放的效应。财政支出是缴税和银行走款的逆过程，因而在财政支出过程中，银行体系内资金流动是政府存款转变为企业和居民的存款资金，相当于该部分资金从100%缴准转变为对应法定存款准备金率缴准，因而形成流动性释放的效果。财政支出主要集中在季末月份的月末时点，导致月末时点银行间流动性缺口受财政支出力度影响而有所变化。

银行缴准时点流动性需求增加，流动性缺口时点性扩大。银行等金融机构通常会在每个月的5、15、25号（节假日则顺延到下一个工作日）缴纳存款准备金，时间相对固定。商业银行需要根据其存款增长规模缴纳相对应的法定存款准备金规模，从而导致在银行缴准时点商业银行流动性需求增加，流动性缺口出现临时性扩大。在2015年央行改革存款准备金考核制度以后，缴准对银行间流动性的时点性冲击更为可控，对银行间流动性环境的影响有所减弱。

除了缴税缴准、财政支出等流动性被动投放或回笼因素，央行公开市场操作净投放资金是央行对银行体系流动性环境进行主动管理的主要手段。公开市场操作到期后，若央行暂停后续操作维持净回笼，流动性缺口扩大，会使资金面一定程度上产生收紧趋势。面对一定规模的公开市场操作资金自然到期，央行主动调节新开展的公开市场操作规模，对自然到期的资金形成对冲，或是开展逆回购/MLF等操作进行资金释放，加大流动性供给；或是开展正回购操作/发行央行票据进行资金回笼，减少流动性供给。此外，除公开市场操作外，央行不定期的定向或全面降准、开展再贷款等结构性货币政策工具同样是影响银行间流动性缺口的重要因素。

超储率的测算

超额存款准备金是商业银行可以动用的备用资金，是银行间狭义流动性的核心。银行机构作为银行间流动性的净融出方，银行的超额存款准备金是其存放在央行、超出法定存款准备金的资金，主要用于支付清算、头寸调拨或作为资产运用的备用资金，是银行间狭义流动性的核心。超额存款准备金作为基础货币的重要组成部分以及金融机构流动性最强的资产，其充裕程度的变化一直以来被作为衡量银行体系资金宽裕与否的重要指标。

根据超储率的计算公式，利用央行公布的各项金融数据，可以对历史上各月的超储率进行测算。而非季月的超储率数据只能根据月中发布的金融机构信贷收支表和金融机构资产负债表等数据进行事后测算，且超储涵盖了超额准备金、库存现金等备付金，而相关金融数据如一般性存款等关键数据并未清晰列示，直接测算超储具有一定难度。第一章第二小节曾提到超储率的计算方法，在计算公式中，需缴准的存款和平均存款准备金率需要重点测算。一般情况下，人们使用一般性存款作为需缴准的存款的基数，但是随着存款性公司存款类型的不断丰富，由单位存款、个人存款和机关团体存款构成的一般性存款并非全部需缴准的存款。特别地，2014年12月27日央行发布的《关于存款口径调整后存款准备金政策和利率管理政策有关事项的通知》规定，将非银行金融机构同业存款纳入银行的一般性存款计算，非银行金融机构存款暂时不需要缴纳存款准备金；2015年央行发布的《关于调整金融机构存款和贷款统计口径的通知》将客户保证金等计入"各项存款"；自2016年1月

25日起，对境外参加行存放在境内代理行等境内银行的境外人民币存款执行正常存款准备金率。因此，对需缴准的存款的测算很难通过金融机构资产负债表直接获得。

根据货币供应量的统计办法寻找较为接近的测算办法。根据1994年公布的《中国人民银行货币供应量统计和公布暂行办法》的规定：

M0 = 流通中现金（货币供应量统计的机构范围之外的现金发行）
M1 = M0 + 企业存款（企业存款扣除单位定期存款和自筹基建存款）+ 机关团体部队存款 + 农村存款 + 信用卡类存款（个人持有）
M2 = M1 + 城乡居民储蓄存款 + 企业存款中具有定期性质的存款（单位定期存款和自筹基建存款）+ 外币存款 + 信托类存款

通过对 M1 和 M2 计算公式的分析，大致估计需缴准的存款 = M2 - M0 - 各类保证金存款，而各类保证金存款中包括证券公司的保证金和银行的保证金存款，分别可以通过 M2 的构成拆解获得。此外，对平均存款准备金率的测算需要综合考虑现行的"三档两优"政策，即对大型存款类金融机构和中小型存款类金融机构的存款准备金比例要求存在差异，加大对"三农"、小微企业支持力度并定向降准，对农发行、财务公司、金融租赁公司、汽车金融公司的准备金要求较低。最后通过估算得到需缴准的存款以及平均存款准备金率，进而得到超储率的测算值。

由于这一估算本身存在误差，且随着时间推移这一误差值逐月累计，测算的超储率逐步偏离官方公布的超储率数据，因而需要定期修正数据以减少误差。以每个季度官方超储率为基础，每个月根据基础货币和存款的变动来计算超储的变动，进而估算出每个月的超储率。由于：

$$\Delta 基础货币 = \Delta M0 + \Delta 银行库存现金 + \Delta 法定存款准备金 +$$
$$\Delta 超额存款准备金 + \Delta 支付机构备付金$$

因而：

$$\Delta 超额存款准备金 = \Delta 基础货币 - \Delta M0 - \Delta 银行库存现金 -$$
$$\Delta 法定存款准备金$$
$$= \Delta 基础货币 - \Delta M0 - \Delta 银行库存现金 -$$
$$\Delta（法定存款准备金率 \times 一般存款）$$

据此可以估算出：

$$超储率 \approx \Delta 超额存款准备金 / 一般存款 + 上个月超储率$$

备付需求降低，超储率呈现逐步下行趋势。2001年以来，我国金融机构超额准备金率总体上呈现出明显的下行态势。随着现代支付体系的不断发展，加快了货币的流通速度和资金的清算速度，加之商业银行融入资金更加便利、流动性管理更加科学有效，银行对超额储备金储备需求逐渐降低，造成了超储率的下降，这是金融市场发展的大势所趋，这种下降并不意味着银行体系流动性收紧和货币政策取向发生变化。具体来看可大致分为两个阶段，一是2001—2011年的趋势性下滑阶段，二是2012年至今，超储率维持在1%~3%的低位小幅波动（见图2-8）。

2001年年中至2002年第一季度，金融机构的超储率由6.1%快速攀升至历史最高点7.9%，此后至2011年6月，除2008年为应对金融危机，我国4万亿投资计划引导下流动性宽松以及金融监管政策趋严造成超储率急剧上升外，超储率整体呈震荡下行的趋势。

2012年以来超储率变动，主要受近年来央行公开市场操作主动发力、货币政策操作框架不断完善以及监管层面政策的影响。

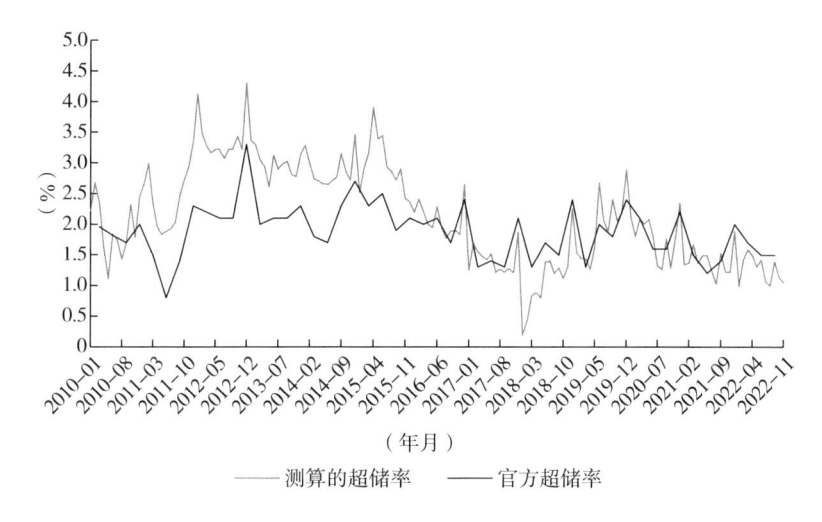

图 2-8　超储率测算

资料来源：万得资讯，中信证券研究部。

2014年以前，外汇占款是央行释放基础货币的主要手段，银行体系流动性整体充裕；2015—2016年，央行多次降准，超储率没有出现明显下降；2017年以来，随着金融去杠杆的深化推进，M2增速下行，我国银行超储率下滑明显并维持在较低水平。另外，央行货币政策工具灵活性增加，也使得银行部分降低了超额准备金的需求。

短期利率走廊

利率走廊机制原理

利率走廊的要素和运行

利率走廊（Interest Rate Corridor）自20世纪90年代起被学界

广泛讨论，是逐步被多国央行采纳的货币政策实施框架。顾名思义，利率走廊是央行通过向商业银行等金融机构提供存贷款而形成的一个利率操作区间。在典型的利率走廊体系中，利率走廊的下限是商业银行等金融机构在资金充裕时将资金存放在央行而获得的准备利率（包括法定存款准备金率和超额存款准备金率）；利率走廊的上限则由商业银行等金融机构从央行获得足额贷款的资金成本决定，央行出于稳定金融体系和履行最后贷款人职责的考虑，向面临流动性缺口的商业银行等金融机构提供足额贷款便利支持，该贷款便利利率为利率走廊的下限。

在利率走廊机制下，货币市场利率保持在利率走廊区间内波动。首先，利率走廊下限为商业银行等金融机构超额储备能获得的最低收益，在银行体系流动性足够充裕、市场资金面宽松的情况下，货币市场利率的大幅走低意味着货币市场的资金融出方能获得的收益下降，若利率下行到突破存款准备金率（应为超额存款准备金率，在零法定准备金制度下则为存款准备金率），则商业银行等金融机构会选择将满足清算支付以外的多余资金存放在央行而不是投入货币市场，货币市场流动性收紧限制了资金利率的进一步下行。其次，利率走廊上限为商业银行等金融机构能够从央行获得足额贷款便利的利率，在银行体系流动性短缺、市场资金面紧张的情况下，货币市场利率大幅走高意味着货币市场的资金融入方需要付出的资金成本攀升，若利率上行到突破贷款便利或再贷款利率，则商业银行等金融机构会选择不在货币市场融入资金而从央行申请贷款便利，货币市场流动性的好转将遏制货币市场利率上行。在以上制度安排下，货币市场利率不可能突破利率走廊的上下限，表现为在利率走廊区间内波动（见图2-9）。

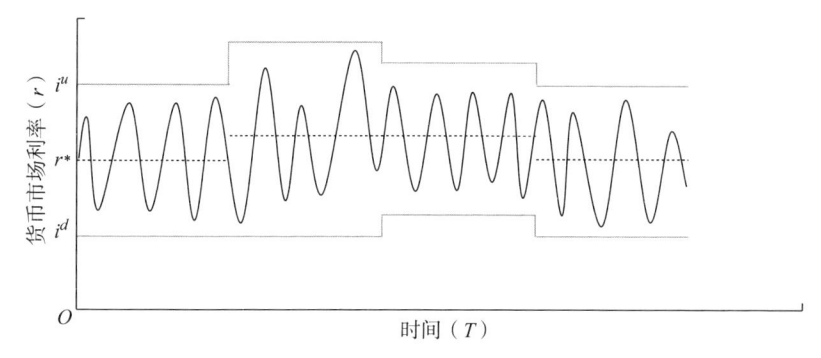

图 2-9 利率走廊示意

资料来源：中信证券研究部。

利率走廊下追求利润最大化形成利率均衡。① 在营造出利率走廊机制运行条件，建立好利率走廊系统时，货币市场资金供给和需求曲线及其均衡见图 2-10。i^u 和 i^d 分别是利率走廊的上限和下限，$S(M)$ 为货币市场资金供给曲线，$D(M)$ 为货币市场资金需求曲线，Q^* 为货币市场均衡点，r^* 为货币市场均衡利率。

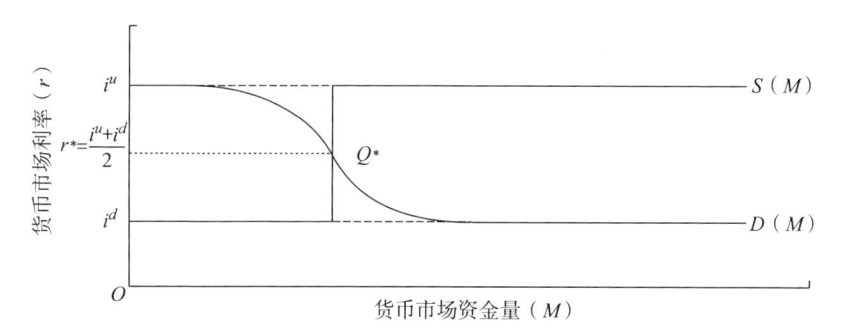

图 2-10 利率走廊机制中资金的供求均衡

资料来源：中信证券研究部。

---

① 资料来源：方先明. 价格型货币政策操作框架：利率走廊的条件、机制与实现 [J]. 经济理论与经济管理，2015，35 (6)：43-51.

在利率走廊机制下，资金供给曲线 $S(M)$ 为一条折线。央行需要在市场流动性不足时以利率走廊上限利率（贷款便利利率），向银行等金融机构提供足额的资金支持，因而在资金市场利率为利率走廊上限时，资金的供给为水平线；当市场出现流动性盈余，即货币市场利率低于利率走廊上限时，央行则以确定的利率走廊下限利率吸收资金；由于市场中流动性总量由央行决定，因而资金的供给曲线为一条折线，当央行投放流动性时，资金供给曲线右移，反之则左移。

在利率走廊机制下，资金需求曲线 $D(M)$ 为一条两端平坦、中间陡峭，向右下方倾斜的曲线。在货币市场利率趋于利率走廊上限时，流动性水平较差的商业银行从货币市场拆入资金与向央行申请贷款成本相近，此时利率的微小上升会使得更多商业银行放弃在货币市场拆入资金转而向央行申请贷款便利，从而引起货币市场资金需求的大幅减少；当货币市场利率趋于利率走廊下限时，流动性水平较好的商业银行向货币市场拆出资金的相对收益极小，此时利率的微小下降将会促使更多商业银行将资金存放于央行，货币市场资金需求急剧增长；货币市场资金需求曲线中间段的陡峭程度则体现了市场均衡点附近资金需求对于货币市场利率变动的敏感性。

在货币市场参与者（商业银行等金融机构），以在有效管理风险条件下追求利润最大化为经营目标的前提下，货币市场利率将在利率走廊区间内围绕均衡利率波动。如果货币市场利率高于均衡利率，则对于流动性更为宽裕的参与者，其通过拆借市场拆出资金相较于存放央行的收益差加大，拆出资金意愿较强，货币市场资金供给增加；此时，对于出现资金缺口的参与者，其通过货币市场拆入资金相较于从央行得到贷款便利的成本优势缩小，拆借的资金需求降低；在资金供给大于需求的条件下，货币市场利率必然会回落至均衡利率附近。同样，当市场利率低于均衡利率时，参与者从货币市场拆入资金的意愿增强而拆出资金的意愿减弱，此时货币市场资金需求大于资金供给，促使货币市场利率上行趋于均衡利率。

在利率走廊机制下，理论的均衡利率为利率走廊上下限的平均值。如果央行设定的利率走廊上下限分别为 i^u 和 i^d，承诺金融机构在央行的储备可以获得 i^d 的利息率，并且商业银行随时能通过抵押高信用评级的债券类资产及优质信贷资产等以 i^u 的利率获得足额流动性支持；货币市场利率为 r；金融机构流动性总量为 B，其中在央行的储备为 R；ε 为商业银行实际清算余额，其中 $\varepsilon \sim N(\mu, \sigma^2)$。则商业银行参与货币市场交易的期望利润函数为：

$$\pi = (B - R) \times r + i^d \times \int_{-R}^{\infty} (R + \varepsilon) \mathrm{d}N(\varepsilon) - i^u \times \int_{-R}^{-\infty} (R + \varepsilon) \mathrm{d}N(\varepsilon)$$

为实现金融机构参与货币市场交易的利润最大化，则令 $\dfrac{\partial \pi}{\partial R} = 0$，可得：

$$r = i^u \times N(R) + i^d \times N(-R)$$

在金融机构有效利用准备金，在央行的储备趋于 0 时达到市场均衡，均衡利率为：

$$r^* = \lim_{R \to 0} r = \frac{i^u + i^d}{2}$$

即央行能够借助利率走廊机制将货币市场利率维持在利率走廊上下限的均值附近。

根据前文的分析，在利率走廊机制下，货币市场利率将围绕在均衡利率（利率走廊上下限的平均值）附近波动，那么当央行基于对稳定物价、促进就业和经济增长等货币政策目标考虑需要对市场利率水平进行长期性的调整时，可以通过调整利率走廊上下限实现。

如图 2-11 所示，当货币市场资金需求曲线为 D_1、资金供给曲线为 S_1 时，均衡点为 Q_1，均衡的货币市场利率为 $r_1 = \dfrac{i_1^d + i_1^u}{2}$，均衡的货币市场资金量为 M_1。当央行希望市场利率水平上行到 r_2 附近时，一个便捷的方法是同时提高利率走廊上下限（保持利率走廊宽度，或者不对称提高利率走廊上下限改变利率走廊宽度）。若央行提高商业银行等金融机构准备金存放的收益率到 i_2^d，同时提升贷款便利利率至 i_2^u，货币市场资金的供给和需求曲线都会上移一段距离得到新的资金供给曲线 S_2 和资金需求曲线 D_2，在新的供需关系下得到均衡的货币市场利率为 $r_2 = \dfrac{i_2^d + i_2^u}{2}$，均衡的货币市场资金量为 M_2，在实现提高利率水平目的的同时没有改变市场的流动性环境。

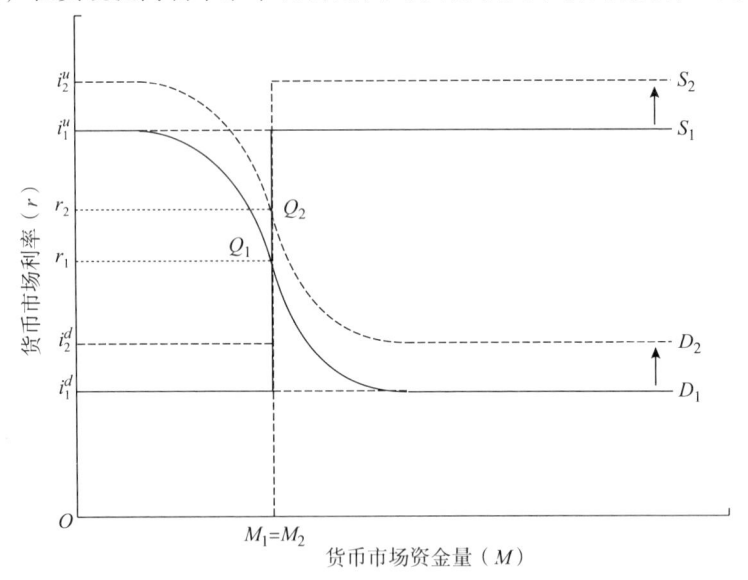

图 2-11 央行在利率走廊机制下调控市场利率

资料来源：中信证券研究部

可以发现，通过利率走廊机制进行长期性的利率调整并不需要央行大量投放或回笼流动性，对市场的流动性冲击很小；同时，利率走廊框架下利率的调整机制不是通过流动性的分层传导，货币市场对价格的反应速度要远远快于对数量的反应速度，利率走廊机制将大大提升货币政策的传导效率。

现实情况是，由于货币市场的流动性摩擦、利率走廊构建过程中流动性投放制度和支付清算基础设施条件未能完善等因素存在，货币市场利率往往无法达到均衡利率水平，而是在利率走廊内波动。尤其是在面临季节性资金需求旺盛的情况下，货币市场利率上行接近利率走廊上限，若利率走廊宽度加大、利率走廊上限较高，货币市场利率的长期高企将传导至长端利率乃至实体经济融资成本。在流动性需求较弱、货币市场利率下行接近利率走廊下限时，较低的利率水平和流动性泛滥催生金融加杠杆现象。此外，前述因素叠加作用下货币市场利率波动性增强，进一步加大了金融体系的风险。

央行通过频繁调整利率上下限的方法来应对货币市场利率的低效率是不可行的。在临时性的流动性扰动和货币市场利率波动的情况下，央行可以通过临时的流动性投放回笼方式，在不调整利率走廊的前提下调节货币市场利率。

如图 2-12 所示，当货币市场资金的供给曲线为 S_3、资金需求曲线为 D 时，得到均衡的货币市场利率为 r_3，均衡的货币市场资金量为 M_3。若货币市场受多重因素影响导致利率较高偏离 r_3 时，央行可以增加流动性投放（$M_4 - M_3$）使货币市场资金供给曲线右移至 S_4，相应地货币市场均衡利率为 r_4，市场利率在向 r_4 靠近的过程中重回适中位置。当临时性因素消失后，央行适时回收流动性，使得利率水平保持在原先的均衡利率附近波动。在这一临时性利率调控中，少量的流动性投放就能起到均衡利率水平的大幅变化。

但通过公开市场操作投放流动性进行临时性利率调控时需要把握资金投放量。若央行投放过多流动性（$M_5 - M_3$）则会引导利率水平快速下降至利率走廊下限，从而形成了以欧央行当前货币政策框架为代表的"地板系统"。在地板系统下，欧央行可以大量投放流动性支持信贷和经济复苏而不改变市场利率水平，成功地将利率政策和流动性政策分离，开展多轮量化宽松（QE）政策。[1]

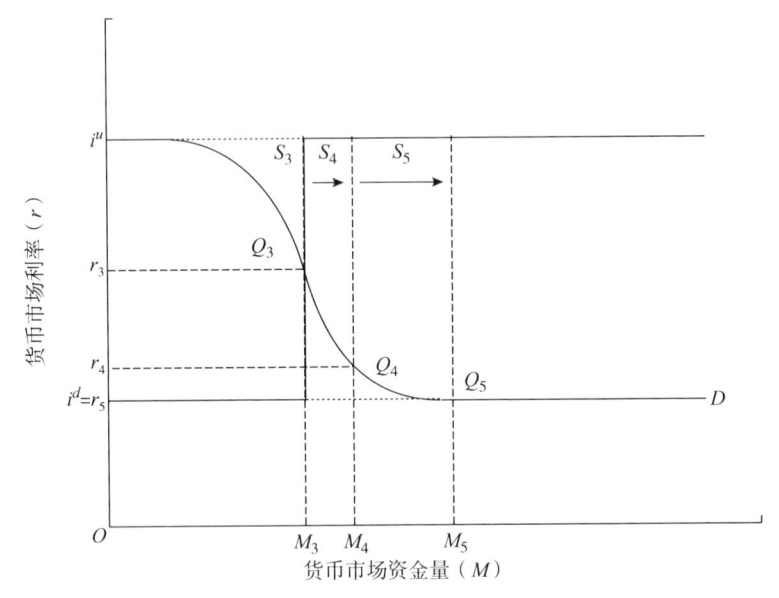

图2-12 央行临时流动性投放回笼调控市场利率
资料来源：中信证券研究部。

利率走廊机制的优势

正如前文所述，利率走廊机制的优势主要体现在以下几点。

---

[1] 资料来源：巴曙松，尚航飞. 利率走廊调控模式的演进、实践及启示［J］. 现代经济探讨，2015（05）：5-10.

1. 稳定市场利率。求解简化的利率走廊机制下均衡利率可得，货币市场均衡利率为利率走廊上下限的平均值，央行能够借助利率走廊机制将货币市场利率维持在利率走廊上下限的均值附近。在利率走廊机制下，货币市场利率较为稳定。

2. 利率调整操作简洁、精准。央行进行利率调整时，可以通过提高利率走廊上下限（保持利率走廊宽度，或者不对称提高利率走廊上下限改变利率走廊宽度）的方式简便地进行。同时，由于均衡利率确定，因此在进行利率调整时更加精准。

3. 利率调整冲击小、成本低。通过利率走廊机制进行长期性的利率调整并不需要央行大量投放或回笼流动性，对市场的流动性冲击很小。同时，利率走廊框架下利率的调整机制不会导致流动性的分层传导，货币市场对价格的反应速度要远远快于对数量的反应速度，利率走廊机制将大大提升货币政策的传导效率。

4. 临时性利率调控灵活性强。在货币市场利率受季节性等临时性因素影响而出现超调和失真时，央行通过公开市场利率操作进行临时性利率调控。在这一临时性利率调控中，少量的流动性投放就能起到均衡利率水平的大幅变化。

5. 缓解流动性危机时的挤兑现象，降低市场利率波动。利率走廊机制将明显缓解商业银行面临的暂时性流动性冲击时的挤兑现象，降低货币市场利率非理性波动；通过预期引导减少央行不可观测的"防御性需求"，减少公开市场操作需求的同时还能降低市场利率的波动。[1]

---

[1] 资料来源：牛慕鸿，张黎娜，张翔. 利率走廊、利率稳定性和调控成本 [J]. 金融研究，2017（07）：16-28.

我国的利率走廊＋公开市场操作机制

在理想的利率走廊机制下，央行以利率走廊上限的价格向存在流动性缺口的金融机构提供足额资金，并以利率走廊下限的利率水平支付存放于央行的超额储备的收益，在市场存在摩擦等条件下，货币市场均衡利率是利率走廊上下限的平均值，市场利率将在均衡利率附近波动。

要构建理想的利率走廊机制，需要满足众多苛责的条件。其一，市场的参与方（我国以商业银行为主）需要确立市场化主体地位，在货币市场上追求利润最大化，才能使得货币市场利率围绕均衡利率小幅波动。其二，央行需要建立零准备金制度或自愿准备金制度，法定准备金制度将干扰利率走廊下限发挥作用。其三，充分竞争、无摩擦的货币市场是保证价格信号迅速、有效发挥效应的关键性前提，如果存在市场结构分层等因素，套利机会的存在将扭曲价格工具的效用。其四，完备、高效的清算系统是降低市场摩擦、加快信息传递的基础设施，参与者最大可能地使储备余额为 0 是利率走廊机制发挥功能的基础条件之一。

在现实情况下，由于货币市场的流动性摩擦、利率走廊构建过程中流动性投放制度和支付清算基础设施条件未能完善等因素存在，货币市场利率在利率走廊内波动幅度可能较大。在这种情况下，利率走廊＋公开市场操作的政策组合成为众多国家货币政策调控方式转型的选择，要使得该政策组合能够发挥功能，仍然需要满足一些条件。

第一，为了增强央行在货币政策和流动性管理方面的主动力，在结构性流动性短缺的框架下，通过公开市场操作释放流动性是上佳选择。央行货币政策操作框架主要分为两类：结构性流动性盈余的操作框架和结构性流动性短缺的操作框架。在结构性流动性盈余的制度安排下，银行体系流动性保持一定盈余，央行主要通过减少短期流动性供给来进行流动性管理；而在结构性流动性短缺的制度安排下，银行体系流动性保持一定缺口，央行主要通过增加短期的流动性供给来进行流动性管理。因而央行使得银行体系保持一定的流动性缺口，是利率走廊＋公开市场操作组合对流动性环境的要求。

第二，央行需要通过存贷款便利工具确定合适的利率走廊上下限。作为利率走廊机制的关键参数，利率走廊上下限的选择和作用的发挥十分重要。首先，央行需要创设借贷便利工具或再贷款、再贴现为存在流动性缺口的金融机构提供足额的资金支持，该借贷便利工具的利率或再贴现率变为利率走廊上限。其次，对持有过多或过少储备的金融机构都进行惩罚，例如设定法定存款准备金率和超额存款准备金率，若储备过多则只能得到远低于市场利率的惩罚性利率。

第三，培育较为稳定的市场基准利率。央行需要培育能准确反映金融体系流动性松紧状况，并对交易对手信用风险和抵押品质量扰动的市场基准利率。央行以此为短期货币政策调控目标，更加精准灵活地开展公开市场操作。

部分学者和官员也曾阐述过我国利率走廊机制构建的实施路线。马骏等人 2015 年 12 月在中国人民银行工作论文中建议，我国建立利率走廊机制可以分三步走：第一步，建立隐性的政策利率和事实上的利率走廊；第二步，逐步收窄事实上的利率走廊，形成"政策利率"预期；第三步，建立正式的、显性的利率走廊。构建利率走廊还需配套改革，包括淡化 M2 增速指标意义、完善抵押品制度、加强部门协调配合和信息沟通等（见表 2－3）。

表2-3 建立利率走廊实施路线

步骤	目标	内容	所需配套改革
第一步	建立隐性政策利率和事实上的利率走廊	在一个隐性的政策利率周围建立一个事实上的利率走廊，但未必宣布这隐性政策	1. 淡化M2增速为货币政策中介目标，给予M2增速更大弹性 2. 加强部门之间协调和信息沟通，提高政策透明度和信息质量 3. 完善央行抵押品制度，保证抵押品的可得性、规模性、便利性等要求
第二步	逐步收窄事实上的利率走廊，形成"政策利率"预期并成为基础利率	收窄利率走廊降低利率的波动性，市场形成以某种短期利率为政策利率的预期，并以此利率为基础进行定价和发展衍生品，逐步形成目标利率	
第三步	建立正式的、显性的利率走廊	取消基准存贷款利率并宣布建立短期盯住政策理论和中长期参考广义货币供应量增长率的新货币政策框架。届时宣布建立正式的利率走廊，以SLF利率为上限、超额存款准备金率为下限。继续采用公开市场操作维持更窄的事实上的利率走廊	

资料来源：牛慕鸿，张黎娜，张翔，等. 利率走廊、利率稳定性和调控成本［J］. 金融研究，2017（07）：16-28；中信证券研究部。

利率走廊机制政策路线

目前我国货币政策调控正处于数量型向价格型转型的过程中，央行早已开始尝试以利率走廊为代表的价格型货币政策调控方式。央行对我国当前货币政策的工作思路和改革方向进行判断和把握集中体现在货币政策执行报告中。央行早在《2013年第一季度中国货币政策执行报告》中就开始关注和介绍土耳其央行的利率走廊机制的运行情况,同期创设 SLF 并大规模开展操作,暗示央行开始尝试以利率走廊为代表的价格型货币政策调控方式(见表 2-4)。

1. 转型初始期:从 2013 年年初到 2014 年第一季度,央行逐步扩大 SLF 操作范围,强化 SLF 利率作为货币市场利率上限的作用。比如,2014 年第二季度以前 SLF 余额和操作规模都保持在较高水平,SLF 的大规模操作有利于发挥其货币市场利率的上限作用。此外,央行于 2014 年 1 月在 10 个省份分支机构开展 SLF 操作试点,为中小金融机构提供短期流动性支持,逐步扩大 SLF 操作范围,进一步强化 SLF 利率为货币市场利率上限。

2. 政策清淡期:从 2014 年第二季度到 2014 年年底,SLF 操作逐渐淡出,此后货币政策执行报告中也未提及利率走廊机制。随着外汇占款逐步退出基础货币主要投放渠道,在面临流动性投放渠道转型的历史阶段,央行首先采取的是创新货币政策工具,2014 年 4 月和 9 月创设 PSL 和 MLF,并大量开展两项工具的操作。这一阶段,数量型调控方式成为主导,价格型工具 SLF 操作逐渐淡出。

3. 恢复推进期:2015 年第一季度,货币政策报告中正式提出利率走廊。价格型调控方式转型恢复推进的标志是《2015 年第一季度中国货币政策执行报告》中一改前期"SLF 利率发挥了货币市场利率上限的作用"的说法,提出当前我国货币政策调控处于从数量型调控为主向价格型调控为主逐步转型的过程中,明确探索 SLF 利率发挥货币市场利率走廊上限的功能。与首次提出探索利率走廊机制相呼应,央行完成了前期试点工作,分支机构全面推开 SLF 操作。在这一时期,SLF 重启操作。探索构建利率走廊和重启并推广 SLF 操作标志着货币政策调控方式向价格型转型又迈进了一步。

4. 稳步推进期:2015 年第四季度至今,强调下一阶段货币政策思路为探索利率走廊机制。2015 年第一季度后,SLF 操作和利率走廊构建从台前回到幕后；2015年第四季度，央行在货币政策执行报告中首次强调下一阶段货币政策思路为探索利率走廊机制，标志着政策制定层已经着手利率走廊机制的顶层设计，这一货币政策思路一直延续至今。但值得关注的是，虽然该阶段货币政策执行报告中始终强调当下货币政策工作思路为探索利率走廊机制，增强利率调控能力，进一步疏通央行政策利率向金融市场及实体经济的传导，利率走廊机制的构建和完善似乎进入稳步推进期。

表2-4 2013年以来货币政策报告中关于利率走廊和SLF相关表述梳理

货币政策报告时间	SLF	利率走廊
2013Q1	创设SLF 发放方式：抵押（高信用评级债券和优质信贷）和借款 适用对象：政策性银行、全国性商业银行 创立后开展较多	介绍土耳其央行利率走廊政策
2013Q3	2013年第三季度起SLF减量操作	介绍土耳其央行利率走廊政策
2014Q1	央行在10个省份分支机构开展SLF操作试点，为中小金融机构提供短期流动性支持；扩大SLF范围，市场资金供应适度稳定，春节前后货币市场利率波动幅度较往年明显减小	国际经验：（1）推动利率市场化，逐步放开利率直接管制，央行逐步强化价格型调控和传导机制；（2）完善货币调控框架，宣布和调节政策利率和利率走廊，并运用公开市场操作等使市场利率围绕政策利率变化

(续表)

货币政策报告时间	SLF	利率走廊
2014Q2	SLF利率发挥了货币市场利率上限的作用，有利于稳定市场预期，保持货币市场利率的基本平稳	欧央行通过利率走廊机制调控短期市场利率和银行体系流动性。利率走廊的下限为存款便利利率，即欧央行主动吸纳银行隔夜存款的利率。利率走廊上限是边际贷款便利利率，即欧央行向金融机构提供有抵押隔夜流动性支持的利率；主要再融资利率为基准利率
2014Q3	未开展SLF（2014年3月至2015年11月均未开展SLF）	—
2014Q4	探索发挥SLF利率作为货币市场利率上限的作用，稳定市场预期，促进货币市场平稳运行	—
2015Q1	央行分支机构全面推开SLF操作，完善央行对中小金融机构提供正常流动性的渠道	货币政策调控处于数量型转向价格型过程，进一步疏通货币政策传导机制。根据货币政策调控需要适时调整利率水平，探索SLF利率发挥货币市场利率走廊上限的功能
2015Q2—Q3	几乎未提及SLF	—
2015Q4	更加注重稳定短端利率，探索SLF利率发挥利率走廊上限作用，充分运用价格杠杆稳定市场预期，引导融资成本下行	下一阶段货币政策思路：探索利率走廊机制，增强利率调控能力，理顺央行政策利率向金融市场乃至实体经济传导的机制

(续表)

货币政策报告时间	SLF	利率走廊
2016Q1	探索SLF利率发挥利率走廊上限作用，央行及时开展SLF操作，按需足额提供短期流动性支持	表述同上
2016Q2	按需足额提供短期流动性支持，并积极发挥SLF利率作为利率走廊上限的作用	表述同上
2016Q3	对地方性金融机构按需足额提供短期流动性支持，积极发挥SLF利率作为利率走廊上限的作用	表述同上。另：一方面更加注重稳定短期利率、探索构建利率走廊，稳定市场预期，疏通传导机制，另一方面也需要在一定区间内保持利率弹性，发挥价格调节和引导作用
2016Q4	表述同上	探索利率走廊机制，增强利率调控能力，疏通央行政策利率向金融市场及实体经济的传导
2017Q2	表述同上。另：SLF工具和自动质押融资工具使得商业银行在短期流动性不足的时候可以合格资产为抵押从央行获得流动性支持，而公开市场操作频率从每周两次提高到每日操作，从制度上保障央行能够及时应对多种因素可能对流动性造成的冲击，及时释放政策信号引导和稳定市场预期，有效降低了商业银行对超额存款准备金预防性需求	表述同上

（续表）

货币政策报告时间	SLF	利率走廊
2017Q3	表述同2016Q3	下一阶段货币政策思路：探索利率走廊机制，增强利率调控能力，进一步疏通央行政策利率向金融市场及实体经济的传导

资料来源：中国人民银行官网，中信证券研究部。

营造环境并搭配工具组合

2007年以来银行体系流动性缺口表现出明显的3个阶段。2007—2011年存在一定的流动性缺口；2012—2014年存在一定的流动性盈余；2015年至今，银行体系始终存在一定的流动性缺口且流动性缺口逐渐扩大，银行体系流动性总体较为短缺。

通过梳理央行2007年以来流动性投放工具的调整发现，2015年以后央行保持稳定的存款准备金率水平，以公开市场操作为流动性供给的主要渠道，同时外汇占款的持续减少对冲了央行的流动性供给，反映了结构性流动性短缺操作框架下的特征。

从历史上看，央行货币政策工具包括存款准备金、公开市场业务、各类借贷便利、央行贷款、利率政策等，其中调整法定存款准备金率和开展公开市场业务一直以来就是央行流动性管理框架中的主要操作工具。此外，基于我国外汇制度和长期以来外贸依存度较高的事实，外汇占款变化也是央行被动流动性供给的主要渠道之一。通过回顾央行货币政策操作工具的调整可以看出其流动性管理框架的变迁。2007年以来央行流动性管理操作框架分为3个时期。

第一时期，2007—2011年，外汇占款增长较快造成流动性被动投放，央行以提高法定存款准备金率和公开市场回笼资金为主要操作，反映了结构性流动性盈余操作框架下的特征。

第二时期，2012—2014 年，外汇占款增长受阻，被动的流动性供给不足，央行采取降低法定存款准备金率配合公开市场回笼资金的操作进行流动性管理，这一时期是结构性流动性盈余和短缺操作框架的过渡阶段，降低流动性需求和减少流动性供给并存。

第三时期，2015 年至今，央行保持稳定的存款准备金率水平，以公开市场操作为流动性供给的主要渠道，同时外汇占款的持续减少对冲了央行的流动性供给，反映了结构性流动性短缺操作框架下的特征。

经历了 2012—2014 年的过渡期，央行流动性管理框架完成了从结构性流动性盈余操作框架向结构性流动性短缺框架的转变。在目前结构性流动性短缺操作框架下，央行流动性管理的主动性增强，"削峰填谷"熨平流动性的临时性波动。同时，央行不断创新公开市场操作工具，使得流动性管理更加精准、灵活、有效。

具体来看，2008 年降准之前，经历了多次连续提准后，流动性缺口明显扩大，流动性缺口连续 5 个月超过 2 万亿元；2011 年年底降准前，流动性缺口也已连续多月超过 8 000 亿元；2015 年 2 月降准前，在春节期间流动性较为充裕的情况下，流动性缺口超过 1.5 万亿元，且前期已经出现多月连续超过 5 000 亿元流动性缺口；2015 年其余几次降准和 2016 年 3 月降准之间，流动性缺口均保持在较高水平（见图 2 - 13）。

利率走廊 + 公开市场操作初具雏形

结合央行的政策部署，按照央行工作论文建议的实施路线图，对照相应时期利率走廊和货币市场利率的走势，将利率走廊构建分为以下 3 个阶段。

1. 2013—2014 年，央行着手考虑利率走廊的构建，通过创设

■ 流动性缺口：累计 —— 人民币存款准备金率：估算整体（右轴）

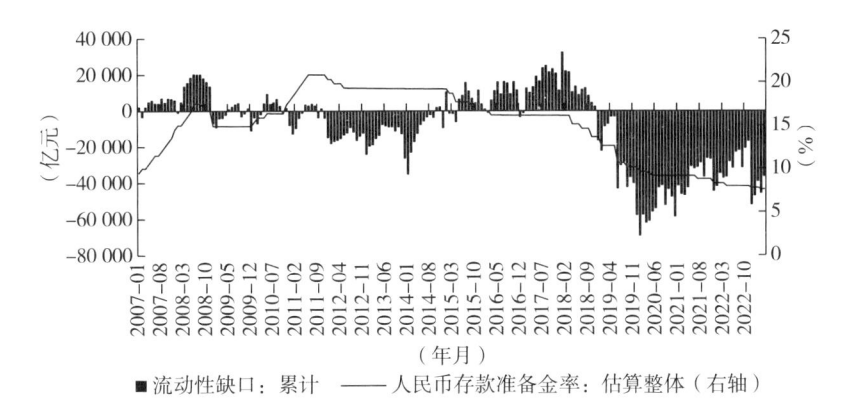

图2-13 测算的流动性缺口

资料来源：万得资讯，中信证券研究部。

SLF并逐步扩大SLF操作范围，使其逐步发挥货币市场利率上限作用。该阶段前期，SLF工具最初面世便开展较大规模操作，成为向金融机构提供中长期资金需求的主要工具之一；但该时期以SHIBOR（上海银行间同业拆放利率）1周为代表的货币市场利率波动极大，尤其是2013年"钱荒"期间，SHIBOR 1周大幅上行突破11%，说明该时期SLF还没有发挥其货币市场利率上限作用。2014年，SHIBOR 1周中枢大幅走低、波动性大幅减弱，极大的可能是央行在10个省份分支机构开展SLF试点，扩大SLF操作范围，SLF利率积极发挥了利率走廊上限的作用。

2. 2015年—2017年5月，央行逐步缩窄事实上的利率走廊宽度，推出银银间质押式回购利率（DR），市场形成基准利率的预期。2014年年底，全国银行间同业拆借中心发布DR；2015年第四季度，央行首次提出探索SLF利率发挥利率走廊上限作用，并大幅降低SLF利率，收窄利率走廊；《2016年第三季度中国货币政策执行报告》指出，"DR007可降低交易对手信用风险和抵押品质量对利率定价的扰动，能够更好地反映银行体系流动性松紧状况，对于培育市场基准利率有积极作用",市场形成了以 DR007 为基准利率的预期；2017 年 5 月 31 日，全国银行间同业拆借中心推出银银间回购定盘利率（FDR），以 FDR007 为参考利率的利率互换交易相关服务正式上线，更进一步加强了市场对以 DR007 作为基准利率的预期。同时，7 天逆回购利率逐步成为预期的政策利率。

3. 2017 年 6 月至今，事实上的利率走廊功能初显，搭配公开市场操作，央行得以精准、灵活地调控货币市场利率。自 2015 年下半年起，在结构性流动性短缺的货币政策操作框架下，央行公开市场操作利率是大型银行获得资金的最低成本，中小型银行则面临更高的货币市场利率，因而银银间质押式逆回购利率 DR007 和银行间同业拆借利率 SHIBOR 1 周利率均在公开市场操作利率之上，7 天逆回购利率成为利率走廊事实上的底部。随着事实上的利率走廊初步构建完成，DR007 和 SHIBOR 1 周的 30 天移动平均利率从贴近 7 天逆回购利率（与利率走廊上下限均值接近）逐步贴近 SLF 利率与逆回购利率均值，利率走廊机制作用凸显（见图 2-14）。

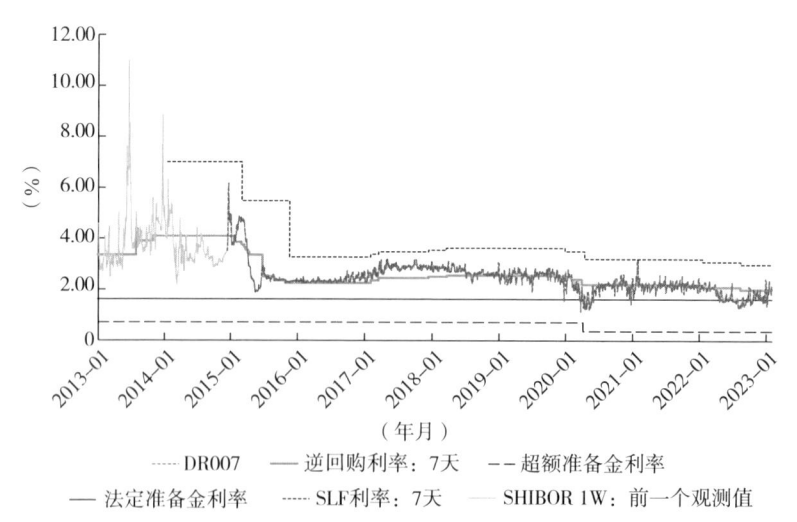

图 2-14 2013 年以来利率走廊及主要货币市场利率走势
资料来源：万得资讯，中信证券研究部。

参考国际经验，要更好地发挥利率走廊系统的功能，未来需要进一步改革公开市场一级交易商机制，通过扩大公开市场操作对象范围，简化流动性传导流程，减少流动性摩擦。同时，加强货币当局与市场的信息沟通，公开更多交易数据，稳定市场预期。

公开市场操作利率和回购利率的关系

我国目前基本实现了利率走廊+公开市场操作的流动性管理框架。在利率走廊+公开市场操作的政策框架下，要精准摆布两类货币政策调控工具，首先需要理解货币政策对货币市场利率的影响机制。在利率走廊和公开市场操作双头并举的货币政策框架下，影响短端利率的因素分为两大类，包括政策性因素及市场流动性需求和条件因素。第一类，政策性因素，包括利率走廊上下限调整、公开市场流动性净投放、金融监管政策等；第二类，市场流动性需求和条件，包括流动性分层、流动性需求结构变化，以及季节性、临时性因素对流动性水平的扰动。

货币政策因素对流动性和货币市场利率的影响主要通过调整公开市场操作利率和公开市场投放量实现。利率走廊+公开市场操作实现了量价工具的分离。在一定的市场条件下，央行只需要调整利率走廊上下限便能实现对货币市场利率的调控，且调控过程中并不会形成任何流动性释放和回笼，价格型货币政策调控方式简洁而精准。同时，量价工具的配合进一步平抑短端利率波动。以下从利回购利率的中枢和回购利率的波动性两个维度来考察公开市场操作利率和回购利率的关系。

公开市场操作利率引导回购利率的中枢

回购利率与公开市场操作利率具有强相关性。DR007是银行间最为重要的回购利率，也是银行间资金利率体系中最重要的基准利率。从历史上看，以DR007月度均值为代表的回购利率中枢与7天逆回购操作利率走势整体趋于一致。2015年以来，DR007中枢与7天逆回购操作利率的相关系数为0.83，表明二者存在强相关性。具体来看，在公开市场操作利率降息阶段，DR007中枢趋于下行，且下行的幅度较公开市场操作利率更大；在公开市场操作利率加息阶段，DR007中枢也趋于上行，且上行幅度较公开市场操作利率更大；在公开市场操作利率保持不变的时期，DR007中枢基本维持平稳，尤其是在2016年、2018年8月—2020年1月、2020年8月—2022年2月，DR007中枢与公开市场操作利率水平非常接近（见图2-15）。

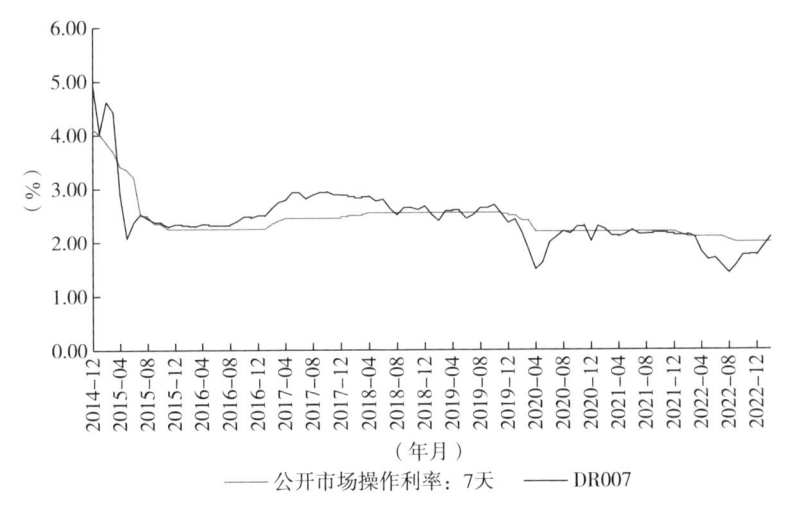

图2-15 公开市场操作利率与回购利率的关系

资料来源：万得资讯，中信证券研究部。

在利率走廊机制下，回购利率中枢与公开市场操作利率趋同。如前文所述，在利率走廊机制下，货币市场利率将围绕在均衡利率（利率走廊上下限的平均值）附近波动，因而从中长期趋势的角度，回购利率中枢会跟随利率走廊上下限的均值运动。在我国的利率走廊体系和政策利率体系中，公开市场操作利率恰恰与利率走廊上下限的平均值具有相同趋势,且保持相对稳定的利差,2017年以来在32.5bp到42.5bp之间波动。因而公开市场操作利率与回购利率中枢趋于一致(见图2-16)。

图2-16 公开市场操作利率与利率走廊上下限均值的关系
资料来源:万得资讯,中信证券研究部。

公开市场操作利率逐步成为银行边际负债成本,并传导至回购利率。央行流动性投放工具随着时间出现了显著的趋势变化。2012年以前,央行流动性管理主要通过提高法定存款准备金、正回购和发行央行票据的方式回笼由外汇占款增长产生的剩余流动性;2012年以后,央行流动性管理逐步转变为以降准和逆回购操作为主,加大流动性投放;2015年以后,在逐步加大逆回购操作规模和频率的基础上,新创设的MLF、SLO、SLF、PSL等工具进一步补充了流动性供给渠道,并逐步成为央行对银行流动性支持的最主要组成部分。随着公开市场操作逐渐成为央行基础货币投放的主要方式,以7天逆回购利率和MLF利率为代表的公开市场操作利率逐渐成为商业银行获取基础货币的边际成本,因而以回购利率为代表的市场资金利率受到银行负债边际成本的直接影响,表现为回购利率中枢跟随公开市场操作利率变动。

回购利率的波动性受公开市场投放数量影响

回购利率反映了银行间流动性环境的变化,核心是基础货币缺口或超储水平的变化。如前文所述,基于月度视角的基础货币影响因素主要是外汇占款、财政存款的变动及央行公开市场操作;基于月内视角,月内时点部分季节性和临时性因素也会导致流动性供需结构的变化,进而导致流动性缺口的波动。公开市场操作是央行主动投放基础货币的主要渠道,因而在外汇占款变动、财政存款变动、缴准缴税、政府债券发行缴款、MPA 考核等影响流动性缺口的因素之外,央行通过公开市场操作可以进一步调节银行间流动性缺口情况,进而直接影响回购利率波动。

央行进行公开市场操作的目标多为平抑资金利率波动,因而公开市场操作规模成为影响银行间短期流动性及回购利率的主要手段。货币政策的中介目标和短期目标是维持以货币市场利率为代表的短端利率的平稳。2016 年以来货币政策执行报告始终强调密切关注流动性形势和市场预期变化,加强预调微调和与市场沟通,综合运用各种数量型工具灵活提供不同期限流动性,维护银行体系流动性合理稳定,"削峰填谷"和"平抑波动"是央行货币政策流动性管理的关键词(见表 2-5)。以上表述透露出两方面信息:一方面,强调央行对市场流动性水平和货币市场利率的调控态度,即注重预调微调、维持货币市场利率稳定;另一方面,当前流动性管理仍然以数量型工具为主,降准、逆回购、MLF、SLF、PSL、国库现金定存等是当前央行进行流动性管理的主要工具。

公开市场操作频次增加、规模扩大,是 2016 年以来影响货币市场利率波动性的一大原因。作为调节短期利率水平、熨平流动性临时性扰动的主要手段,央行自 2016 年起提高公开市场操作频率,增加流动性投放和回笼的规模,DR007 和 SHIBOR1 周波动率明显

表2-5 货币政策执行报告中的流动性管理目标

货币政策执行报告	流动性管理目标
2018Q1	加强预调微调和预期管理,灵活运用逆回购、MLF、SLF等工具提供不同期限流动性
2017Q4	密切关注流动性形势和市场预期变化,加强预调微调和与市场沟通,综合运用逆回购、MLF、PSL、临时流动性便利(TLF)等工具灵活提供不同期限流动性,维护银行体系流动性合理稳定
2017Q3	密切关注流动性形势和市场预期变化,加强预调微调和与市场沟通;张弛有度开展公开市场操作;"削峰填谷",熨平诸多因素对流动性的影响
2017Q2	注重根据形势变化加强预调微调和预期管理;张弛有度开展公开市场操作;"削峰填谷"熨平流动性波动
2017Q1	调节好货币闸门,加强与市场沟通和预期引导;"削峰填谷"保持流动性基本稳定
2016Q4	实施好稳健中性的货币政策,增强调控的针对性和有效性;灵活运用多种货币政策工具组合,维护流动性基本稳定
2016Q3	坚持实施稳健的货币政策,保持灵活适度,适时预调微调,增强针对性和有效性;保持流动性合理充裕的同时,注重抑制资产泡沫和防范经济金融风险
2016Q2	继续实施稳健的货币政策,保持灵活适度,适时预调微调,增强针对性和有效性;保持适度流动性;调节好流动性和市场利率水平
2016Q1	继续实施稳健的货币政策,保持灵活适度,适时预调微调,增强针对性和有效性;保持适度流动性,实现货币信贷和社会融资规模合理增长;调节好流动性和市场利率水平,促进货币市场稳定

资料来源:中国人民银行,中信证券研究部。

降低（见图2-17）。此外，在结构性流动性短缺的流动性管理框架下，金融体系内部始终存在一定的流动性缺口，在这种情况下，如果央行提供较多流动性将降低利率的敏感性，若流动性总量在稳健中性水平波动，货币市场利率的敏感性也更高。

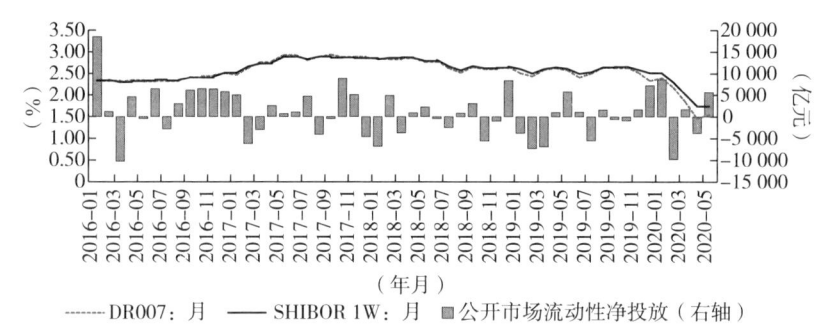

图2-17 公开市场净投放与货币市场利率负向关系明显
资料来源：万得资讯，中信证券研究部。

利率的偏离程度是利率波动情况的一个反映，调控利率偏离程度有助于对整体波动性的控制。构造一个标准化后的货币市场利率，计算方法：（货币市场利率－前14天利率均值）/前14天年化波动率，代表了当前货币市场利率相对于过去14天均值的波动情况，是当前利率对前期均值的偏离程度。央行可以通过调控这一偏离程度来实现波动水平的整体平稳（见图2-18）。

利率偏离程度与流动性收放节奏具有较高的一致性。对照央行公开市场操作每日流动性净投放与标准化后的货币市场利率［（货币市场利率－前14天利率均值）/前14天年化波动率］的走势可以发现，货币市场利率的偏离程度与流动性净投放量存在较高的一一对应关系（见图2-19）。货币市场利率高于前14天利率均值一定水平时，央行在大多数情况下均开展了流动性净投放操作；货币市场利率低于前14天利率均值一定水平时，央行在绝大多数情况下采取的是流动性回笼操作。以上对应关系反映了央行开展公开市

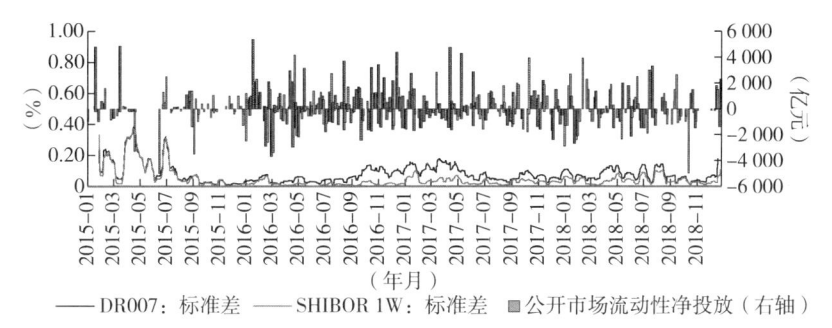

图2-18 波动性增强均伴随长期净回笼

资料来源：万得资讯，中信证券研究部。

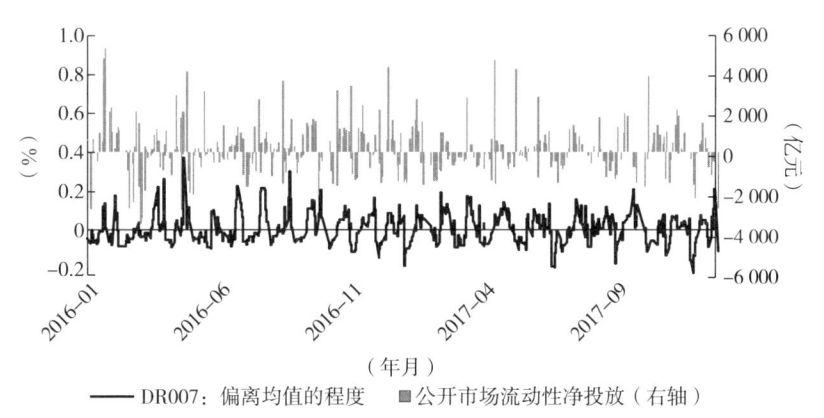

图2-19 DR007偏离均值的程度与流动性净投放/回落对应度高

资料来源：万得资讯，中信证券研究部。

场操作的预判性，是货币政策预调微调的基础。

总而言之，利率走廊+公开市场操作实现了量价工具的分离，公开市场操作利率和操作规模分别影响回购利率的中枢走势和波动性。

第三章
人口、资本、自然增速与长期利率

2008年金融危机以来，全球利率水平经历了前所未有的趋势性下移。在这样的时代背景下，又有一些波澜，比如"钱荒""金融去杠杆"，让我们久久难以忘怀。是什么主导了时代的大潮和历史的波澜？其中既有趋势的力量，也有周期的波动。本章将从经济的周期波动和长期趋势出发，来阐述它们与利率的复杂联系。

短周期下的利率走势

库存周期、PPI与利率

经济周期往往是影响利率走势的重要逻辑，在短周期中，库存周期是最值得关注的。库存周期又称基钦周期，从美日经验看，这是一种经济运行中平均长度为40个月的短周期，主要划分依据是工业企业产成品存货的起落变化。以美国为例，1993年以来，美国经济经历了1993—1997年、1997—2001年、2001—2005年、2005—2009年、2009—2013年、2013—2016年、2016—2020年7轮库存周期，2023年正处于新一轮库存周期的下行阶段，平均每轮周期持续4年左右。

一轮库存周期中的补库存阶段能够持续多久，主要是看需求的强弱。企业盈利的改善和库存的增减主要由需求、价格两个因素驱动，其中补库存的持续性由需求的强弱决定。在经济上行期，需求旺盛，价格上涨，因此企业利润持续改善，支撑补库存持续性与强度；而在经济下行期，价格上涨虽然能带动企业补库存，但需求疲弱占主导，会影响补库存的持续性与强度。

我国库存周期长度为40个月左右，在较长的周期中"一年减库存、两年补库存"，在较短的周期中"两年减库存、一年补库存"。2000—2019年，我国经济经历了6轮库存周期：2000年5月—2002年10月、2002年11月—2006年5月、2006年6月—2009年8月、2009年9月—2013年8月、2013年9月—2016年6月、2016年7月—2019年12月。过去平均每轮库存周期持续时间也在40个月左右。从时间跨度来看，2002—2006年、2006—2009年、2009—2013年这3轮周期时间较长，平均持续40个月以上，这3轮库存长周期过程均伴随较长时间的补库存过程，补库存阶段约为27个月；2000—2002年、2013—2016年这两轮库存周期偏短，周期时长分别是29个月和35个月，补库周期仅为12个月左右。可以发现，在长周期中，补库存阶段往往持续2/3的时间，呈现出"两年补库存、一年去库存"的特征；而在短周期中，补库存阶段一般占据约1/3的时间，呈现出"一年补库存、两年去库存"的特征。最新一轮的周期是2020—2023年，从各方面的因素评估来看，这一轮库存周期也在2023年年中接近尾声。

3轮长周期是在需求旺盛的情况下，由"量价齐升"的双轮驱动。2002年长周期的背景是加入世界贸易组织（WTO）后出口与地产投资逐渐成为拉动总需求的主要力量，并带动企业进行补库存，此轮周期时长为42个月，其中补库存阶段约持续27个月；2006年长周期是在全球经济复苏的背景下，我国低劳动力成本叠加美国实行积极货币政策，经济供需两旺刺激企业补库存，此轮周期时长为 40 个月，其中补库存阶段约持续 26 个月；2009 年长周期是因为金融危机后货币政策宽松，4 万亿投资计划拉动经济走出低谷、刺激需求，并带动企业补库存，此轮周期时长为 47 个月，其中补库存长达 28 个月左右。

3 轮短周期都是在"价升量平"的弱需求背景下，补库存持续性较差。2000 年、2013 年和 2016 年的短周期是在前期行政手段去产能的背景下，随着库存见底、需求企稳，价格开始回升，利润逐步回暖，企业开始补库存。但由于经济疲弱、需求仍处低位，短暂地补库存之后，经济动能趋弱使得企业再次去库存。3 轮短周期中补库存持续时间较短，均为 12 个月左右。

与库存周期相关性最高的指标是 PPI（生产者物价指数）。由于工业品 PPI 的上涨会提高工业企业的生产积极性，因此产成品库存与 PPI 有密切关系。经统计，PPI 当月同比相对于产成品库存增速具有较好的领先性，在滞后 5 个月的情况下相关系数高达 0.81；而 PPI 累计同比领先产成品库存增速大约 3 个月时间，领先 3 个月的 PPI 累计增速与库存增速的相关系数高达 0.87。无论是经济周期本身，还是作为重要通胀指标的 PPI，都会对利率产生直接影响以及复杂的间接联系（见图 3-1）。因此，对库存周期的研判是我们研究利率走势必不可少的一项工具。

地产周期与利率

我们之所以要格外关注地产周期，很重要的原因之一是一个投资者耳熟能详的说法——"地产是周期之母"，地产周期与经济周期紧密相连，息息相关。除此之外，另一个不容忽视的因素就是地产市场与金融市场之间天然的联系，这种联系能够通过杠杆的作用放大，也就是我们常说的"金融加速器"。

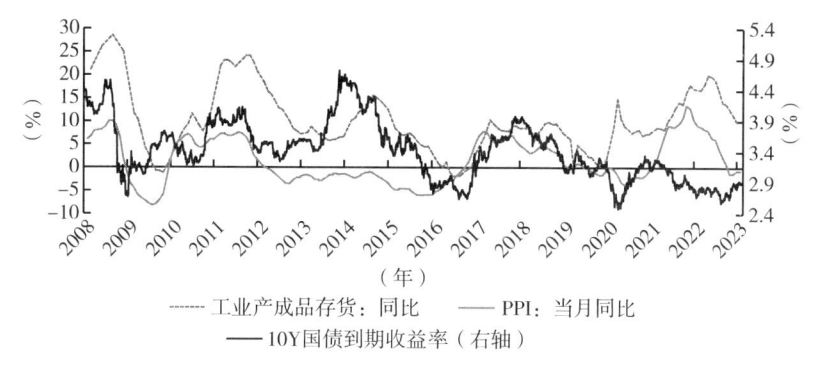

图 3-1 库存周期、PPI 和 10 年期国债到期收益率走势
资料来源：万得资讯，作者整理。

地产与利率之间最直接的联系在于按揭贷款利率。债券投资者经常思考的一个问题是，现在按揭贷款利率在持续上行（有时候是下行），是否意味着国债利率也应该保持相同的走势？回答这个问题要区分时间维度。比如，在我们本章所讨论的所有周期中，这个逻辑是对的，因为时间维度足够长，最短的都在 3 年左右，历史上贷款利率与债券利率的关系比较密切，大的拐点往往保持同步。究其原因，二者的相关性与银行在金融市场中扮演的角色密不可分：银行在承担全社会信贷投放功能的同时，也是债券市场最大参与者。对于商业银行，信贷与债券是银行最重要的两类资产。从银行的资金运用层面，大部分资金被用于贷款，债券投资占据次席。商业银行 70% 以上的资金被用于信贷业务，20% 左右的资金投资于债券。投资于债券的资金当中，绝大多数用于购买地方政府债（45%），对国债（25%）和政策性金融债（20%）也有比较均衡的配置。随着近年来债券市场的不断扩容，银行资产中的债券投资比例也越来越高，银行配置力量的影响也越来越大。银行作为市场化的机构，一旦信贷和债券两种资产之间存在替代关系，那么二者的比价关系将在一定程度上左右它对于二者的配置比例：当贷款的性价比高于债券时,银行倾向于把更多的资金分配到信贷业务;当贷款的性价比低于债券时,银行可能愿意把更多的钱用来配债。因此,二者既同时受到银行负债端的影响,又存在替代关系,这就意味着二者的走势具有非常强的正相关性(见图3-2)。

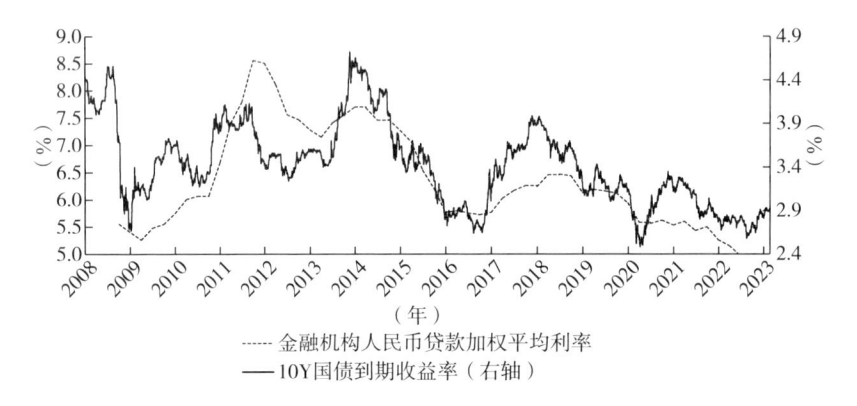

图3-2 金融机构贷款加权平均利率和10年期国债到期收益率走势
资料来源:万得资讯,作者整理。

但是,如果缩短时间维度以季度来衡量,我们也常常看到二者的背离。银行配置债券并不仅仅关注其表面的利息收益,银行在信贷和债券之间做权衡时,需要把机会成本也考虑在内,但也存在一些难以量化的因素。除了银行,非银机构也是债券市场重要的参与者,由于其交易的活跃性、对监管和事件扰动的敏感性,使其对债券市场价格的影响力大于银行,这也是信贷利率和国债利率经常发生短期背离的重要原因。

地产周期与利率之间的另一个联系是从经济到政策的间接联系。地产产业链的覆盖范围极广,从上游的煤炭、铁矿石开采,到中游的黑色金属、有色金属冶炼,再到下游的汽车、家电消费,以及房价上涨带来财富效应对消费的提振,地产周期与经济周期的变化高度相关。地产周期的回暖往往以销售回升作为前瞻指标,以地产交易过热和房价快速上涨为高潮。在一个完整的地产周期中，地产政策的变化是主导变量。政策从放松到收紧，市场的信用环境也会经历由宽信用到紧信用的过程，从而引起市场利率的响应和变化（见图3-3）。

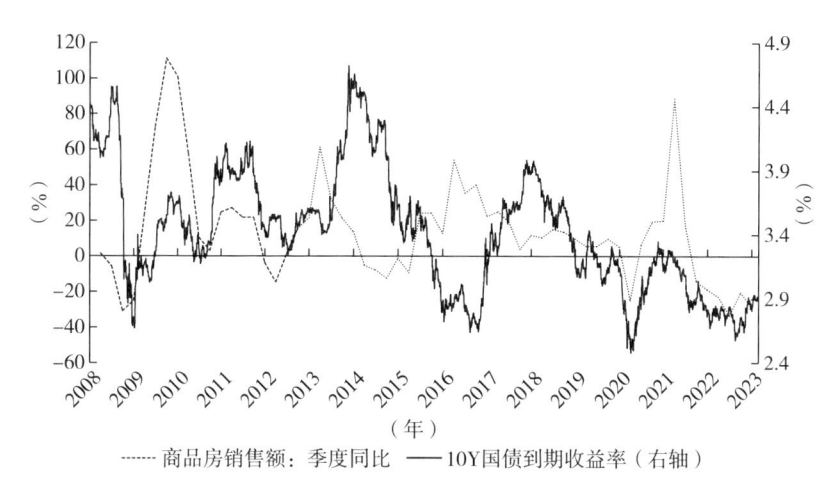

图3-3 地产销售周期和10年期国债到期收益率走势
资料来源：万得资讯，作者整理。

我们观察地产周期的脉络，可以沿着以下的逻辑进行。

最为领先的是政策放松/收紧，以需求端的放松/收紧和按揭贷款利率下降/上调为契机。从历史上看，每一轮地产政策放松过程，加权平均的按揭贷款利率都会下行100bp以上，按揭贷款利率的下行往往可以带来商品房销售增速的回暖，按揭利率的下行配合限购限贷政策的放松，能够对居民的购房意愿形成刺激（见图3-4）。

其次，销售复苏领先于拿地、新开工和投资。房企拿地、新开工和投资都是同步指标，过去两轮大的地产周期，从地产销售底到房企拿地和开工的反弹，时间间隔大概是2~3个季度（见图3-5）。

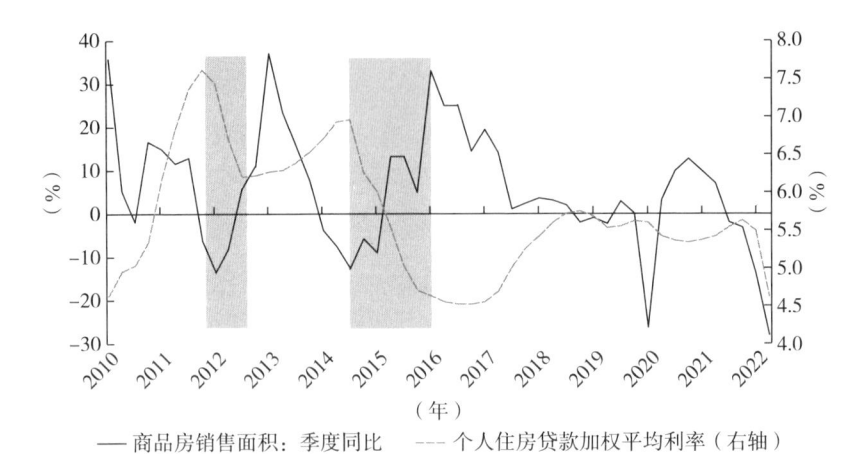

—— 商品房销售面积：季度同比   --- 个人住房贷款加权平均利率（右轴）

图3-4　按揭贷款利率的下行往往可以带来商品房销售增速的上行
资料来源：万得资讯，作者整理。

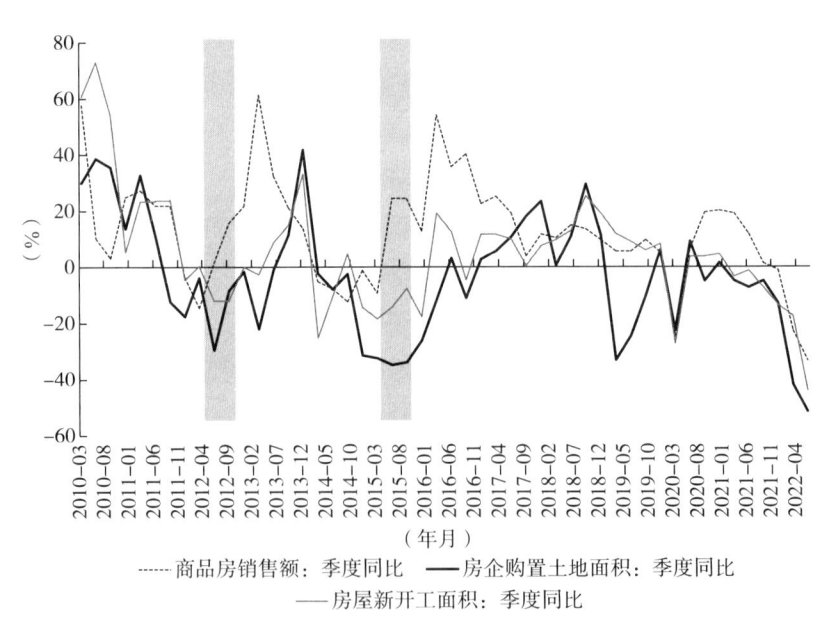

······ 商品房销售额：季度同比　　—— 房企购置土地面积：季度同比
—— 房屋新开工面积：季度同比

图3-5　销售领先于拿地和新开工2~3个季度
资料来源：万得资讯，作者整理。

虽然逻辑如此，但 2020 年以来这一轮地产周期的复苏困难程度显然要更大一些，无论是疫情冲击还是信用冲击，都比以往更加猛烈。这些客观上的约束导致从 2022 年年初政策开始放松到地产销售复苏的时间被大幅拉长，直到 2023 年年初地产销售才呈现一定的复苏趋势。不仅如此，信用危机下房地产企业资产负债表难以快速修复，企业对未来的信心不足，这些因素也将导致地产销售向开发投资的传导速度变慢，上一轮地产的衰退周期和下一轮复苏周期被拉长。

事实上，分析 2020 年之后的地产周期变化，离不开地产长周期见顶回落的大背景。未来地产的周期性特征会越来越弱，趋势性特征会越来越强，这一点我们将在接下来"利率的中长期趋势"部分进行更加详细的讨论。

利率的中长期趋势

长期自然增长和自然利率

从经济学理论的角度出发，均衡条件下的名义利率一般由自然利率和通胀决定。自然利率的概念由维克塞尔提出，但并未给出清晰明确的定义，大部分学者研究的自然利率是指，经济在稳定的通胀下达到潜在增速时的实际利率水平。国内外对于自然利率的讨论主要对应短端利率，以指导货币政策中价格型工具的运用，但是不论是短端还是长端，都可以衍生出自然利率的概念。在没有价格黏性的市场中，如果实际利率处于自然利率水平，那么经济增长也会处在自然增长率的水平附近。所以，如果我们希望经济增速运行在合理的区间，即潜在增长率或自然增长率水平附近，那么就需要把实际利率控制在自然利率附近，这也是自然利率对于各国央行的指导意义所在，事实上各国央行对于本国的自然利率水平和趋势都做了大量的研究。理论上讲，如果能够确定自然利率，再加上央行理想的通胀率，就可以得到"中性的"名义利率。

在新凯恩斯的框架下，自然利率和经济的自然增长率存在确定的对应关系。二者均是由经济内生决定的，与技术进步、人口增长、制度因素、市场结构等因素相关。在加利（Gali）等人提出的新凯恩斯基准模型中，要保证产出达到潜在水平，产出缺口为0，那么减去通胀后的利率应当为：

$$r_t^n = \rho + \sigma E_t \{\Delta y_{t+1}^n\}$$

这个利率被定义为自然利率（其中ρ为家庭的贴现率，σ是决定消费效用的参数，y_{t+1}^n是$t+1$期的产出的对数，Δy_{t+1}^n代表了经济增速）。尽管新凯恩斯的基准模型忽略了很多经济结构方面的细节，但清晰地表达了自然利率与潜在产出（GDP）增速之间的关系。这也解释了为什么美国名义利率（实际利率+通胀）与名义经济增长（实际产出+通胀）的长期趋势之间存在较好的相关关系——因为实际利率的潜在水平与实际产出的潜在水平存在比较显著的相关关系。从这个框架出发，长期利率将取决于自然利率的趋势以及未来的通胀中枢。

2008年金融危机之后，全球经济陷入了漫长的低增长时期，低增长、低通胀、低利率，成为宏观经济学理论研究关注的重点。2013年，美国财政部前部长劳伦斯·萨默斯（Lawrence Summers）在国际货币基金组织（IMF）第14届年会上提出"长期停滞假说"，引起了广泛关注（见表3-1）。萨默斯指出，2008年金融危机以前，并未观察到总需求过剩、通胀走高、失业率走低的迹象；金融危机以后，即便各国相继采取了宽松的货币政策，但仍未见经

表3-1 萨默斯在IMF第14届年会上提出的"长期停滞假说"

编号	影响因素	作用机制 储蓄	作用机制 投资	作用机制 利率	补充说明
1	人口因素 人口增速放缓 人口寿命延长 抚养比上升	 ↑ ↑	↓	↓ ↓ ↓	人口结构变化明显改变了家庭时间偏好,为平滑消费并应对未来不时之需,家庭储蓄率相应上升
2	资本品价格下降		↓	↓	随着生产效率的提高和产业结构的变化,资本品供给能力上升,需求下降
3	贫富差距扩大	↑	↓	↓	由于经济生产日趋自动化,真实劳动报酬提高缓慢并在与机器的竞争中处于劣势。熟练工人与非熟练工人之间、资本所有者与劳动者之间的工资和财富差距扩大,边际消费倾向进一步下降,从而压低了利率水平
4	风险规避上升 监管加强	↑	↓	↓	面对持续恶化且不确定性迅速增加的经济环境,经济主体对风险表现出极端的厌恶。投资风险偏好大幅上升使风险溢价上升,从而严重抑制了未来投资和经济增长
5	安全资产需求增加 全球储蓄过剩 预防性储蓄	 ↑ ↑		 ↓ ↓	新兴市场出于预防性目的,外汇储备迅速增长。同时,中东等以自然资源出口为主要产业的国家也积累了大规模的外汇储备。大规模外汇储备流向以美国为代表的发达经济体,由此引发了"储蓄过剩"并压低了利率水平
6	低通胀 通胀预期			↓	持续升高的债务率打击私营部门的投资意愿,使央行货币政策的边际效应急剧递减

(续表)

编号	影响因素	作用机制			补充说明
		储蓄	投资	利率	
7	债务水平持续升高		↓	↓	持续升高的债务率打击私营部门的投资意愿，使央行货币政策的边际效应急剧递减

济增速的回升。基于此，萨默斯提出"长期停滞假说"，即在金融危机以前，与充分就业相对应的实际利率（即自然利率）已经为负值。因此金融危机以后常规的需求刺激政策和货币政策难以使实际利率压低至自然利率水平，使总需求持续受抑制，实际产出持续低于潜在产出，实际就业低于充分就业水平。对于造成自然利率为负值的原因，萨默斯（Summers，2014）认为主要有人口老龄化和技术进步增速放缓，资本品相对价格下降，收入分配不平等加剧，投资风险偏好，监管环境变化，对安全资产的需求增加等因素。在此后的研究中，韩国文等（2017）、李宏瑾等（2019）学者围绕上述因素的具体作用机制进行了补充。

我国经济自然增速下台阶

对于我国经济潜在增速的估计，不同研究者选用的方法或模型不同，所得的测算结果也有一定差异。央行研究局在2019年发表的《中国潜在产出的综合测算及其政策含义》中估算得到，我国经济的潜在增速经历了长期的下行趋势，下一个5年大致将下降到5%~6%。刘世锦在2019年提到，根据其研究团队的估算，2020—2025年的潜在增长率，基本上都在5%~6%。长期来看，人口、地产都将成为拖累我国经济增长的因素，基建、出口也面临一定的中长期压力，现有研究大多表明我国潜在增速存在趋势性下降。

人口老龄化和少子化趋势

许多研究表明，中国奇迹也在很大程度上归功于人口红利。但是，随着人口红利退去，人口老龄化也会逐渐成为阻碍经济增长的绊脚石。从劳动人口的年龄结构看，人口出生率的高峰大约领先经济20年左右，我国过去实行的计划生育政策，让人口抚养比出现长期的下滑，并在2010年触底，降至34.3%。从结构上看，青少年人口占比下降，老龄人口占比逐年上升。往后看，育龄人口的下降（1988—2003年出生率的加速下滑）和当前生活压力增大将导致未来10年出生率再次进入加速走弱区间，青少年占比将越来越低。

老龄化：2021年最新数据显示，我国60岁以上人口占比18.9%，65岁以上人口占比14.2%，均为历史高位。根据翟振武、陈佳鞠、李龙等（2017）对我国人口发展趋势的预测，我国人口总数将在2025—2030年见顶，随后开始下行，人口压力将有所缓解。然而，人口老龄化率将在未来30年内快速提升，老龄化社会已经到来。以60岁以上人口的占比来衡量，"十四五"期末，即2025年将上升到21.2%，2050年或将达到34.8%，一直到2100年都会在35%附近徘徊。未来，老龄化问题将会成为我国长期面临的挑战（见图3-6）。

少子化：总和生育率（TFR）[①] 维持低位，人口出生率与自然增长率下行。2021年数据显示，我国人口出生率已达历史低位7.52‰，而人口自然增长率为0.34‰，新冠疫情冲击导致2021年

[①] 将不同年龄妇女的生育率数据加总即可得到国际上常用的TFR指标，该指标可以大致反映一个妇女一生总共生育多少孩子，国际上一般认为当TFR达到2.1%时，人口总量将整体处于稳定，若TFR大于/小于2.1%，则未来人口总量将趋于上升/下降。

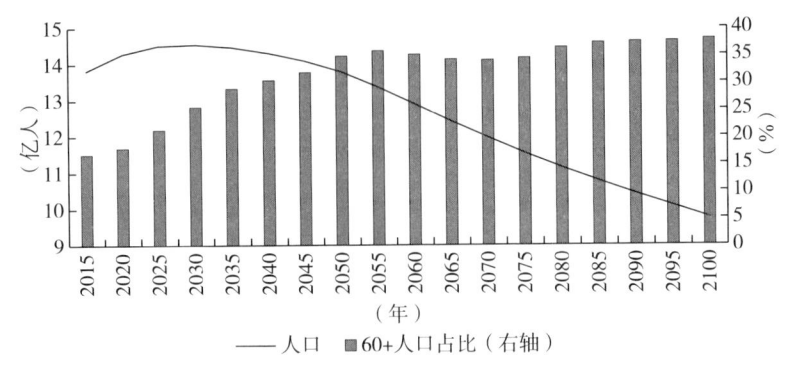

图 3-6 中国人口及老龄化趋势

资料来源：翟振武，陈佳鞠，李龙. 2015—2100 年中国人口与老龄化变动趋势 [J]. 人口研究，2017，41 (04)：60-71.

人口自然增长率险些进入负增长区间（见图 3-7）。生育率也是反映我国人口增长趋势的重要指标，当前我国总和生育率低于全球和亚洲的平均水平，同时也低于部分发达国家（见图 3-8）。

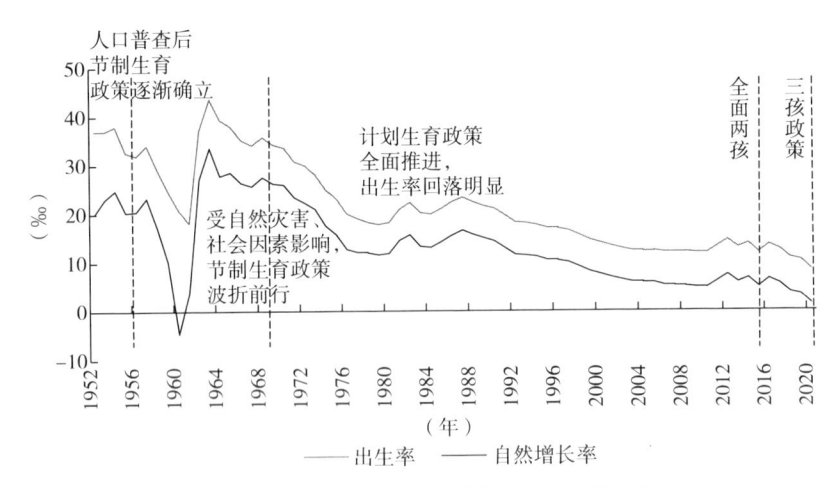

图 3-7 我国出生率与自然增长率呈下行趋势

资料来源：万得资讯，作者整理。

112　债务周期与交易策略

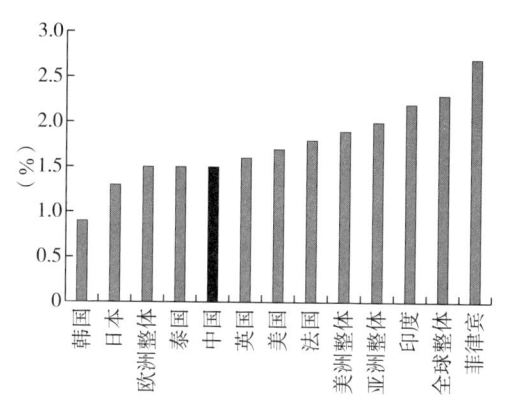

图3-8 2020年全球各地总和生育率

资料来源：美国人口统计局，作者整理。

老龄化和少子化对劳动力供给产生长期影响，进而导致储蓄率下降和劳动力成本上升。由于居民在年少、老年时期几乎不参与生产，整个社会人均创造的价值变少，从国民经济恒等式（S=I）的角度而言，会导致储蓄率下降，资本积累速度变慢。同时，劳动力供给减少会导致劳动力成本抬升（见图3-9），降低了对外贸易的比较优势。

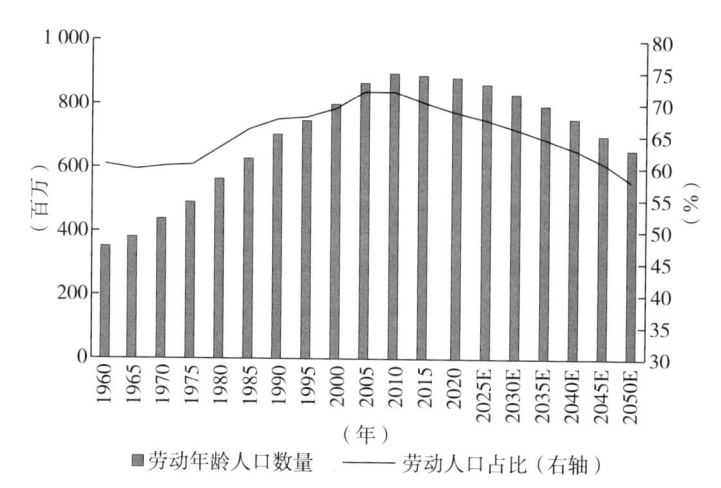

图3-9 中国劳动年龄人口数量和劳动人口占比

资料来源：万得资讯，联合国《世界人口展望》（含预测），作者整理。

第三章 人口、资本、自然增速与长期利率 113

地产的长期趋势

长期来看，我国的人口、城镇化率和人均居住面积的增长，可能都将进入比较显著的减速阶段，这些都是影响地产市场长期走势的关键要素。在棚改货币化和后疫情时代的增量刺激下，每年17亿平方米以上的商品房销售面积可能就是这一轮房地产长周期的顶峰，未来5～10年将进入负增长时代。

城镇化率：通过与成熟经济体的横向比较来看，城镇化率的瓶颈在70%左右。根据联合国人口司的预测，我国的城镇化率在达到60%，向70%靠拢的过程中，增长速度可能会有所放缓（见图3－10和图3－11）。

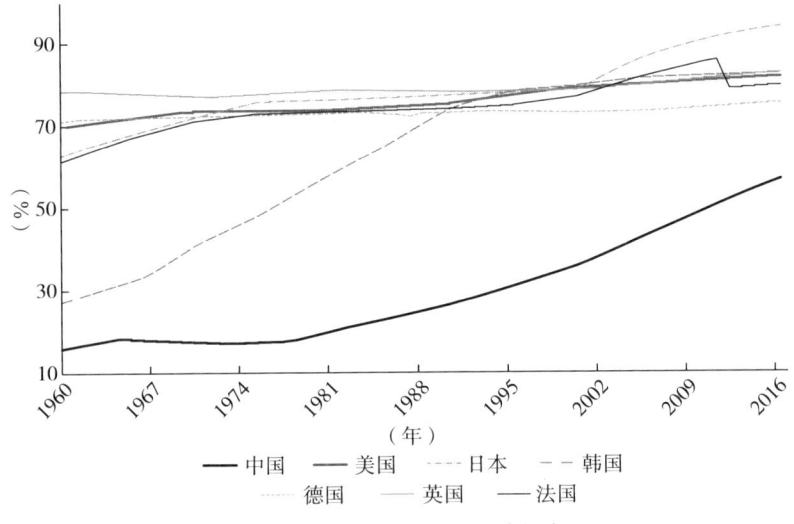

图3－10 主要经济体城镇化率

资料来源：世界银行，作者整理。

人均居住面积：人口相对密集的发达国家，人均居住面积普遍在40～50平方米。住建部数据显示，2019年我国的城市人均住宅建筑面积已经达到39.8平方米，过去20年近乎翻倍，未来的增量空间可能会比较有限（见图3-12）。

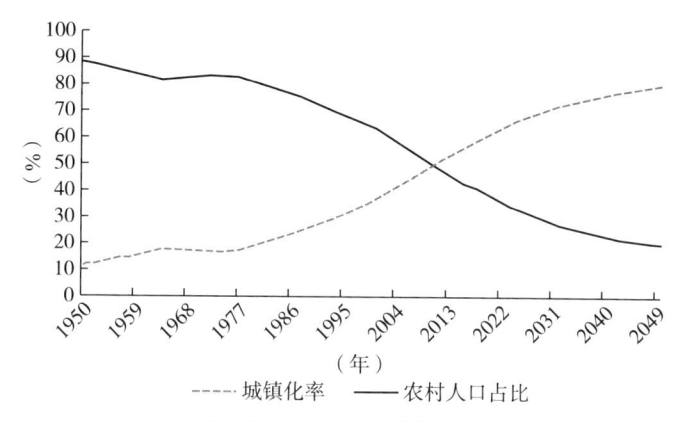

图3-11 中国的城镇化率预测

资料来源：联合国人口司（含预测），作者整理。

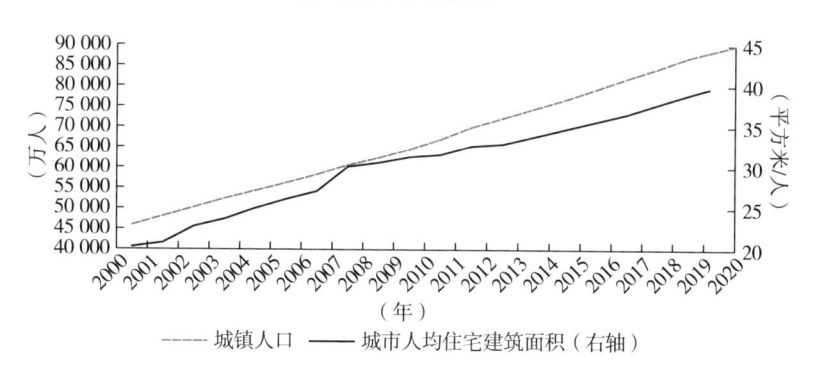

图3-12 中国城镇人口和人均住宅面积的提升

资料来源：万得资讯，住建部，作者整理。

我们把住宅建筑投资占GDP的比重作为观测变量，来大致体现长期房地产对于GDP重要性的趋势，发现近十几年来日本和美国这个指标均在3%左右，日本相对稳定，而美国波动稍大。相比之下，我国的住宅建筑投资占GDP的比例虽在2014年左右见顶，但仍处在6%以上的水平（见图3-13）。若按照美国和日本的经验简单外推，我国房地产市场在经济中的规模占比，还有一半左右的

第三章 人口、资本、自然增速与长期利率　115

下降空间。从超长期的视角来看，稳定状态下住宅建筑投资占GDP的比重可能会比当前缩水一半。

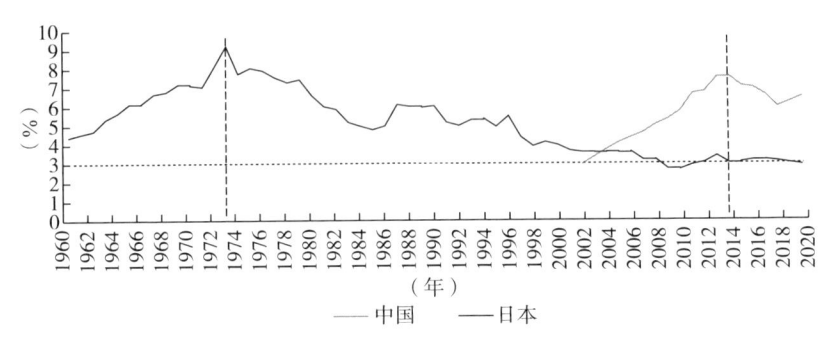

图3-13 住宅建筑投资/GDP

注：中国住宅建筑投资是房地产开发投资剔除"其他费用"后，按住宅投资比例的估算值。
资料来源：万得资讯，作者估算。

当然，这个过程可能比较漫长。以日本为例，日本住宅建筑投资占GDP的比重在1973年见顶，在2008年附近下降到3%的水平，历时35年，中间还经历了一轮房地产从泡沫到崩盘的过程。房地产市场的收缩之所以不会在短期出现，是因为人口、城镇化以及经济发展的趋势都是慢变量，这些趋势从见顶到逆转下行需要一个长期过程。

地方政府隐性债务问题

我国的债务问题主要体现在城投平台。纵观古今，债务问题对长期经济运行的影响不言而喻，对于长期利率也有较为清晰的影响逻辑。我们主要从两个方面去认识债务对长期经济和利率趋势的影响，一是债务通缩理论，二是解决债务问题的最终路径——现代货币理论（MMT）。

过去20年，在我国经济的高速发展过程中，地方城投平台在促进地方经济增长和城市建设方面发挥了不可磨灭的重要作用。隐性债务问题也是在这期间形成的（见图3-14）。长期以来，城投平台自身盈利及创造现金流能力较弱，项目现金流流入主要来自土地出让金返还。然而随着房地产长周期趋势向下，房企融资受限，土地市场热度下降，土地出让金增速也将相应下滑，部分对土地出让金依赖程度较大的城投平台会因此积累再融资压力。从有息债务规模的角度，江苏、浙江、四川、山东等城投平台较多，经济相对好的地区有息债务规模也相对高（见表3-2）。

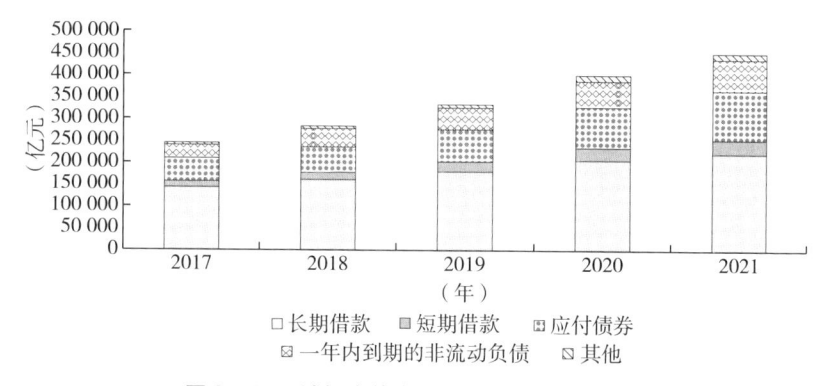

图3-14 城投主体有息债务规模（分科目）

资料来源：万得资讯，作者整理。

根据国际清算银行公布的2022年最新杠杆率数据，在经历了2020年和2022年两轮加杠杆过程之后，政府和城投平台杠杆上升较快（见图3-15），我国宏观杠杆率水平已经创下新高，接近290%（见图3-16）。从主要发达经济体横向对比来看，我国的实体部门宏观杠杆率已经超越美国，仅次于日本。

债务导致通胀还是通缩？适度负债有利于保持温和通胀，过度负债可能引发通缩。简单来讲，债务意味着以透支未来购买力的方式，在当下进行投资或消费，必然会拉动当期的总需求。但债务过高或债务违约将导致通缩。无论是债务—通缩理论，还是金融加速

表 3-2 不同地区有息债务规模及增速

	2017 年 债务规模（亿元）	2017 年 增速（%）	2018 年 债务规模（亿元）	2018 年 增速（%）	2019 年 债务规模（亿元）	2019 年 增速（%）	2020 年 债务规模（亿元）	2020 年 增速（%）	2021 年 债务规模（亿元）	2021 年 增速（%）
江苏	44 004.47	20.48	49 664.54	12.86	58 848.26	18.49	68 624.53	16.61	74 327.10	8.31
浙江	22 269.49	45.05	28 672.05	28.75	35 134.12	22.54	43 005.42	22.40	51 298.94	19.28
四川	15 729.42	25.63	19 493.24	23.93	23 603.41	21.09	33 795.94	43.18	39 619.14	17.23
山东	12 475.41	25.85	15 414.61	23.56	20 545.58	33.29	28 368.40	38.08	34 206.43	20.58
湖南	13 516.74	30.98	14 785.02	9.38	17 144.62	15.96	19 751.17	15.20	21 904.74	10.90
湖北	12 637.25	29.60	14 910.54	17.99	17 245.21	15.66	19 901.01	15.40	21 659.67	8.84
江西	7 683.82	37.77	9 547.01	24.25	11 718.79	22.75	14 332.87	22.31	16 710.68	16.59
重庆	11 294.19	14.17	12 039.73	6.60	13 435.49	11.59	15 329.68	14.10	16 517.14	7.75
河南	8 479.28	24.23	9 533.66	12.43	11 631.12	22.00	14 098.81	21.22	15 850.42	12.42
陕西	6 277.50	42.51	10 165.85	61.94	11 933.84	17.39	13 968.24	17.05	15 208.07	8.88
广西	5 565.15	15.32	6 769.32	21.64	7 601.28	12.29	9 168.48	20.62	14 937.37	62.92
贵州	11 186.43	23.89	12 218.15	9.22	13 215.90	8.17	14 349.54	8.58	14 877.84	3.68
安徽	8 585.99	34.44	9 564.26	11.39	10 689.72	11.77	13 046.69	22.05	14 549.51	11.52
广东	5 381.88	14.59	6 460.58	20.04	7 813.49	20.94	10 630.39	36.05	13 187.77	24.06
天津	13 244.13	1.50	12 838.78	-3.06	12 902.41	0.50	13 762.21	6.66	12 541.74	-8.87

(续表)

	2017 年 债务规模（亿元）	2017 年 增速（%）	2018 年 债务规模（亿元）	2018 年 增速（%）	2019 年 债务规模（亿元）	2019 年 增速（%）	2020 年 债务规模（亿元）	2020 年 增速（%）	2021 年 债务规模（亿元）	2021 年 增速（%）
云南	6 567.66	20.97	7 027.03	6.99	8 195.66	16.63	10 019.24	22.25	11 225.21	12.04
福建	6 532.21	9.23	7 250.68	11.00	8 409.96	15.99	10 169.04	20.92	10 992.67	8.10
北京	7 810.07	20.01	9 337.50	19.56	10 199.18	9.23	10 679.67	4.71	10 094.05	-5.48
上海	4 817.32	3.77	4 951.73	2.79	5 654.56	14.19	6 570.91	16.21	7 251.81	10.36
河北	4 906.79	76.50	4 830.69	-1.55	5 507.32	14.01	6 394.28	16.11	7 181.59	12.31
甘肃	3 546.34	11.89	4 392.63	23.86	5 220.90	18.86	5 803.07	11.15	6 426.38	10.74
新疆	3 336.05	67.49	3 452.51	3.49	3 869.93	12.09	4 958.45	28.13	5 304.03	6.97
吉林	1 691.04	37.51	1 972.10	16.62	3 244.29	64.51	3 569.84	10.03	3 858.94	8.10
山西	2 348.98	23.54	2 379.68	1.31	2 988.82	25.60	2 949.96	-1.30	3 187.33	8.05
内蒙古	1 233.00	3.52	1 236.05	0.25	1 278.56	3.44	1 262.30	-1.27	1 359.99	7.74
辽宁	840.73	-3.82	988.92	17.63	1 338.69	35.37	1 407.61	5.15	1 341.43	-4.70
黑龙江	1 322.55	18.03	1 250.80	-5.42	1 264.80	1.12	1 317.14	4.14	1 288.03	-2.21
宁夏	345.09	18.83	833.47	141.52	909.33	9.10	911.86	0.28	943.76	3.50
西藏	256.26	21.84	317.87	24.04	487.23	53.28	584.43	19.95	654.95	12.07
海南	169.71	-5.64	113.61	-33.06	138.28	21.72	321.96	132.84	605.34	88.01
青海	427.26	-2.10	416.26	-2.58	369.65	-11.20	387.10	4.72	335.76	-13.26

资料来源：万得资讯，作者整理。

图 3-15 国内实体经济部门杠杆率

资料来源：万得资讯，作者整理。

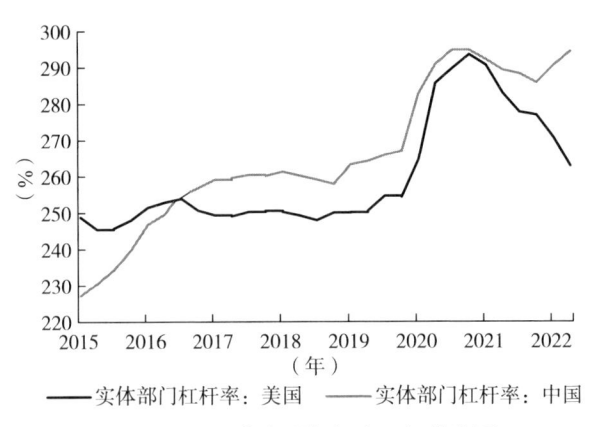

图 3-16 国内宏观杠杆率已超越美国

资料来源：万得资讯，作者整理。

器理论，都认为当债务高企时，资产价格的变动可能触发债务—通缩的自我加强恶性循环。具体而言，在杠杆率较高的前提下，一旦债务出现违约或资产价格大幅下跌，市场情绪收紧和预期的转向使得抵押物价值降低和银行惜贷甚至抽贷，进一步形成资产价格下跌或债务违约。随着信用体系出现裂痕，交易和生产都会受到显著的削弱，出现通缩风险。

如果长期的负债压力已然形成，那么最终的解决办法只能在加强新增债务监管的同时，诉诸 MMT，其实质就是依靠国家信用对债务进行置换。对于我国，高额的地方政府城投平台债务长期来看只有置换一途（政策指导下银行对城投债务的展期本质上也是一种隐性的置换）。这种加强监管和债务置换的组合，对应的是紧信用 + 宽货币的组合，将推动长期利率趋于下行。

长期的金融压抑

金融压抑是由斯坦福大学前教授麦金农首次提出的，主要是指政府对利率、汇率、资金配置、大型金融机构和跨境资本流动有各种形式的干预，包括管制利率、设定高存款准备金率和强制性地配置经济资源。实证研究表明，金融压抑对处于不同收入等级的国家具有相异的影响。对于低收入国家，金融压抑有利于维护金融稳定并以较高的效率将储蓄转化为投资，是有可能带来正向效应的；对于中等收入国家，金融压抑整体上体现为负效应。

美国国债利率与名义 GDP 增速相当接近（见图 3-17）。在美国市场上，金融约束较少，存在更加活跃的各类金融工具，各期限的国债收益率资产能够很好地满足市场的需求，并且反映投资者经济活动的预期，因此在美国市场上，国债收益率能够较好地反映名义 GDP 增速。

在利率市场化和居民投资选择多元化之前，由于我国资本市场不够发达、金融资产品种较少使得居民除储蓄外没有太多可选择的金融资产。由于政策制定的存贷款利率被设定在较低的水平。这种状况使得政府、企业部门的融资成本偏低。从加入 WTO 到 2008 年，我国平均名义 GDP 增速达到了 16%，但国债利率水平只有 3.6%，两者相差了 10 个百分点以上（见图 3-18）。目前我国潜在的名义经济增速可能已经下降到 7%~8%，但利率水平仍在 3% 以上。在金融压抑的背景下，利率水平将持续处于偏低的位置。

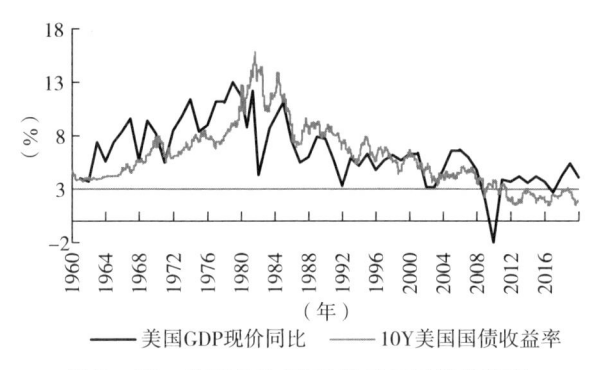

图 3-17 美国名义 GDP 增速与国债收益率

资料来源：万得资讯，作者整理。

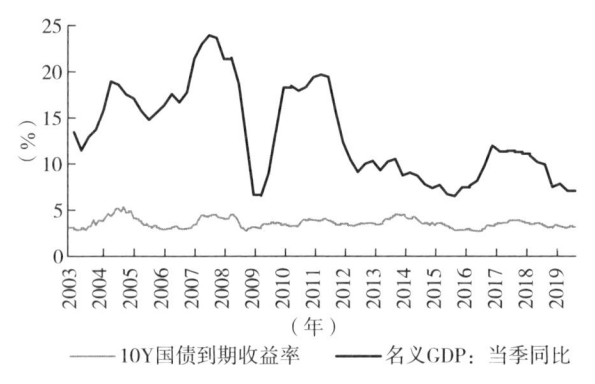

图 3-18 中国名义 GDP 增速与国债收益率

资料来源：万得资讯，作者整理。

我国自然利率的实证研究及其趋势

国内对于自然利率比较权威的测算来自央行，不论是基于国债收益率的测算还是基于贷款利率的测算，都显示在 2008 年金融危机后，我国的自然利率水平有所回落。

根据徐忠、贾彦东（2019）的估计，近年来国债对应的自然利率水平已经下降到 0.3% 附近（见图 3-19）。徐忠、贾彦东（2019）采用劳巴赫-威廉姆斯（Laubach & Williams，简写为 LW）半结构化模型、宏观经济计量模型和动态随机一般均衡（DSGE）模型，把 10 年期国债到期收益率作为名义利率的基准，对长期自然利率分别进行估计，取三者的平均值作为自然利率的估计。其结果显示，国内的自然利率水平在 2018 年前后下降到 0.3% 附近之后，其走势开始趋于稳定（见图 3-20）。

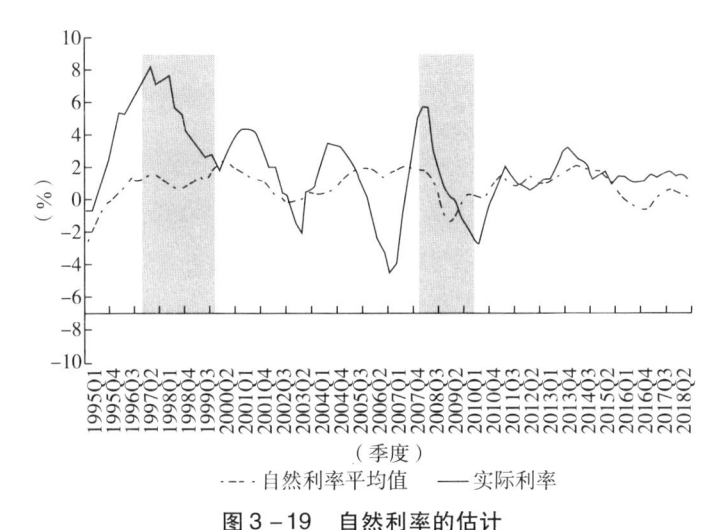

图 3-19 自然利率的估计

资料来源：徐忠，贾彦东. 自然利率与中国宏观政策选择 [J]. 经济研究，2019，54（06）：22-39.

2021 年一篇发表在国际清算银行期刊上的工作论文，测算了贷款利率对应的自然利率。该文作者同样采用 LW 半结构化模型对自然利率进行估计，与前人研究不同的是，他把贷款利率 [贷款基准利率、贷款市场报价利率（LPR）、平均贷款利率] 作为模型中名义利率的基准，并把我国的自然利率与国外学者使用 LW 模型得出的其他经济体的自然利率进行比较，发现不仅是我国，美国、加

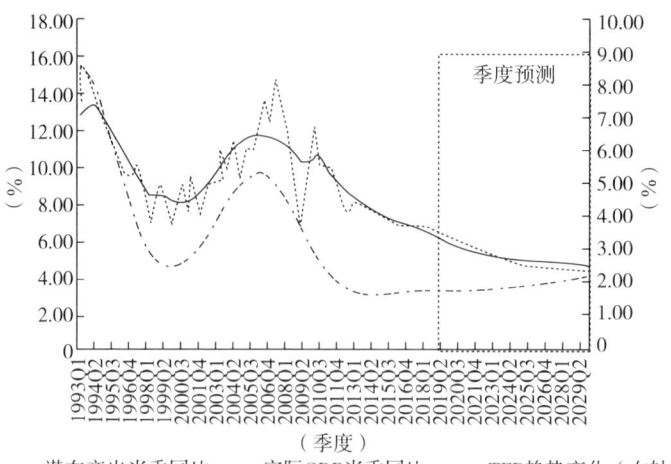

图 3-20 潜在增速的估计和预测

资料来源：徐忠，贾彦东. 中国潜在产出的综合测算及其政策含义 [J]. 金融研究，2019（03）：1-17.

拿大、欧元区和英国的自然利率在 2008 年金融危机后都出现了系统性的下行（见图 3-21）。根据该文作者的测算，我国 1995—2010 年的自然利率在 3%~5% 波动，但是到 2019 年年底已经下降至略高于 2% 的水平。如果按照 2%~3% 来估计长期的通胀中枢，那么我国新冠疫情前的名义自然利率应该在 4%~5%。这与过去我国的贷款利率水平大致相符，2019 年 LPR 改革之前，LPR 维持在 4.31% 的水平。

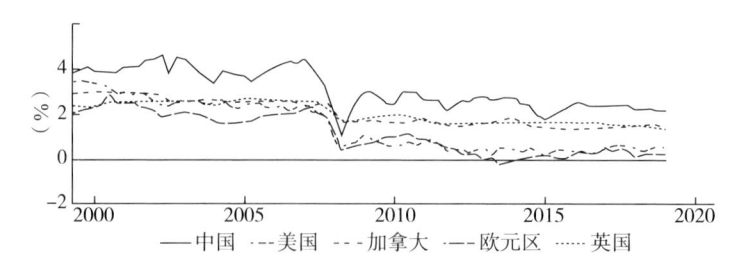

图 3-21 主要经济体自然利率估计

第四章
通胀、利率与货币政策

CPI 分析

CPI 的构成

CPI 的编制和统计方法

CPI（消费者物价指数）的编制流程可细分为 3 个步骤：调查准备，搜集，整理相关商品及服务的价格。

- 调查准备阶段：明确 CPI 统计的调查范围、对象、内容、报告期及频率、相关负责单位等方面。
- 搜集阶段：明确抽选方法、代表规格品的选择原则、价格的调查原则及方法和调查的执行。
- 整理相关商品及服务的价格阶段：主要为两项计算，一是权数，参照城镇居民家庭消费支出结构等，每年一小调，5 年一大调；二是价格指数，拉氏定基指数换算环比和同比。

CPI 计算所用的权数是每一种商品或服务项目在居民所有消费商

品和服务总支出中所占的比重，市（县）、省（区）和国家的权数均来自各级的城镇居民家庭生活消费支出调查资料、农村居民家庭生活消费支出资料和人口资料。价格指数自下而上可分为代表规格品的平均价格、基本分类指数、定基指数、全省（区）指数、全国指数。CPI 的调查方法的要点是多个调查点、多次调查、多个代表规格品月度平均价环比的几何平均数（环比涨幅根据月度均值计算）。由于 CPI 以终端价格为统计对象，因而在做自下而上预测时需要寻找终端价格的代表商品（例如猪肉而非生猪）。此外环比与同比均通过定基指数换算而来，存在基期切换的影响（见图 4-1）。

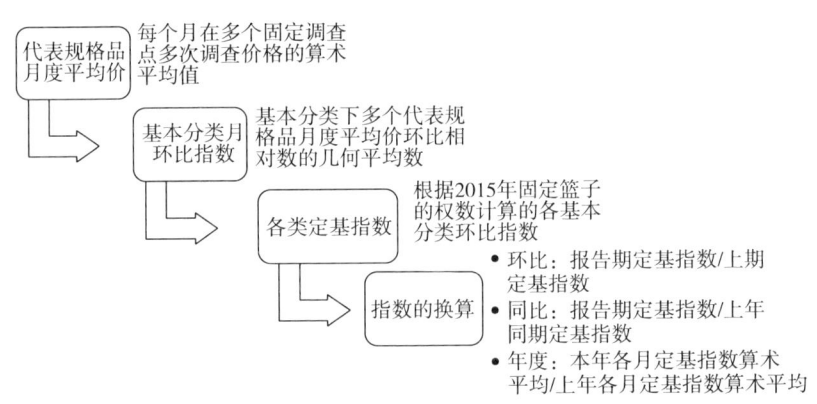

图 4-1 居民消费价格指数调查与计算办法（以终端价格为统计对象）

注：调查对象为商场（店）、超市、农贸市场、服务网点和互联网电商等终端价格。
资料来源：万得资讯，中信证券研究部。

CPI 的分析

自上而下分析 CPI

货币主义学派理解的通胀是一种纯粹的货币现象，但近年来 CPI 的变化与货币环境的变化并不一致。在货币主义看来，货币供应量的变动是导致物价水平和经济活动的最根本原因，货币供给过多是造成通胀的唯一原因,"通胀随时随地都是一种货币现象"。这一认识的基础在于单位货币供应量对应着单位产品的生产,即通胀发生在货币增速超过产量增速的情况下。但随着金融体系和资本市场的深化发展,货币供应量与产品生产之间的联系不再是简单的一一对应关系。从我国 2012 年以来 CPI 保持平稳运行而 M2 增速持续下行的走势来看,货币环境与通胀的表现并不一致(见图 4-2 和图 4-3)。

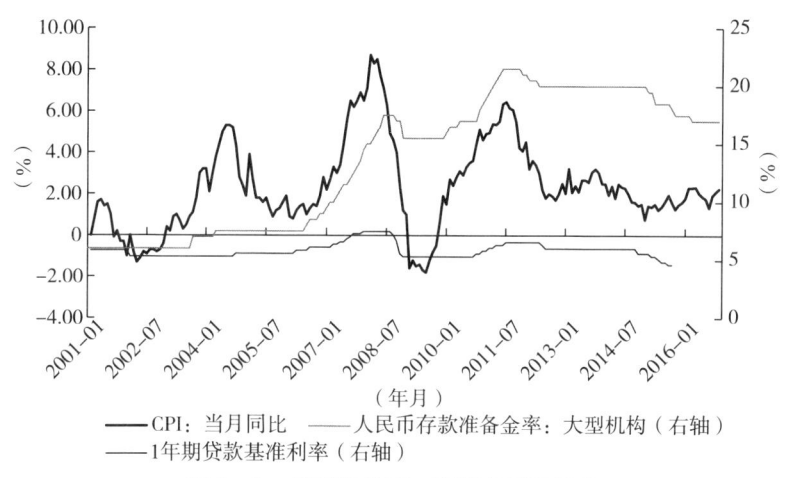

图 4-2 货币宽松不一定带来 CPI 回升

资料来源:万得资讯,中信证券研究部。

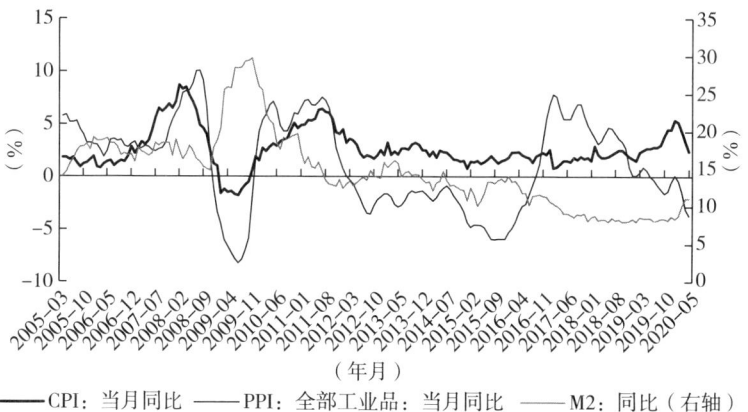

图 4-3 M2 增速与通胀关系越来越不显著

资料来源:万得资讯,中信证券研究部。

造成这种分化的一个重要原因是货币宽松带来的货币供应量增长并未完全形成投资，资产价格成为货币的蓄水池。如果说在金融体系和资本市场并不十分发达的阶段，货币政策数量工具效果可能更为有效，货币供给的增加将直接刺激投资和消费需求，进而拉升通胀。但随着房地产等市场的扩大，房地产价格以及土地价格具有明显的吸收货币的作用。全社会固定资产投资完成额与 GDP 固定资本形成额之差，反映了纳入固定资产投资而未经增加值计算不能纳入固定资本形成额的土地价格等资产价格，2008 年起该部分差额迅速增长，尤其是在城投平台大幅扩张的 2011 年以后。货币宽松和积极财政下的投资增速并未形成 GDP 而是推升了土地价格、房价等资产价格上涨，并不能完全传导至 CPI。

2016 年是典型的宽货币时期，但该阶段 CPI 未见明显上行，PPI 上行也主要源于供给侧成本推动。2011 年年底开始，CPI 与 PPI 便出现了较为明显的分化走势，2016 年这一现象更为显著。在供给侧结构性改革去除上游过剩产能的影响下，上游资源品和工业品价格大幅上涨直接推动了 PPI 上行，这一过程是成本端直接推动而非货币政策宽松引致的需求提振。相较而言，CPI 在这一时期内表现平稳，宽松的货币政策不仅没有直接拉动消费需求，PPI 也未能像 2010 年以前的数次通胀一样传导至 CPI。

CPI 难以衡量通胀全貌，因为金融资产等价格因素并未纳入核算。CPI 与 PPI 的分化伴随着 M1 与 M2 的分化，货币供应层次丰富、金融体系深化发展导致货币供应量与通胀的关系更为复杂。2011 年年底开始，M1 增速与 M2 增速也出现了较大程度的分化现象，且表现出与 CPI、PPI 分化相似的走势特征。货币主义将通胀理解为纯粹的货币现象还应考虑资产价格的因素，以 CPI 指标表征的传统通胀已经不仅仅受货币宽松的影响。随着金融体系和资本市场的多层次发展，不是所有货币都会进入实体经济形成实体需求，也有部分货币存在于金融体系空转或者进入房地产等市场（见图 4-4）。

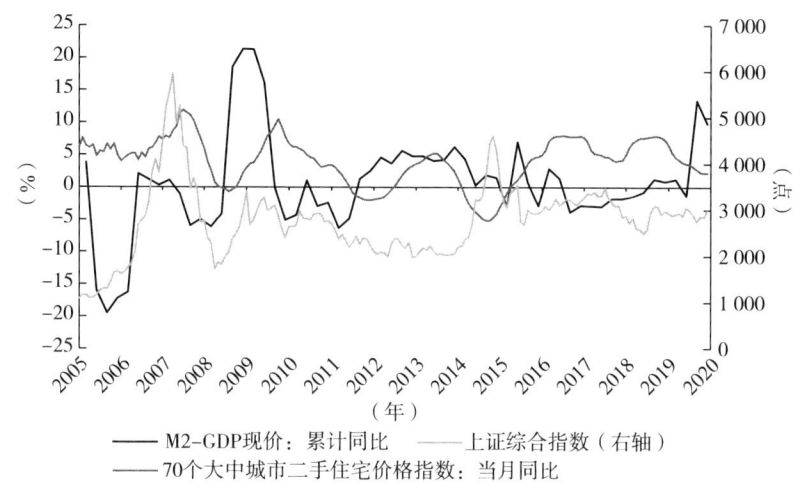

图 4-4 流动性超额投放带来金融资产价格上涨
资料来源：万得资讯，中信证券研究部。

CPI 涨价因素较为复杂，大致可分为需求拉动、成本推动、外部冲击和偶发因素四大类。具体而言，需求拉动存在两个层次：第一，以货币政策和财政政策为主的需求侧宽松政策通过刺激政府和企业的投资需求和居民消费需求直接拉动 CPI 上行；第二，宽松的货币政策和积极的财政政策旨在刺激投资需求，进而拉动 PPI 上行，上游行业扩大生产、利润提升，从业成员增长、收入上升形成消费需求，进而传导至 CPI。成本推动的机制是指上游产品价格上涨导致最终消费品厂商成本抬升，进而通过提价的方式推动 CPI 上涨。外部冲击则主要是国际大宗商品价格（包括农产品、上游资源品、原油价格等）上涨，以及人民币汇率贬值导致的进口产品价格上涨。偶发因素主要包括极端天气和牲畜疫情等造成的农产品价格波动（见图 4-5）。

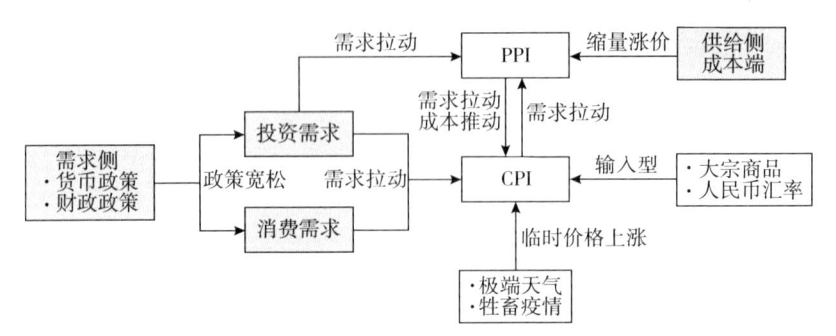

图 4-5　PPI 与 CPI 的主要影响因素和传导路径

资料来源：中信证券研究部。

PPI 的涨价因素相对简单，主要可分为需求拉动和成本推动。与 CPI 相类似，PPI 的需求拉动机制同样有两层含义：第一，宽松的货币政策和积极的财政政策旨在刺激投资需求，进而拉动 PPI 上行；第二，投资、消费需求提升拉动 CPI 上升后，下游需求的提振进一步形成对上游工业品的需求提振效果，拉动 PPI 上行。成本推动则体现在 2016 年以来上游资源品涨价传导至中游工业品进而推升 PPI。

自下而上分析 CPI

CPI 常见分类方法有二分法和八分法。二分法是将 CPI 所涉及的商品及服务分为食品类和非食品类，其中食品类包括畜肉类、鲜果、鲜菜等，而非食品类包括各项服务以及非食品的商品；八分法则归纳为八个大类，即"食品烟酒""衣着""居住""交通和通信""医疗保健""教育文化和娱乐""生活用品及服务""其他用品和服务"（见表 4-1）。

CPI 中，食品类商品的权重下降和非食品类商品权重的提升是大趋势（见图 4-6）。

表4-1 CPI的分类

二分法	新八分法（2016年以后）	旧八分法
食品（不含茶饮、在外餐饮）	食品烟酒	食品（含茶饮、在外餐饮） 烟酒
非食品	衣着 居住 交通和通信 医疗保健 教育文化和娱乐 生活用品及服务 其他用品和服务	衣着 居住 交通和通信 医疗保健和个人用品 娱乐教育文化用品及服务 家庭设备用品及维修服务

资料来源：国家统计局，中信证券研究部。

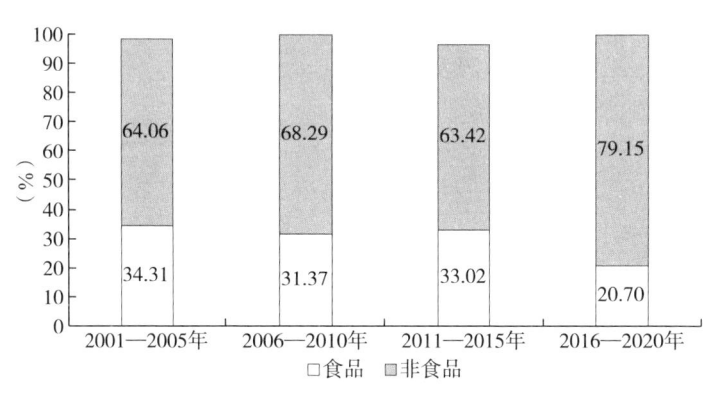

图4-6 CPI二分法拟合权重变化

2001—2005年：食品34.31，非食品64.06
2006—2010年：食品31.37，非食品68.29
2011—2015年：食品33.02，非食品63.42
2016—2020年：食品20.70，非食品79.15

资料来源：万得资讯，中信证券研究部。

根据城市居民家庭消费支出结构推测整体消费结构的变动方向，2011—2015年，城市居民的消费结构在食品烟酒和居住两个分项上发生了重大变化，食品烟酒占家庭消费支出的比重从36%下降到30%，居住占家庭消费支出的比重从9%上涨至23.27%。因此这也导致在2016年的基期轮换时，食品项权重和非食品项权重发生结构性变化,从原本的 3∶7 变为 2∶8。

2016—2019 年,食品消费占城市居民家庭消费支出的比重继续下降,而服务类消费(医疗保健、交通和通信、教育文化和娱乐服务)维持在一个相对稳定的占比区间。2020 年前三季度由于新冠疫情的外部冲击以及隔离等防疫政策对需求端有所影响,食品烟酒消费占比有所上升,而交通通信和教育文化及娱乐服务消费占比大幅下降。

根据统计局对于各商品及服务的权重计算规则,以及数据的可获得性,可选用城镇居民家庭消费支出结构对八大类分项权重进行初步判断。2012 年以前,食品烟酒占城镇居民消费总支出的 35%以上,居住则仅占 10% 左右。2012 年 12 月—2013 年 12 月,城镇居民的消费支出发生了结构性变化,食品烟酒类的消费占比快速下行,降至 30% 左右,居住的消费占比则大幅攀升至 20% 以上。随后的几年时间里,食品烟酒类消费继续逐步下降,居住类消费稳步提高,医疗保健、交通和通信、教育文化和娱乐服务的消费保持相对稳定(见图 4-7)。

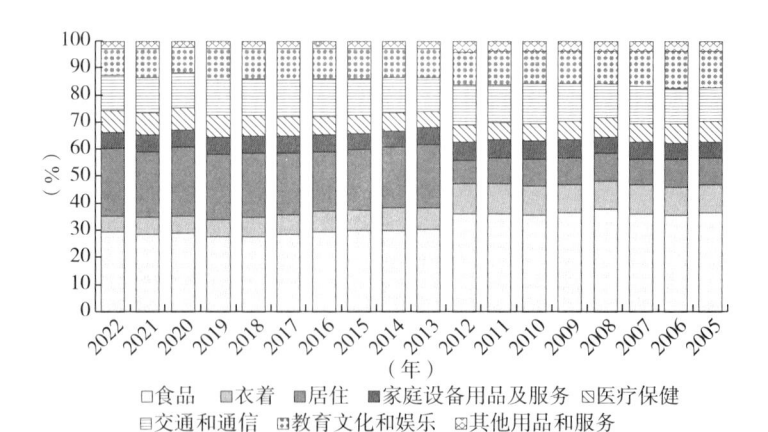

图 4-7 城镇居民家庭消费结构可粗略判断 CPI 分项权重
资料来源:万得资讯,中信证券研究部。

除了从消费结构的数据推测，还可以通过模型从全口径（城镇居民和农村居民）角度测算 CPI 中八大类分类的权重。根据 2016—2020 年数据，在这一时间段中，食品烟酒的权重最高，为 29.66%，排名第二的居住项占比约 19.21%，此外 3 个主要服务大类（"交通和通信""教育文化和娱乐服务""医疗保健"）分别占比 11.71%、10.90% 和 6.88%（见图 4-8）。

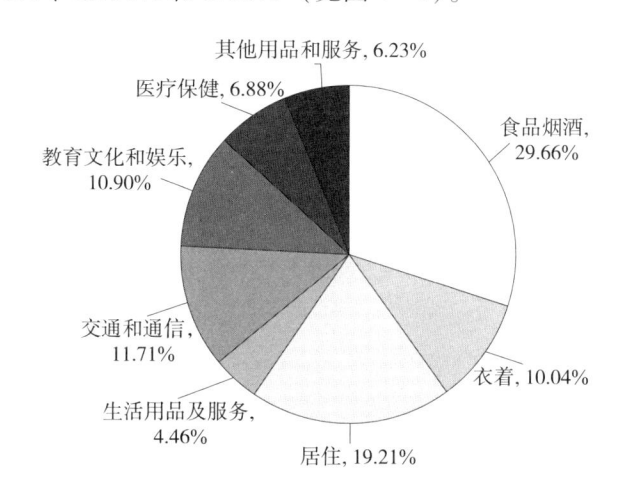

图 4-8 食品烟酒所占权重第一

资料来源：万得资讯，中信证券研究部。

从二分法的角度进行分析，食品项所覆盖商品的价格波动是影响 CPI 走势的主要因素，但近年来影响减缓。具体来看，食品项同比增长率总共经历过 4 次大幅波动，2001—2012 年，大幅的食品项价格波动导致 CPI 的波动区间也较大，2012 年之后 CPI 的波动性逐渐减弱。而在货币政策较为宽松的 2016 年，食品项的大幅波动并未拉动 CPI 出现大幅波动，这也与食品项权重调小有关。相较而言，非食品项的波动较小（见图 4-9）。

CPI 同比走势与猪周期高度重合。2006 年—2008 年 3 月猪蓝耳病的暴发对猪肉供给造成巨大冲击，导致猪肉价格上涨，同期 CPI

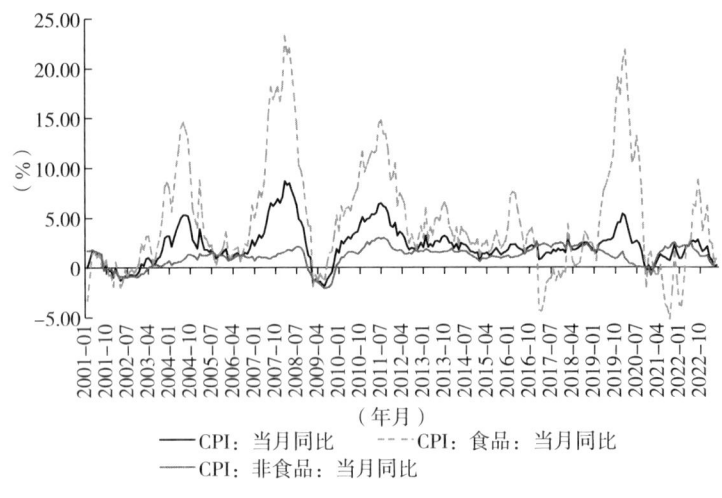

图 4-9 食品项价格波动是 CPI 波动的主要原因
资料来源：万得资讯，中信证券研究部。

同比数据也呈现大幅上涨趋势。2010 年 7 月—2012 年 12 月受猪蓝耳病和仔猪流行性腹泻等影响，猪肉供给再次减少，22 个省市猪肉平均价格涨幅达 75.25%，CPI 同比也因此快速提高至 6% 以上。2018 年 5 月至今的非洲猪瘟同样使得猪肉供给大幅下降，22 个省市猪肉平均价格暴涨 209.3%。到了 2019 年 11 月，猪肉价格暴涨结束并有所下降，叠加高基期影响，CPI 当月同比下滑明显。上述 3 轮猪肉价格周期均与疫病有关，疫病造成的猪肉供给波动传导至猪肉价格（见图 4-10）。

非食品 CPI 同比略滞后于 PPI 同比。PPI 和非食品 CPI 存在传导效应，历史上非食品 CPI 同比略滞后于 PPI 同比可以作为一个佐证。但成本推动型的通胀传导效率较低，主要原因在于 CPI 代表的终端价格受到需求疲弱的制约，上涨空间有限。2021 年上游大宗商品价格上涨显著，PPI 同比创历史新高，但下游非食品 CPI 同比修复性上涨但幅度有限（见图 4-11）。

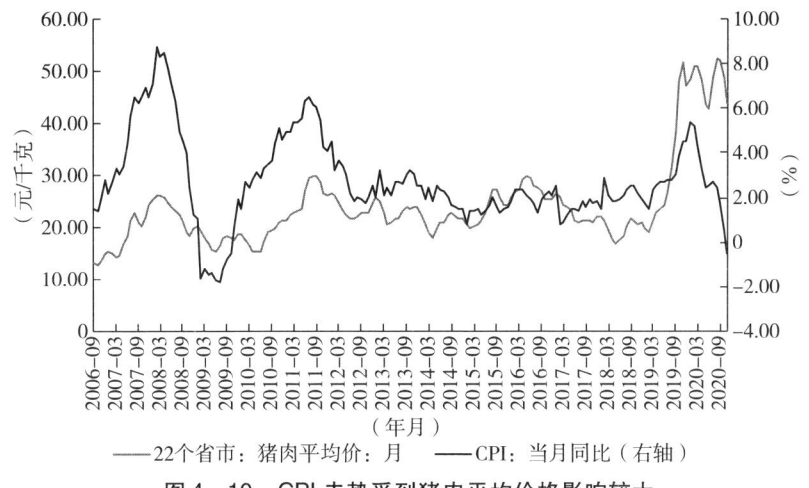

图 4-10　CPI 走势受到猪肉平均价格影响较大

资料来源：万得资讯，中信证券研究部。

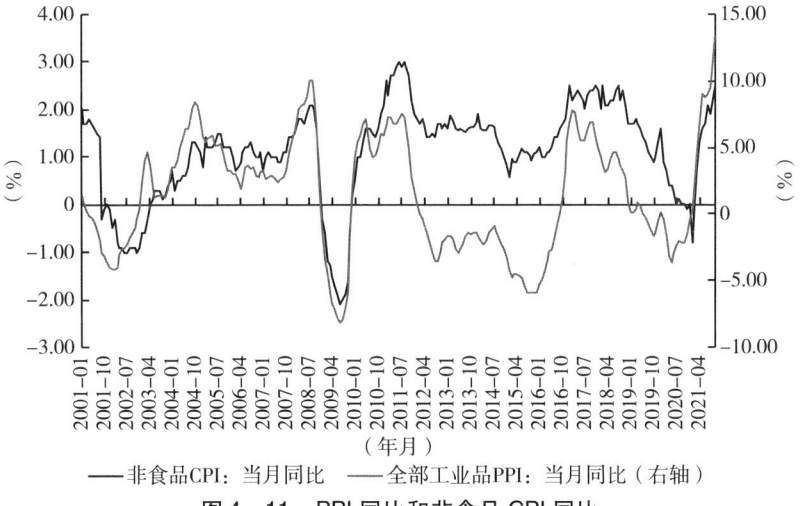

图 4-11　PPI 同比和非食品 CPI 同比

资料来源：万得资讯，中信证券研究部。

从 PPI 同比向非食品 CPI 同比传导的链条主要有两条：一条是与原油化工产业链相关的服装、家电等消费品价格；另一条是能源价格上涨的传导路径，石油煤炭开采 PPI—石油、煤炭及其他燃料

第四章　通胀、利率与货币政策

加工PPI—电力、热力的生产和供应业PPI—燃气生产和供应业PPI—水电燃料CPI。随着近期越来越多的商品价格出现提价、能源价格持续上涨，后续向非食品项CPI环比的传导也将持续，但后续需要关注原油价格的走势（见图4-12）。

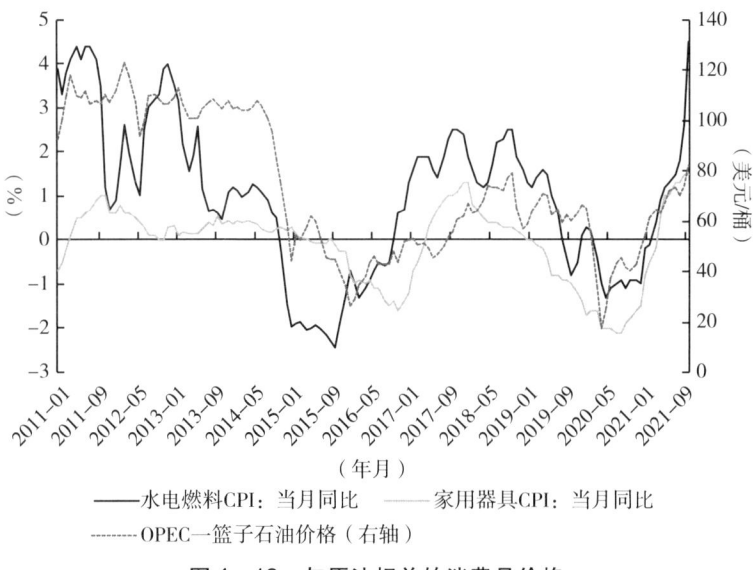

图4-12 与原油相关的消费品价格

资料来源：万得资讯，中信证券研究部。

与劳动力市场有关的服务价格需要关注。服务价格反映了劳动力市场的供需情况，由于PMI（采购经理人指数）是环比指数，依据PMI从业人员指数进行同比转化后能更好地比较制造业从业人员情况。家庭服务项CPI同比显著滞后于PMI从业人员的变动，房租项CPI和服务CPI同比基本与PMI从业人员的变动同步（见图4-13）。PMI从业人员总体反映的是制造业劳动力需求，后续随着外需和出口边际回落，在工业生产偏低运行的背景下，PMI从业人员或维持在荣枯线之下。

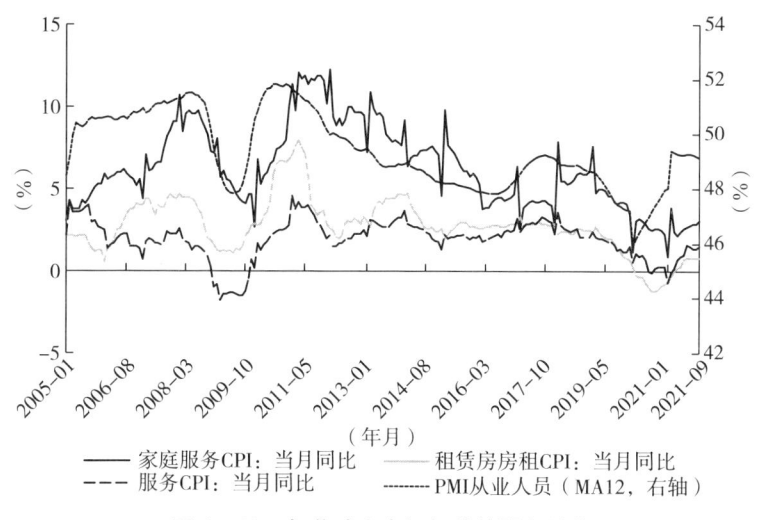

图 4-13　与劳动力市场相关的服务价格

注：PMI 从业人员（MA12）是根据 PMI 从业人员指数进行同比转化，2021 年 1—9 月为 2019 年以来两年同比增速。

资料来源：万得资讯，中信证券研究部。

CPI 如何影响货币政策和债券市场

历史上货币政策如何应对通胀

21 世纪以来我国共经历了 5 轮典型的通胀周期，CPI 的波动明显降低、PPI 的波动仍然较大，且 CPI 和 PPI 已经明显分化（见图 4-14）。这 5 轮通胀周期的驱动因素不同，央行的关注度、货币政策的操作也多有不同。

第一轮（2003—2004 年）：2003 年亚洲金融危机和互联网泡沫破灭后一直困扰我国的通缩压力得到缓解，但经济过热导致的通胀风险开始暴露。央行在《2003 年第三季度中国货币政策执行报告》中开始关注价格风险；《2003 年第四季度中国货币政策执行报

第四章　通胀、利率与货币政策　137

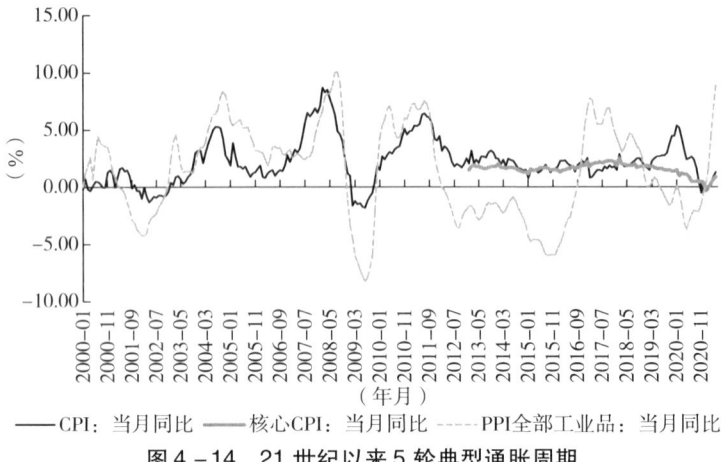

图 4-14　21 世纪以来 5 轮典型通胀周期

资料来源：万得资讯，中信证券研究部。

告》中明确提出通胀压力加大，高度重视防止通胀和金融风险；直到 2005 年年初 PPI 同比和 CPI 同比均已开始回落，但《2004 年第四季度中国货币政策执行报告》仍然认为通胀压力尚未根本缓解。

央行关注通胀压力，货币政策取向从紧，控制货币信贷总量。《2003 年第三季度中国货币政策执行报告》提出，"适度控制货币信贷的增长，既可以防止通货膨胀，又可以防止通货紧缩"；2004 年第一季度，央行提出货币政策"适度从紧"。从具体操作上看，央行在 2003 年 1 月便提高了 7 天逆回购操作利率，在 2003 年 9 月、2004 年 4 月分别提高存款准备金率 1 个百分点和 0.5 个百分点，并于 2004 年 10 月提高贷款基准利率（见表 4-2）。

第二轮（2006—2008 年）：从需求拉动看，投资需求快速增长，消费需求保持平稳增长，拉动上游原材料、燃料、动力购进的价格上涨。从成本推动看，国际方面，原油、铁矿石价格走高，全球大宗商品、粮食和资产价格普遍上涨；国内方面，资源价格改革短期增大了通胀压力。

2006—2007 年，央行货币政策执行报告不断提示通胀风险，货

表4-2 2002—2004年央行货币政策执行报告关于通胀的表述

时间	关于通胀/价格及相关货币政策操作的表述
2002Q1	目前仍不存在通货膨胀压力，预计居民消费价格总水平将保持微幅上涨，全年消费价格总水平增长0~1%
2002Q2	"高增长、低通胀、适度货币供应"构成了我国当前经济增长的基本特征，预计下半年，居民消费价格下降幅度减缓，全年消费价格总水平约为-0.5%
2003Q1	通货紧缩压力得到缓解
2003Q3	通货紧缩压力得到缓解。适度控制货币信贷的增长，既可以防止通货膨胀，又可以防止通货紧缩。目前，生产价格、固定资产投资价格、房地产价格快速回升，要防止出现资产价格过快上升，形成资产"泡沫"的危险
2003Q4	通货膨胀压力加大，需要密切关注。十分有必要保持货币信贷适度增长，从源头上遏制因投资膨胀而导致的投资品价格领先上涨。继续执行稳健的货币政策，在促进经济平稳较快增长的同时，高度重视防止通货膨胀和金融风险
2004Q1	通货膨胀压力加大，外汇流入继续增加，货币信贷增长仍然偏快，金融调控任务艰巨。下一阶段稳健货币政策的取向是适度从紧，但要防止急刹车，避免大起大落，促进经济平稳发展
2004Q3	通货膨胀压力尚未得到明显缓解。通货膨胀已经开始从上游向下游传导。中央银行应当警惕原油价格上涨对通货膨胀的影响，防止原油价格与工资水平轮番上涨所导致的价格水平的普遍上涨。下一阶段，中国人民银行将继续执行稳健的货币政策，按照改进和加强金融调控的要求，合理控制货币信贷总量，按照有保有压的原则，着力优化信贷结构，进一步发挥好金融在宏观调控中的重要作用
2004Q4	通货膨胀压力尚未根本缓解。2005年中国人民银行将继续执行稳健的货币政策，既要支持经济平稳发展，又要注意防止通货膨胀和防范系统性金融风险

资料来源：中国人民银行，中信证券研究部。

币政策多次收紧操作。2006年，央行采取综合措施大力回收银行体系流动性，在加大公开市场操作力度外，分3次上调金融机构存款准备金率共1.5个百分点；两次上调金融机构存贷款基准利率，引导投资和货币信贷合理增长；为加强外汇信贷管理，从2006年9月15日开始提高外汇存款准备金率1个百分点。2007年，央行先后10次上调金融机构人民币存款准备金率共5.5个百分点；先后6次上调金融机构人民币存贷款基准利率。这一阶段7天逆回购操作利率维持不变（见表4-3）。

第三轮（2009—2011年）：2008年美国金融危机后，全球经济进入修复期，主要经济体货币条件宽松，加剧大宗商品价格上涨，路透商品研究局（CRB）指数涨幅超27%，输入性通胀压力大。2009—2011年，劳动力成本、资源性产品价格呈趋势性上涨，2010年1月央行在2008年美国金融危机后首次提高存款准备金率，《2010年第一季度中国货币政策执行报告》也提出"合理引导货币条件逐步从反危机状态回归常态水平"。但实际上直到《2010年第三季度中国货币政策执行报告》仍维持"适度宽松"的货币政策取向，2010年10月才首次上调金融机构人民币存贷款基准利率（见表4-4）。

第四轮（2015—2018年）：2015年年底，中央提出供给侧结构性改革，"三去一降一补"的政策思路对经济结构进行了深度调整。虽然处在结构调整和转型过程中，经济运行仍面临一定下行压力，但是央行在《2016年第二季度中国货币政策执行报告》中就指出，"目前国内物价绝对水平不低，通胀预期尚不稳定，工业品价格回升较快"，坚定实施稳健中性的货币政策。然而，受油价走低和内需乏力等因素影响，主要发达经济体经济复苏较为乏力、债务水平整体较高，面临通胀下行压力。这一阶段央行货币政策工具转向公开市场操作，并没有提高准备金率或贷款基准利率，仅仅提高7天逆回购操作利率30bp，并缩减公开市场投放规模（见表4-5）。

第五轮（2019—2020 年）：这一轮通胀主要由食品价格上涨推动，物价上涨结构性特征明显。《2019 年第一季度中国货币政策执行报告》提出，稳健的货币政策要松紧适度，适时适度实施逆周

表 4-3　2006—2007 年央行货币政策执行报告关于通胀的表述

时间	关于通胀/价格及相关货币政策操作的表述
2006Q1	继续执行稳健的货币政策，保持政策的连续性和稳定性，合理调控货币信贷总量……防止货币信贷过快增长。整体通胀潜在风险需要关注
2006Q2	各类价格基本稳定，但通货膨胀压力继续加大
2006Q3	价格水平稳中趋升，通货膨胀压力依然存在
2006Q4	当前投资、信贷回落的基础还不稳固，国际收支不平衡问题依然突出，整体通货膨胀压力有所加大，消费率过低、储蓄率过高的深层次结构性矛盾仍是制约经济可持续发展的突出问题
2007Q1	未来价格上行风险依然存在，价格走势值得关注。下一步要坚持以科学发展观统领经济社会发展全局，保持宏观经济政策的连续性、稳定性，加快经济结构调整和增长方式转变，防止经济由偏快转为过热，避免出现大的起落，努力实现国民经济又好又快发展
2007Q2	当前物价上涨并非仅受偶发或临时性因素影响，通货膨胀风险趋于上升。坚持把遏制经济增长由偏快转向过热作为当前宏观调控的首要任务。继续执行稳健的货币政策，坚持稳中适度从紧，保持必要的调控力度，努力维护稳定的货币金融环境，控制通货膨胀预期，保持物价基本稳定
2007Q3	价格整体上行压力依然较大，通胀风险仍须关注。实行适度从紧的货币政策，继续采取综合措施，适当加大调控力度，保持货币信贷合理增长，防止经济增长由偏快转向过热，促进经济实现又好又快发展
2007Q4	经济增长由偏快转向过热的态势尚未根本缓解，通货膨胀风险加大。中央经济工作会议确定 2008 年实行从紧的货币政策。综合运用多种货币政策工具，控制货币信贷过快增长

资料来源：中国人民银行，中信证券研究部。

表4-4　2009—2010年央行货币政策执行报告关于通胀的表述

时间	关于通胀/价格及相关货币政策操作的表述
2009Q1	进口价格同比大幅下降主要是受国际大宗商品价格大幅下跌影响。坚定不移地落实适度宽松的货币政策
2009Q2	通缩预期明显缓解，通缩与衰退相互强化的风险及时得到遏制。下一阶段，中国人民银行将按照党中央、国务院的统一部署，坚定不移地继续落实适度宽松的货币政策
2009Q3	一揽子计划的出台和实施有效遏制了上年第三季度后出现的价格下行态势，通缩预期显著缓解，市场信心明显增强。中国人民银行将按照党中央、国务院的统一部署，继续实施适度宽松的货币政策
2009Q4	国际大宗商品价格不断走高，负翘尾因素影响逐渐减弱，主要价格指标开始回升。要求结合2010年经济增长实际需求、物价变动并综合考虑国内和国际市场流动性状况等因素，合理引导货币条件逐步从反危机状态回归常态水平
2010Q1	进口价格同比涨幅快速扩大主要是受国际大宗商品价格持续上涨的影响。下一阶段，中国人民银行将继续认真贯彻科学发展观，按照国务院统一部署，继续实施适度宽松的货币政策。调整经济结构和管理好通胀预期的关系
2010Q2	居民消费价格同比温和上涨。进口价格同比涨幅有所回落主要是受近期国际大宗商品价格下跌的影响。价格形势比较复杂，通胀预期管理仍需加强。下一阶段，中国人民银行将继续认真贯彻落实科学发展观，按照国务院统一部署，继续实施适度宽松的货币政策。调整经济结构和管理好通胀预期的关系
2010Q3	国际经济复苏还比较缓慢，我国经济增长较快，通胀预期和价格上行压力不容忽视。下一阶段，继续实施适度宽松的货币政策
2010Q4	本轮物价上涨，一是外部货币条件宽松的影响，美元等主要计价货币总体贬值，加剧国际大宗商品价格上涨，输入性通胀压力进一步上升；二是近年来在劳动力成本趋升以及资源价格改革等因素的推动下，影响物价上升的成本推动因素逐渐增强。下一阶段，实施稳健的货币政策，更加积极稳妥地处理好保持经济平稳较快发展、调整经济结构、管理通胀预期的关系，把稳定价格总水平放在更加突出的位置

资料来源：中国人民银行，中信证券研究部。

表 4-5　2015Q3—2017Q4 央行货币政策执行报告关于通胀的表述

时间	关于通胀/价格及相关货币政策操作的表述
2015Q3	在结构调整的大背景下，经济存在阶段性下行压力，部分领域产能过剩问题较为突出，国际大宗商品价格保持低位，总体看物价涨幅低水平运行的概率较大
2015Q4	从价格形势看，物价涨幅较低、相对稳定，并继续呈现结构化特征。石油等国际大宗商品价格低位运行，国内经济仍存在阶段性下行压力
2016Q1	受国际大宗商品价格反弹影响，进口价格降幅有所缩小。从价格形势看，物价涨幅有所上升，未来变化还须关注
2016Q2	物价涨幅有望保持低位相对稳定。不过也要看到，目前国内物价绝对水平不低，通胀预期尚不稳定，工业品价格回升较快，虽然房地产价格上涨有所放缓，但前期的房价较快上涨有可能逐步传导，部分地区的洪涝灾害也可能对农产品价格造成一定冲击
2016Q3	物价短期看略有上行压力，总体相对稳定。2015 年下半年以来，工业品价格降幅持续收窄，9 月份已转为正增长，结束了连续 54 个月的负增长，这种变化既受到国际大宗商品价格回升以及国内供给端去产能、去库存的推动，也与房地产、基建拉动相关行业回暖等需求面变化有关，短期看 PPI 仍有继续上行的可能
2016Q4	从物价形势看，通胀预期有所上升，未来变化值得关注。当前全球经济总体呈现复苏态势，部分经济体经济趋向好转，全球通胀预期有所变化。随着国内经济运行稳中有所回升，国内的通胀预期也有所上升
2017Q1	从价格形势看，通胀总体保持稳定，PPI 与 CPI 的显著背离有望收窄。近期通胀预期有所回调。虽然目前 CPI 通胀较为平稳，但 GDP 平减指数涨幅扩大，部分城市房地产市场热度仍然较高。对此应继续密切关注，在维护物价稳定的同时，注重抑制资产泡沫和防范金融风险

(续表)

时间	关于通胀/价格及相关货币政策操作的表述
2017Q2	物价形势总体较为稳定。当前全球主要经济体通胀水平多在低位运行，国内经济既有上行动力但也有下行压力，同时基数因素也可能使未来一段时期物价同比涨幅放缓。综合来看，通胀预期大体保持稳定
2017Q3	从上行推动因素看，国内经济总体企稳向好，叠加去产能推进、环保督察等因素的影响，通胀水平可能存在上升压力。也要看到，当前全球主要经济体通胀水平多在低位运行，国内经济既有上行动力但也有下行压力，同时基数因素也可能使未来一段时期PPI同比涨幅放缓。综合来看，通胀预期大体保持稳定
2017Q4	当前全球主要经济体通胀水平多在低位运行，国内经济总体运行平稳。当然也要看到，受去产能、环保督察、大宗商品价格回暖、基数因素等叠加影响，通胀水平可能存在小幅上升压力

资料来源：中国人民银行，中信证券研究部。

期调节；《2020年第一季度中国货币政策执行报告》将"松紧适度"调整为"灵活适度"，把支持实体经济恢复发展放到更加突出的位置。总体来看，猪瘟疫情等造成的供给冲击尚需一定时间平复，短期内消费物价仍面临上行压力，但是长期不存在持续通胀或通缩的基础。这一阶段通胀并非货币政策的主要目标，央行维持偏松的货币政策，多次降准、降低7天逆回购操作利率、加大公开市场流动性投放量（见表4-6）。

通胀上行对货币政策和债券市场的影响

猪周期推动的食品项通胀

我国历史上通胀压力较大的时段往往与猪周期有关。参考2005年至今的通胀水准，CPI整体走高往往伴随着新一轮猪周期的起步。

表4-6 2019Q1—2020Q2 央行货币政策执行报告关于通胀的表述

时间	关于通胀/价格及相关货币政策操作的表述
2019Q1	物价形势总体较为稳定，不确定因素有所增加。未来一段时间物价水平受到供求两端影响，存在一些不确定性，对未来变化需持续监测
2019Q2	物价形势总体较为稳定，不确定因素有所增加。未来一段时间物价水平受到供求两端影响，存在一些不确定性，对动态变化需持续监测
2019Q3	物价形势总体可控，不确定因素有所增加。目前我国不存在持续通胀或通缩的基础。总体来看，猪瘟疫情等造成的供给冲击尚需一定时间平复，短期内消费物价面临上行压力，需持续密切监测动态变化，警惕通胀预期发散
2019Q4	物价形势总体可控，通胀预期基本平稳，对未来变化需持续观察。短期内，新冠疫情等因素可能对物价形成扰动，应继续密切监测分析。但从基本面看，我国经济运行总体平稳，总供求基本平衡，不存在长期通胀或通缩的基础
2020Q1	物价形势总体可控，通胀预期基本平稳，对未来变化需持续观察。短期内，新冠疫情等因素可能从供求两个方面继续对物价形成扰动，应保持密切监测分析。从基本面看，我国经济运行总体平稳，总供求基本平衡，不存在长期通胀或通缩的基础
2020Q2	初步估计全年CPI涨幅均值将处于合理区间。仍需对各种因素可能导致的短期物价扰动保持密切关注。中长期看，我国经济运行总体平稳，总供求基本平衡，供给侧结构性改革深入推进，市场机制作用得到更好发挥，货币政策保持稳健，货币条件合理适度，不存在长期通胀或通缩的基础

资料来源：中国人民银行，中信证券研究部。

历史上有3轮高通胀与猪价上行相关性最为显著，分别是2006年6月—2008年2月、2009年6月—2011年7月，以及2019年2月—2020年2月（见图4-15）。

2006年6月—2008年2月，典型的猪油共振下的高通胀，央

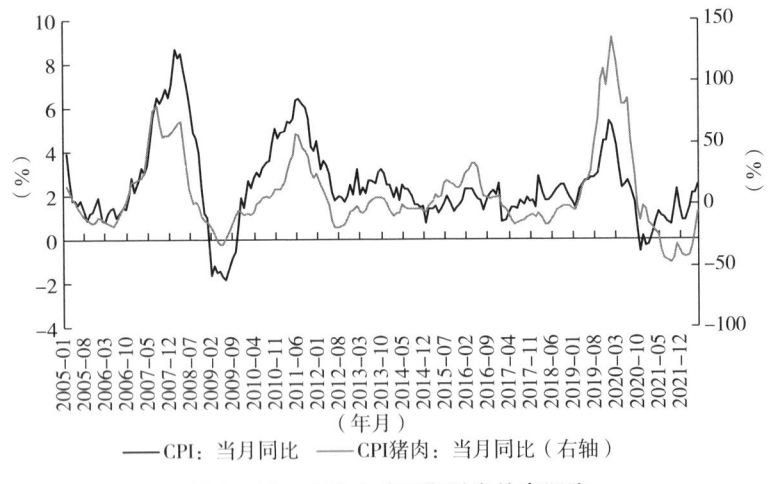

图4-15 历史上猪周期引发的高通胀

资料来源：万得资讯，中信证券研究部。

行多次收紧货币政策操作，10年期国债到期收益率与CPI猪肉分项同比同步上行。一方面国内投资需求增速加快而消费需求平稳增长，支撑上游原材料价格上涨。另一方面，全球能源、粮食、金属等大宗商品价格普涨，国内深化资源价格改革，通胀压力加深。其间CPI猪肉分项同比涨幅从-16.8%扩大至最高80.9%，CPI同比涨幅从1.5%扩大至最高8.7%，10年期国债到期收益率从2.96%上行至最高4.59%。而由于猪肉不是唯一的涨价因素，该时段内猪肉分项与CPI的最高点并不同步，而10年期国债到期收益率与CPI猪肉分项走势的相关性明显更高。在货币政策方面，央行在货币政策执行报告中屡次表态紧缩立场，并实行多次紧缩操作。从2006年第一季度直到2007年第四季度，央行反复在货币政策执行报告中提到"通货膨胀风险""通货膨胀压力"，其间实施许多紧缩政策，包括在2006年分3次上调金融机构存款准备金率共1.5%，同年9月15日起提高外汇存款准备金率1%；2007年分10次上调金融机构人民币存款准备金率共5.5%，同年6月上调存款基准利率

9bp，并分 7 次上调贷款基准利率共 1.35%（以 6 个月短期贷款利率为例）。综合来看，当时货币政策以稳定物价为主要目标，猪周期下的通胀危机对国债利率走势有明确影响，是当时的交易主线之一（见图 4-16 和图 4-17）。

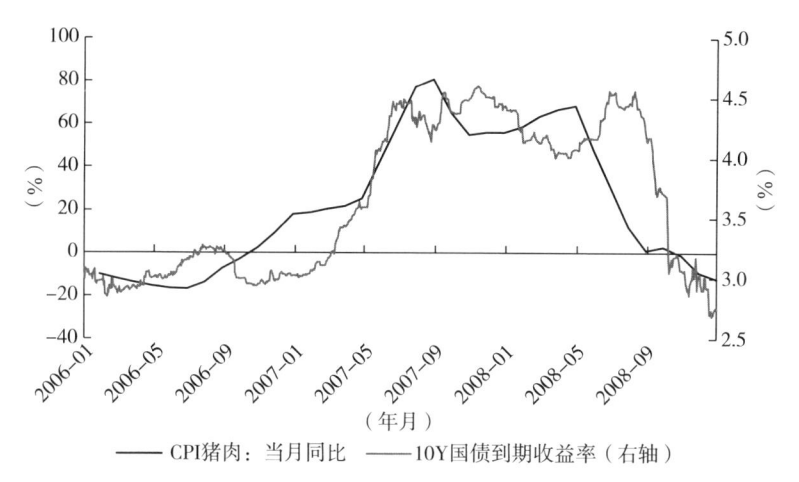

图 4-16 2006—2008 年的猪通胀与 10 年期国债到期收益率
资料来源：万得资讯，中信证券研究部。

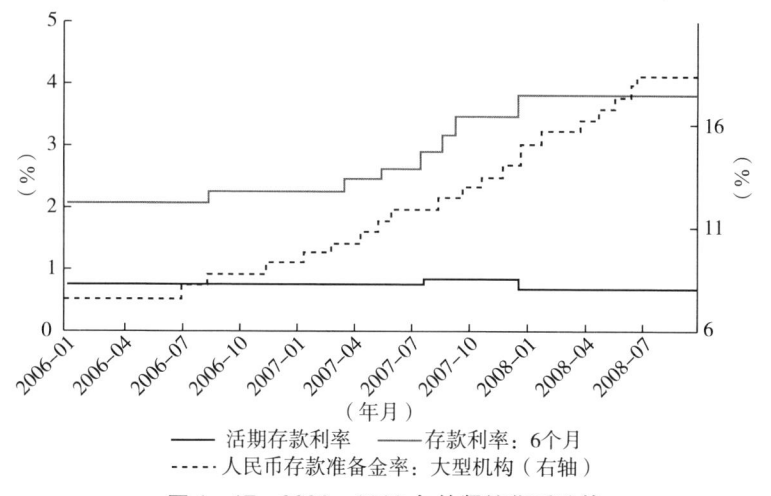

图 4-17 2006—2008 年的紧缩货币政策
资料来源：万得资讯，中信证券研究部。

2009年6月—2011年7月，新一轮猪周期助推通胀走高，货币政策取向由宽松转向紧缩，但10年期国债到期收益率走势与CPI同比猪肉分项相关性降低。在2008年金融危机后的经济修复期中，全球主要经济体维持货币政策的宽松取向，推升国际大宗商品价格并引起我国的输入性通胀。在该轮猪周期中，CPI猪肉分项同比涨幅从-31.8%扩大至最高56.7%，CPI同比涨幅从-1.8%扩大至最高6.45%，10年期国债到期收益率从3.06%上行至最高4.11%。参考历史行情，10年期国债到期收益率与CPI走势的相关性有所下降，但与CPI猪肉分项的走势大部分时间保持了一致的方向。在货币政策方面，央行在2009年第一季度到第三季度的货币政策执行报告中都维持了"适度宽松"的表述，第四季度开始强调"回归常态"，后续指出通胀预期管理，以及稳物价的重要性。其间具体实施的紧缩政策，包括2009年上调存款准备金率3次、2010年上调6次、2011年同样上调6次，每次幅度为50bp。2010年10月开始上调贷款基准利率，两年内共上调5次。此外，2021年存款基准利率分两次上调。总体上，本轮猪周期中国债利率与CPI走势在一定程度上分化，货币政策也从稳定物价的单一目标制向兼顾经济发展等多目标制转化，猪肉通胀对债市的参考价值不及以往（见图4-18和图4-19）。

2019年2月—2020年2月，猪瘟下供给短缺引发新一轮猪周期，货币政策延续宽松，10年期国债到期收益率走势与通胀水平完全脱钩。这一轮通胀主要因素是非洲猪瘟在我国传播使得猪肉供给受限，进而引发的新一轮猪周期。在该轮猪周期中，CPI猪肉分项同比涨幅从-4.8%扩大至最高135.2%，CPI同比涨幅从1.5%扩大至最高5.4%，10年期国债到期收益率从3.43%下行至最低2.51%。相较于以往案例，该轮猪周期并非完全是周期性涨价，更多缘于猪瘟的临时性因素，不具备持续通胀或通缩的基础。此外，

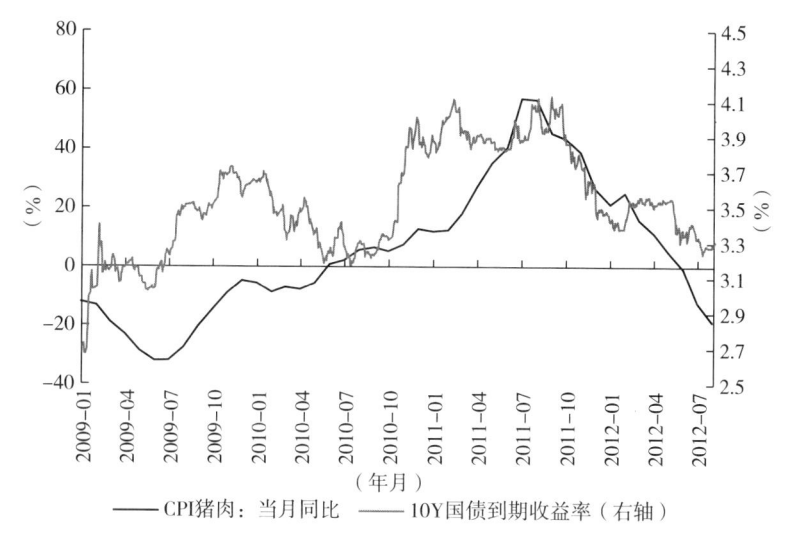

图 4-18　2009—2011 年的猪通胀与 10 年期国债到期收益率

资料来源：万得资讯，中信证券研究部。

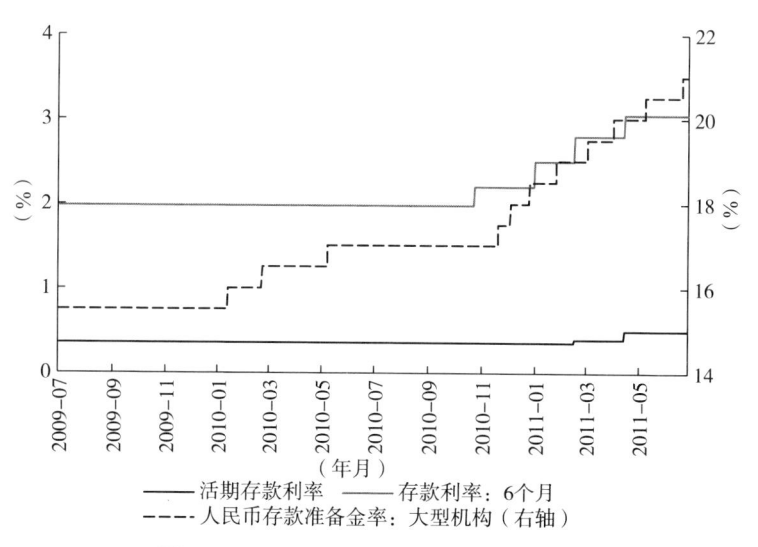

图 4-19　2009—2011 年的紧缩货币政策

资料来源：万得资讯，中信证券研究部。

在货币政策方面,其间几次货币政策执行报告中央行对于物价采用了"可控""稳定"等表述,并未调整宽松的政策取向。具体政策包括,2019年3次降准共150bp,2020年2次降准共100bp;2019年2次下调7天逆回购利率共15bp,2020年1次下调7天逆回购利率20bp;2019年MLF降息5bp,2020年2次降息共30bp,加大了公开市场操作投放量。总体而言,该轮猪周期下的通胀不具备可持续性,央行优先考虑使用宽松货币政策对冲猪瘟冲击,债市交易主线也完全与其脱离(见图4-20和图4-21)。

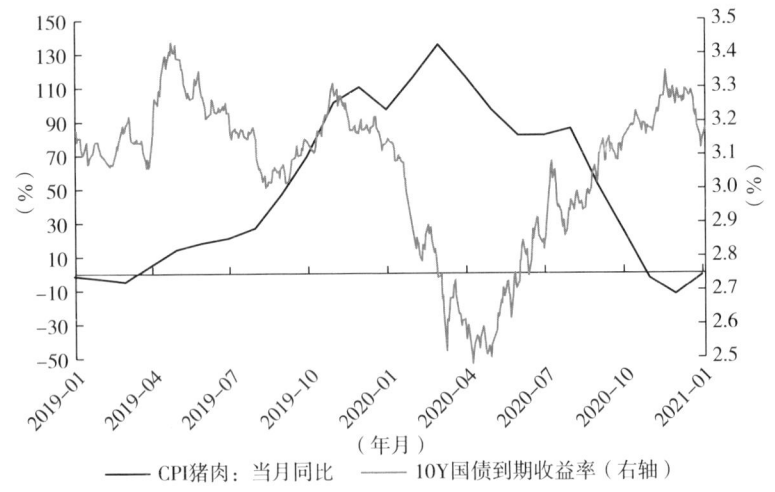

图4-20 2019—2020年的猪通胀与10年期国债到期收益率
资料来源:万得资讯、中信证券研究部。

2022年国内物价形势总体稳定,但是受到俄乌冲突引发的国际能源和粮食价格上涨,以及国内局部新冠疫情散发造成货运物流、产业链供应链摩擦等多重因素的影响,CPI同比逐步回升。

但是近年来,剔除食品和能源的核心通胀以及服务通胀,目前都在1%左右的低点。未来影响核心通胀的主要分项,包括服务价格、租房价格、消费品价格等,难以快速回升。

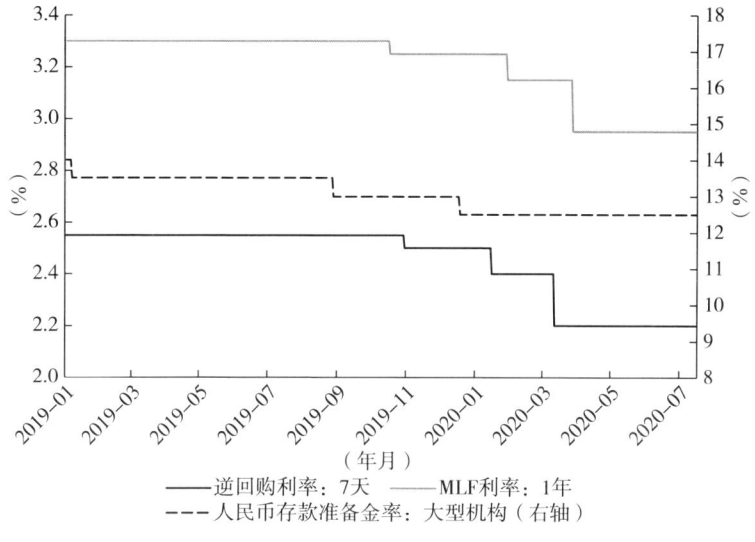

图 4-21　2019—2020 年的宽松货币政策

资料来源：万得资讯，中信证券研究部。

从历史来看，抛开对猪价和 CPI 同比点位的预测的差异，根据仅由猪价上涨带动的 CPI 上行来进行利率交易的"看猪做债"，胜率越来越低。从利率的决定因素来看，增长的权重要更大一些。

输入性通胀

回溯历史，我们发现，2000 年以来，受国际金融市场通胀的影响，原油、金属等初级大宗商品价格波动所引起的国内通胀，有两个历史时期，分别是 2007 年 9 月—2008 年 10 月、2010 年 2 月—2011 年 11 月（见图 4-22）。

1. 2007 年 9 月—2008 年 10 月。该次通胀是典型的由于国际大宗商品价格上涨，所导致的输入性通胀。2007 年年初开始，以国际原油为代表的初级大宗商品价格大涨，布伦特原油从年初的 56.74 美元/桶，于 2008 年 7 月月初在盘中攀升至历史高位 144.22

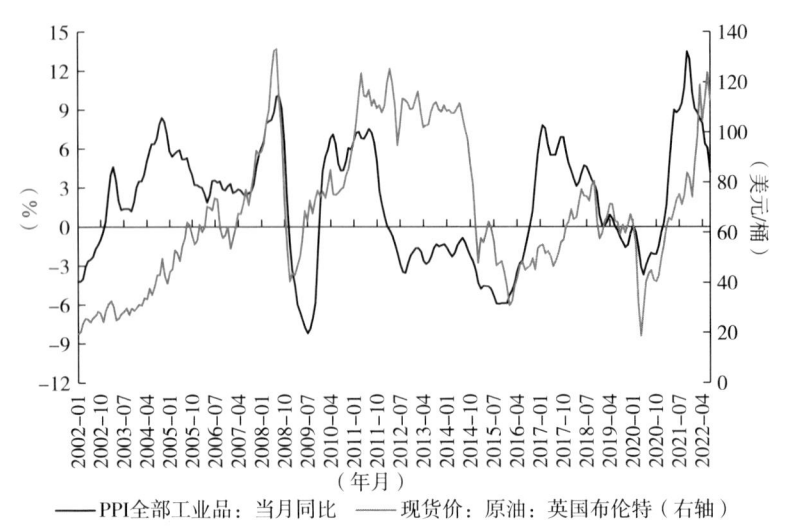

图4-22 2000年以来原油价格带动PPI走高的历史阶段

资料来源：万得资讯，中信证券研究部。

美元/桶，涨幅达154.17%，这对于极度依赖原油进口的我国，能源价格的飙升带来了极大的通胀压力。作为衡量工业企业产品出厂价格变动趋势和变动程度的指数，PPI从2007年3月的2.7%不断攀升至2008年7月的10.03%。生产领域的价格变动也使得反映消费端的CPI指数一路上行，从2007年1月的2.2%逐步攀升，3月冲破CPI为3%的警戒线，并于2008年2月冲至历史最高位8.7%，随后一路下滑，于2008年10月跌至4%。

面对通胀压力，政府经济工作会议将2008年宏观政策调控定调为"从紧"，防止结构性价格上涨演变为明显通胀。2007年1月—2008年6月，央行连续16次上调人民币存款准备金率，从2007年年初的9.5%提升至2008年6月的17.5%，累计上调幅度达8%，冻结资金巨大。在公开市场操作方面，2007年全年共开展正回购操作1.27万亿元，年末余额6 200亿元，是年初余额的10.33倍，且2008年上半年正回购操作额度进一步提高至2.35万亿元，同时，为保持基础货币平稳增长和货币市场利率基本稳定，央行年内6次发行定向央票，提高央票发行利率，从量和价上双重出击，控制信贷扩张。多重措施之下，CPI同比增速自2008年4月有所减慢，2008年10月CPI同比跌至4%，M2同比也出现下行趋势，调控效果明显（见图4-23）。

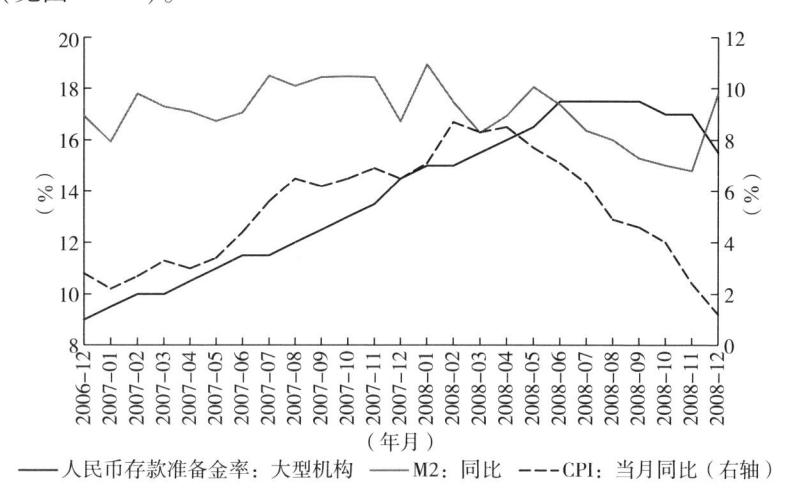

图4-23 连续上调准备金率，紧缩流动性
资料来源：万得资讯，中信证券研究部。

综上所述，该轮通胀属于典型的输入性通胀，在国际能源价格攀升以及薪资大幅提升的背景下，使得国内成本端价格提升最终引起国内通胀，伴随着2008年6月原油价格的回落，该轮通胀压力在10月得以大大缓解。

2. 2010年2月—2011年11月。2008年美国金融危机之后的输入性通胀。为应对2008年的金融危机，以美国为代表的世界主要经济体均采取宽松的货币政策，向市场投入大量流动性，使得全球通胀压力倍增，2011年年初，全球通胀率已达到4%的高位水平。受美元贬值的影响，自2010年年初国际市场上的原油、铜等工业原材料价格出现了明显上涨，其中，布伦特原油价格从2010年年初的69.56美元/桶，不断攀升至2011年的126.64美元/桶，涨幅达82.06%，由于我国对进口能源的依赖，国际市场上的价格上涨会通过原材料价格上涨，推动国内生产的成本提升，最终传导至国内市场，叠加当时大量境外资本的流入，在强制结售汇制度下，我国通胀压力明显提升。同时在4万亿投资计划的影响下，国内投资增速明显上升，也带来了需求拉动型通胀上升的压力。2010年5月CPI同比增速首次突破3%的警戒线，此后数月不断攀升，并于2011年7月来到6.451%的历史高位水平。与此同时，PPI同比增速也从2010年9月的4.32%不断提升，2011年3月来到7.31%的高位水平。

  2010—2011年，央行12次上调存款准备金率、5次加息，并加大公开市场操作力度应对本轮通胀。自2010年年初，央行连续12次上调存款准备率，存款准备金率从2010年年初的16%逐步上调至21.5%的历史最高位，大幅收缩市场上过剩资金（见图4-24）。同时，为控制信贷增速，央行分别于2010年10月20日、

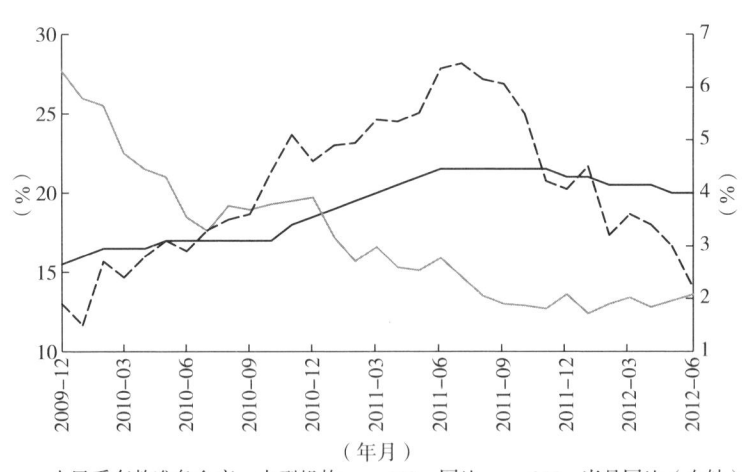

图4-24 连续12次上调准备金率，大幅收缩流动性

资料来源：万得资讯，中信证券研究部。

2010年12月26日、2011年2月9日、2011年4月6日、2011年7月7日共5次上调1年期存贷款基准利率，共计上调1.25个百分点（见图4-25）。此外，2010年以来随着公开市场操作的常态化进行，央行积极发行央票，开展正回购操作，加大市场流动性的收回力度。在一系列"加息提准"的紧缩性货币政策的影响下，M2同比增速于2010年年底开始稳定并逐步回落。

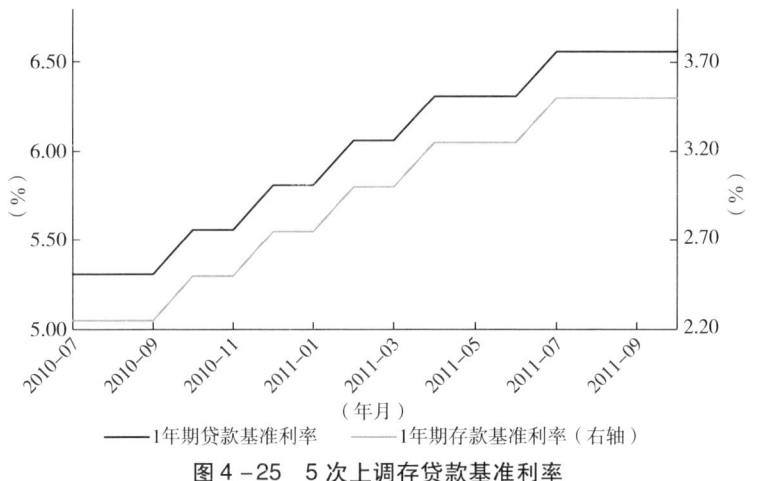

图4-25 5次上调存贷款基准利率

资料来源：万得资讯，中信证券研究部。

与之类似，"猪油共振"期的货币政策也以偏紧为主。基于上文对输入性通胀阶段的划分和回顾，2007年1月—2008年7月，以及2010年6月—2011年4月是两轮典型的"猪油共振"期，以上两个时期内货币政策均连续加息提准。如果退而言其次，2019年上半年出现了程度较轻的"猪油共振"——猪价处于快速上涨前期，油价小幅上涨，这一阶段央行的货币政策仍然保持偏宽松，开展多次降准操作（见图4-26）。

历史上两轮显著的输入性通胀和"猪油共振"阶段的货币政策均以紧缩操作为主，核心原因在于，两个时期国内经济基本面处于

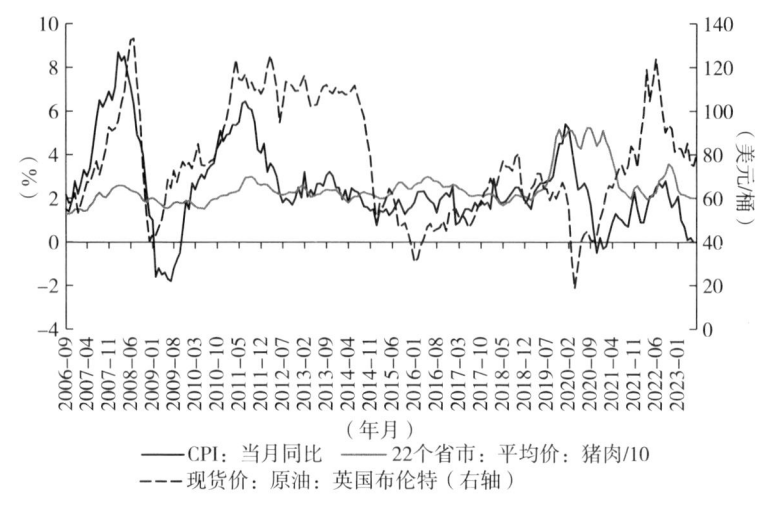

图 4-26 历史上较为明显的两轮猪油共振带动通胀上行

资料来源：万得资讯，中信证券研究部。

走强甚至过热阶段，核心通胀均持续上行至 2.5% 以上，因而货币政策通过紧缩操作控通胀的逻辑顺理成章。但是 2019 年下半年"猪通胀"带动 CPI 同比走高时期货币政策并没有明显转向，2021 年国内外大宗商品价格上涨带动 PPI 同比创历史新高时期货币政策也没有明显转向，说明仅仅是供给短缺导致的成本推动下的结构性物价上涨，不会对货币政策产生实质性收紧的影响。

第五章
货币政策大创新，是货币财政化，还是财政货币化

2008年，美国金融危机的爆发，使欧美等国家陷入严重的经济危机。为了应对这场危机，欧美国家开始采用非常规的货币政策手段，如量化宽松（QE）政策、零利率政策等，同时也出现了显著的财政货币化趋势。这些手段被广泛应用，以迅速应对金融市场和实体经济所面临的短期、局部冲击。自此以后，财政政策和货币政策的边界开始变得模糊。

与欧美国家的危机应对模式不同，我国央行已经在宏观调控中广泛采用结构性货币政策工具，以支持经济的基础和薄弱环节，促进新旧动能转换和经济转型。这些结构性的货币政策工具有些用于支持基础设施建设、保障民生、提高社会保障水平，也有一些用于对新兴产业、绿色产业等的支持和扶持，以及对传统产业的转型升级等。

财政+货币的演进

2008年金融危机之后，财政与货币的结合变得越来越紧密和不可分割。我们常常听到财政货币化或货币财政化的说法，也时常

可以看到学术界和市场上关于 MMT 的讨论。要清晰理解这些概念，以及财政和货币的关系，我们需要做一些界定，并以特定的历史时期作为案例讨论。

我们将财政政策与货币政策之间协调配合的程度划分为 3 个层次（见表 5-1）。第一个层次是财政与货币绝对独立，被称为"财政+货币 1.0"，这是最为传统的财政货币关系；第二个层次为货币与财政相互配合，仍然独立决策，财政无法强制货币为其融资，但货币可以有选择地为财政提供支持，我们称之为"财政+货币 2.0"，这是 20 世纪大萧条之后，大部分时间中财政和货币的配合方式；第三个层次即 MMT，财政可以直接发行货币融资，被称为"财政+货币 3.0"，尽管 MMT 还未被主流的经济学界接受，然而其理念已经在历次经济危机的应对中有所实践。

表 5-1 财政与货币关系的 3 个层次

定义	财政部与央行的关系	内涵
财政+货币 1.0	独立	财政部与央行独立决策，货币政策对财政政策形成制约
财政+货币 2.0	相对独立	财政政策与货币政策相互协调配合，共同实现目标
财政+货币 3.0	财政货币化	以财政为主导，央行货币发行沦为财政支出的工具

财政+货币 1.0

"财政+货币 1.0"意味着非常独立甚至僵化的财政货币政策。以大萧条前期为例，在金本位的约束下美国货币政策相对于财政政策的独立性非常强。大萧条之所以给美国经济带来了很长时间的痛苦，与金本位制度和货币政策目标不无关系。

为了保持美元的吸引力,维持黄金储备和金本位制度,同时防止资本市场的投机行为,美联储并没有在持续的萧条中放松货币政策。1931年,在全球经济深陷萧条,债市、股市遭遇大规模抛售潮的时候,10月美联储竟然选择加息,来抑制美元抛售,保持黄金储备的稳定,以维持金本位制度。同年11月,胡佛政府迫于财政平衡的压力宣布削减3.5亿美元的财政预算。这种危机过程中的财政和货币应对措施在现在几乎是不可想象的,而在大萧条期间却实实在在地发生了。其结果可想而知,衰退和萧条不断深化,直到罗斯福上台,放弃金本位制度,货币政策放松、财政发力,美国经济才逐渐走出萧条。

财政 + 货币 2.0

脱离了金本位以后,财政和货币的目标在很大程度上趋于一致,大萧条的经验也告诫人们,财政与货币完全独立的模式太过刻板。财政政策的目标,从总量的角度出发,主要是维持物价水平稳定以及把经济增长或者失业率控制在合理的水平(GDP和就业是硬币的两面)。无独有偶,脱离金本位的束缚后,货币政策的其中两个重要目标恰好也是经济增长和通胀,财政和货币的目标在很大程度上具有一致性。从实现经济增长和通胀目标的角度看,央行和财政之间的关系必然是相互协作的。

当然,财政和货币也有其个性目标,比如财政需要解决公共品领域的市场失灵问题,还要考虑收入二次分配的问题;而央行还需要维持金融系统稳定,承担着最后贷款人的角色,以及2008年金融危机以后逐渐发展起来的宏观审慎管理等。从财政和央行各自的个性目标看,二者很可能会面临一定的矛盾,二者也需要保持相对的独立性。这种协调配合但又相对独立的模式,就是我们所谓的"财政+货币2.0"。

日本、美国等主要发达经济体通过 QE 配合财政扩张的方式，就属于财政和货币协调配合的范畴。当然，考虑到其中的一部分政策工具已初具财政货币化的倾向，我们可以将其视为"财政 + 货币 2.5"。比如 2000 年以后，日本和美国等经济体财政与货币协调配合的深度和广度开始提升，以 QE 政策和质化量化宽松（QQE）政策等工具为代表，央行通过在二级市场购买国债间接为政府债务融资提供支持，也为金融市场提供流动性支持。这种货币配合财政大幅扩张的特征在 2008 年金融危机之后尤为明显。随着金融危机的风险退去，央行在二级市场的购债行为更加偏向于稳定金融市场，而不是以扩张财政为目的。同样，始于 2013 年的日本 QQE，为了在 QE 政策的基础上实现 2% 的核心通胀目标，把货币政策的锚从基础货币转向对收益率曲线的控制，通过大力购买长期国债、交易型开放式指数基金（ETF）和日本不动产投资信托基金（J-REITs），同时实现了对资产价格的影响。日本在此过程中也保持了适度的克制，没有一味扩张财政赤字，事实上日本 QQE 时期的财政赤字是在收缩的。

过去我国财政和货币的配合方式则更加间接，我们不妨称之为"财政 + 货币 1.5"。比如在地方债发行量较大时期，为对冲地方政府发行缴款，央行往往会采取公开市场操作、MLF 等措施，提供相对稳定的流动性支持。从历史经验来看，2015—2019 年均曾出现地方政府债放量发行的情形，央行也采取积极的货币操作加以应对。出于财政政策和货币政策配合的考虑，地方政府债放量往往伴随着资金利率的适度下调，两者互相配合以达到减轻政府部门成本的目的。然而，由于货币配合财政的力度不够强，大量的财政扩张借助的是隐性的政府信用。政府参与的基建投资项目通过城投平台、基础设施产业引导基金、政府和社会资本合作（PPP）模式、政策性金融体制等方式融资。这些融资方式都是把政府信用作为支点撬动社会资本，是通过政府信用实现的。因此，在过去基建扩张或者广义财政扩张的过程中，货币在其中扮演的角色不算特别重要。当然，近年来国内的财政和货币的配合度有所提升，推出一些具体的政策措施，如央行上缴利润、政策性金融工具加码、结构性货币政策工具陆续推出等，这意味着财政+货币的模式已经在向2.0版本进发。

财政+货币3.0 （MMT和MP3）

尽管MMT一直未被主流学界和主要经济体政府及货币当局认可，但财政货币化的现象在历史上并不鲜见。在央行从政府财政中独立出来以前，政府铸币用于财政支出是常规操作，可以被认为是MMT的前身。只要铸币权在政府手中，他们就有通过铸币税来扩大财政支出的倾向。然而这里面最大的矛盾是，一定时期内的国民财富（如实际GDP）总是有限的，如果通过过度铸币来攫取财富，通胀就不可避免。当私人部门意识到政府正在通过铸币税的形式不断稀释他们的财富，从中攫取利益，那么政府发行的货币将不再受到民众信任。当这种信用危机到来时，很多时候政府却不得不进一步加速印刷货币，才能购买足够的物资。最终，恶性通胀会以难以想象的速度和幅度蔓延，引起政府信用的崩塌和货币体系的迅速崩溃。在中国历史上，两宋末年、解放战争时期，宋廷和国民政府都试图通过无限超发货币来补充不断扩大的军费开支，但最终自食苦果。第一次世界大战过后的魏玛共和国也寄希望于印钞还债，导致历史上最著名的恶性通胀。尽管历史上的失败历历在目，但有节制的财政货币化（如MMT）和货币财政化正在展现出其潜在的生命力。

财政货币化即财政赤字货币化，是指通过发行货币直接为财政赤字融资。美联储前主席伯南克曾提到，所谓财政赤字货币化，就是用货币总量的永久增加，给财政的扩张提供资金。财政货币化主要有几种实现途径：一是央行发行货币直接为政府提供开支，二是央行在一级市场直接购买国债，三是央行在资产负债表中债务减记以降低财政负担，四是央行将持有的国债转化为零息永续债。尽管2008年金融危机之后，全球主要经济体的财政政策与货币政策协调配合的特征十分明显，而且美国、日本、欧洲央行都曾以QE的方式在二级市场购买国债，但是根据上述定义，它们的行为并不严格属于财政货币化的范畴。

说到财政货币化，不得不提到MMT。MMT涉及经济学的方方面面，横跨货币理论、福利经济学、财政学、经济周期理论、货币和财政政策等领域，融合了一些非主流的理论，这些理论都是基于这样一个观点：发行主权货币的政府不需要为了支出而借入自己的货币。也就是说，MMT认为，政府财政和央行本身就应该是一体的，财政政策可以根据经济的运行情况不断调整，无须受到赤字限制，在需要时发行货币用于支出，也可以在必要时收紧。当经济过热时，政府通过增加税收和减少支出给经济降温，国债更多被用来控制货币的发行量，即发行国债可以回收货币；当经济面临衰退时，政府可以采取相反的操作，购回国债，向市场释放流动性。这就意味着，政府本来就不必为了支出而进行税收。而税收之所以存在，政府之所以强制私人部门使用他们发行的货币纳税，是为了让这种货币成为市场上主流的交换媒介，以便自己随时印制货币购买物资。

值得注意的是，MMT认为政府拥有无限的支付能力，但并不意味着政府的支出没有约束，进一步讲，MMT可以被认为是一种有约束的财政货币化。即便在MMT的框架下，政府的支出也要受到约束，原因与主流经济学观点并没有太大差异：过度的财政支出导致通胀；过度的财政赤字导致汇率贬值；政府支出可能存在效率低下的问题，过度的财政支出挤占私人部门消费和投资。因此，

MMT 支持者认为财政的预算管理仍然是十分重要的。对于 MMT 的批评多集中在恶性通胀的隐患上，但 MMT 支持者认为 MMT 和恶性通胀没有必然的联系，一些"功能性财政"方案，比如"就业保障/最终雇主计划"（JG/ELR）能够同时实现就业和通胀的稳定。

JG/ELR 就是 MMT 支持者眼中的就业和通胀"稳定器"。财政的 JG/ELR 计划对于劳动者的意义，就相当于央行相对于银行的"最后贷款人"角色。当银行面临流动性危机时，央行会给予银行保底的流动性支持；当劳动者面临失业危机时，MMT 理念下的财政也会通过 JG/ELR 计划给予劳动者保底的工作机会，并获得最低工资。MMT 支持者认为，JG/ELR 计划不仅可以减小失业带来的贫富差距，也有利于维持物价稳定以及缓和经济波动。这个计划相当于构建了一个失业工人的蓄水池，当经济繁荣时，企业能够从蓄水池中招到工人，而不必提高整体的工资水平（只需高于最低工资），使通胀压力下降；当经济衰退时，企业裁掉的工人仍然可以进入蓄水池，领到最低工资，使总需求不至于下滑太快。JG/ELR 计划的这种功能使得经济增长和通胀的波动下降。

货币财政化是指通过央行货币政策的途径，实现类似于财政政策的结构性功能。桥水公司的创始人达利欧曾结合 MMT 探讨了未来的货币政策，将其称为第三代货币政策（MP3）。达利欧认为，在降息和 QE 政策无法有效刺激经济之后，货币政策脱离传统框架的束缚，或许可以达到意想不到的效果，他把这些政策统称为 MP3，认为这些思路或将在未来成为关键的政策工具（见表 5-2）。MP3 中有不少观点比 MMT 更加激进，且 MP3 更偏向于从货币的角度出发，将总量型的政策引导至定向支持，用货币政策实现财政政策的结构性功能。相比之下，MMT 和财政货币化的重点则是财政政策，货币政策为财政所用，这是二者的最大不同。简而言之，MP3 是货币财政化，而 MMT 是财政货币化。

表5-2 达利欧的MP3梳理(货币财政化程度由低到高)

针对公共部门	在二级市场购买国债,给予国债足够的融资支持,例如QE
	给那些以刺激经济为目的设立的机构提供贷款,例如开发银行
	财政和货币的结合,央行直接用货币支持财政的所有项目,例如MMT
针对私人部门	对银行许以较高的法定准备金率,激励银行信贷业务
	对消费者进行无息的补贴贷款
	通过货币的电子化对居民存款收费,负存款利率
	直接印钞并转移给消费者或将货币直接投入特定账户,比如养老、教育等
对公共部门和私人部门都起作用	QE不再限于购买证券,允许购买实物资产,比如房地产
	通过大量发行货币提高通胀,达到减记债务的目的

资料来源:Ray Dalio. It's Time to Look More Carefully at MP3 and MMT;作者整理。

学界如何看待财政货币化

国外学界对现代货币理论褒贬不一,存在许多不同的声音。部分学者是对MMT持有明显支持态度的。斯蒂芬妮·科尔顿(Stephanie Kelton)认为,政策制定者只看到了预算赤字,却忽略了非财政部门的盈余,如果政府不通过赤字支出来消化这些盈余,可能会导致通缩,这是很多MMT的支持者都秉持的观点。只要增发货币没有带来恶性通胀,比如日本,那么货币就可以一直增发下去,一旦通胀苗头起来,再停发也不迟。还有一些政府官员从更为具体的用途出发,认为MMT可以为绿色新政和全民医保提供足够的资金来源。达利欧则表示,在货币政策已经逐渐失效的情况下,需要MMT或者MP3这些货币和财政协调的手段。也有一些人持有较为中性的观点：太平洋投资管理公司（PIMCO）前首席经济学家保罗·麦卡利（Paul McCulley）则认为货币政策和财政政策既应该是有所区别的，又应该是相互合作的。

当然，主流经济学家对于MMT的看法还是批评居多。部分学者从赤字推高利率的角度抨击了MMT。诺贝尔经济学奖得主保罗·克鲁格曼（Paul Krugman）认为，一旦我们接近充分就业，政府借款将与私人部门竞争有限的资金，赤字支出会推高利率，并挤出私人投资，美国政府不能一味地举债。贝莱德CEO拉里·芬克（Larry Fink）也认为，传统理论下赤字问题很重要，赤字将大幅推高利率，并可能将其推升至不可持续的水平，只有当我们看到赤字造成损害时，我们才能知道赤字水平过高。格里高利·曼昆（Gregory Mankiw）指出了MMT主义者和新凯恩斯经济学家的根本分歧：政府的目标到底应该是自然产出和就业水平还是最优产出和就业水平？对于新凯恩斯主义，政府应该使得国家的产出和就业处在自然水平，但是MMT主义希望能把它们维持在最优水平。显然，最优水平的就业是高于自然就业水平的（由于结构性失业和摩擦性失业的存在）。因此，要达到MMT的就业目标，失业率就会持续位于自然失业率之下。这就回到了20世纪70年代的美国，为了长期维持低失业率过度放松货币和财政，最终在20世纪80年代初承受了痛苦的滞胀和衰退。

国内学界和政界关于财政货币配合的争论也非常多。央行学者多认为MMT存在明显的逻辑缺陷，在实践中应用是十分危险的。这类观点曾一度占据上风。近年来市场上也涌现了更多不同的声音，一些学者肯定适度财政货币化的效果。中国财政科学研究院院长刘尚希认为，在一些特殊的环境下，财政货币化具有合理性、可行性和有效性，面对前所未有的冲击和挑战，需要前所未有的政策来匹配。他认为，财政货币化最担心的就是恶性通胀的问题，但现在整个货币运行状态已经发生了质的改变，发生恶性通胀的可能性很小。中国人民银行原副行长、国家外管局原局长吴晓灵也发表过类似观点，认为经济危机时期财政赤字的比例不是不可扩大，此时要在挽救经济与财政纪律中做权衡，其中最关键的因素是财政政策能否有效率地执行。

政策性金融工具和准财政功能

在我国，政策性银行是财政与货币结合的一个典型实践。我国的政策性银行是由政府设立的专门用于支持国家经济发展和实现宏观经济政策目标的金融机构，包括国家开发银行、中国进出口银行和中国农业发展银行。政策性银行的主要职责是通过提供贷款和其他金融服务来支持国家战略产业和重点项目的建设。与商业银行不同的是，政策性银行的贷款利率一般会低于市场利率，以鼓励和支持特定领域的经济发展。政策性银行与财政部和央行的关系十分紧密。财政部是政策性银行的大股东，而央行则是以监管者的角色出现。市场上常常把政策性银行的各种工具称为准财政工具。

PSL

三大政策性银行成立以来，准财政工具一直在基础设施等领域发挥着重要的投融资作用。比较典型的工具是大名鼎鼎的 PSL。PSL 是央行货币政策工具之一，由央行向政策性银行提供资金支持。政策性银行以质押方式向央行申请 PSL，抵押品包含高等级债券资产及优质信贷资产。根据规定，国家开发银行、中国进出口银行、中国农业发展银行每月 26 日向央行提交 PSL 额度申请，其中 25 日前按实际数额上报，25 日至月底按估算值上报，而 PSL 资金仅可用于发放特定项目贷款。最初 PSL 的对象只有国家开发银行一家政策性银行,经国务院批准,2015年10月起,央行将PSL的对象扩大至国家开发银行、中国农业发展银行、中国进出口银行,主要用于支持三家银行发放棚改贷款、重大水利工程贷款、人民币"走出去"项目贷款等。

从历史发展来看,PSL主要经历了两轮快速扩张,其整体发展节奏与棚改货币化历程较为贴合。棚户区改造最早始于2005年的辽宁省试点,但直到2014年,基本以实物安置为主。2015年6月国务院颁布《关于进一步做好城镇棚户区和城乡危房改造及配套基础设施建设有关工作的意见》,要求进一步做好城市棚户区改造,并积极推进货币化安置。为支持国家开发银行加大对棚户区改造重点项目的信贷支持力度,PSL大幅增长。2019年11月以后,PSL总体表现为净偿还,一方面是因为发行棚改专项债偿还部分棚改贷款成为新的政府融资方式,另一方面则是因为棚改基本完成了房地产去库存的任务。2022年,PSL规模再度回升,在地产周期下行的阶段开始承担新的"保交楼"使命(见图5-1)。

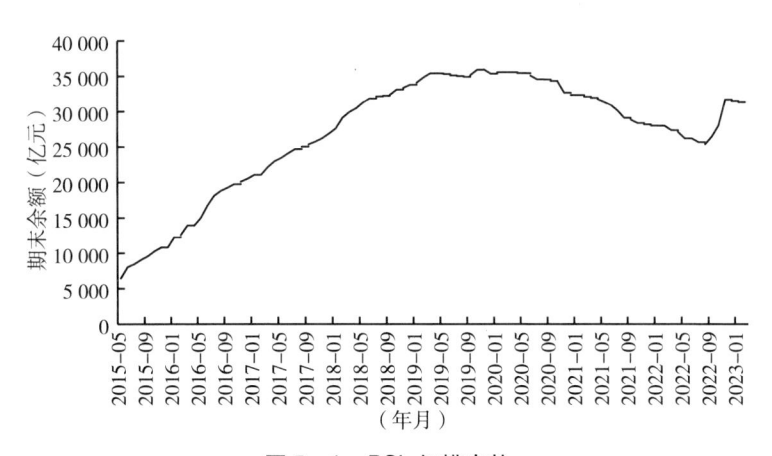

图5-1 PSL规模走势

资料来源:万得资讯,作者整理。

政策性开发性金融工具

2022年也是准财政政策发力和创新的大年。6月国务院首次推出了3 000亿元政策性开发性金融工具,用于加大金融对于重大项目的支持力度,补充项目资本金,帮助投资尽快形成实物工作量。之后仅不到两个月,国务院常务会议部署稳经济一揽子政策的接续政策措施,又增加了3 000亿元额度。在两批各3 000亿元额度的基础上,三大政策性银行先后设立了农发基础设施基金、国开基础设施基金以及进银基础设施基金,分别完成了2 459亿元、4 256亿元以及684亿元的资金投放,合计实现了7 399亿元政策性开发性金融工具的使用,支持了超过2 700个重大项目的建设(见表5-3)。同时,2022年三大政策性银行增调8 000亿元信贷额度以支持基础设施建设,稳住基建投资增长。

表5-3 2022年政策性开发性金融工具使用情况

		投放完成时间	资金投放规模 (亿元)	项目数量 (个)
国家开发银行	第一期	8月26日	2 100	936
	第二期	第三季度末	1 500+656	
中国农业发展银行	第一期	8月20日	900	1 677
	第二期	10月12日	1 559	
中国进出口银行	第一期	—	—	114
	第二期	10月12日	684	

资料来源:国家开发银行,中国农业发展银行,中国进出口银行,作者整理。

政策性开发性金融工具广泛用于交通、水利等基础设施以及市政产业园等领域。国家发展和改革委员会(简称国家发改委)数据显示,截至2022年11月底,三大政策性银行2022年分两批投入使用的共7 399亿元金融工具支持的2 700多个项目已全部开工建设。

具体来看，农发基础设施基金主要支持市政和产业园区项目建设，占比超过一半，其次是水利、交通以及职业教育项目，分别占比14%、8%以及5%（见图5－2）。进银基础设施基金向港口、机场、铁路、公路等交通基础设施领域投放基金462亿元，占比超过2/3，向能源基础设施领域投放65亿元，占比近10%；向物流基础设施领域投放35亿元，占比5.1%（见图5－3）。

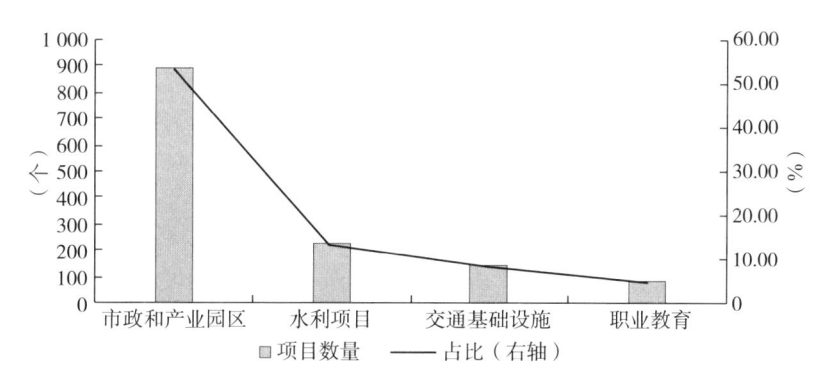

图5－2　2022年中国农业发展银行金融工具投向
资料来源：中国农业发展银行，作者整理。

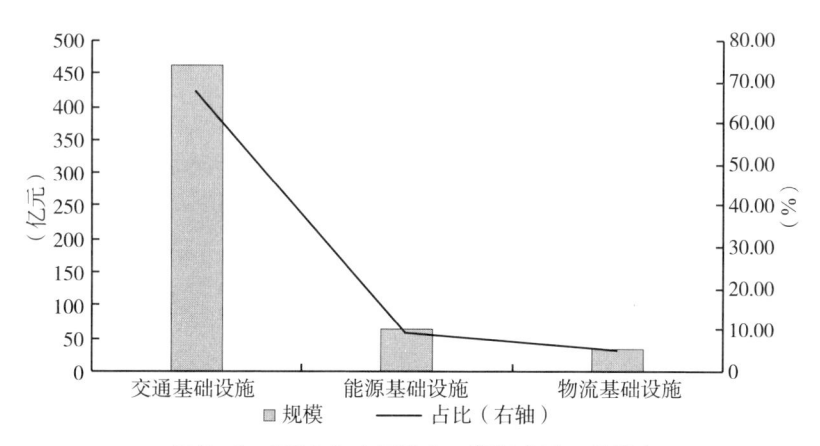

图5－3　2022年中国进出口银行金融工具投向
资料来源：中国进出口银行，作者整理。

政策性金融工具更大的作用是撬动商业银行配套融资和社会资本。政策性银行不仅可以发放贷款，还可以通过提供资本金、提供担保等形式运作。这些工具具有较强的撬动作用，即通过政府的资金和信用背书，吸引商业银行和更多的社会资本参与特定行业或项目的发展，从而实现更大的经济效益（见图5－4和图5－5）。受

图5－4 2022年基建投资同比逆势上升

资料来源：万得资讯，作者整理。

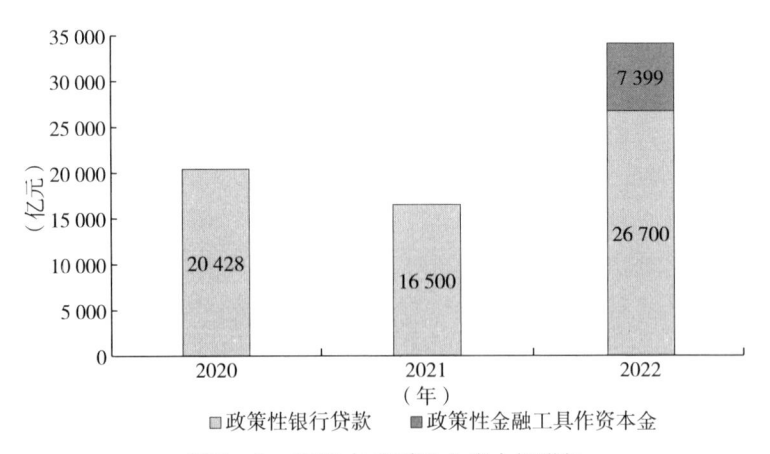

图5－5 2022年准财政力度大幅增加

资料来源：国家开发银行，中国农业发展银行，中国进出口银行，作者整理。

金融工具撬动作用影响，政策性银行信贷向基础设施、科技创新等领域倾斜，国家开发银行最新数据显示，2022年全年发放基础设施贷款1.4万亿元；发放科技创新和基础研究专项贷款1 160亿元，同比增长64.1%，支持项目279个；前三季度发放能源贷款4 069亿元，同比增长26.0%。

结构性货币政策工具和货币财政化

传统的观点认为，货币政策是一个总量政策，对于货币政策是否应该像财政政策一样发挥结构性功能，很多人对此仍然抱有怀疑态度。尽管如此，近年来我国央行已经在结构性货币政策实践方面走在时代前列，在宏观调控中广泛推出结构性货币政策工具：定向降准、差别化存款准备金政策、各类再贷款、各类支持工具和支持计划等。这些工具在释放基础流动性的同时，也在特定领域以更低的成本或其他激励机制刺激信贷投放，从而对经济的重要领域或薄弱环节起到精准的支持作用。

结构性货币政策工具

2022年央行新设立了科技创新、普惠养老、交通物流、设备更新改造、普惠小微贷款减息、收费公路、民企债券融资、保交楼8项阶段性结构性货币政策工具（见表5-4）。2023年1月，央行宣布延续实施碳减排支持工具、支持煤炭清洁高效利用专项再贷款、交通物流专项再贷款等3项结构性货币政策工具，其中碳减排支持工具覆盖范围扩大，纳入部分地方法人金融机构和外资金融机构。从央行的举措来看，现阶段结构性货币政策工具重点支持基础设施、科技创新以及绿色环保等领域，注重与准财政工具的联动作用。

表5-4 结构性货币政策工具情况

	工具名称	支持领域	发放对象	实施期	利率（1年期）/激励比例
长期性工具	支农再贷款	涉农领域	农商行、农合行、农信社、村镇银行	1999年至今	2%
	支小再贷款	小微企业、民营企业	城商行、农商行、农合行、村镇银行、民营银行	2014年至今	2%
	再贴现	涉农、小微和民营企业	具有贴现资格的银行业金融机构	2008年至今	2%（6个月）
阶段性工具	普惠小微贷款支持工具	普惠小微企业	地方法人金融机构	2022年—2023年6月末	2%（激励）
	抵押补充贷款	棚户区改造、地下管廊、重点水利工程、"走出去"	开发银行、农发行、进出口银行	2014年至今	2.40%
	碳减排支持工具	清洁能源、节能减排、碳减排技术	21家全国性金融机构、部分外资金融机构和地方法人金融机构	2021年—2024年年末	1.75%
	支持煤炭清洁高效利用专项再贷款	煤炭清洁高效利用、煤炭开发利用和储备	工农中建交、开发银行、进出口银行	2021年—2023年年末	1.75%
	科技创新再贷款	科技创新企业	21家全国性金融机构	2022年4月起	1.75%

(续表)

工具名称	支持领域	发放对象	实施期	利率（1年期）/激励比例
普惠养老专项再贷款	浙江、江苏、河南、河北、江西试点，普惠养老项目	工农中建交、开发银行、进出口银行	2022年4月—2024年4月	1.75%
交通物流专项再贷款	道路货物运输经营者和中小微物流（含快递）企业	工农中建交、邮储、农发行	2022年5月—2023年6月	1.75%
设备更新改造专项再贷款	制造业、社会服务领域和中小微企业、个体工商户	21家全国性金融机构	2022年9月—2022年年末	1.75%
普惠小微贷款减息支持工具	普惠小微企业	16家全国性金融机构、地方法人金融机构	2022年第四季度	1%（激励）
收费公路贷款支持工具	收费公路主体	21家全国性金融机构	2022年第四季度	0.5%（激励）
民企债券融资支持工具（Ⅱ）	民营企业	专业机构	2022年11月—2025年10月末	1.75%
保交楼贷款支持计划	保交楼项目	工农中建交、邮储	2022年11月—2023年3月末	0%

注：数据截至2022年12月末。
资料来源：中国人民银行，作者整理。

三支箭稳定房地产市场

支持房地产市场的三支箭中的前两支，也属于结构性货币政策的范畴。第一支箭是对房地产市场的信贷支持。根据不同城市的实际情况，因城施策采取差别化的住房贷款利率、首付比例，有助于提振居民购房需求（见图5-6）。第二支箭是民企债券融资支持工具。民企债券融资支持工具可以追溯到2018年，第二支箭和金融稳地产"十六条"（《关于做好当前金融支持房地产市场平稳健康发展工作的通知》）等一系列政策能够为稳健运营的房企补充流动性，对于扭转房地产市场预期，对房地产市场救助具有标志性意义。

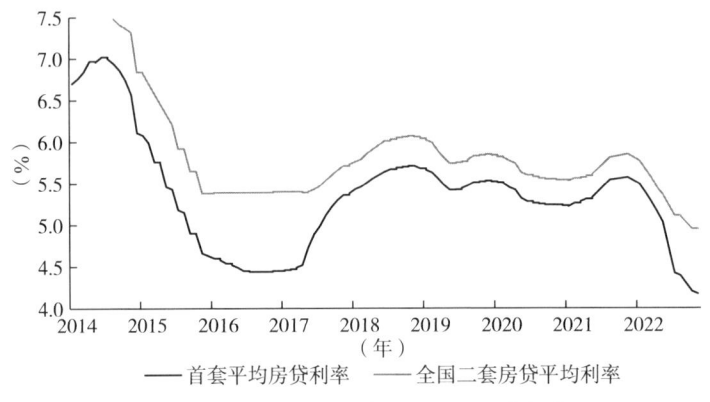

图5-6　住房贷款利率已经降至历史低位

资料来源：万得资讯，作者整理。

财政政策与货币政策各有利弊，过度使用都会使效率下降，协调配合才是正途。财政政策虽然是结构性政策，但市场化程度较低，计划的成分更多。目前地方政府还没有清晰的资产负债表，给予政府财政过多的权力，难免会使资金流向经济中效率低下的部分，也可能会出现更多"跑冒滴漏"的问题，使财政支出的效率下降。货币政策同样如此，在刺激经济的过程中过度依赖货币和信贷体系，可能会导致金融脱实向虚，进而推升资产泡沫，加剧地产泡沫，货币政策的效率也会下滑。因此，财政和货币适度配合，相互制约，可能是较为稳健的政策组合，这也是近年来政府在宏观政策领域的指导方向。

第六章
未来利率趋势

我国的利率市场化改革始于20世纪90年代，1996—1998年，货币市场利率放开，货币市场建设不断完善，并推进国债和政策性金融债改革。这一阶段主要是实现了上游利率的市场化，形成了利率双轨制下的市场利率体系。此后央行开始着力推进银行存贷款利率改革，2015年10月23日商业银行等金融机构存款利率浮动上限取消，在名义上完成了利率市场化。然而，这并不意味着利率市场化改革的最终完成。2020年党的十九届五中全会指出，要建设现代中央银行制度，健全市场化利率形成和传导机制。由此可见，利率市场化改革不仅要求放开利率管制，还需要有效的货币政策利率传导机制，健全现代货币政策框架。我国利率市场化重要事件见表6-1。

表6-1 我国利率市场化重要事件

阶段	时间	事件
利率市场化改革的提出及基本思路	1993年	《关于金融体制改革的决定》提出，中国利率市场化的长远目标是，建立以市场资金为基础，以中央银行基准利率为调控核心，由市场资金供求决定各种利率水平的市场利率体系和市场利率管理体系

（续表）

阶段	时间	事件
利率市场化改革的提出及基本思路	2003年	根据《中共中央关于完善社会主义市场经济体制若干问题的决定》的指导精神，央行确立了利率市场化的基本思路：先放开货币市场和债券市场的利率，再逐步推进存贷款利率市场化
货币及债券市场利率自由化	1996年6月	央行放开了银行间同业拆借利率
	1997年6月	放开银行间债券回购利率
	1998年8月	国家开发银行在银行间债券市场首次进行了市场化发债
	1999年10月	采用市场招标形式发行国债
贷款利率市场化	1998年10月	人民银行将金融机构（不含农村信用社）对小企业的贷款利率最高上浮幅度由10%提高到20%；农村信用社贷款利率最高上浮幅度由40%扩大到50%
	1999年4月	人民银行规定县以下金融机构发放贷款利率最高可上浮30%，大型企业的贷款利率上浮幅度仍为10%，贷款利率下浮幅度为10%
	2003年8月	人民银行允许试点地区农村信用社的贷款利率上浮不超过贷款基准利率的2倍
	2004年1月	人民银行将商业银行、城市信用社贷款利率浮动区间扩大到[0.9，1.7]，农村信用社贷款利率浮动区间扩大到[0.9，2]
	2004年10月	取消了贷款利率上限，下浮幅度为基准利率的0.9倍
	2006年8月	贷款利率下限调整为0.85倍
	2012年7月	贷款利率下限调整为0.7倍
	2013年7月	取消贷款利率的下限，贷款利率实现自由化

（续表）

阶段	时间	事件
贷款利率市场化	2019 年 8 月	改革完善 LPR 机制
	2019 年 10 月	新发放商住房贷款利率以最近一个月相应期限的 LPR 为定价基准加点形成
	2020 年 3 月	启动存量浮动利率贷款定价基础转换
存款利率市场化	1999 年 10 月	人民银行批准中资商业银行法人对中资保险（放心保）公司法人试办由双方协商确定利率的大额定期存款（最低起存金额 3 000 万元，期限在 5 年以上不含 5 年）
	2000 年 9 月	放开 300 万（含 300 万）美元以上的大额外币存款利率
	2002 年	协议存款试点范围扩大到全国社会保障基金理事会和已完成养老保险个人账户基金改革试点的省级社会保险经办机构
	2003 年 7 月	放开了英镑、瑞士法郎、加拿大元的外币小额存款利率管制
	2003 年 11 月	国家邮政局邮政储汇局获准与商业银行和农村信用社开办邮政储蓄协议存款；对美元、日元、港币、欧元小额存款利率实行上限管理
	2004 年 10 月	放开人民币存款利率下限管理
	2012 年 6 月	将存款利率的上浮区间调整为基准利率的 1.1 倍
	2014 年 11 月	将存款利率的上浮区间调整为基准利率的 1.2 倍，并放开 5 年期定期存款利率
	2015 年 3 月	将存款利率的上浮区间调整为基准利率的 1.3 倍
	2020 年 4 月	中共中央国务院提出，稳妥推进存贷款基准利率与市场利率并轨

(续表)

阶段	时间	事件
存款利率市场化	2021年6月	人民银行指导利率自律机制优化存款利率自律上限形成方式由基准利率乘以一定倍数改为加上一定基点

资料来源：易纲. 中国改革开放三十年的利率市场化进程[J]. 金融研究，2009（01）：1-14；中国政府网；作者整理。

LPR改革与债市利率之"锚"

LPR改革历程

2013年：LPR正式运行

LPR自2013年正式运行，初始的运作目标为体现全行业最优质贷款客户的利率水平，以为其他客户的贷款定价提供一个参考基准。2013年，包括交行、工行、招行、兴业、农行、中信、中行、浦发和建行在内的10家全国性银行被选为首批报价行，各报价行按照成本加成的定价方式，基于本行对于行业内最优质客户所使用的贷款利率，向全国银行间同业拆借中心报送其贷款基础利率，后全国银行间同业拆借中心以各报价行的贷款余额为权重计算加权平均利率得到1年期LPR并对外公布。在该计算规则下，2013年10月25日第1期1年期LPR报价为5.71%：

$$\text{LPR} = \frac{\sum_{i=1}^{10} P_{\text{报价行}i\text{的报价}} \times W_{\text{报价行}i\text{贷款余额权重}}}{\text{各报价行贷款余额合计总额}}$$

2013年以后，LPR报价基本保持在5.7%~5.8%的水平。自2014年年底开始下降，2014年11月24日LPR 1年期报价由

5.76%降至5.52%，后续LPR一路调降，到2015年11月1年期LPR报价水平跌落至4.30%。但此后至2019年LPR改革前，近4年时间里，LPR的报价水平基本保持不变，稳定在4.3%左右的水平。

2015—2019年：利率双轨制问题仍存

我国总结并吸取了其他国家推进利率市场化改革的成功经验与教训，选择采取渐近式的改革方式。具体来看，我国在1993年首次提出有关设想，并在1996年正式启动改革。首先通过放开银行间同业拆借利率、债券回购利率等举措，稳步推进了货币及债券市场上的利率自由化，逐步建立了利率双轨制下的市场轨利率体系。1998年存贷款利率改革启动，进入2013年以后存贷款市场的利率市场化进程开始加速，先后放开贷款利率管制，多次扩大存款利率浮动区间的上限等，后在2015年10月，央行取消了对商业银行等的活期存款、1年期以下（含一年）定存等的存款利率浮动上限，至此，从理论层面上来说，我国基本实现了利率市场化。

但实质上，在2015年以后，我国利率双轨制局面没有得到根本改变，具体来看，我国彼时的利率传导结构依然为，货币和债券市场利率在政策利率以及市场流动性的共同作用下形成市场轨利率，而商业银行存贷款利率基于存贷款基准利率上下浮动，受到计划轨影响，两轨利率难以协调。同时，对于计划轨的利率传导，一方面，部分商业银行采取了协同计价的方法，按照央行发布的基准利率的一定倍数设置了隐性下限，从而干预了政策利率在贷款市场上的传导；另一方面，尽管我国在2013年已经引入LPR机制，但改革前的LPR仅在名义上使用成本定价法，实质上各家银行仍然是在原本的贷款基准利率的基础上报价，而贷款基准利率作为官定利率，由央行统一制定并发布，在一定程度上缺少灵活性、波动性，因此 LPR 改革前银行的贷款利率与其实际的成本费用、信用风险等关联度并不高，同时贷款市场的资金松紧情况也很难及时得到反映，贷款利率与市场利率脱轨的情况持续。总的来说，事实上，我国在 2015 年以后仍然为市场利率和贷款基准利率并存的利率双轨制，叠加贷款基准利率与市场利率偏离较大，利率传导仍然面临堵塞，货币政策调控市场的有效性仍待提升，利率市场化任重而道远。

2019 年：LPR 报价机制改革、丰富期限结构

为了突破货币政策利率向贷款利率传导的阻塞，逐步实现实质上的利率市场化，2019 年 8 月 17 日，央行发布《中国人民银行公告〔2019〕第 15 号》（简称"15 号文"），决定改革完善贷款市场报价利率的形成机制，并计划于 2019 年 8 月 20 日公布新版 LPR 的首次报价，且"15 号文"中将贷款基础利率正式更名为贷款市场报价利率，以更突出 LPR 的市场化特征。具体而言，LPR 形成机制改革主要表现在以下几个方面：

- LPR 定价换"锚"。本次改革的核心内容在于，贷款市场报价利率 LPR 改为在政策利率上加点报价，由原先锚定贷款基准利率改为锚定政策利率（1 年期 MLF），加点因素包括银行本身运营所需的资金成本、当前贷款市场的供求对比等。
- 增加报价行数量、优化 LPR 计算方式。在原有 10 家银行的基础上，LPR 报价行中新增了包括台州、西安、广东顺德农商、上海农商、花旗、渣打等在内的城商行、农商行、外资行和民营银行各两家，报价行总数扩大至 18 家，囊括了不同类别的优质商业银行，增强了 LPR 的普适性，部分定价机制尚不完善的中小银行也可以通过 LPR 获得定价参考。但由于新加入的 8 家银行在规模上与原先的 10 家全国性银行差距较大，为了降低权重差异对 LPR 报价计算的影响，央行也对于 LPR 的计算方法做出了一些调整，改为首先去掉 18 个报价中的最高和最低报价，后计算剩余 16 个报价值的算术平均值来得到 LPR 利率报价，具体公式为：

$$\text{LPR} = \frac{\sum_{i=1}^{16} P_{\text{报价行}i\text{的有效报价}}}{16}$$

- 增加报价期限品种。新增 5 年期以上的期限品种，扩展为 1 年期和 5 年期两个期限品种，其中 5 年期限的品种可以为银行发放住房抵押贷款等中长期贷款的利率定价提供参考。
- 降低报价频率。报价频率由原来的每日报价改为每月报价一次，避免激活 LPR 后由于报价频率提高为每日一次而导致市场波动较大。LPR 形成机制如图 6-1 所示。

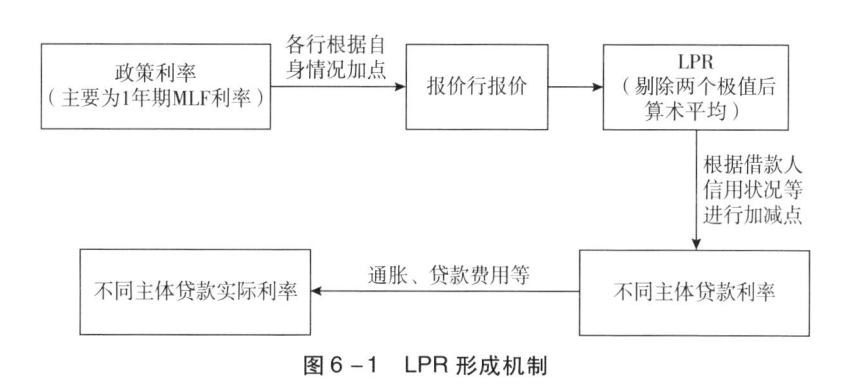

图 6-1　LPR 形成机制

另外，"15 号文"还强调了要禁止银行设定贷款利率定价隐性下限的行为，表示接受企业对于有关违规行为的举报并将严肃处理。此外，央行还把商业银行应用 LPR 的情况及贷款利率竞争行为纳入 MPA，以加强对于贷款市场定价的监督和管理。

新的 LPR 报价机制在 2019 年 8 月 20 日正式开始实行，新发贷款和浮动利率贷款合同均需采用 LPR 作为定价基准利率。在房贷业务上，2019 年 8 月 25 日，央行发布公告设定 10 月 8 日为定价基准转换日，存量个人住房贷款利率仍按原合同执行。2020 年 3 月起，存量浮动利率贷款定价基准转换开始，2020 年 9 月 15 日《中国货币政策执行报告》增刊中提到，存量浮动利率贷款定价基准转换率已超 92%。可以看到，LPR 利率逐步代替原先的贷款基准利率成为贷款市场统一的定价基准。

LPR 改革的重要意义

信贷定价的市场化程度提高，实体经济融资成本降低

MLF 利率主要通过市场化招标的方式开展，各银行均作为平等主体参与招标，因此 MLF 利率虽然为政策利率，但相比于再贷款等货币政策工具，MLF 利率基本反映了商业银行的边际资金成本，市场化程度较高。因此 LPR 改革为锚定 MLF 利率后，其利率变动能够更好地反映市场资金的供求，大大改善了以往贷款基准利率与市场利率脱轨的局面。同时，LPR 也成为商业银行内部资金转移定价（FTP）的制定基准，已经建立了 FTP 机制的银行加强了 FTP 与 LPR 的联动，将 LPR 改革内嵌入 FTP 机制，从而能够及时将政策信号传递到银行的贷款利率中，提高金融机构内部定价机制的市场化程度。对于 FTP 机制不健全的中小银行，可基于该权威性较高的参考值进行合理定价，也有助于提高中小银行的贷款定价水平。

随着 LPR 改革的持续深入，信贷定价的市场化程度不断提高，LPR 下降引导贷款利率逐步走低，从而有助于实体经济融资"降成本"。此外，监管加强了对于利率定价的监管，也直接限制了此前

银行间制定的隐形下限的不当行为,打开了利率下行空间,有利于贷款利率的进一步下行。

疏通货币政策传导机制,推动"两轨并一轨"进程

根据前文分析,改革前的 LPR 虽然为成本加成方式定价,但实质上仍然锚定贷款基准利率,因此在 2015 年 11 月央行不再调整贷款基准利率后,锚定贷款基准利率的改革前 LPR 基本保持不变,弹性不足,具有较强的滞后性,与市场利率脱轨。

改革后的 LPR 更换锚定利率为 MLF,使得政策利率能够直接通过 LPR 作用于信贷市场,虽然从本质上来看,改革后的利率传导方式仍然与原先计划式利率调控轨道一致,LPR 成为计划轨利率传导中新的贷款基准利率,"双轨制"问题仍然有待进一步改进,但这一改革的最大亮点在于,锚定利率的更换提高了贷款定价的市场化程度,打通了计划轨中的货币政策传导渠道,从而有效传导了货币政策的信号,对利率市场化改革的持续深化具有重大意义(见图 6-2)。

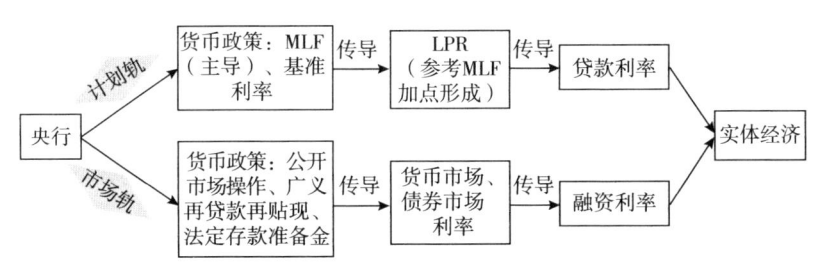

图 6-2 我国目前利率传导机制

优化贷款结构,提高中长期贷款比重

随着投资率逐年提高,实体部门对于中长期贷款需求也相应提高。此外,商业银行出于控制信贷风险并稳定利息收入的目的,也会偏好于发放中长期贷款。因此，在信贷总量基本适度的情况下，中长期贷款比例提高有一定的内在规律性。然而，在 LPR 改革之前，中长期贷款更多以贷款基础利率为基础指导，无法及时反映市场真实的资金供求变化，缺乏市场化程度较高的、有效的基础利率来进行指导，由短端利率到中长端利率的传导效率较低，且部分银行协同定价设定隐性下限的行为进一步阻碍了中长端利率的下降。因此，LPR 改革中新增了 5 年期以上品种作为中长期贷款利率的基础，以指导中长期贷款的市场化定价，有利于优化贷款结构、提高中长期贷款比重，从而带动实际利率进一步走低。

债市利率基准的选择

在我国市场化利率体系中，重要的利率品种包括 OMO 利率、MLF 利率以及 LPR。此外，法定及超额存款准备金利率、存款基准利率等也对利率市场价格有着重要的参考作用。按照利率传导机制来看，基本框架是"MLF 利率→LPR→贷款利率"。然而在信贷以外，债券市场也是利率传导的重要一环。随着市场发展成熟，贷款利率和债券利率之间的相互参考作用持续增强，且债券市场的品种也随着期限、主体的扩容而不断丰富，因此债市利率参照物的选择其实是一个复杂的话题，如果能锚定合适的债市利率基准，对于固定收益投资将有重要的指导意义。

利率债

我们以国债作为利率债的代表，从图 6-3 不难看出，各期限国债的到期收益率基本呈现一致的走势，只是在不同的时点，彼此之间的期限利差会出现压缩或走阔。相较于 10 年期国债，中短期国债到期收益率波动更大，背后多是交易行为所致，而 10 年期国债相对平稳，主要是因为其定价有"锚"，这也是其他债券定价通常选取10年期国债为基准或者以10年期国债到期收益率为无风险利率的原因。那么，作为其他资产"定价锚"的10年期国债，它本身的利率中枢应当具备更高的稳定性、可观测性以及结合经济形势可以调整的灵活性，因此作为重要政策利率的1年期MLF利率，在政策引导以及市场自发调整下，已经成为10年期国债的定价参考。

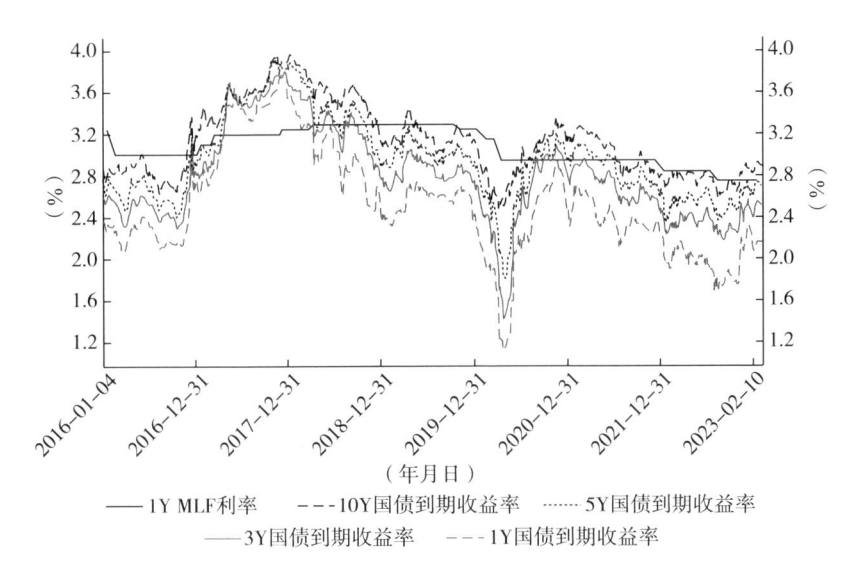

图6-3 10年期国债到期收益率以1年期MLF利率为中枢
资料来源：万得资讯，作者整理。

2014年9月央行创设MLF作为提供中期基础货币的货币政策工具，并在2019年8月"就完善贷款市场报价利率形成机制答记者问"中明确MLF利率为银行平均边际资金成本。MLF利率通过调节金融机构从央行获取中期基础货币的边际成本，进一步对金融机构的资产负债表和市场预期产生影响，从而影响国债收益率。《中期政策利率传导机制研究——基于商业银行两部门决策模型的分析》

一文中刻画了中期政策利率的传导机制，主要是两条渠道：其一，央行中期资金投放有助于扩大商业银行等金融机构的资产负债表，提高货币市场的资金供给，资金供给增加而需求不变的情况下，将会降低货币市场利率和债券市场利率；其二，考虑到央行中期资金的投放能够有效扩大贷款市场规模，从而引导更多企业选择银行信贷，降低债券市场的资金需求，因此也有助于引导债市基础利率下行。

从历史数据来看，10 年期国债到期收益率基本与 MLF 利率同向变动且利差基本可以控制在一定范围内，说明央行正逐步实现通过 MLF 利率影响国债收益率的政策目标。其一，从 2016 年开始到 2022 年年底，超过 70% 的时间内，10 年期国债到期收益率基本围绕 1 年期 MLF 利率上下波动 30bp；其二，出现较长时间偏离 MLF 利率的时段均存在较强的外部因素干扰，例如 2017 年债市及资管市场严监管大幕拉开，2020 年和 2022 年新冠疫情的影响。

虽然 MLF 成为利率债的定价锚，但是 LPR 作为重要的利率品种，也会对国债走势形成一定的影响。有观点认为，LPR 一旦下调，对应实体融资成本降低，银行在资产配置过程中会基于收益回报的高低排序而转向债券类资产，进而引导债券利率下行，即"比价效应"。我们认为"比价效应"虽然在逻辑上成立，但是很难成为债市主逻辑，尤其是在短期视角上更难得到验证：其一，贷款投放与国债配置的主体并不完全一致，即便从银行内部来看，资金也无法在贷款和债券之间自由切换，还需要考虑 FTP 对各业务部门的激励情况，因此 LPR 下调很难直接带动国债利率下行；其二，即便 LPR 下调也很难直接刺激配置利率债的收益优势，因为银行信贷投放存在考核压力以及通过综合服务派生中间业务收入的附加价值，所以贷款仍然是银行最主要的资产；其三，LPR 下调通常会释放较强的"宽信用"信号，国债到期收益率可能反而在预期影响下受到上行压力。

信用债

确定了利率债的基准之后,其他券种的定价就可以在此基础上通过确定利差的方式得到结果。就信用债而言,利差内涵丰富。宏观层面的资质决策和久期决策需要借助信用利差和期限利差,中观层面的行业排序和区域选择需要借助行业利差和区域利差,微观层面的具体择券则需要借助个券利差,因此,信用债投资的每一个环节实际上均需要用到利差因子。

从长期的角度来看,债券和信贷都是企业融资的方式,因此两种工具的成本不会出现长时间的背离,贷款利率走低最终也会带动债券收益率的下滑(见图6-4)。

图6-4 信用债总净价指数与贷款利率的关系

资料来源:万得资讯,作者整理。

存款利率市场化改革

存款利率市场化改革历程

1999—2003 年：存款利率市场化改革的早期尝试

在初步实现货币市场及债券市场的利率自由化后，我国在1999—2003 年就存款利率市场化改革开展了若干项探索，但早期的政策更多集中在对一些存款产品的市场化试点上，暂未进入实质性的改革环节。具体来看，1999 年10 月，央行批准中资商业银行法人对中资保险公司法人试办由双方协商确定利率的大额定期存款［最低起存金额3 000 万元，期限在5 年以上（不含5 年）］。2000 年9 月，央行放开300 万美元（含300 万）以上的大额外币存款利率。2002 年央行决定扩展协议存款试点的存款人范围。2003 年7 月，央行对加拿大元、英镑、瑞士法郎3 种外币的小额存款放开了利率管制，后又在同年11 月开始对美、日、港、欧 4 种货币的小额实行了存款利率上限管理。

2004—2019 年：逐步放开存款利率上下限

2004 年10 月，央行放开人民币存款利率下限管理，迈出了存款利率市场化改革中极具实质意义的一步。但之后我国存款利率市场化改革进入短暂的改革空白期，利率市场化进程暂时将重心置于货币和债券市场基准利率体系等的建设上。

2012 年，存款利率政策管制破冰，央行在6 月将存款利率的上浮区间调整为基准利率的1.1 倍。2014 年11 月，存款利率的上浮区间上升为基准利率的1.2 倍，并放开了5 年期定存利率，驱动金融机构自主定价空间进一步走阔。

2015 年是存款利率市场化改革进程中极具重要意义的一年。2014 年 10 月国务院常务会议通过了《存款保险条例》，并在 2015 年 5 月 1 日起正式实行该条例。此举是由于若存款利率的浮动区间上限完全开放后，高息揽储、高风险投资等行为可能会出现，从而带来相关的市场风险，因此需要从基础制度层面上做出预先防范。2015 年 3 月，央行将存款利率的浮动区间上限调整为基准利率的 1.3 倍，后又在 5 月将浮动区间上限上调至 1.5 倍，从上限调整的频率变化来看，存款利率市场化进程明显开始加速。同年 8 月，央行决定放开 1 年期以上（不含 1 年期）定存的利率浮动上限，10 月央行再次发布文件，决定放开对商业银行等金融机构活期存款、1 年期以下（含 1 年）定存等的利率上限。至此，存款利率的上下限均已被放开。

2019—2023 年：利率自律机制持续优化，存款利率自律管理

我国的利率市场化进程取得了重大成果，但实质上，商业银行尚不能完全自由决定存款利率。首先，存款是国内居民最主要的理财手段之一，存款利率制度的任何变动，都直接影响百万亿元级别的存款。且由于其在银行负债结构中占据了绝大比例，对银行体系的负债成本有重要影响，也会影响整个金融体系中各类产品的定价。因此存款利率需谨慎调整，根据 2021 年 2 月央行召开的加强存款管理工作电视电话会议指示，存款基准利率作为整个利率体系的"压舱石"，仍要长期保留。其次，从银行层面来看，由于存款竞争仍然激烈，银行存款成本刚性问题非常突出，为了避免"恶性竞争"，也需要对存款利率加以管制。因此实际上，市场利率自律定价机制此前依然基于基准利率锁定了存款利率上限，具体来说，根据财新网有关消息，此前自律机制对全国性银行的普通定期存款的利率上浮上限设定为不超过基准利率的 1.4 倍。对于特殊情况及小银行，在提前申报且获准的情况下，可适当上调。

在基准利率长期保留且谨慎调整的前提下，要想实现存款利率的压降，需要通过将存款浮动上限下调的方式，以及发挥市场化调整机制的效用来实现。因此为了实现融资成本的下降，2021年6月我国市场利率定价自律机制推动将商业银行存款利率上限定价方式由原来的"基准利率乘倍数"改为"基准利率加基点"，同时对不同类型的商业银行设置不同的最高加点上限。这一改革在定价方式上的转换提高了各银行在存款定价上的灵活度，且存款利率的精确度也有很大的提高，例如，3年期定期存款的基准利率为2.75%，以基准利率乘倍数的1.1倍和1.2倍计算，二者之间相差27.5bp。一般而言，银行利率调整是以0.1倍为基础单位，因此调整倍数对于基点变化的影响较大。相比而言，加基点的形式可以更精准地确定利率。

2022年4月，存款利率的市场化改革又迈出重要一步，在央行指导下，自律机制成员银行参考以10年期国债收益率为代表的债券市场利率和以1年期LPR为代表的贷款市场利率，建立了存款利率市场化调整机制，合理调整存款利率水平。这一调整机制的建立可提高存款利率的市场化定价能力，同时将形成"政策利率—国债利率—存款利率"的传导链条，有利于央行适度引导存款利率，避免出现"高息揽储"的情况，有利于构建和维系良性的市场竞争秩序。这次改革具有两大要点，首先，在指标选取上，10年期国债到期收益率与1年期LPR利率是债市具有代表意义的重要指标，同时涵盖了长短期，有助于引导存款利率进一步下行，并且选取国债收益率与LPR利率可以在引导利率市场化的同时兼顾银行的盈利需求，对银行的净息差提供了保护空间。其次，这次改革并未废止存款利率上限定价采用"基准利率加基点"的方式，因此这次改革重在推进存款利率的进一步市场化，通过加点幅度控制利率变化或将成为自律定价机制考核的重点，对银行的指导是柔性的。

海外存款利率市场化进程及启示

美国：存款利率市场化改革周期长且实施时间较晚

美国于 1933 年颁布《格拉斯－斯蒂格尔法》，1934 年颁布《证券交易法》，1935 年颁布《银行法》，其中 "Q 条例" 对利率管制的影响最为深远，"Q 条例" 规定了储蓄存款和定期存款的利率上限，并规定银行对于活期存款（30 天以下）不得公开支付利息。直到 20 世纪 60 年代，利率管制对经济增长的阻碍效应逐渐显现，美国开始着力推动利率市场化改革。1970 年 6 月，美联储首先放开了 10 万美元以上、3 个月以内的短期定期存款利率，随后又将 90 天以上的大额存款利率自由化，同时逐渐提高定期存款利率的上限，以降低利率管制程度。1980 年 3 月，美国政府制定了《解除存款机构管制与货币管理法案》，决定用 6 年时间分阶段取消条例对存款利率上限的限制，在完全取消限制前，仍维持商业银行和储蓄金融机构之间的利差。到 1986 年，美国所有存款和大部分贷款利率的限制均被取消，从而实现了利率的市场化。但这种存款利率市场化并非完全自由的，美联储仍管理和决定贴现利率，并由此来影响市场利率。美国存款利率市场化进程见表 6－2。

美国的存款利率市场化进程具有改革周期长、实施时间较晚和实施过程曲折的特点。美国通过分阶段放松利率管制的方法逐步实现存款利率市场化目的，整个改革过程经历了 16 年的时间。此外，由于美国的金融分业经营，金融市场环境复杂，利率市场化可能导致银行业的恶性竞争并影响金融安全，因此，美国的利率市场化改革晚于英国、法国和德国等欧美国家，且为了保证宏观经济稳定增长和金融环境安全，美国的利率市场化实施过程较为曲折。

表6-2 美国存款利率市场化进程

时间	事件
1970年6月	放松对10万美元以上、90天以内的大额定期存单的利率管制
1971年11月	准许证券公司引入货币市场基金
1973年5月	金额1 000万美元以上、期限5年以上的定期存款利率上限取消
1978年6月	取消货币市场存款账户不允许支付利息的限制
1980年3月	取消贷款利率上限,提出分阶段取消存款利率上限
1980年12月	允许所有金融机构开设可转让提款通知书账户（NOW）业务
1982年5月	对6个月以上3年以下期限的定期存款利率管制放松
1982年12月	2 500美元以上货币市场存款账户允许被引入存款机构
1983年1月	超级可转让提款通知书账户（Super NOW）允许被引入存款机构
1983年10月	取消极短期存款利率上限（31天以上以及最小余额为2 500美元以上）
1986年1月	取消所有存款对最小余额的要求
1986年3月	取消NOW账户的利率上限

资料来源：张健华，等. 利率市场化的全球经验［M］. 北京：机械工业出版社，2012；作者整理。

日本：有序推进有限制的存款利率市场化改革

第二次世界大战以后，日本以稳定金融秩序为首要目标，于1947年出台了《临时利率调整法》，对利率进行了严格的管制。伴随着日本经济的发展和国际环境变化，利率管制已经不能适应其国内经济金融发展的需要，利率市场化改革成为日本的必然选择。

日本的存款利率市场化改革从国债交易利率和发行利率自由化入手，进一步放松短期资金市场利率管制，并推动交易品种小额化，将自由利率从大额交易导入小额交易，最后实现有限制的市场化。1978年，日本开始放松对银行间拆借利率的管制，实现了票据买卖利率的市场化，同时运用招标的方式发行中期国债。1984年，日本允许发行市场利率联动型存单，并放开了10亿日元以上的大额存款的利率管制。1987年，日本设立了国内大额可转让定期存单市场。此后，日本在此基础上逐步降低已实现利率市场化的交易品种的交易单位，直到1994年，日本基本取消了利率管制，实现了利率市场化改革目标。

日本利率市场化的进程相对而言更加有序合理，但最终的市场化结果也是有限制的。日本结合自身国情，先放松国债利率管制，然后再逐步放松其他品种限制；先在银行同业间开展利率市场化，然后放松对银行客户的限制；先推动长期利率市场化改革，后考虑短期利率市场化进程；先完善大额交易市场化机制，再布局小额交易。日本实现的利率市场化并不是完全意义上的市场化，而是有限制的市场化。存款利率并不是完全根据市场资金供求决定的，还要受到货币当局一定的限制，从而达到了保护中小金融机构的目的。

参考海外的利率市场化经验，对我国有如下3点启示：其一，从国际上存款利率管制的最终放开及我国利率市场化进程的经验来看，渐进式的改革可以有效减缓对金融市场的冲击，因此存款利率市场化要采取慎重稳健的态度来推进，根据宏观环境的变化、市场反应的程度来确定放开存款利率管制的步骤和时机；其二，自身运营机制健全的银行机构不仅能在存款利率市场化改革的冲击中抵御住风险的冲击，还能在激烈的竞争中赢得主动，提升自己的综合竞争力和市场占有率；其三，放开利率管制后更需要有效的金融监管，避免市场陷入不理性，保证改革取得预期效果。

存款利率改革的影响

对于银行揽储

目前来看，存款利率的改革在一定程度上降低了存款利率，减少银行负债成本，为银行提供了盈利空间。根据《2022年第一季度中国货币政策执行报告》，2022年3月，新发生定期存款加权平均利率为2.37%，同比下降0.08个百分点，较存款利率自律上限优化前的2021年5月下降0.12个百分点。其中，中长期定期存款利率降幅更大。工商银行、农业银行、中国银行、建设银行、交通银行、邮储银行等国有银行和大部分股份制银行均已于2022年4月下旬下调了其1年期以上期限定期存款和大额存单利率，部分地方法人机构也相应做出下调。4月最后一周（4月25日—5月1日），全国金融机构新发生存款加权平均利率为2.37%，较前一周下降10个基点。

但是在存款利率降低的同时，存款对储户的吸引力也在减弱，尤其是面对越来越丰富多元的金融产品，"存款搬家"将成为银行负债端稳定性的一大威胁。近年来，监管对于存款市场竞争的规范力度不断加大，结构性存款、智能存款等定价弹性比较大的产品都面临政策约束，高息揽储的时代已经过去。如今资本市场的快速发展，居民和企业会将存款转为其他安全性尚可但收益相对更高的金融资产，给银行的存款获取增添难度，尤其是中小银行，由于缺乏网点渠道等优势，揽储压力会更大。对此我们建议中小银行要借助差异化竞争，发挥独特优势。其一，主动下沉，深耕当地，去寻找和覆盖大行所忽视的客户群体。中小银行对本地客户和本地经济的了解更深，更易于同当地居民建立情感联结与信任关系，也能挖掘大行所忽视的行业机会和潜在客群。其二，提供定制化服务，增加客户的综合满意度。大行为了控制管理成本与防范业务风险，会建立统一的规则流程。而中小银行的决策链条较短，有可能通过定制化的产品来满足客户差异化服务需求。其三，加强线上渠道的升级或维护，在合规的前提下发力线上渠道揽储，优化客户体验。

对于实体融资

一直以来，政府部门积极引导金融系统向实体经济让利。2020年LPR改革持续深化，贷款利率隐性下限被完全打破，利率传导效率进一步提升，但是银行息差空间依然是一大制约。而随着存款利率市场化推进以及存款市场竞争秩序得到进一步规范，有利于保持金融机构负债成本合理稳定，在息差不受影响的前提下，为银行资产端收益率下调挪腾了空间，有望带动LPR报价的有序压降，从而促进降低社会融资成本。此外，降低存款利率实质上降低了市场的无风险回报率，有望在一定程度上提升市场风险偏好，长期来看对固收和权益市场都构成利好。

第二篇

债务周期的变化与交易

第七章
2018年——中美货币周期背离

2018年年初开始监管趋严,流动性宽松叠加经济弱势,第三季度地方债供给增加,第四季度宽货币取向明确,收益率整体下行,全年走势可大体划分为4个阶段(见图7-1)。

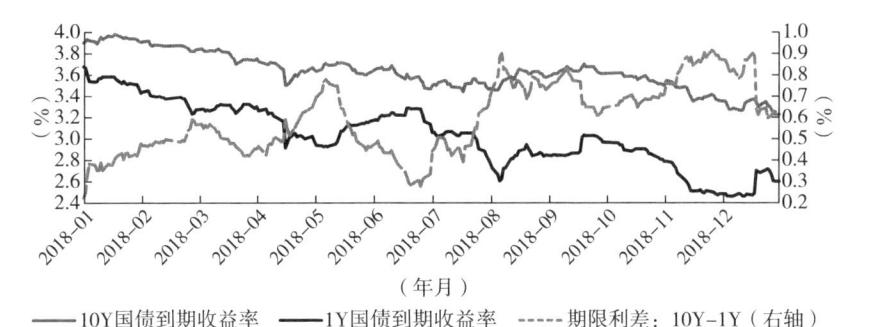

图7-1 2018年利率复盘:长期层面宽货币弱信用,短期层面通胀结构性扰动

资料来源:万得资讯,作者整理。

阶段一:1月中上旬——监管集中落地,担忧情绪推高收益率。 2018年年初,监管机构密集发文,对债券交易业务和银行同业业务等进行规范,多份监管文件的集中发布令市场对后续监管的节奏和强度产生担忧。总体来看,从年初到1月中旬,债券市场在面临监管加强和资金收缩带来的去杠杆压力下,10年期国债到期

收益率快速上行至 3.98%。

阶段二：1月中旬至第二季度末——流动性宽松叠加基本面下行，利率债阶段走牛。春节前定向降准资金释放以及央行临时准备金动用安排（CRA），流动性宽松环境带动债券收益率开启下行通道；3月开始中美贸易摩擦催生避险情绪，年内第二次降准带动收益率下行至 3.50%；4月下旬资金面紧张叠加美国国债突破"3.0"和螺纹钢上涨，收益率有所反弹，但后续内需中投资和消费均表现疲弱，外需上中美宣布互征关税计划，基本面下行压力下收益率于6月末下行至上半年低位 3.48%。

阶段三：第三季度——地方债供给压力上升，通胀预期升温引发债市回调。受地方政府融资监管趋严影响，基建投资收缩明显。国际方面，日本和欧洲未能延续年初的经济复苏走势，PMI 掉头向下，外需也面临压力。内外压力下，7月政治局会议正式定调实施积极财政托底经济，基本面悲观情绪有所修复。但积极财政同时带来地方债供给压力，此外寿光水灾和非洲猪瘟引发通胀担忧，尽管期间中美进一步加征关税，第三季度收益率整体仍呈现逐步上行走势，由7月23日国务院常务会议前的 3.44% 年内低点收于季度末的 3.61%。

阶段四：第四季度——全球风险偏好下行叠加我国宽货币支持明确，长债利率再度进入下行区间。10月以后全球资本市场遭受较大冲击，美债、美股均迎来大跌，带动我国权益市场走弱。此外，9月底美联储加息，而我国央行却在10月初降准，标志着我国货币政策周期和美国挂钩的阶段基本结束，宽货币取向更为明确。股债跷跷板叠加政策面宽松预期，长债利率进一步回落，12月31日达到了年内最低点的 3.23%。

总体来看，2018年债市走势主导因素大致体现在以下3个方面。

第一，监管政策严格化的冲击，体现在对债市交投情绪的扰动上。2018年1月初《关于规范债券市场参与者债券交易业务的通知》《关于进一步深化整治银行业市场乱象的通知》《2018年整治银行业市场乱象工作要点》3份文件接连出台，对于债市交易以及商业银行同业、理财业务等方面进行了相对严格的规范，也使得年初长债利率延续了此前的调整趋势。监管冲击对于债市的影响较为长远，可以参考同业存单市场在监管调整前后的对比。作为商业银行主动扩表的新型负债工具，同业存单的诞生和发展几乎始终伴随着监管政策的变化。观察2013年至今同业存单的发行量和净融资规模，可以发现，以2017年为分水岭，前半阶段同业存单规模经历了快速抬升，而后半阶段则趋于稳定。造成这一分化的主要原因在于2017—2018年银行间流动性市场监管趋严，同业存单被正式纳入同业负债范畴并参与MPA考核（见图7-2）。

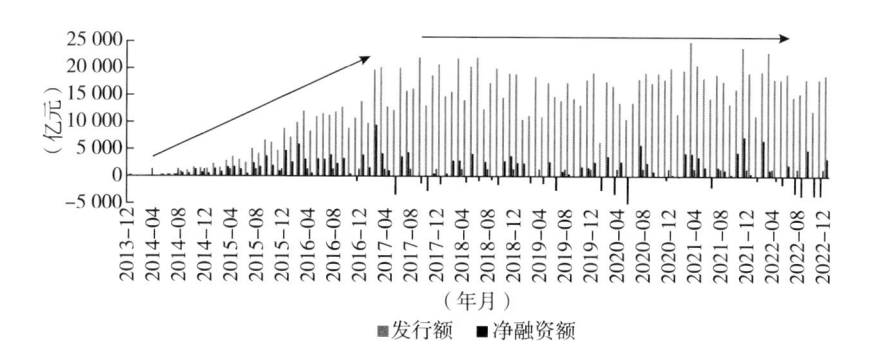

图7-2　2017年以后同业存单发行规模企稳
资料来源：万得资讯，作者整理。

同业存单诞生之初并未被纳入MPA考核，因而经历了规模的快速扩张期。为了控制债市杠杆，2017年以后监管机构多次针对同业存单市场提出规范化要求。银监会在2017年3月和4月分别发布整治监管套利行为，以及提升金融服务实体力度的相关通知，而央行在《2017年第二季度中国货币政策执行报告》中要求在次年第一季度将资产规模大于5 000亿元银行的同业存单纳入MPA考核中的同业负债分项，并在当年取消了1年期限以上的同业存单发行。而《2018年第一季度中国货币政策执行报告》则提到拟在2019年第一季度将资产规模在5 000亿元以下的机构同业存单纳入MPA考核，标志着同业存单市场的全面规范化。2017—2022年同业存单发行规模较为平稳，其套利属性受限，进而回归了商业银行流动性管理工具的本质。

第二，中美货币政策顺周期的现象在2018年迎来改变。由于美元在全球的重要地位，世界多数国家央行选择和美联储保持同步的货币政策周期。在三元悖论下，货币政策的独立性、汇率的稳定性以及资本的自由流通是无法同时实现的，在与美国经济高度挂钩的前提下反向操作货币政策有较大可能会引起汇率的大幅波动。然而我国货币政策维持"以我为主"的基本原则，在不引起汇率失控的前提下，货币政策的主要目标仍然是为调节国内经济服务。观察我国数量端和价格端政策工具使用情况，在2018年已出现我国降准而美联储加息的操作背离，而价格端的背离则出现在2022年，也标志着我国央行钉住美联储货币政策操作的规律的终结（见图7-3）。

第三，2018年宽货币并未顺利向宽信用转化，实际上是由于宽财政的缺位。在供给侧改革和去杠杆的大背景下，信用收缩引发对经济下行的担忧，虽然宏观调控开始转向边际宽松，但是宽货币向宽信用传导不畅，货币市场的流动性无法有效转化为信用资产，企业的融资成本不断攀升。企业当时的融资困境不在于流动性，关键在于其对自身资产负债表的有效修复能力，负债端除了降低融资成本，还需降低生产经营成本。

发挥积极的财政作用，减税降费抚平企业经营成本压力。近年

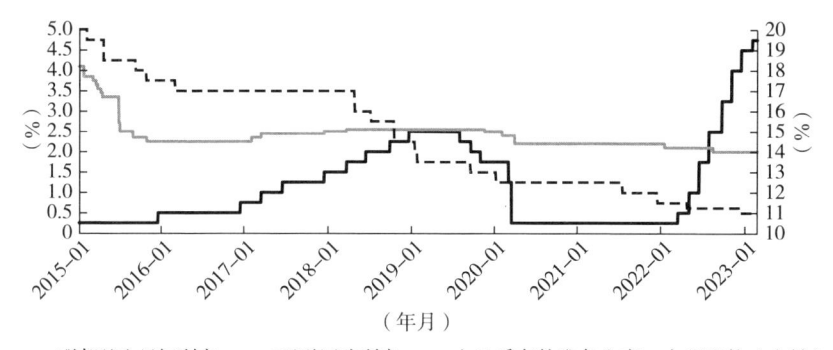

——联邦基金目标利率 ——7天逆回购利率 - - - 人民币存款准备金率：大型机构（右轴）

图7-3 中美政策周期在2018年以后逐步背离
资料来源：万得资讯，作者整理。

来我国积极财政政策的主要着力点体现在加大减税降费力度，降低实体经济成本上。在2018年中美贸易摩擦与信用收缩带来的经济下行压力下，我国通过降低税费减轻企业负担，增强企业活力，带来企业自身资产负债表的良性修复，从而实现杠杆率指标中债务的减少和生产的扩大。因此，要在合理解决去杠杆问题的同时稳定经济、改善结构，需要财政政策助推信用有效传导，与货币政策相互配合，做好把流动性引向实体经济的工作。

接下来，我们详细分析2018年债券市场的各阶段走势。

股债跷跷板、监管冲击、通胀预期三重压力下的熊市阶段

2017年的债熊余波下市场预期相对悲观，长债利率抬升至3.9%的关口后，是否会"破4"成为市场主要关心的问题。1月上旬债市的走熊，一定程度上是存量看空逻辑的延续。回顾2017年债市的监管冲击，相对重要的变化包括《2017年第二季度中国货币政策执行报告》中宣布，拟于2018年第一季度起将规模大

于5 000亿元的银行同业存单纳入MPA的同业负债考核。此举不仅冲击了同业存单市场，使得同业存单发行结束了2014年以来的规模高增，也使得商业银行对于未来负债成本和流动性宽松的预期经历了重塑。2018年年初，市场同样经历了一小轮监管政策变化带来的冲击。1月4日，中国人民银行、银监会、证监会、保监会下发《关于规范债券市场参与者债券交易业务的通知》，重点关注债市高杠杆、"代持"违规交易等方面，进而引起债市对于"代持"债券抛售压力的担忧，长债利率抬升至3.92%附近。而后在1月13日，银保监会印发《关于进一步深化整治银行业市场乱象的通知》以及《2018年整治银行业市场乱象工作要点》，加强对于违规开展同业业务、理财业务的监管力度，使得市场对"紧监管"的认知进一步加深，长债利率进一步向4%靠拢（见图7-4）。

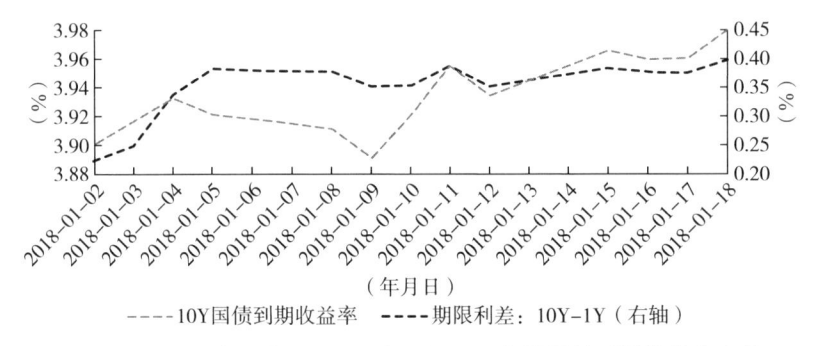

图7-4 2018年1月2日—1月18日10年期国债到期收益率走势
资料来源：万得资讯，作者整理。

除去监管冲击，年初的通胀抬升预期也对利率走势形成压制。2017年第四季度通胀压力并不高，CPI同比维持在1.5%~2%，PPI同比呈现高位回落的走势。然而2017年年底国际油价呈现震荡上行的趋势，布伦特原油期货结算价震荡抬升，在2018年1月达到了70美元/桶的阶段性高点。此外，2018年年初我国遭遇较强冷空气，部分地区面临数年难遇的雨雪天气，蔬菜供给受到扰动。同时，春节临近而鲜菜需求季节性回升，在供不应求下蔬菜价格指数持续抬升（见图 7-5）。在"菜油同涨"的背景下通胀回升的预期相对强烈，虽然这一阶段 CPI 同比和 10 年期国债到期收益率中枢的相关性已经不如以往，但通胀压力引起央行货币政策转向收紧的可能性仍然对债市形成了一定的利空。

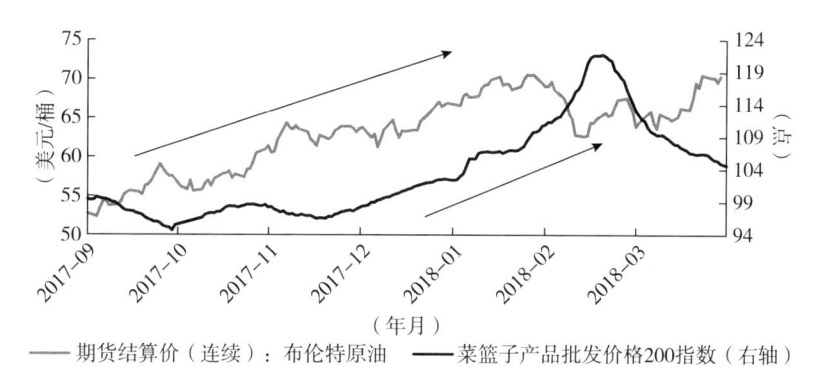

图 7-5 2018 年年初"菜油同涨"引起通胀预期抬升
资料来源：万得资讯，作者整理。

在股债跷跷板效应下，股强债弱的格局延续。回顾 2017 年第四季度以来的股债走势，股债跷跷板的效应相当明显，沪深 300 指数和 10 年期国债到期收益率呈现高度的正相关性。2018 年年初股市大幅走强，这一轮行情中沪深 300 指数从 2017 年 12 月底的 4 000 点附近一度上行至 1 月中下旬的 4 400 点附近，对债市形成了极大的压力。总体而言，2018 年年初在监管冲击再现、结构性通胀压力显现而股市大幅走强的背景下，长债利率震荡抬升，最高达到 3.98%（见图 7-6）。

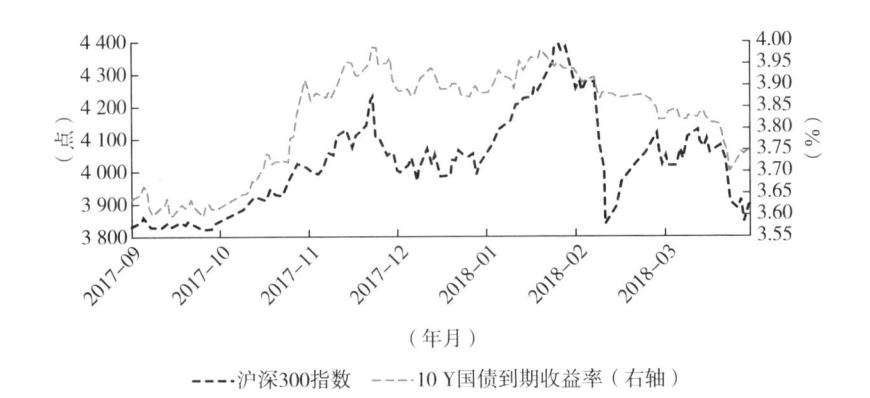

图7-6 股债跷跷板下股强债弱的格局延续

资料来源：万得资讯，作者整理。

贸易战压力初显而宽货币基调确定，长债利率持续回落

2018年年初的债熊结束后，贯穿全年的走牛逻辑已有初步迹象。随着1月底股市强劲的走势迎来反转，10年期国债到期收益率也迎来了第一轮持续3个月的趋势性下行。事后来看，沪深300指数和标普500指数分别在1月25日和26日达到阶段性高点，而后者开启快速下行区间的拐点为2月1日，早于前者2月5日的拐点。无论如何，2018年1月到2月上旬中美股市的驱动因素显著趋同，对应全球风险偏好的扭转。对于债市，除去股债跷跷板格局的两极反转，资金面没有如预期般收紧也是走牛的催化之一。这一阶段的行情横跨了当年的春节，节前央行投放CRA临时补充跨节流动性。对于春节期间的流动性呵护，当时市场的主流观点为对冲季节性紧资金后，央行将恢复常态的公开市场操作节奏，资金利率在短期企稳后仍有可能抬升。但回顾2018年第一季度资金面走势，

可以用相当平稳来形容。3月底季末压力下资金利率边际回升,而央行选择在这一时段重启7天逆回购补充短端流动性水位。在3月CRA到期后,央行跟随美联储对7天逆回购利率加息5bp,但隔夜和7天利率均未出现显著的中枢抬升,这一局面一直持续到了4月中下旬。事后来看,这一阶段的狭义流动性市场宽松主要来自宽货币转向以及信用趋紧(见图7–7)。

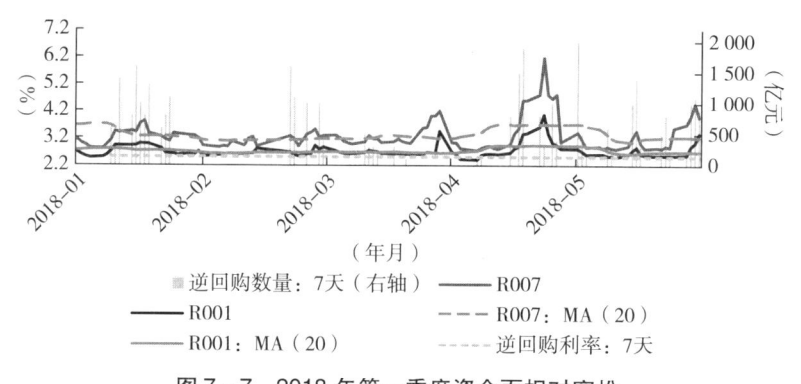

图7–7 2018年第一季度资金面相对宽松
资料来源:万得资讯,作者整理。

该阶段货币政策数量工具宽松而价格工具"收紧",整体宽货币取向得到确认。除春节前对冲季节性紧资金压力而投放的CRA,以及月末/季末时点重启的7天逆回购外,2018年第一季度央行连续超额续作MLF。1月、2月、3月分别实现了2 532亿元、1 495亿元以及687.5亿元的中长期资金净投放。除此之外,4月17日央行宣布全面降准1%,标志着货币政策取向转向宽松。观察这一阶段货币政策操作方式,存在两个特征。一方面,政策工具上呈现数量端宽松而价格端收紧,降准、超量续作MLF、重启7天逆回购的同时在3月22日跟随美联储加息小幅上调了7天逆回购利率5bp。考虑到美元全球霸主地位相对牢固,中美货币政策周期尚未全面脱钩,我国央行在稳定汇率目标下伴随加息,但经济下行压力下宽货币的必要性较高，数量宽而价格紧的结构实际上是三元悖论下的权衡结果。另一方面，央行相当重视资金面的合理宽松。虽然这一阶段资金利率中枢位于政策利率之上，但两者利差较 2017 年全年明显收窄，在当时的视角下狭义流动性市场本身已较为宽松。观察央行的公开市场操作，资金利率存在抬升的趋势时宽货币工具随即放量，而针对 4 月中旬的资金利率脉冲上行，央行更是果断降准应对。可见这一阶段央行维持流动性宽松的态度相当明确。总结来看，这一阶段股市走弱而央行货币政策转向宽松，根本原因在于中美贸易矛盾激化而国内经济承压。

中美贸易摩擦冲击显现，基本面承压支撑长债利率持续下行。这一阶段的 10 年期国债到期收益率持续走低，基本面、政策面以及资金面利多接连而至。随着特朗普就任美国总统，中美贸易摩擦激化的预期逐步抬升，而 3 月 1 日特朗普政府宣布对全球进口钢铁和铝材全面课征 25% 和 10% 的关税，成为后续贸易摩擦爆发的导火索。3 月 22 日特朗普政府要求美国贸易代表办公室（USTR）对从我国进口的价值 500 亿美元的商品加征 25% 的关税，而次日我国商务部发布了针对美国进口钢铁和铝产品"232 措施"的中止关税减让产品清单。值得注意的是，贸易摩擦对于我国经济的影响并未较快体现在经济数据上，至少这一阶段公布的 1—2 月经济数据较好。与之相对，金融数据则偏弱，因而这一阶段基本面呈现"紧信用 + 弱预期"的格局，债市环境较好。

2018 年 1 月 19 日— 4 月 18 日的 10 年期国债到期收益率走势如图 7 - 8 所示。

图 7-8　2018 年 1 月 19 日—4 月 18 日 10 年期国债到期收益率走势
资料来源：万得资讯，作者整理。

资金面重现波动而中美贸易摩擦放缓，长债利率短暂回调

4月23日中央政治局会议再提"扩大内需"以及企业端降成本，稳增长政策出台的预期有所回温。4月25日央行定向降准落地，债市快速交易了一波宽货币的利好，但后续4月税期扰动，叠加机构抢跑加杠杆，R007一度达到6.0%的高位，资金面不转松反而意外收紧。市场一方面面临宽货币阶段性利多出尽，一方面在"紧资金＋稳增长"预期的背景下重新审视了对央行宽货币态度的判断，长债利率持续调整。

4月27日资管新规正式落地，文件继续坚持净值化、规范资金池、打破刚性兑付、严控非标等精神，短期来看会引发不规范产品的清退，进而可能引起理财规模收缩。预期之下10年期国债到期收益率继续走高，而由于资管新规的传闻早已流传，市场并未过度反应。同时文件的正式稿也有正面的超预期调整，例如过渡期放松延长一年半至2020年年底，从严程度低于市场预期，一定程度上缓和市场担忧。此外，4月发电量、钢铁产量等微观数据表现强劲，基本面改善使债市继续承压。具体而言，4月受用电需求增加影响，电力生产明显加快，发电量5 107.8亿千瓦时，同比增长6.9%。采暖季限产结束，高炉大量复工带动供给释放，生铁日均产量210万吨，环比增长7.9%，粗钢日均产量达256万吨，环比增长7.1%，创下历史新高。

5月初，经历了一个多月的风波后，中美贸易摩擦问题迎来喘息期。5月3日—4日，中美贸易首轮磋商落下帷幕，双方就部分问题达成共识，并同意继续就有关问题保持密切沟通，建立相应的工作机制。至此围绕贸易摩擦引起的经济下行压力预期有所缓解，市场投资者风险偏好上涨，5月7日—15日股市持续走强，而长债利率也持续抬升至3.7%附近。

2018年4月19日—5月17日的10年期国债到期收益率走势如图7-9所示。

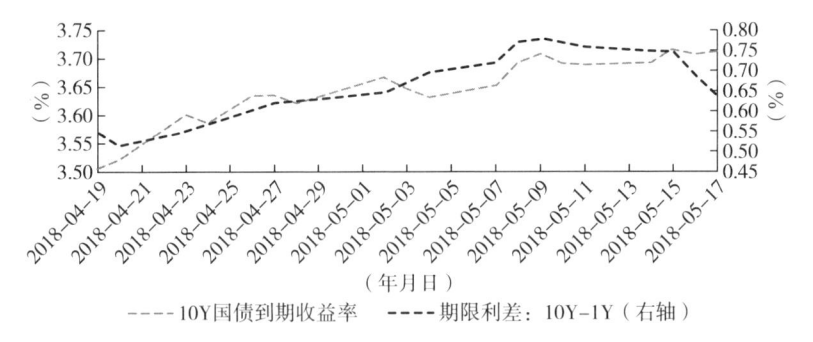

图7-9 2018年4月19日—5月17日10年期国债到期收益率走势
资料来源：万得资讯，作者整理。

资金转松而信用趋紧，贸易摩擦再度紧张

进入5月中旬资金面逐渐转松，央行加大资金投放力度，为对

冲税期和汇算清缴影响，对流动性市场颇为呵护。5月15日—5月18日单周实现净投放4 100亿元。5月17日，随着税期因素消退，资金面进一步改善，SHIBOR短期利率明显下行，隔夜SHIBOR下行16.9bp报2.597%，7天SHIBOR跌3.2bp报2.803%。在去杠杆的背景下，融资环境收紧，5月一些民营企业出现违约，市场陷入恐慌，对民营企业的风险偏好迅速下降，信用债市场走弱，紧信用反推无风险利率及高等级利率的下行（见图7-10）。

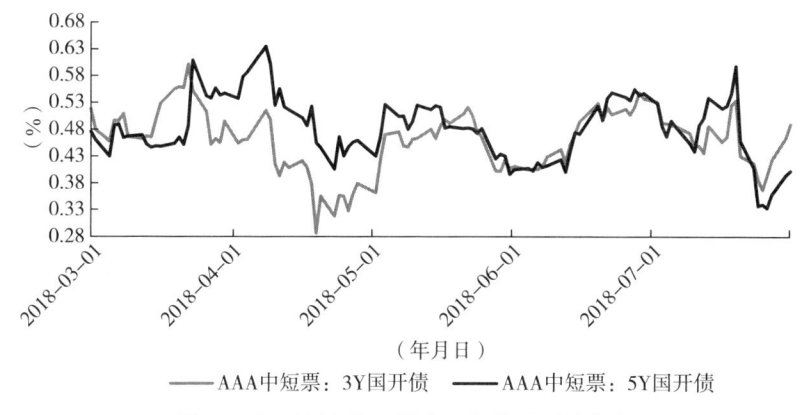

图7-10　2018年5月中下旬信用利差收窄
资料来源：万得资讯，作者整理。

6月开始央行货币政策有所转向，资金面稳定宽松，长端利率整体震荡下行。6月1日，央行扩大MLF担保品范围，将不低于AA级的小微企业、绿色和"三农"金融债券等纳入担保品，引导资金对小微企业和绿色企业进行支持，被视为宽信用的初步信号，导致利率暂时反弹。随后6月6日央行超额续作MLF，缓解整体流动性紧张。6月14日，美联储宣布加息25个基点，联邦基金利率区间上调至1.75%~2%，而央行没有跟随操作，在6月24日宣布定向降准0.5%，释放流动性7 000亿元，标志中美货币政策进一步脱钩，市场对于央行的宽松取向更为确定。

与此同时，内外部经济环境恶化进一步打开利率下行通道，10年期国债到期收益率在6月底突破4月17日宣布降准时的最低位，降至3.48%。一方面，5月金融数据未达预期，紧信用延续发酵。此外，这一阶段部分企业违约引起信用风险发酵，企业债券融资也受到显著冲击。在信用收缩的情况下，房地产、基建投资放缓，经济面临较大下行压力，带动长债利率继续下行。另一方面，中美贸易摩擦升级。6月16日美国公布对从中国进口的500亿美元商品加征关税清单，次日中国国务院关税税则委员会决定对美国659项约500亿美元进口商品加征25%的关税，6月18日美国当局称考虑对额外2 000亿美元的中国商品加征10%关税。在此背景下市场避险情绪迅速升温，A股市场随之大幅下跌，上证指数跌破3 000点重要关口，股债跷跷板效应对10年期国债到期收益率形成进一步的利多。

2018年5月18日—6月29日的10年期国债到期收益率走势如图7-11所示。

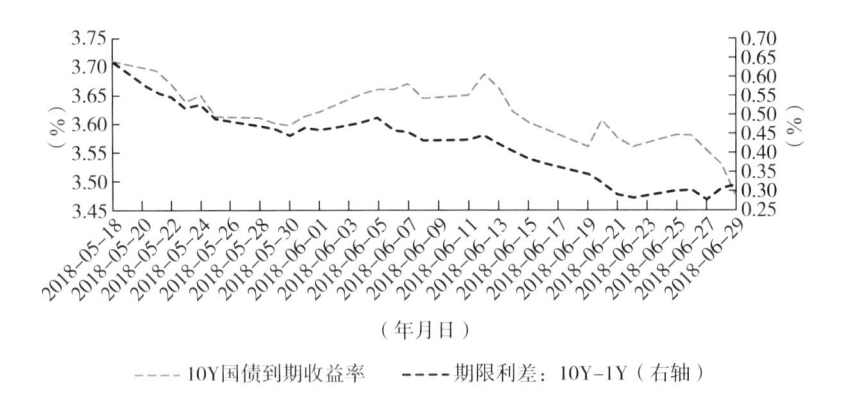

图7-11　2018年5月18日—6月29日10年期国债到期收益率走势
资料来源：万得资讯，作者整理。

宽信用预期与通胀风险回升,长债利率震荡走高

进入7月,一系列信贷支持政策集中出台。7月17日银保监座谈会称要加大信贷投放力度,大中型银行要首先加快对小微企业放贷;7月18日央行窗口指导银行信贷投放和信用债投资,引导购买中低等级信用债;7月20日央行边际放松非标限制;7月23日国务院常务会议释放政策宽松信号,强调扩大内需,保证合理融资需求;7月26日央行调整MPA结构性参数,同日财政部成立国家担保融资基金,支持向小微企业贷款。在宽信用政策工具加码下,7月信贷数据大幅好转,新增信贷14 500亿元,较2017年同期同比多增6 245亿元,债市在宽信用预期的影响下震荡走熊。

8月地方政府债券集中发行,宽信用预期进一步发酵,长债利率开启加速上行。8月14日财政部发布《关于做好地方政府专项债券发行工作的意见》,提出加快地方政府专项债发行,要求9月底之前发行比例不低于80%。在政策支持下,8月地方债发行明显增速(见图7-12),当月全国共发行194只地方政府债,合计规模高达8 830亿元,长债利率调整斜率抬升。

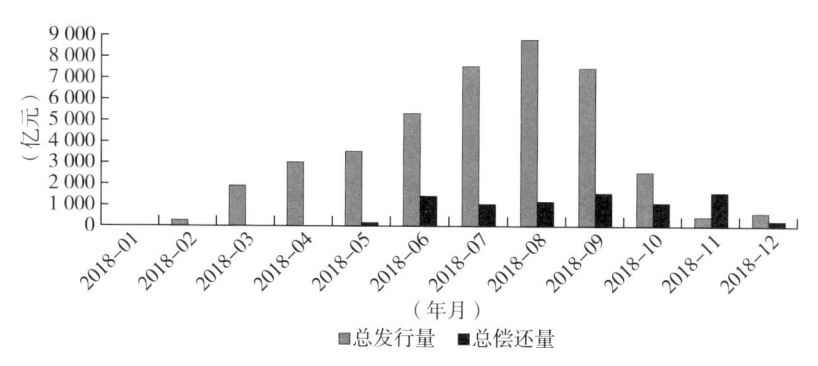

图 7-12 2018 年 8 月地方债发行量高增

资料来源:万得资讯,作者整理。

除上述冲击外，8月通胀超预期升温，滞胀压力显现。8月CPI同比上涨2.3%，而环比上涨0.7%，总量上并不显著。结构上主要由食品涨价推动，猪肉、鲜菜、蛋类CPI环比分别增长6.5%、9.0%和12.0%，均明显高于当季正常水准。一方面，8月非洲猪瘟暴发并迅速蔓延至我国，活猪调运导致产销区供需不平衡，部分地区抬升猪价，8月生猪均价13.71元/公斤，较7月上涨9.97%。另一方面山东寿光发生洪灾、北方气温异常升高导致蔬菜、禽蛋类供给端遭遇较大冲击。然而，在通胀回升的同时经济基本面数据延续走弱，我国呈现"类滞胀"局面，长债利率承压上行。

值得关注的是，中美贸易摩擦升温叠加美联储加速加息推动人民币持续贬值，6月以来美元兑人民币汇率加速贬值，8月美元兑人民币汇率已突破6.8。针对汇率压力，央行在8月推出一系列举措包括上调远期售汇业务风险准备金率、限制自贸区账户向境外拆放人民币、重启逆周期因子，体现明显的稳汇率意图。在三元悖论下，央行稳汇率的意愿限制了市场对于后续宽货币空间的预期，债市有一定调整压力。

2018年7月2日—9月30日的10年期国债到期收益率走势如图7-13所示。

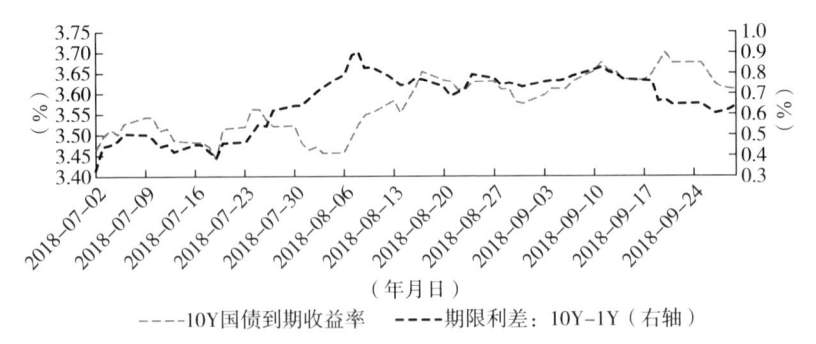

图7-13　2018年7月2日—9月30日10年期国债到期收益率走势
资料来源：万得资讯，作者整理。

风险偏好下行而中美货币周期背离，长债利率震荡下行

10月之后海外市场波动大，风险偏好下行。"十一"期间，美国10年期国债到期收益率持续飙升并突破3.2%，创7年以来新高；中美贸易摩擦升温加上美联储加息预期影响，美股遭遇暴跌，10月11日道琼斯指数下跌近800点，纳斯达克指数大跌超4%，牵连全球股市。节后A股也同样受到较大冲击，10月11日上证综指跌破2 600点，收跌5.22%，股市大幅受挫引发避险情绪，我国债券收益率也开始年内第三波下行。

10月7日，央行公布定向降准1%，置换4 500亿元到期MLF，并额外释放增量资金7 500亿元，大幅稳定了市场对资金面的预期。此次降准主要目的是优化流动性结构，支持小微企业、民营企业信贷，而从此次降准时间点来看，也是为了对冲"十一"长假期间的外部风险波动，安抚市场情绪。值得关注的是，9月底美联储再度加息，而我国央行在10月降准的操作方式基本明确了我国货币政策"以我为主"的原则，市场对货币政策的预期进一步修正（见图7-14）。此外，10月地方债供给压力大幅消退，10月地方政府

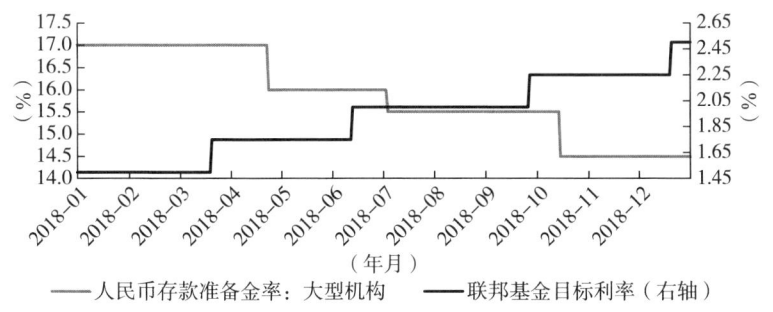

图7-14 中美货币顺周期的规律被打破，"以我为主"原则下市场对于货币政策预期迎来修正

资料来源：万得资讯，作者整理。

债发行93只，2 560亿元，发行高峰逐步退去，对资金面进一步宽松形成有力驱动。

尽管此前一系列支持民营企业的政策集中出台，但宽信用修复成色尚不显著。11月13日央行公布10月金融数据，新口径下10月新增社融规模为9 538亿元，同比少增6 323亿元。社融大幅缩量受到口径调整后地方专项债波动的拖累，但在剔除专项债的旧口径下社融仍较2017年同比少增，表明背后存在实体经济融资需求乏力等问题。此外，这一阶段经济数据表现平淡，"紧信用＋弱经济"下权益市场悲观预期加剧，利率迎来新一波快速下行。11月14日，10年期国开债突破4.0%关键点，次日10年期国债到期收益率下3.4%关口。另一方面，11月海外市场继续震荡，国际油价、美股均暴跌，对利率市场形成了较好的外围环境。12月3日，中美两国元首于布宜诺斯艾利斯会晤，就中美经贸问题达成共识，市场对中美贸易摩擦升级的担忧有所好转，但债市并未快速交易这一利空。

2018年10月8日—12月11日的10年期国债到期收益率走势如图7-15所示。

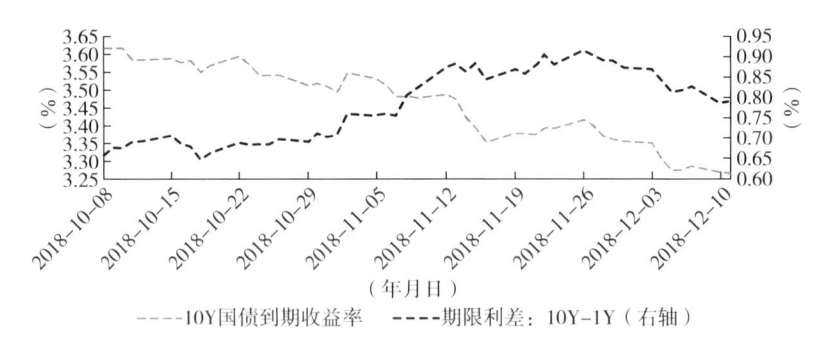

图7-15 2018年10月8日—12月11日10年期国债到期收益率走势
资料来源：万得资讯，作者整理。

宽地产、宽信用政策预期与宽货币预期之间的博弈

利率下行通道在 12 月中旬遇到阶段性阻力，主要原因在于地产政策预期松动，货币政策不及预期。12 月 12 日国家发改委发布《关于支持优质企业直接融资 进一步增强企业债券服务实体经济能力的通知》，鼓励满足条件的优质企业发行企业债，该政策利好房地产企业融资，次日 A 股大涨而债市有所下跌，10 年期国债到期收益率单日上行 6bp。12 月以来流动性处于合理充裕水平，10 月 26 日—12 月 14 日央行连续 36 个交易日均没有进行逆回购操作，12 月的逆回购静默期间央行分别于 12 月 16 日等额续作 1 875 亿元 MLF 和 12 月 14 日等额续作 2 860 亿元 MLF，货币政策仍然保持中性稳健，市场对于货币政策进一步放松的预期落空。

12 月下旬，资金面开始转松。12 月 19 日，央行创设新型货币工具定向中期借贷便利（TMLF），根据金融机构对小微企业、民营企业贷款的增长情况，向其提供长期稳定资金来源，操作对象为符合相关条件并提出申请的大型商业银行、股份制商业银行和大型城市商业银行。与 MLF 相比，TMLF 利率优惠 15 个基点，实际使用期限可达 3 年，属于某种程度上的定向降息，再一次表明了货币政策宽松的取向。随后，12 月 24 日国务院常务会议提出完善普惠金融定向降准政策，预示定向降准窗口打开，政策面继续利好债券市场。12 月 27 日，权益市场大幅调整而市场避险情绪急升，10 年期国债到期收益率宽幅回落，最终在年底收于全年最低点 3.23%。

2018 年 12 月 12 日—12 月 31 日的 10 年期国债到期收益率走势如图 7-16 所示。

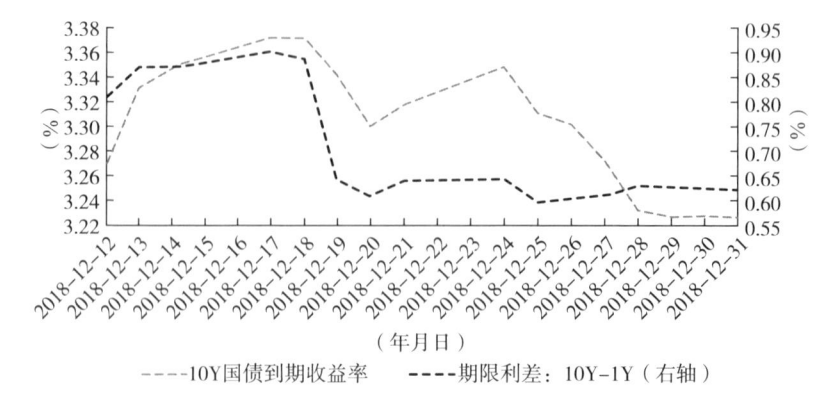

图 7-16　2018 年 12 月 12 日—12 月 31 日 10 年期国债到期收益率走势
资料来源：万得资讯，作者整理。

第八章
2019年——政策不急转弯与信贷开门红

2019年年初以来债市收益率大致经历了7个阶段，前4个阶段收益率波动较大，趋势并不明朗，后3个阶段波动减小，趋势方向明显（见图8-1）。

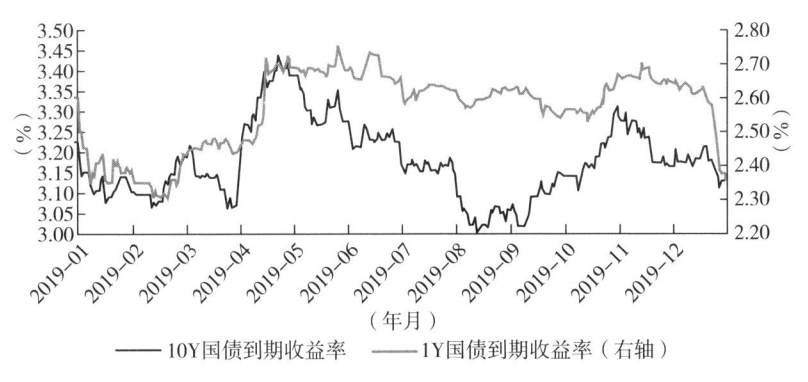

图8-1 2019年国债收益率走势

资料来源：万得资讯，中信证券研究部。

年初至2月上旬，流动性宽松下利率快速下行

债券市场在经历了2018年的牛市后，2018年年底投资者对2019年延续牛市的期待较高。2018年12月公布的2018年11月社

融数据不及预期，2018年12月PMI下滑至49.4%，经济基本面数据快速下滑引发市场对货币政策宽松预期升温，尤其是对2019年年初降准预期大幅升温，10年期国债到期收益率从2018年12月17日的3.37%快速下行至2018年12月31日的3.23%。

2019年年初货币政策宽松超预期，推动10年期国债到期收益率下行。此时市场对于降准的预期本身较浓，但央行的降准及流动性投放操作仍然超出市场预期。首先，2019年1月2日，央行发布公告称，自2019年起，将普惠金融定向降准小型和微型企业贷款考核标准由"单户授信小于500万元"调整为"单户授信小于1 000万元"。这一调整扩大普惠金融定向降准优惠政策的覆盖面，使更多银行可以享受到普惠金融定向降准的准备金优惠政策，因而会出现更多降准资金的释放。其次，2019年1月4日，央行决定于2019年1月下调金融机构存款准备金率置换部分MLF，其中，2019年1月15日和1月25日分别下调0.5个百分点。同时，2019年第一季度到期的MLF不再续作。这样安排能够基本对冲当年春节前由于现金投放造成的流动性波动，有利于金融机构继续加大对小微企业、民营企业支持力度。虽然此前市场对于1月降准已有较多预期，但降准幅度1个百分点，以及1个月内分两次降准的操作还是超预期。最后，2019年1月23日，央行实施首次TMLF操作，操作规模为2 575亿元；期限为1年，到期可根据金融机构需求续作两次，实际使用期限可达到3年；操作利率为3.15%，比MLF利率优惠15个基点。虽然TMLF操作规模相对有限，但TMLF操作利率实际上是一种变相降息，市场预期TMLF操作规模增大、取代部分MLF操作后，将对10年期国债到期收益率中枢产生"降息"影响。截至1月末，1年、10年期国债的到期收益率分别下行至2.39%、3.10%，较2018年年末分别下行21bp、13bp。春节后流动性环境进一步转松，银行间隔夜资金利率DR001回落至1.7%附近，DR007 回落至 2.2% 附近，远低于 7 天逆回购操作利率 2.55%，带动国债收益率进一步下行，1 年期国债到期收益率回落至 2.31%，10 年期国债到期收益率下行至 3.07%。

开年流动性宽松的背景下，金融市场形成了"股债汇商"齐涨的"开门红"行情。2019 年 1 月上证综指大涨 4.09%，10 年期国开债收益率下行 10bp，人民币汇率升值 1.26%，螺纹钢也大涨 5.76%。债券市场开门红的主要逻辑在于年初的流动性宽松和资产荒。股票市场走强的原因一方面是中美贸易摩擦风险继续缓解，另一方面是一系列逆周期调节政策为权益市场提供了新热点。

2 月中旬至 3 月上旬，金融与实体分化下的利率回升

信贷开门红下利率快速调整。2 月 15 日公布的金融数据大超预期，1 月新增人民币贷款 3.23 万亿元，创历史新高；社融增量达到 4.64 万亿元，比上一年同期多 1.56 万亿元（见图 8-2）。社融和贷款数据的超预期对债市情绪产生了立竿见影的影响，金融数据

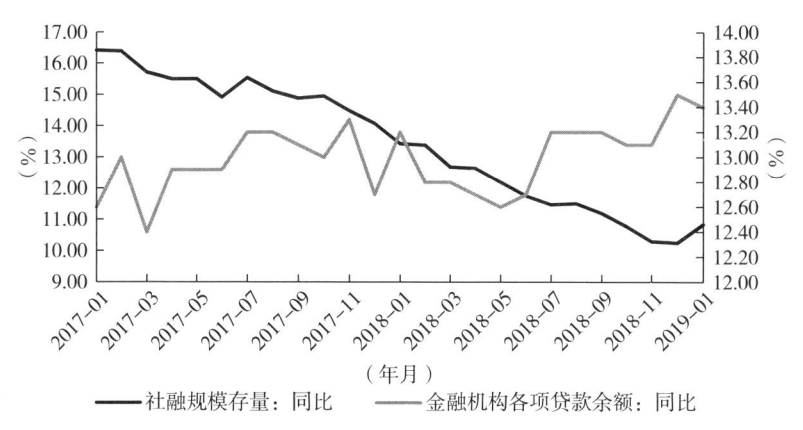

图 8-2 社融增速触底反弹，贷款增速维持较高水平
资料来源：万得资讯，中信证券研究部。

公布次日现券明显下跌，180019.IB上行4bp收于3.145%，中债10年期国债到期收益率为3.11%，上行3bp。

与金融数据抢眼表现形成对比的是实体经济延续走弱形势，金融与实体出现分化。1月制造业PMI继续走低，PMI和新订单指数连续两个月处于荣枯线以下（见图8-3）。通胀方面，1月CPI和PPI均低于预期，其中PPI持续下行至通缩边缘，实体经济需求端仍然处于下行趋势中（见图8-4）。此外，2018年年底工业企业利润增

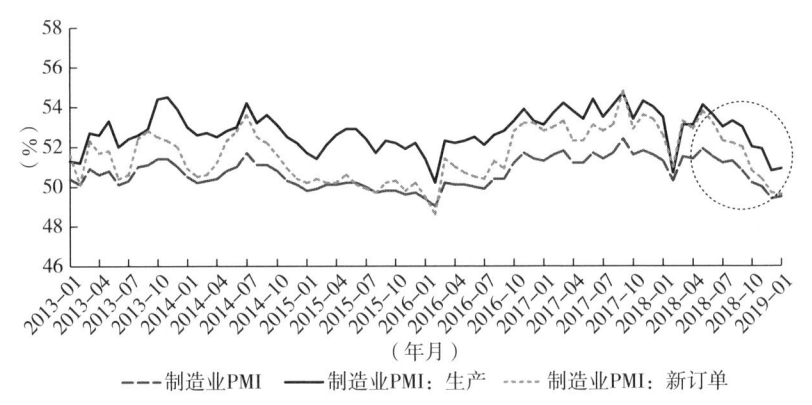

图8-3　PMI持续下行，新订单指数连续两个月处于荣枯线以下
资料来源：万得资讯，中信证券研究部。

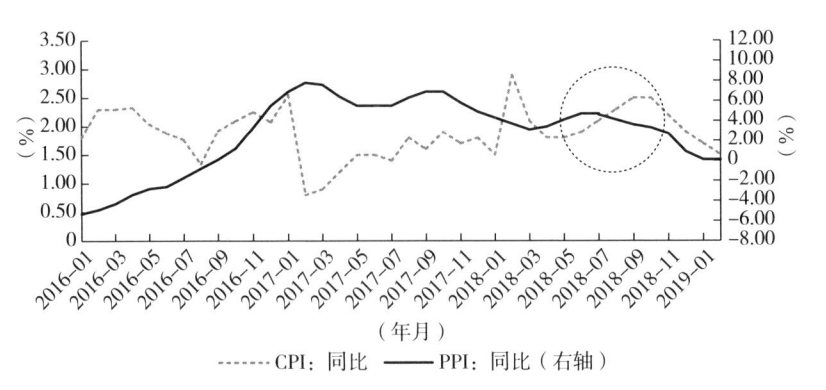

图8-4　通胀持续走弱，PPI已接近通缩边缘
资料来源：万得资讯，中信证券研究部。

速也持续放缓,此时已经落入负区间,实体经济下行压力仍然较大(见图8-5)。

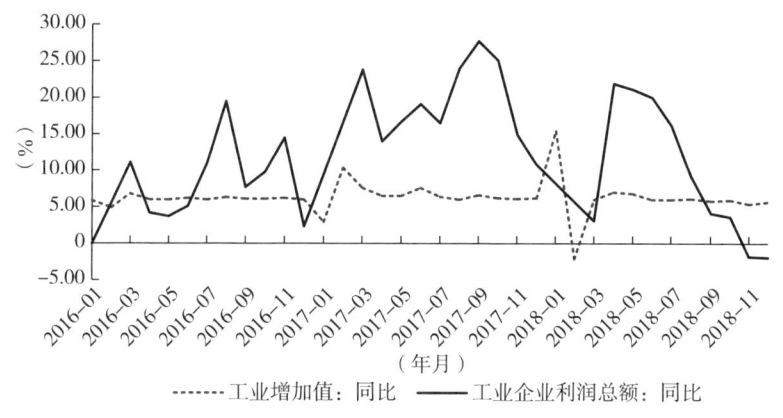

图8-5 工业表现不佳,企业利润增长已跌入负区间
资料来源:万得资讯,中信证券研究部。

金融和实体经济分化打乱了政策预期。2019年年初降准落地后短端利率大幅下行带动长端利率下行,市场仍然在等待降息等进一步宽松政策的出台。2月中下旬后政策文件出台较多,《2018年第四季度中国货币政策执行报告》删除了关于货币政策"中性"和"把好货币供给总闸门"的表述,更加强调逆周期调节和结构性货币政策缓解小微、民营企业融资问题,给了市场更多宽松的想象空间。而市场担心的是2018年第二季度以来货币政策宽松已然持续一年,金融数据的反弹可能并非昙花一现,长期的货币宽松到信用扩张在时滞上可能已经接近结束。更受市场关注的是,2月20日的国务院常务会议指出,降准信号发出后,社融总规模上升幅度表面看比较大,但仔细分析就会发现,其中主要是票据融资、短期贷款上升比较快。这不仅有可能造成"套利"和资金"空转"等行为,而且可能会带来新的潜在风险。此外,中美贸易磋商落幕,双方就主要问题达成原则共识,中美贸易摩擦释放缓和信号,投资者风险偏好提升、权益市场回暖是利率的偏空因素。这一轮调整从2019年2月14日持续到2019年3月5日，中债10年期国债到期收益率从3.07%上行14bp至3.21%。

3月中旬货币宽松预期带动利率回落

进入3月中旬，货币宽松预期带动利率回落。3月中下旬，市场再次出现降准乃至降息的预期。一方面是海外经济整体呈现弱势，美联储和欧央行均有鸽派表态。但更为重要的是，金融数据和工业数据出现下滑——2月M2同比增速8.0%，较上月下滑0.4个百分点，比2018年同期低0.8个百分点，延续下滑趋势；2019年1—2月，全国规模以上工业企业实现利润总额7 080.1亿元，同比大幅下跌14.0%。与此同时，2019年4月面临MLF到期规模较大、短端利率波动较大、存款增速偏慢的综合环境，市场上逐步出现了通过降准方式释放流动性，甚至通过降息缓解经济通缩风险的预期。3月下旬10年期国债到期收益率最低下行至3.06%，较3月上旬高点下行14bp。

4月利率大幅回调

该阶段多项金融、经济数据超预期，经济基本面显示出回暖的迹象，降准预期也随之下降，货币政策转向择时观望，重提"把好货币政策总闸门，不搞'大水漫灌'"，此外，中美经贸关系再度显示出缓和迹象，叠加多家国际机构上调中国2019年经济增长预期目标，在经济基本面转向乐观和货币政策边际收紧的情况下，长端利率快速上行至3.39%。该阶段短期利率前期较为平稳，但在央行重提"管好货币政策总闸门"之后就快速上行至2.68%，在长短端利率的共同作用之下，该阶段的期限利差也呈现较大波动，前期迅速上升，但后期在短端利率快速上升之后又迅速下跌。

第一季度经济和金融数据均超预期，经济筑底企稳预期渐强。3月底至4月底利率快速上行，债市出现短期"熊市"，主要是受经济基本面因素影响。首先是3月金融数据再超预期，3月M2同比增长8.6%，增速创13个月新高，社融规模增速第一季度重回10%以上的增速，3月增长10.73%，创7个月以来新高，其中人民币贷款增速更是达到了13.82%，创2018年以来的新高。经济数据方面，3月制造业PMI高于市场预期，重回荣枯线上方。除了第一季度GDP增速维持在6.4%，3月工业增加值同比增加8.5%，增速创14个月新高。工业利润总额同比增加13.9%，不仅扭转了2018年年底的负增长趋势，还创造了8月以来的新高（见图8-6）。从投资来看，固定资产投资同比增速6.3%，创12个月以来新高，房地产开发投资同比增速11.8%，达到2018年以来的新高，社会消费品零售总额同比达到8.7%，达到6个月以来新高（见图8-7）。第一季度，尤其是3月的经济数据，大部分数据都超出市场预期，市场对未来经济基本面前景进一步转为乐观。

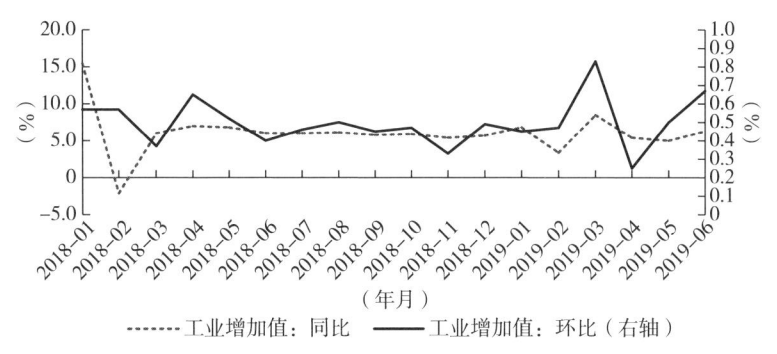

图8-6 3月工业增加值大幅回升

资料来源：万得资讯，中信证券研究部。

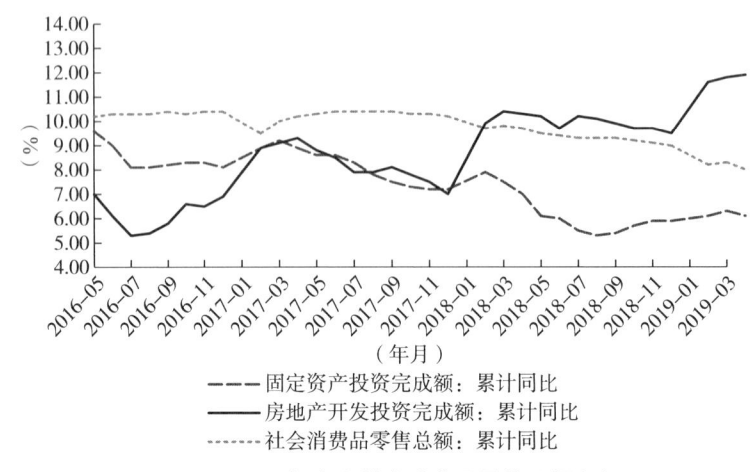

图 8-7　3月投资和社会消费品零售总额上行

资料来源：万得资讯，中信证券研究部。

通胀预期渐起，货币政策宽松预期有所扰动。3月以来猪价一反春节期间的下滑颓势，全国外三元生猪价格由2月底的11.9元/公斤上涨到3月20日的15.2元/公斤，涨幅达28%；全国猪肉平均批发价也由2月底的17.95元/公斤上涨到3月28日的20.13元/公斤，实现12%的涨幅。作为CPI中波动性和贡献度最高的项目，猪价的快速上涨吸引了众多目光，也不免引起市场对CPI上涨的预期，对通胀快速上涨、货币政策受制约的担忧。

同时，货币政策操作较为保守，利率快速上行。货币政策的松紧受到市场的关注，但实际上，不管是对政策的解读，还是对市场的感受，大家对松和紧都有很多分歧。特别是，从2019年和2018年的比较来看，有两点最大的不同。第一点是，2018年整个货币市场利率中枢是下降的，波动率也在下降，而2019年的货币市场利率中枢稳定，波动率却是在上升的。第二点是，2018年的降准政策是比较频繁的，但2019年以来，特别是4月的降准落空，而且政策也不断指出降准的必要性下降。从流动性投放角度看，2

月、3月、4月连续3个月流动性均净回笼。虽然海外货币政策都纷纷转向宽松，但在金融数据和经济数据回暖的背景下，市场对货币政策进一步宽松的预期也有所淡化。

政策表态也偏谨慎。4月15日的货币政策委员会第一季度例会表达了对经济形势的乐观，强调保持好战略定力，并多次提到防范金融风险，货币政策收紧的预期增强；4月19日，中央政治局会议首次提出"以供给侧结构性改革的方法稳需求"，货币政策回归中性，从刺激转入平稳；4月25日，国务院政策例行吹风会上央行对货币政策取向的表态引起市场关注，"原来并没有放松，现在也谈不上收紧"，市场注意到2019年以来流动性投放力度远低于2018年（见图8-8），资金利率中枢也明显上行。受此影响，4月底10年期国债到期收益率上升到3.4%。

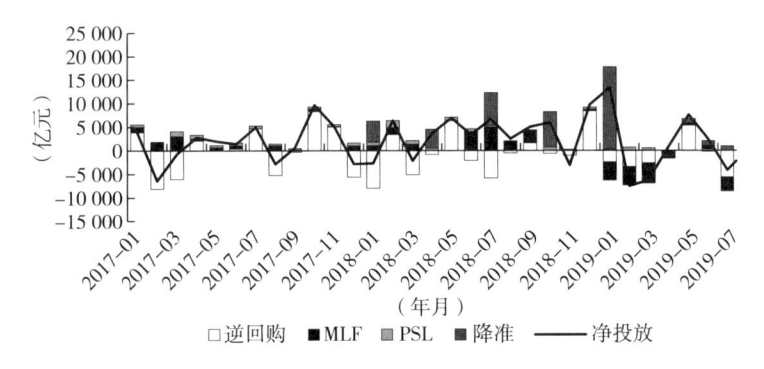

图8-8　1月降准后货币静默，流动性环境有所收紧
资料来源：万得资讯，中信证券研究部。

5月至8月初的收益率趋势下行

"五一"假期刚过，美国在新一轮谈判举行之前突然对我国强硬施压，特朗普于北京时间5月6日凌晨发推称，将在星期五把

2 000亿美元我国输美商品的关税从10%提升到25%，并称对剩余3 250亿美元我国输美商品也将很快加征25%的关税。美方该举动直接造成"五一"过后我国股汇商的"三杀"，三大股指收盘全线重挫，沪指重挫近6个点，两市千股跌停，资金避险情绪高涨，叠加4月多项经济数据不及预期，市场的担忧再度加剧。此外货币政策再度结构性宽松，央行宣布下调服务县域的农村商业银行存款准备金率至农村信用社档次，存款准备金"三档两优"的新框架基本形成，长端利率在这些因素的综合作用之下再次快速下行。从5月初到8月上旬，长端利率总体呈现波动下行趋势，趋势较为明显。该阶段经济数据持续下降，经济基本面暂无回暖迹象。全球经济趋势明朗化，包括美联储在内的多国央行开始降息。中美贸易摩擦再度升级，加之一系列信用风险的出现，资金避险情绪高涨。在经济基本面持续下行的情况下，对央行降准降息的预期再次高涨，"资产荒"在该阶段也再度显现，虽然该阶段CPI呈现上行趋势，但多重因素叠加在一起，最终形成了从5月初到8月上旬的债市的"慢牛"。

8月至10月利空集中下的利率回调

8月利率磨底，看多不做多。10年期国债到期收益率在3%关口处胜率不高，即便市场没有发现明显的风险点，仍然处于看多不做多的窘境。从分位数角度看，10年期国债到期收益率3%已经进入了2007年以来10%的底部以内，历史上看仅仅2008年和2016年突破3%关口且下行幅度有限、持续时间不长（见图8-9）。虽然8月中旬信贷和社融数据低于预期、工业生产和经济数据大幅下滑、通缩压力凸显等利好频出，市场对后续经济下行压力也有一致预期，但对3%关口仍然十分谨慎，10年期国债到期收益率仍然未能实质上突破3%。

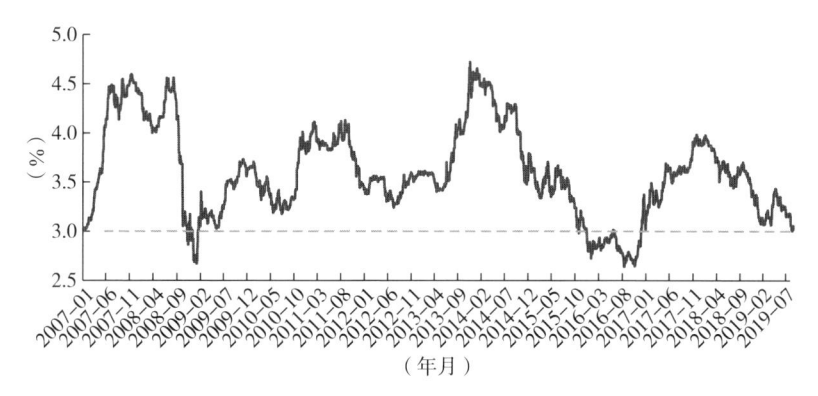

图 8-9　10 年期国债到期收益率在 10% 底部附近
资料来源：中信证券研究部。

面临 3% 关口，10 年期国债到期收益率对各种利好因素的钝化背后是资产端和负债端矛盾凸显。从 10 年期国债到期收益率与 1 年期 MLF 操作利率利差角度看，当时 -30bp 的利差处于 2016 年以来 10% 分位数水平，与 2016 年 10 年期国债到期收益率低点时利差最小的 -36bp 相差不大，过于狭窄的 10 年期国债到期收益率与 1 年期 MLF 操作利率利差限制了配置力量（见图 8-10）。

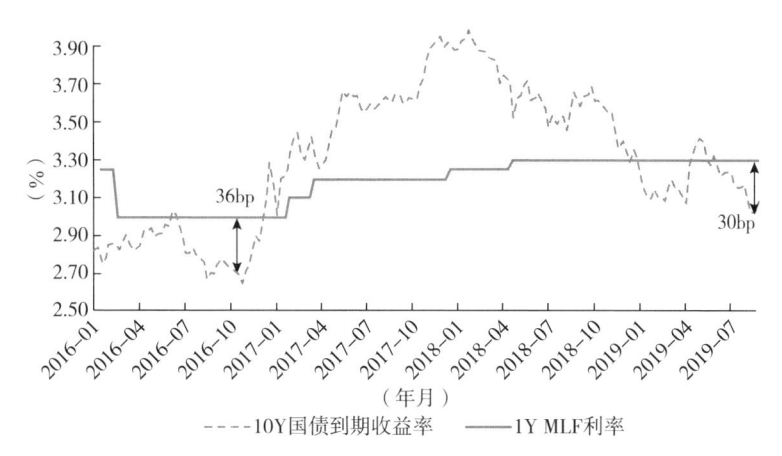

图 8-10　MLF 利率与 10 年期国债到期收益率利差接近利率低位
资料来源：万得资讯，中信证券研究部。

此外，短期资金利率自6月创新低后逐步回升，7月中旬以来DR007利率中枢在2.8%左右，面对3%的10年期国债到期收益率，长短端利差压缩后也约束了长端利率进一步下行的动力（见图8-11）。

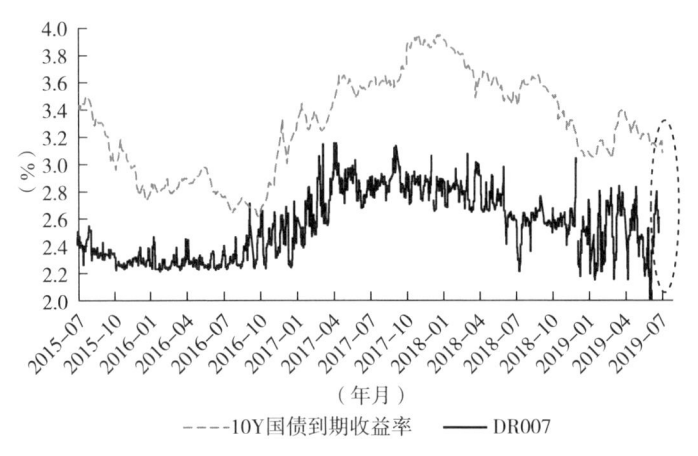

图8-11 短端资金利率约束长端利率下行

资料来源：万得资讯，中信证券研究部。

通胀维持高位、金融数据小幅超预期、中美贸易摩擦缓和、MLF操作"减量不减价"，利率持续上行。9月10日公布8月CPI同比上涨2.8%，维持在年内较高水平，冲击债市；9月11日，央行公布8月金融数据，8月新增社融1.98万亿元，人民币贷款增加1.21万亿元，均小幅超预期；9月12日，特朗普宣布将推迟加征我国商品关税，避险情绪走弱；9月17日，央行MLF操作"减量不减价"，宽松程度不及市场前期预期，造成债市走弱，收益率上升。9月9日—9月18日，10年期国债到期收益率上行11bp。

降息预期落空，9月下旬利率大幅回调。美联储7月首次降息后市场对美联储9月继续降息的预期非常强，而从中美利差的角度来看，在美联储已经开启了降息周期后，中美政策利率利差从收窄重新走阔,与此同时中美10年期国债利差也继续走阔,中美利差的走阔给国内降息打开了空间。因而市场对于我国央行跟随美联储降息预期极高。然而央行货币政策定力仍然较强,倾向于以改革的方式降成本,加速推进LPR改革来实现降低实际贷款利率的目的。降息预期的落空促成了利率的快速回调,9月20日—9月27日,10年期国债到期收益率又上行5bp。

进入10月,利空因素集中出现,中美贸易摩擦缓和、通胀上行、金融数据超预期等推升利率上行,对年内经济下行预期利多出尽,货币政策年内大幅宽松的预期降低,债券市场整体情绪较为清淡,10年期国债到期收益率已经出现了10bp的调整。债市调整的利空因素持续出现,首先是中美贸易摩擦缓和带来的风险偏好提升,其次是金融数据和通胀数据的超预期,而第三季度GDP回落到6%后,债券市场预期经济继续下行的空间比较小而对货币政策大幅宽松的预期大幅降低,短期利率出现回调。

1. 中美贸易摩擦缓和,风险偏好有所改善。"十一"后中美贸易摩擦迎来转折,10月12日特朗普表示中美经贸磋商取得了实质性的第一阶段成果,美国将暂缓15日加征的我国商品关税。虽然9月中美已经开始相互示好,但10月是持续了近两年的中美贸易摩擦后取得的第一阶段成果,风险偏好的提升确实导致了利率的回调。

2. 金融数据和通胀的双双超预期。9月金融数据远超市场预期,利率有所反映后市场更加关注9月金融数据季节性走高的成分有多高、后续能否持续。而9月CPI同比增速超预期上行到3%,PPI却继续下行。通胀数据在长期分化后对市场的扰动已经逐渐弱化,实际上通胀数据出炉当天利率调整幅度并不大。

第三季度GDP下行至6.0%后,政策定力预期提升。10月债市大幅调整更多来自第三季度经济数据公布GDP增速下滑至6%后市场预期的变化,其一是债券市场对经济继续下行的空间预期比较小，其二是虽然6%的增速低于市场预期，但也成为政策定力的体现，年内货币政策的进一步宽松预期几乎消失，且政策也更倾向于财政政策，利率回调幅度较大。此外，9月央行虽然采取降准措施，但通过其他渠道回笼资金，货币市场资金面有所收紧，而最新一次LPR报价没有下行，货币政策表态也没有未来明显放松的迹象，都成为利率上行的利空因素。

11月降息引发利率再度下行

在经济基本面数据回暖、通胀大幅上行的背景下，央行降息在市场预期之外。9月降息预期落空后利空因素集中出现，尤其是CPI同比的快速上行和我国央行的货币政策应保持定力，要考虑经济形势和物价走势预调微调的表态，促成了利率的快速回调。11月以来央行操作频繁。首先，2019年10月31日美联储开展了2019年以来的第三次降息操作，而央行并没有在11月1日立即跟随降息，导致市场对于央行后续降息的预期大幅降温。但11月5日央行意外下调1年期MLF操作利率5bp，10年期国债到期收益率当天下行5bp。其次，11月15日央行在没有MLF到期的情况下额外开展了2 000亿元1年MLF操作，在价格工具落地后又快速开展数量工具宽松，市场对货币政策预期显著升温。11月16日公布的《2019年第三季度中国货币政策执行报告》删除了"把好货币供给总闸门"，并在"逆周期调节"之前加入了"加强"，透露出货币政策偏松的信息，同时在"专栏4：全面看待CPI与PPI走势"中强调我国经济运行总体平稳，总供求大体平衡，不存在持续通胀或通缩的基础。在通胀与增长之间，更关注增长。11月18日，央行重启公开市场操作并跟随下调7天逆回购操作利率5bp至2.50%。11月20日LPR报价1年期和5年期均下调5bp，在此之前1年期

LPR已经维持2个月不变，5年期LPR则是LPR改革后首次下调。11月央行货币政策操作频频，从11月初未跟随美联储降息，到11月5日MLF意外降息，再到继续暂停公开市场操作而新作MLF，继而新作公开市场操作并下调操作利率，市场预期在11月内经历了不降息—降息—公开市场操作不跟随、非对称降息—公开市场操作降息的转变。在这个阶段，债市收益率从上月底的高位3.31%回落至3.17%，回落幅度高达14bp。

意外降息利多出尽后，债券又进入横盘阶段。临近年底，债券市场的众多投资者又开始对来年政策进行博弈，其中财政政策扩张的预期逐步升温。11月27日"十四五"规划编制启动，财政部提前下达2020年1万亿元专项债券规模，而《国务院关于加强固定资产投资项目资本金管理的通知》对专项债作为重大项目资本金的认定标准、来源、确认方式等内容出台创新性规定，基建加码的预期进一步增强。12月1日公布的11月PMI数据大幅回升，制造业PMI录得50.2%，重回荣枯线以上，较10月PMI的49.3%大幅提升，导致12月2日的10年期国债到期收益率上行4bp。

年底降准预期再起，利率回落。从12月12日中央经济工作会议中提出货币政策灵活适度，进一步降成本和疏通货币政策传导机制，以稳增长为主、加强逆周期调节，到12月24日《国务院关于进一步做好稳就业工作的意见》中提到要落实普惠金融定向降准，再到12月27日中国人民银行货币政策委员会2019年第四季度例会中强调经济下行压力仍然较大，集中精力办好自己的事，下大力气疏通货币政策传导，降低社会融资成本，确保经济运行在合理区间，直至央行在新年第一天宣布全面降准，表明了2020年货币政策仍然以降成本、逆周期、稳增长为主要目标。2019年12月中下旬利率回落至最低3.11%，较前期高点3.21%下行10bp。

第九章
2020 年——新冠疫情与下半年政策回归正常化

新冠疫情是 2020 年我国宏观经济、资本市场绕不开的关键词。2020 年 4 月，我国疫情得到初步控制，这也成为当年我国债市走势的分水岭。4 月以前，我国经济增速面临 2018 年以来的惯性下行压力，全球经济也在 2019 年以后逐渐迈向衰退，所以在疫情之前，长端利率下行的趋势便已有所显现，而疫情防控开始后，货币政策宽松基调明确，国外疫情发酵又导致全球投资者风险偏好下行，三大因素共同推动我国债市加速走牛，10 年期国债收益率一度向下突破 2.5%；4 月以后，疫情防控压力最大的阶段已经过去，我国经济逐渐升温，而国外疫情严峻程度有所加剧，国内外经济周期开始错位，我国成为当年全球唯一保持经济正增长的主要经济体，而在这一阶段中，货币政策渐渐收紧，流动性告别历史最宽松状态，长端利率也随之上行。全年来看，长端利率经历了先下后上的大起大落，最终于年末重返年初水平。

总体来看，2020 年债券市场包括以下两个特征。第一，疫情主导的经济增速急剧变化是影响当年债市走势的重要因素。新冠疫情深刻改变了全球格局，全球经济增速和绝大部分金融资产价格严重偏离潜在水平，我国债券市场也一度偏离原有趋势，而疫情得到阶段性控制后，外部冲击消散，经济增速和长端利率中枢也向潜在水平回归；第二，货币政策由宽松转为超预期紧缩。尽管经济还尚未完全恢复，但鉴于疫情的特殊性，货币政策从 5 月开始逐渐转向紧缩，这与市场普遍预计的货币政策维持宽松基调存在明显差异，加剧了债市下半年走熊的幅度（见图 9-1）。

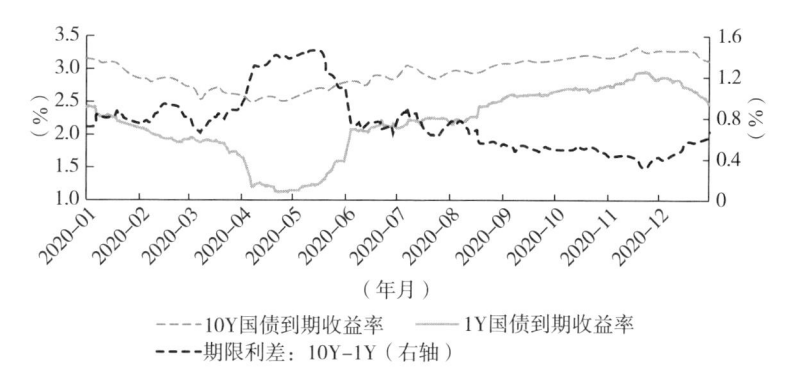

图 9-1 2020 年利率复盘：疫情在突然爆发后得到阶段性控制，长端利率先下后上

资料来源：万得资讯，作者整理。

经济预期谨慎，货币政策宽松，债市走向牛陡

2018 年第一季度以来，我国经济增速逐季下行，到 2019 年第四季度，GDP 实际增速已经跌破 6%。随着经济增速的逐步下滑，债市也在这一时期内迎来了长达两年的牛市，10 年期国债到期收益率从 2018 年年初 3.9% 的高位震荡下行至 2019 年的 3.1% 左右。尽管 2019 年 12 月的 PMI 和社融等数据表现较好，但在经济惯性下滑趋势的驱动下，投资底和库存底均有待验证，投资者对经济能否彻底回暖依旧有一定的担忧，债市因而对基本面的小幅复苏表现相对钝化，国内疫情也渐渐发酵，利率随之下行。

第九章 2020 年——新冠疫情与下半年政策回归正常化 235

此外，年初货币政策宽松的信号较为明确，2020年1月6日，央行全面降准0.5个百分点，释放长期资金约8 000亿元，较强的降准力度彰显了央行货币宽松的意图。降准之后，流动性呵护操作并未停止，1月15日，央行在没有MLF到期的情况下开展3 000亿元MLF操作，并在当周累计投放超过万亿元的14天逆回购。宽松的流动性环境利好债市，长短端利率均出现了一定程度的下行，10年期与1年期国债期限利差迈向高位。

2020年1月1日—1月22日的10年期国债到期收益率走势如图9-2所示。

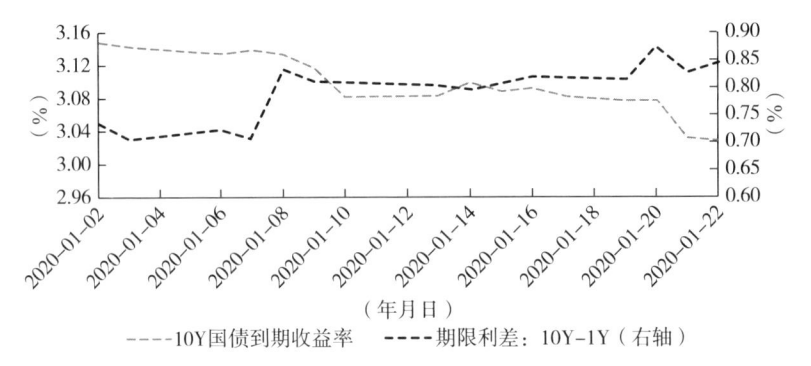

图9-2 2020年1月1日—1月22日10年期国债到期收益率走势
资料来源：万得资讯，作者整理。

国内疫情防控难度加大，长端利率大幅下行

这一时期利率整体大幅下行，但下行过程略有波折，主要影响有三。

第一，受新冠疫情影响，投资者避险情绪浓厚。进入2020年1月下旬后，疫情防控难度加大，市场有所反映。2020年2月3日，上证指数大幅下跌7.7%，10年期国债到期收益率也从前值2.99%

大幅下行至 2.82%。在投资者风险偏好较低的情况下，相比于股市，债市整体处于相对顺风的环境之中。

第二，复工复产进度较慢，市场对复苏的乐观预期落空。全国大部分地区的疫情得到了快速控制，并陆续宣布在 2 月 10 日后复工复产，市场对于经济的预期也转向乐观。乐观预期冲击之下，长端利率快速抬升至 2.9% 左右。但地铁客运量等高频数据显示复工复产的进度相对缓慢，市场对基本面过于乐观的预期也开始逐步修正，债市在经历短期调整之后重拾涨势（见图 9-3）。

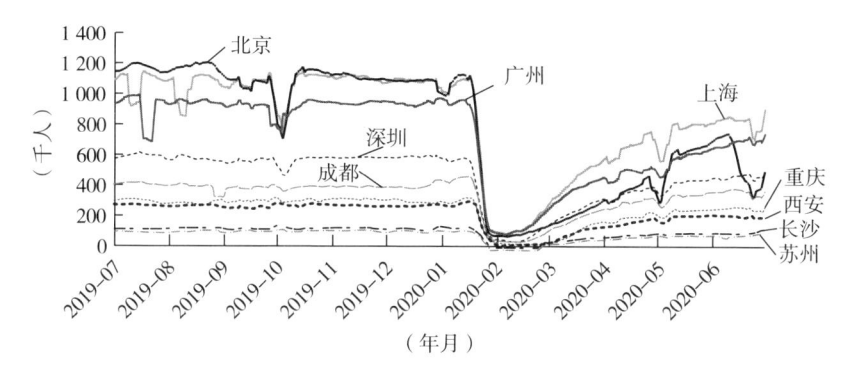

图 9-3 地铁客运量显示，2020 年 2 月复工复产的进度较为缓慢
资料来源：万得资讯，作者整理。

第三，货币政策维持宽松基调。2 月 3 日，央行开展 12 000 亿元巨额逆回购操作，并将操作利率下调 10bp，为进一步降低融资成本打下基础（见图 9-4）。一系列再贷款政策也随之而来。1 月 31 日，央行宣布，在疫情防控期间将向主要全国性银行和湖北等重点省（市、区）的部分地方法人银行提供 3 000 亿元低成本专项贷款资金，2 月 25 日，国务院常务会议宣布增加再贷款、再贴现额度 5 000 亿元，重点用于中小银行加大对中小微企业信贷支持。频频发力的总量型货币政策维持了宽松的流动性环境。低风险偏好、平稳复苏节奏和宽松流动性共同推动利率大幅下行，10 年期国债到

期收益率一度逼近2.5%。

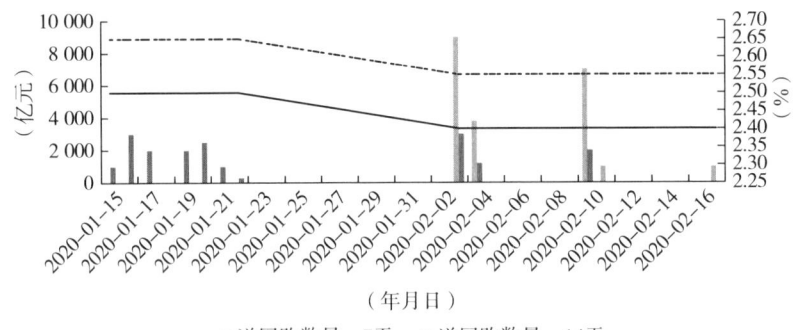

图9-4 央行开展巨额逆回购操作，并下调操作利率
资料来源：万得资讯，作者整理。

2020年1月23日—3月9日的10年期国债到期收益率走势如图9-5所示。

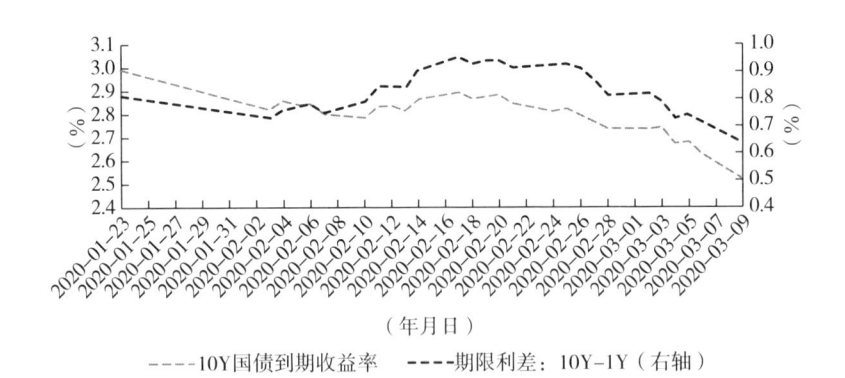

图9-5 2020年1月23日—3月9日10年期国债到期收益率走势
资料来源：万得资讯，作者整理。

海外金融市场动荡，国内宽松货币政策迎来尾声，债市欲扬先抑

国内疫情防控十分有效，但海外疫情防控形势仍严峻。3月中下旬开始，美国新增确诊人数快速上行，疫情的蔓延加剧了海外投资者的恐慌情绪，美联储的紧急降息也没能改变美股四度触及熔断的困境。整个3月，标普500指数跌幅达到12.5%，而其上一次出现10%以上的单月跌幅还需追溯至2009年。美股市场动荡一度引发流动性危机，美国国债和黄金也受到牵连，10年期美国国债到期收益率由3月9日的低点0.54%攀升至3月18日的1.18%，同期，COMEX（纽约商业交易所）黄金也由1 680美元/盎司下跌至1 487美元/盎司。直至3月15日，美联储大幅降息100bp后，美国股市、债市和黄金市场快速下跌势头才得到扭转。在海外金融市场动荡之下，国内债市也难独善其身，10年期国债到期收益率由3月9日的低点2.52%反弹至3月18日的2.71%，之后随着海外金融市场的企稳而停止上行（见图9-6）。

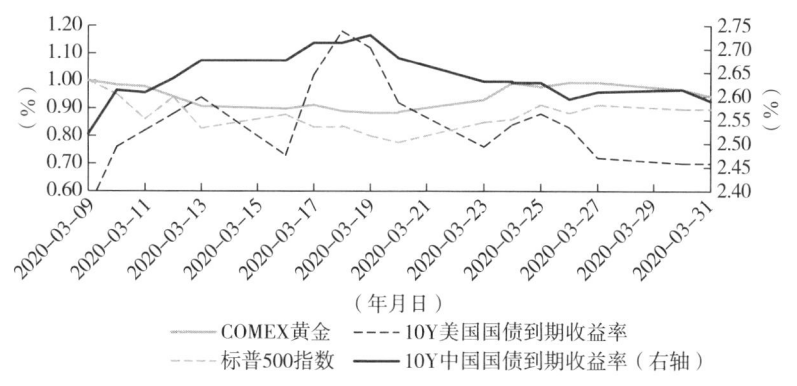

图9-6 受到海外金融市场动荡的影响，我国债券市场在3月9—18日出现调整

注：COMEX黄金和标普500指数以3月9日收盘价为基准。
资料来源：万得资讯，作者整理。

海外金融市场的震荡告一段落后，我国债市走势向基本面回归，在宽松货币政策加码、经济缓慢复苏的背景下，长端利率在3月再次迎来大幅下行，随后在4月转向震荡。

一方面，这一时期，国内货币政策保持了宽松的基调。央行于2020年3月16日实施普惠金融定向降准，对达到考核标准的银行定向降准0.5至1个百分点；对符合条件的股份制商业银行再额外定向降准1个百分点，支持发放普惠金融领域贷款。以上定向降准共释放长期资金5 500亿元。3月30日，央行重启逆回购操作并降息20bp。3月31日国务院常务会议部署进一步实施中小银行定向降准，4月3日定向降准落地，累计释放长期资金4 000亿元。央行决定自4月7日起将金融机构在央行的超额存款准备金率从0.72%下调至0.35%，被封存11年之久的超额存款准备金利率再度启动，市场对此超预期操作反应较大，并普遍将其解读为货币政策进一步宽松的信号，然而，从事后的角度看，这几乎是2020年宽松货币政策的尾声。4月15日，MLF利率下调20bp（见图9-7）。4月20日，1年期LPR利率跟随MLF下调20bp。在宽松货币政策的助力下，资金利率不断刷新历史新低，隔夜利率一度向下突破1%（见图9-8）。

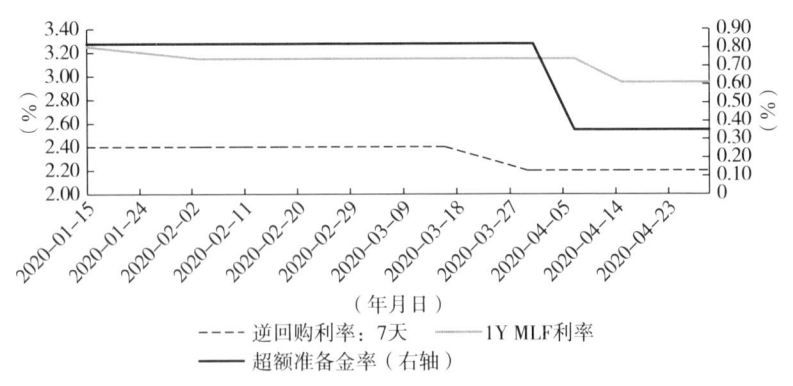

图9-7　2020年3—4月，货币政策依旧保持较为宽松的基调
资料来源：万得资讯，作者整理。

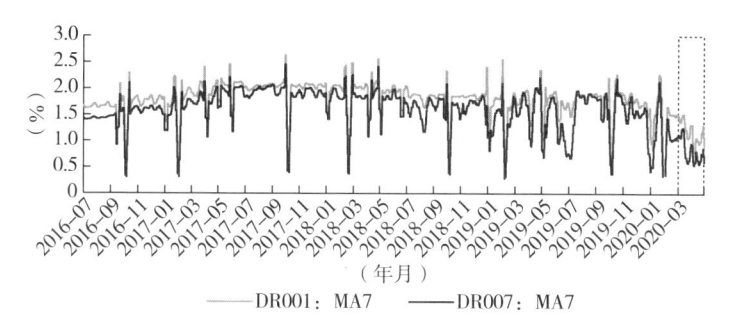

图9-8 2020年3—4月，资金利率触及历史低位

资料来源：万得资讯，作者整理。

另一方面，虽然国内有序推动复工复产，3月经济数据较前两月明显回升，但经济形势仍未彻底回暖，固定资产投资依旧延续负增长，消费的复苏之路则更为坎坷。因此，3月，经济的小幅好转没有改变基本面整体弱势和货币政策有望持续宽松的局面，利率处于低位的状态也难以快速逆转。直到4月，疫情对我国经济造成的影响进一步减弱，工业增加值和出口率先回正，经济回暖的趋势已经较为明确，基本面复苏对债市的扰动才逐渐显现，债市也在这一个月转为震荡（见图9-9）。

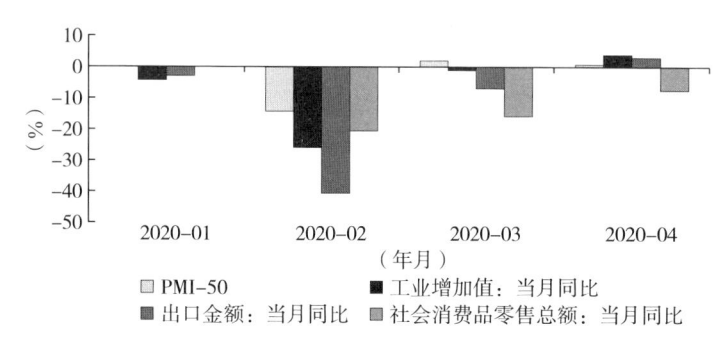

图9-9 2020年4月，出口和工业增加值率先回正，经济复苏的趋势更为明确

资料来源：万得资讯，作者整理。

第九章 2020年——新冠疫情与下半年政策回归正常化 241

2020年3月10日—4月30日的10年期国债到期收益率走势如图9-10所示。

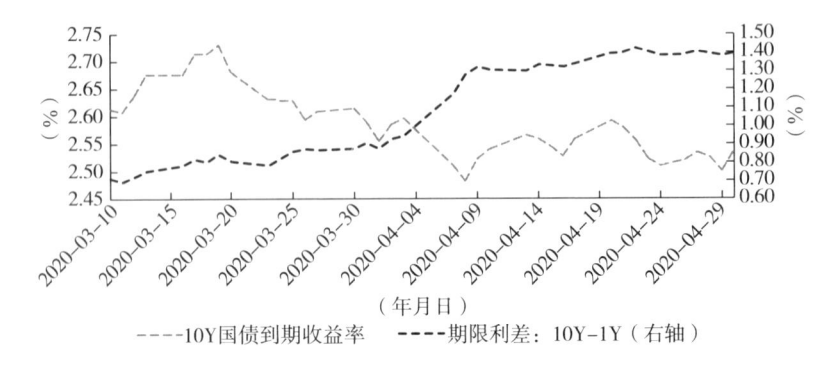

图9-10　2020年3月10日—4月30日10年期国债到期收益率走势
资料来源：万得资讯，作者整理。

经济加速修复，货币政策基调改变，债市转熊

2020年5—6月，债市的环境发生了3个重要改变。一是经济加速修复，基本面超预期复苏利空债市。第二季度经济增速由负转正，同比增长3.2%，略超市场预期，地产和基建投资维持强势，出口也频频交出超预期答卷。在经济数据各分项中，仅制造业投资和消费还保持负增长。除此之外，连续4月位于荣枯线以上的PMI和不断上行并接近13%的社融增速，都显示经济回暖对债市的利空已经愈发明显。长端利率虽屡屡出现小波折，但整体保持上行趋势（见图9-11）。

二是市场对于货币政策进一步宽松的预期瓦解，央行的政策重心悄然向宽信用转移。5月14日，2 000亿元的MLF到期，但央行并未续作，而是选择于当月16日新作1 000亿元的MLF并维持操作利率不变，MLF的缩量续作和降息预期落空均表明央行对于货币政策进一步宽松持谨慎态度，债市做多情绪也遭受扰动。6月，央行再度选择缩量平价续作MLF，债市波动随之加剧。连续两个月的缩

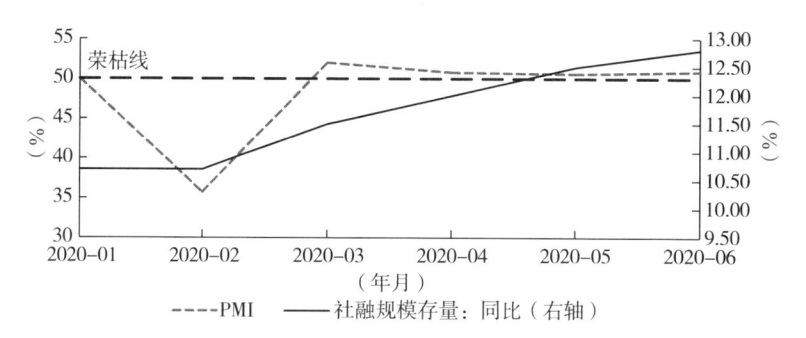

图9-11 PMI和社融均显示经济修复趋势明确

资料来源：万得资讯，作者整理。

量平价续作MLF，已经使市场对于宽货币政策的预期大幅降温。且6月之初，央行宣布创设两项直达实体经济的货币政策工具，市场普遍将其解读为货币政策转向宽信用的标志。同时，央行还加大了对于结构性存款的监管力度，6月开始，部分银行陆续收到了银保监会的窗口指导，要求规范结构性存款管理，继续压降结构性存款规模，在2020年9月30日前压降至年初规模，并在2020年12月31日前逐步压降至年初规模的2/3。银行间流动性分化因此加剧，DR007和R007的利差快速抬升，债市环境由顺风转为逆风（见图9-12）。

三是债券的供给压力在这一阶段显著上升。为响应5月底前发行完毕第三批新增专项债的要求，5月新增地方政府专项债发行规

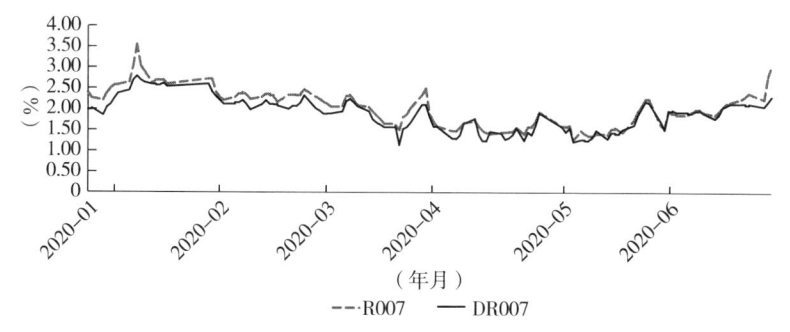

图9-12 货币政策转紧后，流动性告别极度宽松的状态

资料来源：万得资讯，作者整理。

模接近1万亿元，而6月15日，有报道称，1万亿元特别国债将全部采取市场化方式发行，而非沿用过去两次特别国债发行时的"定向+公开"的模式，超预期的发行方式对市场造成不小冲击，10年期国债活跃券当日上行6bp至2.8%。

2020年5月6日—6月30日的10年期国债到期收益率走势如图9-13所示。

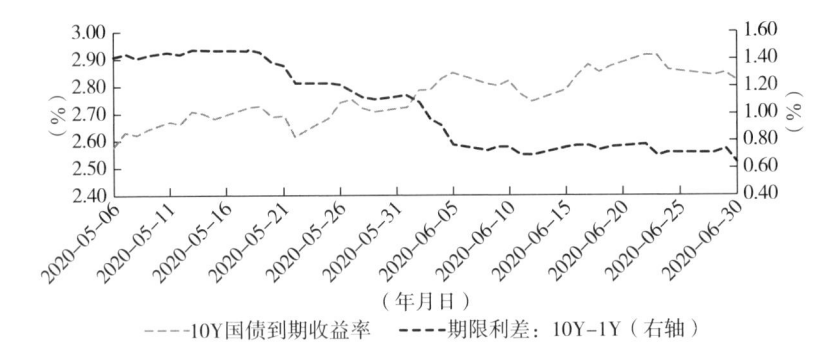

图9-13 2020年5月6日—6月30日10年期国债到期收益率走势
资料来源：万得资讯，作者整理。

股债跷跷板效应推动债市超跌后回调

7月，经济复苏的迹象更为明确，6月制造业PMI录得50.9%，较前值50.6%上行0.3个百分点，当月财新PMI更是录得58.4%，为2010年5月以来的最大值，房地产销售逆季节性的强劲表现也加强了市场对于经济复苏的信心。对经济的乐观预期带动投资者风险偏好大幅上行，上证指数在短短7个交易日内，便从7月1日的3 025点上涨至7月9日的3 345点。在强势的股市之下，股债跷跷板效应显著，长端利率快速抬升并突破3%。随着监管政策对于股市和楼市边际收紧的信号显现，7月10日上证指数由涨转跌，债市也止住颓势（见图9-14）。

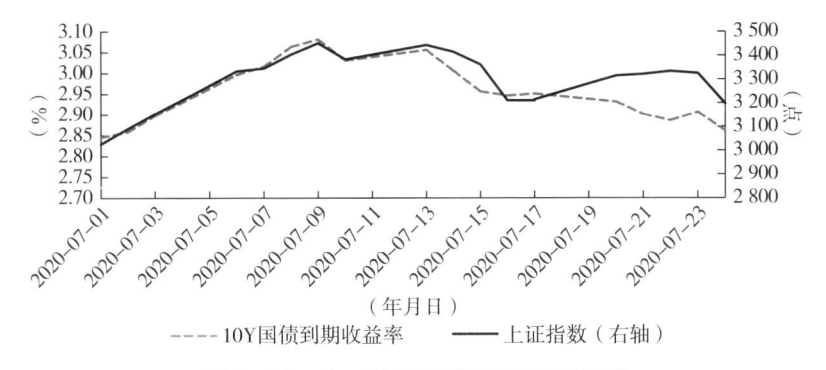

图 9-14　这一时期股债跷跷板效应显著
资料来源：万得资讯，作者整理。

进入 7 月中下旬，经历了暴跌的债券也逐渐显现配置价值，利率逐步从高点回落。同时，在央行预期引导和国际形势变化的影响下，债市的做多情绪有所回暖。一方面，6 月 29 日，学者余初心发文表示"市场机构还是需要正确认识特殊政策的阶段性特征"，这被市场普遍解读为央行对于货币政策由松转紧的预期引导；但另一方面，中美贸易摩擦逐渐升级，国际形势的变化也加剧了债市的做多热情。

2020 年 7 月 1 日—7 月 24 日的 10 年期国债到期收益率走势如图 9-15 所示。

图 9-15　2020 年 7 月 1 日—7 月 24 日 10 年期国债到期收益率走势
资料来源：万得资讯，作者整理。

第九章　2020 年——新冠疫情与下半年政策回归正常化　245

经济修复叠加资金面趋紧，长端利率震荡上行

这一阶段仿佛是2020年下半年债市的一个缩影，经济的持续复苏，以及央行货币政策转向后的流动性紧张成为这一时期债市最重要的两条主线，长端利率中枢也随之不断抬升。

1. 经济的持续复苏。2020年第三季度GDP同比增速录得4.9%，虽然略低于市场预期，但增速仍高于第一季度的-6.8%和第二季度的3.2%，经济的持续修复已是不争的事实，债市"易跌难涨"。

超预期的出口和地产投资成为支撑2020年我国经济回暖的重要因素。其一，受益于我国对疫情的快速控制，以及门类齐全、配套完备的制造业体系，我国出口增速自2020年下半年不断上行，并在当年11月突破20%。我国经济对外需较为依赖，出口增速的快速上行推升了工业增加值和工业企业利润水平，通胀也随之触底回升（见图9-16和图9-17）。其二，尽管全年房地产政策并未出现过大幅放松，且监管部门设置了"三道红线"以约束房企扩

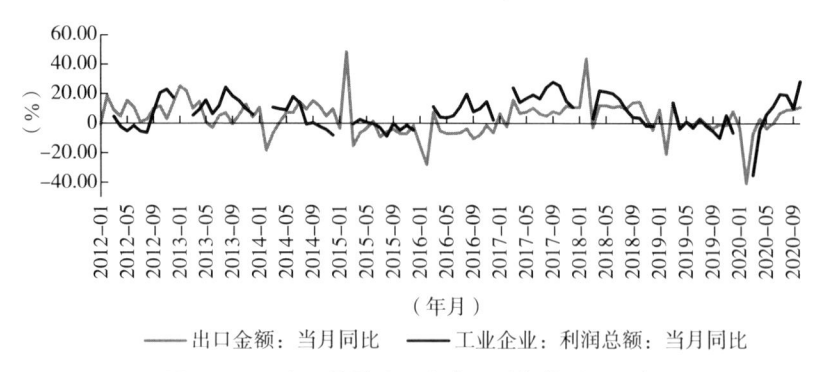

图9-16 出口是影响工业企业利润的重要因素

资料来源：万得资讯，作者整理。

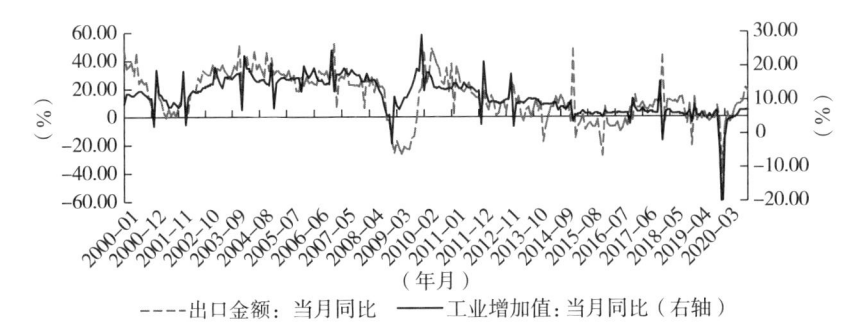

----出口金额：当月同比 ——工业增加值：当月同比（右轴）

图9-17 工业增加值的走势和出口增速较为一致

资料来源：万得资讯，作者整理。

张，但房地产行业依旧交出了高景气度的答卷，截至2020年11月，房地产投资累计同比增速达到6.8%，这已经是相当高的增长水平。

2. 货币政策由松转紧。（1）结构性存款持续压降。结构性存款下行的过程在这一时期进一步加速。2020年7—11月，结构性存款规模分别下降约0.65、0.75、0.45、1.00和0.48万亿元，截至11月底，结构性存款规模已经回落至7.5万亿元左右，较当年5月下降35%以上（见图9-18）。

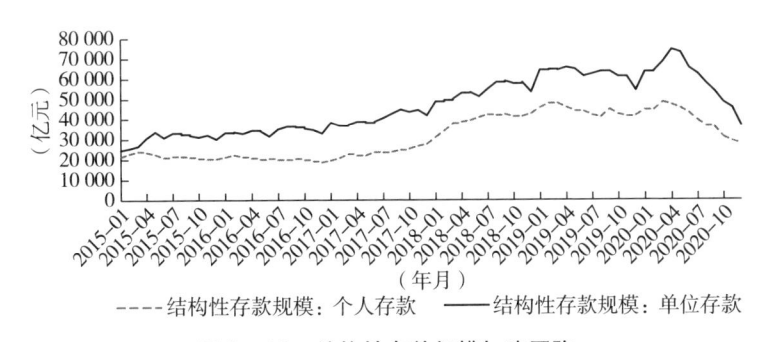

----结构性存款规模：个人存款 ——结构性存款规模：单位存款

图9-18 结构性存款规模加速压降

资料来源：万得资讯，作者整理。

第九章　2020年——新冠疫情与下半年政策回归正常化　247

（2）央行表态谨慎，流动性投放不改资金紧平衡。从央行的表态看，第二季度货币政策执行报告对后续经济增长的判断较为乐观，提出坚持总量政策适度，但在货币政策工具部分，表述为"综合运用并创新多种货币政策工具，保持流动性合理充裕"，删去了"总量政策工具"，预示央行可能会在总量层面操作更为保守。从流动性投放角度看，虽然在8月和9月，央行MLF续作量均高于市场预期，但资金面依旧保持偏紧平衡，在资金面大幅波动之下，短端利率快速上行。

（3）债券供给压力偏大。地方债和国债先后接力放量，债券供给压力使得债券市场草木皆兵。7月因为特别国债发行，地方债发行规模有所收缩，而在8月，为响应财政部"力争在10月前发行完毕专项债"的要求，地方债发行迎来2020年5月之后的第二个高峰，全月地方债发行规模高达1.2万亿元。进入9月，虽然地方债发行压力有所缓解，但国债发行迎来高峰期，9—11月，单月国债发行规模均在7 000亿元以上（见图9-19）。

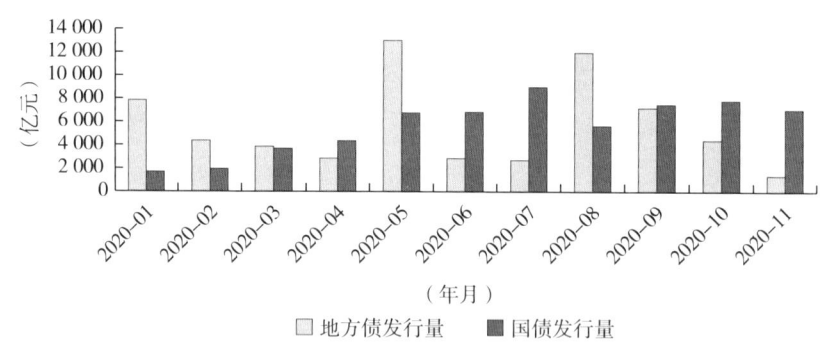

图9-19　地方债和国债均迎来发行高峰

资料来源：万得资讯，作者整理。

2020年7月25日—11月9日的10年期国债到期收益率走势如图9-20所示。

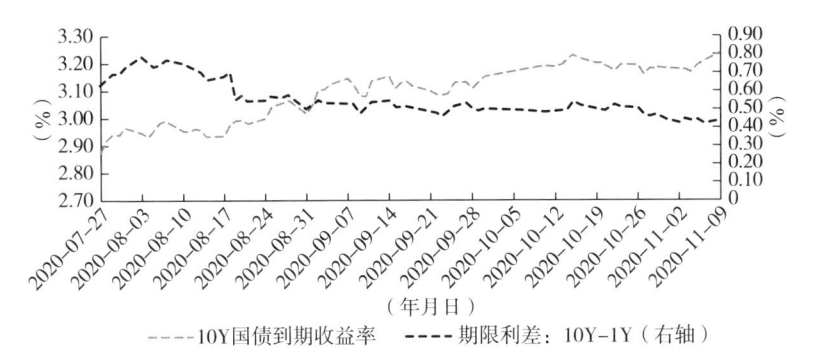

图9-20 2020年7月25日—11月9日10年期国债到期收益率走势
资料来源：万得资讯，作者整理。

信用事件突发，利率先上后下

2020年11月10日，永煤集团未能到期兑付"20永煤SCP003"到期应付本息，构成实质性违约。永煤集团违约，冲击了市场对于投资级债券的信心，突发信用事件也引发了相近类型信用债的抛售，抛售潮最终传递至利率债等流动性更高的品种，长端利率一路上行，并于11月19日突破3.35%。

为应对突发信用事件，有关部门选择"双管齐下"。一方面，央行加大公开市场流动性投放力度，并在11月16日已超额续作MLF的基础上，在11月30日超预期投放2 000亿元MLF，央行对流动性的呵护推动资金利率小幅回落，R007和DR007利差也有所收窄。另一方面，监管部门表示将加大对于类似违约事件的打击力度，11月21日，中央金融委员会提及"严厉处罚各种'逃废债'行为"，随后，永煤集团宣布先行兑付50%本金，债市情绪修复，长端利率也从高点逐步下行。

2020年11月10日—11月30日的10年期国债到期收益率走势如图9-21所示。

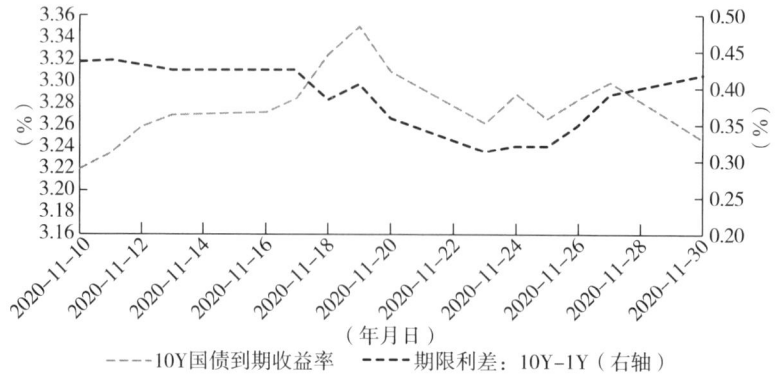

图9-21　2020年11月10日—11月30日10年期国债到期收益率走势
资料来源：万得资讯，作者整理。

流动性重回宽松，配置力量抢跑，利率小幅下行

经济复苏的趋势仍在延续，但市场对于基本面的修复已经具备较为充足的预期，加之长端利率的绝对点位已经偏高，因此，尽管11月的PMI和经济数据复苏成色十足，但在数据公布之时，债市均未出现明显波动。处于高位的利率对于流动性的宽松更为敏感。在经历永煤事件的冲击后，央行短期内依旧选择维护流动性的"合理充裕"以防止风险进一步蔓延，在11月底的超预期MLF落地以外，央行于12月15日投放9 500亿元的巨额MLF，同时，年末临近，央行加大逆回购投放力度以呵护资金面平稳运行。在央行种种宽松操作的共同助力下，12月，资金利率中枢较11月明显回落（年前一周因为跨年原因有所抬升）（见图9-22）。宽松的流动性也带动10年期国债到期收益率由3.30%附近回落至3.15%左右。在流动性保持宽松的环境下，短端利率下行动力更足，债市迎来牛陡行情。

中央经济工作会议上"不急转弯"的定调，在一定程度上也对债市形成利好。早在2020年7月，中央政治局会议便已提出"完善宏观调控跨周期设计和调节"。行至2020年第四季度，经济过热

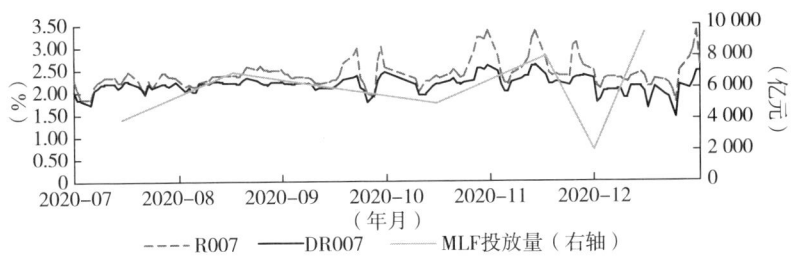

图9-22　12月，巨额MLF等宽松政策带动资金利率回落

资料来源：万得资讯，作者整理。

的现象已经逐渐明晰，监管部门对于逆周期调节的重视度不断提高，市场普遍预计2021年宏观政策可能有所收紧，但2020年年底的中央经济工作会议上明确指出"不急转弯，把握好政策时度效"，市场对于宽松政策的预期有所回暖，债市情绪也得到提振。

此外，在这一时期，利率的下行也离不开配置机构的提前抢跑。在永煤事件逐渐平息后，尽管长端利率有所回落，但3.15%以上的利率债依旧具备一定的吸引力，加之充裕的跨年流动性和友好的资金面对债市形成利好；受新冠病毒变异影响，避险情绪有所升温；新的一年将至，金融机构迎来新的考核时点，部分机构选择在年前"抢跑"、提前配置。

2020年12月1日—12月31日的10年期国债到期收益率走势如图9-23所示。

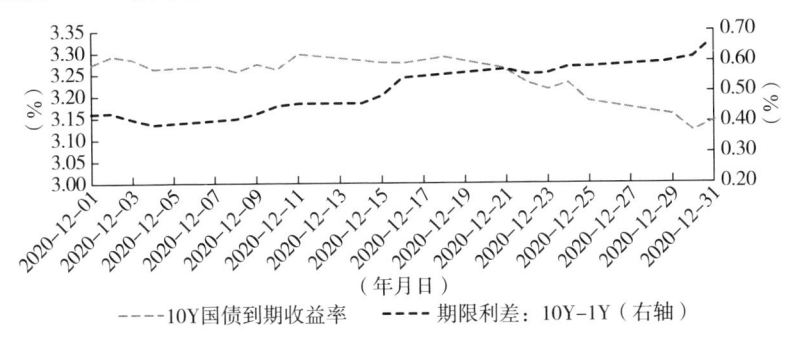

图9-23　2020年12月1日—12月31日10年期国债到期收益率走势

资料来源：万得资讯，作者整理。

第九章　2020年——新冠疫情与下半年政策回归正常化　251

第十章
2021年——"类滞胀"环境下的市场博弈

2021年，我国所处的宏观环境相对复杂，"类滞胀"是当年我国经济的重要主题，而稳中有松的货币政策和相对平稳的资金面决定了全年债市整体表现可能不会太差，债市也在震荡之中走出了牛市行情。全年债市走势大致分为4个阶段。第一阶段，年初到2月中旬，央行主动收紧流动性的意图逐渐显现，高杠杆环境下债市调整风险偏大，利率出现小幅上行。第二阶段，2月到8月，一开始央行并未实施过多的宽松政策，资金面整体保持稳定，利率在震荡之中缓慢下行。7月，央行超预期降准点燃了债市的做多热情，债市随即大幅走牛。第三阶段，8月到10月，通胀的风险在这一时期快速加剧，市场对于货币政策的预期也从宽货币转向了宽信用，债市处于逆风的环境之中。第四阶段，10月到年末，通胀逐渐降温，基本面虽然小幅回暖，但整体依旧偏弱，市场重燃对于宽货币的预期，加之又一次降准落地，债市再度走牛（见图10-1）。

总体来看，2021年的债券市场具备以下几点特征。第一，在地产驱动力减弱、原材料供给受限等多种不利因素的作用下，我国经济面临较为严峻的考验，第三季度经济明显转冷，第四季度经济也仅有小幅回暖，偏弱基本面之下，做多债市阻力整体偏低。第二，通胀迎来2000年以来的最高点，PPI增速一度突破两位数，通

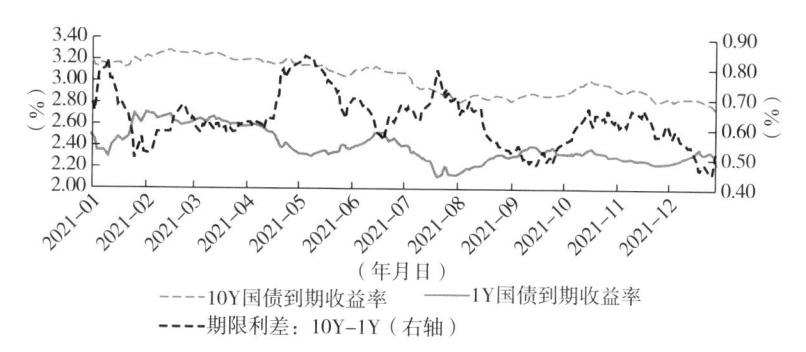

图 10-1　2021 年利率复盘：债市走势纠结，但牛市行情延续

资料来源：万得资讯，作者整理。

胀快速上行时期，债市也随之调整。第三，投资者对货币政策的预期在宽货币和宽信用之间反复切换，年中和年末的降准是明确宽货币的重要信号，降准落地前后，债市做多热情较为高涨。

2020 年年末行情延续，利率小幅下行

永煤事件后，央行维护流动性充裕的态度明确，在 2020 年 12 月超额 MLF 续作的共同助力下，宽松的流动性环境一直持续到 2021 年 1 月中旬，隔夜利率一度稳定在 1% 以下（见图 10-2）。此

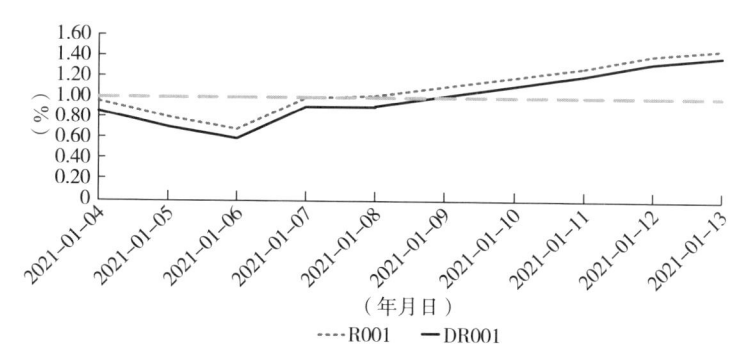

图 10-2　隔夜利率一度稳定在 1% 以下

资料来源：万得资讯，作者整理。

外，2020年12月的社融同比增速录得13.3%，较前值回落0.3个百分点，为连续第二个月环比下行，社融的拐点得到进一步确认（见图10-3）。社融见顶的信号增强了债市的做多热情，2020年12月以来的"小牛市"行情也在这一阶段得到延续。

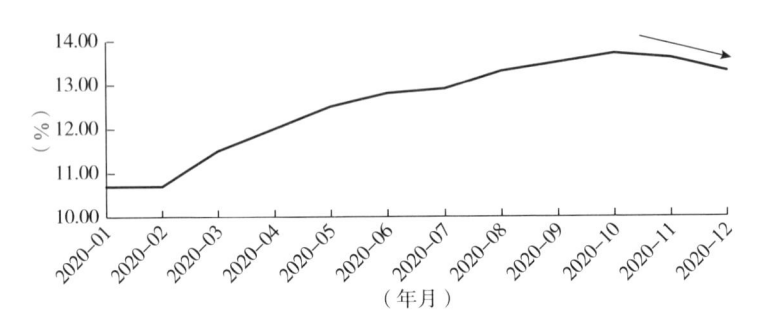

图10-3 社融增速见顶的信号进一步确认
资料来源：万得资讯，作者整理。

2021年1月1日—1月13日的10年期国债到期收益率走势如图10-4所示。

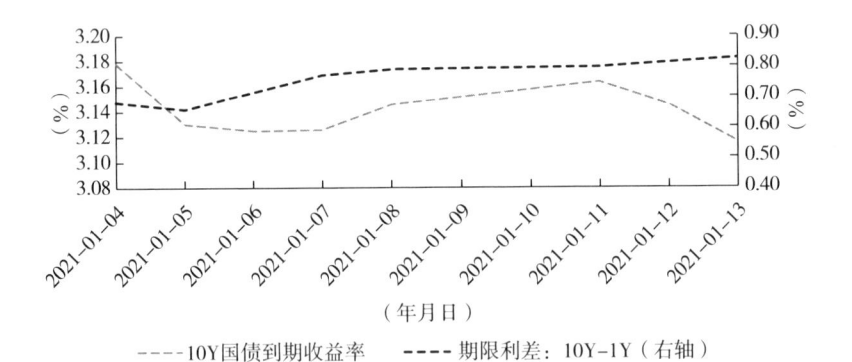

----- 10Y国债到期收益率　—— 期限利差：10Y-1Y（右轴）

图10-4 2021年1月1日—1月13日10年期国债到期收益率走势
资料来源：万得资讯，作者整理。

流动性收紧与杠杆去化共振，长端利率快速逼近3.3%

1月中下旬，流动性环境骤变。1月13日起，央行将逆回购投放量缩窄为20亿元，主动收紧流动性的意图已经有所显现，资金利率也随之逐步抬升。而春节前夕，央行更是仅通过规模偏低的逆回购方式补充流动性，春节前14天，7天逆回购和14天逆回购累计投放量分别仅为8 440亿和2 500亿元，远低于往年同期水平，且降准等总量型工具缺位（见图10-5）。市场对流动性较为悲观，长端利率也随之快速调整。

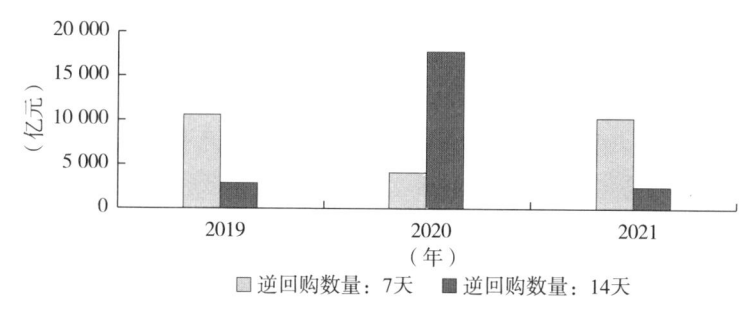

图10-5 2021年春节前夕，逆回购投放量低于2019年和2020年同期水平，且2021年总量型工具缺位

注：春节前夕是指除夕假期前14天。
资料来源：万得资讯，作者整理。

在前期流动性较为宽松的阶段，债市已经形成较高的杠杆。以回购成交量作为简单的债市杠杆衡量指标，可以发现，2020年11月末超预期MLF落地以来，银行间质押式回购规模从2020年11月下旬的3.5万亿元左右快速上行至2020年12月下旬的4.5万亿元左右，高杠杆的现象一直持续到2021年1月上旬，而随着资金利率告别极低水平，债市杠杆也快速回落，整个2月，质押式回购成交规模基本维持在2.0万亿~3.5万亿元区间（见

图 10-6），因此，流动性骤变之后，债市杠杆快速去化，加剧了利率的上行压力，10 年期国债到期收益率在 2 月 18 日一度逼近 3.30%。

2021 年 1 月 14 日—2 月 18 日的 10 年期国债到期收益率走势如图 10-7 所示。

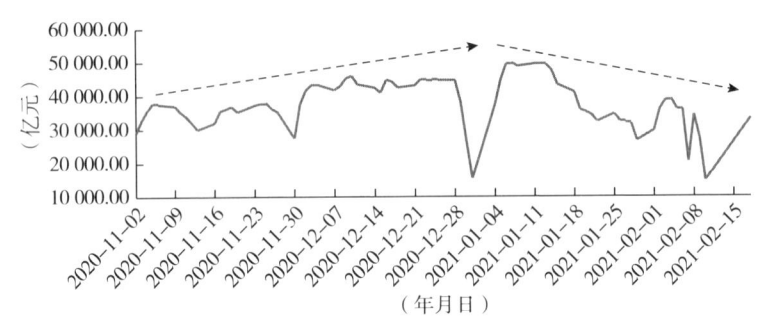

图 10-6 质押式回购规模快速下行

资料来源：万得资讯，作者整理。

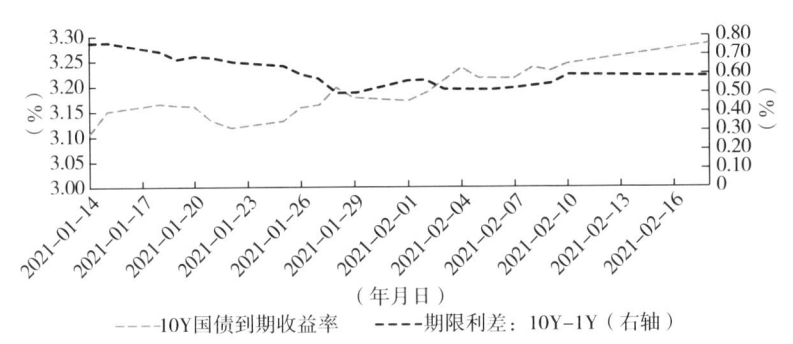

图 10-7 2021 年 1 月 14 日—2 月 18 日 10 年期国债到期收益率走势

资料来源：万得资讯，作者整理。

债市环境趋于稳定，慢牛开启

从 2 月末到 5 月末，宏观环境并未发生剧烈变化，在对基本面复苏较为钝化、资金利率保持稳定、"资产荒"与机构欠配压力抬头等多因素作用下,债市迎来慢牛行情。

1. 基本面持续修复,但债市对其逐渐钝化。在这一时期,经济强势的劲头仍在延续,出口等分项的表现频频超出市场预期,但市场对于2021年经济的"前高后低"已经形成较为一致的共识。且社融回落的速度有所加快,到2021年5月,社融同比增速已下行至11%,社融触顶后加速回落强化了市场对于下半年经济可能遇冷的预期。因此,尽管经济数据表现亮眼,但对债市的影响更多体现为数据超预期时的短期扰动,在市场对于下半年经济回落预期较强的背景下,基本面的复苏并非这一时期债市的主要矛盾。

2. 政策"不急转弯",资金面利率保持稳定。2020年年底以来,中央经济工作会议等一系列重要会议均强调政策"不急转弯"。《2021年国务院政府工作报告》延续了前一年中央经济工作会议的基调,强调货币政策保持稳健取向,流动性保持合理充裕,且当年4月的中央政治局会议提到"经济恢复不均衡、基础不稳固",并再次强调"不急转弯",市场对于流动性大幅收紧的担忧有所缓解。

此外,债券供给压力也较2020年高峰时期明显减弱。整个2021年上半年地方债发行规模均偏低,即使是供给压力较大的5月,新增地方债发行规模也不足6 000亿元,远不能与2020年5月的10 398亿元或2020年8月的9 208亿元相提并论。当市场对于货币政策维持偏宽松基调的预期逐渐稳定且债券供给压力可控时,资金利率波动就显著降低。尽管在3月到5月,央行每日仅开展100亿元逆回购操作,但资金利率基本保持稳定。除跨季、跨月等重要时点外,资金利率大部分时间均保持在公开市场操作利率之下(见图10-8)。

3. 债市陷入"资产荒"。在经历3月中上旬的快速下挫后,上证指数一度跌破2 700点,投资者对处于低位的A股较为谨慎,加之社融和贷款增速逐渐下行,以银行为代表的配置力量转向债市。但自2020年8月"三道红线"出台,房企融资规模不断收缩(见图10-9),且上半年地方债供给有限。投资者对优质资产需求的提升和所能配置资产选择的收缩矛盾较大,"资产荒"的压力在这一阶段不断加剧,因而债市对利多较为钝化,长端利率震荡下行。

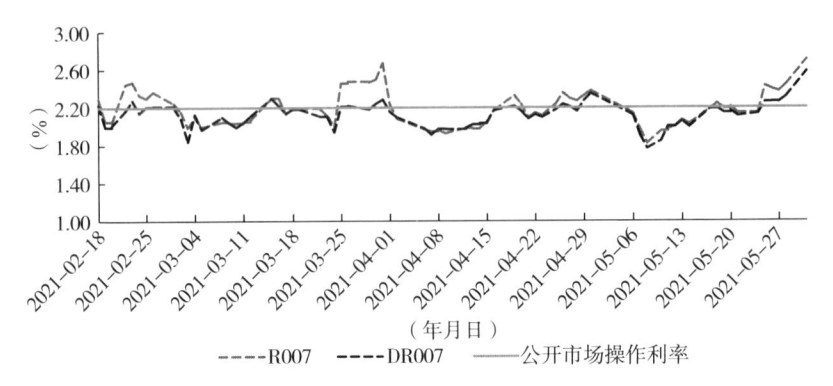

图10-8 除跨季、跨月等重要时点外,2—5月,R007大部分时间均保持在公开市场操作利率之下

资料来源:万得资讯,作者整理。

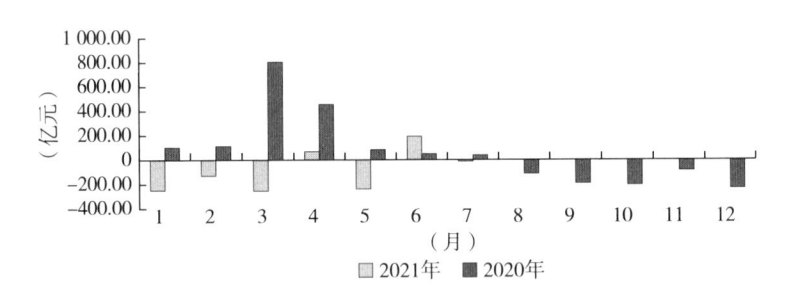

图10-9 "三道红线"出台以来,房企融资规模不断收缩

资料来源:万得资讯,作者整理。

2021年2月19日—5月31日的10年期国债到期收益率走势如图10-10所示。

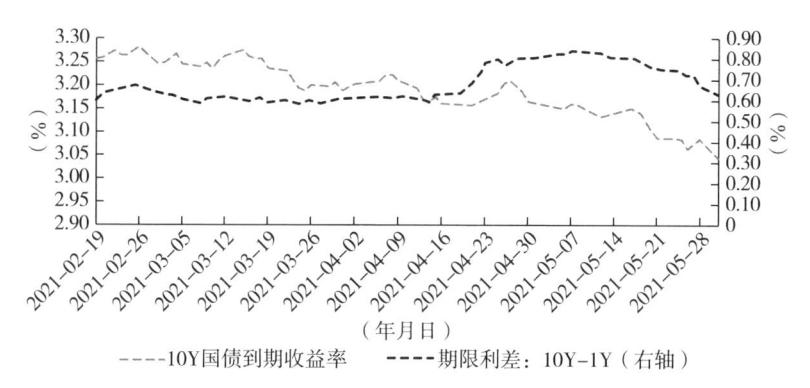

图 10-10　2021 年 2 月 19 日—5 月 31 日 10 年期国债到期收益率走势
资料来源：万得资讯，作者整理。

资金波动加剧，债市有所调整

相对宽松的资金面是支撑债市在 2—5 月走牛的重要原因，随着资金利率的波动在 6 月初加剧，债市也迎来一波快速调整。尽管在跨月结束之后，资金利率有所回落，但资金利率基本保持在公开市场操作利率之上，资金面宽松程度不及 3、4、5 月同期水平。市场对于后续流动性走势开始产生分歧，10 年期国债到期收益率也在 6 月中上旬突破 3.10%。

2021 年 6 月 1 日—6 月 17 日的 10 年期国债到期收益率走势如图 10-11 所示。

全面降准点燃债市做多热情

随着 6 月末的临近，资金压力进一步加大，央行于 6 月 24 日—30 日连续开展 300 亿元逆回购操作，这也是 3 月以来，央行首次在公开市场实现净投放。逆回购的放量缓解了市场对于流动性大幅收紧的担忧，因此，尽管跨半年时点前，资金利率仍处于高位，但债市

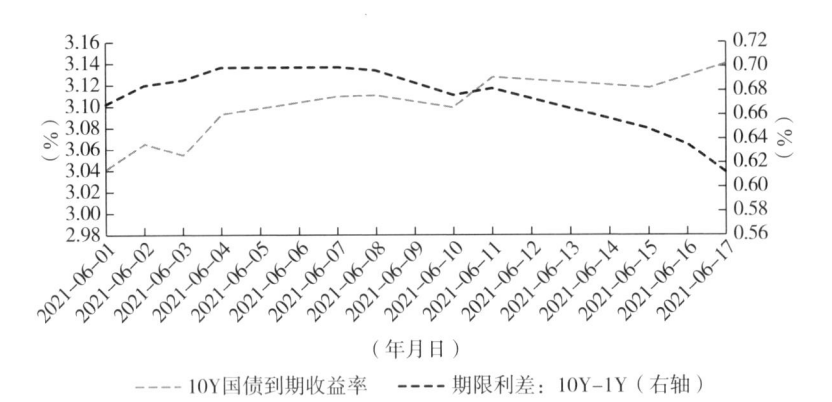

---- 10Y国债到期收益率　──── 期限利差：10Y-1Y（右轴）

图10-11　2021年6月1日—6月17日10年期
国债到期收益率走势

资料来源：万得资讯，作者整理。

已经止住跌势并小幅反弹。

7月7日的国务院常务会议是债市的重要转折点，会议提到"要在坚持不搞大水漫灌的基础上，保持货币政策稳定性、增强有效性，适时运用降准等货币政策工具"，超预期的降准预告点燃了债市的做多热情，长端利率开始加速下行。7月9日，央行宣布于当月15日全面降准0.5个百分点，降准是全面降准而非定向降准，也在一定程度上超出了市场预期。7月底的中央政治局会议再提"国内经济恢复仍然不稳固、不均衡""稳健的货币政策要保持流动性合理充裕"。超预期的降准和中央政治局会议略显宽松的表态合力推升市场对于宽货币政策的预期，长端利率的下行趋势一直持续到了8月上旬。

2021年6月18日—8月5日的10年期国债到期收益率走势如图10-12所示。

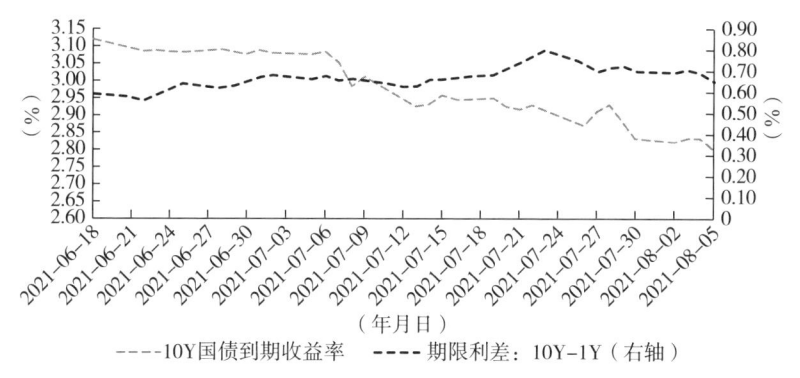

图 10-12　2021 年 6 月 18 日—8 月 5 日 10 年期国债到期收益率走势
资料来源：万得资讯，作者整理。

政策预期从宽货币转向宽信用，债市震荡上行

部分投资者认为，7 月的超预期降准只是宽货币政策的第一步，其他政策可能陆续接力，但有关部门相对谨慎的表态逐渐打破了投资者对宽货币的预期。8 月 9 日，央行发布《2021 年第二季度中国货币政策执行报告》，其中，国内通胀上行压力被反复提及，央行表示"从宏观上看我国利率总体处于合理水平……与国际相比较，目前我国利率水平虽比主要发达经济体略高一些，但在发展中国家和新兴经济体中相对较低"。此外，在下一阶段的货币政策工具部分，"降准"未被提及。加之当月 MLF 虽有超额续作，但利率按兵不动，市场对于降准、降息的预期快速降温。

此时，政策重心开始悄然向宽信用转移。7 月，信贷表现疲态再现，当月住户部门中长贷同比少增 2 093 亿元，企业部门中长贷同比少增 1 031 亿元，实体经济融资需求延续回落趋势。弱信用引发了政策的微妙变化，央行于 8 月 23 日组织召开信贷形势分析座谈会，提及加大信贷对实体经济的支持力度。座谈会之后，宽信用政策快速落地，9 月 9 日，央行宣布新增 3 000 亿元支小再贷款额度，宽信用预期逐渐发酵。

2021年8月6日—9月22日的10年期国债到期收益率走势如图10-13所示。

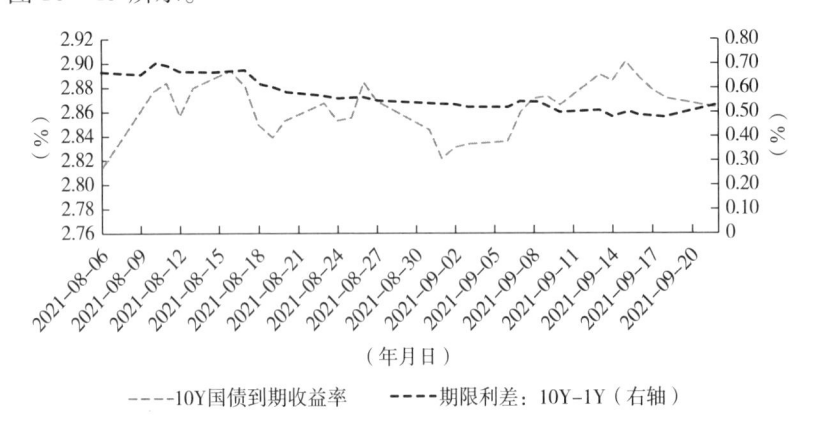

图10-13　2021年8月6日—9月22日10年期国债到期收益率走势
资料来源：万得资讯，作者整理。

通胀风险加剧，流动性压力增大，债市加速调整

通胀风险是这一时期市场的重要主线之一。8月17日，发展改革委办公厅发布《2021年上半年各地区能耗双控目标完成情况晴雨表》，表示10个省能耗强度降低率未达进度，9个省（区）能耗强度不降反升。为实现能耗双控目标，多地限制煤电、石化、化工、钢铁、有色金属冶炼、建材等高耗能、高排放项目的生产。供给的收缩推升了国内大宗商品价格，动力煤等商品期货价格从8月中下旬开始便逐渐抬升。进入9月，商品价格上涨的压力更为严峻，9月22日—10月18日，动力煤期货涨幅超过70%，PPI增速也随之突破两位数（见图10-14）。

同时，流动性的压力和降准预期的破灭加剧了债市的调整。一方面，7月30日中央政治局会议明确提出合理把握预算内投资和地

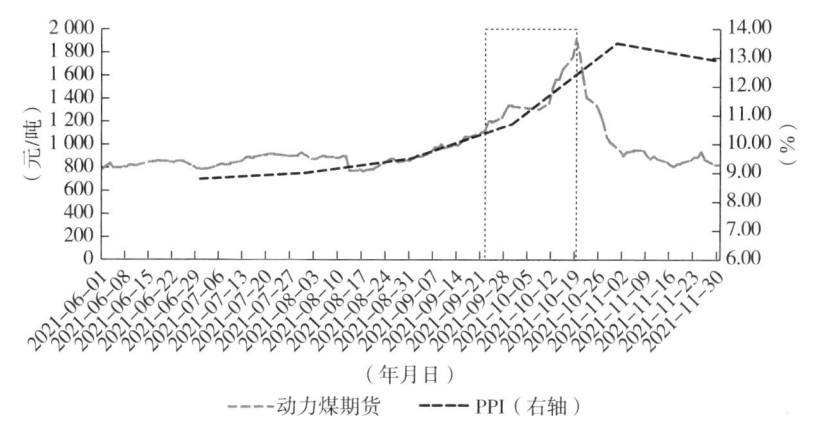

图 10－14　商品价格的快速上行推升了通胀压力

资料来源：万得资讯，作者整理。

方政府债券发行进度后，地方债发行开始提速，9—10月，新增地方债发行规模分别达到5 716亿元和6 145亿元；另一方面，9月17日央行重启14天逆回购，连续10个工作日维持14天逆回购投放，这导致10月逆回购到期压力偏大，债券供给的提速和逆回购的到期压力对10月的流动性形成一定扰动。而随着十一假期结束之前国务院常务会议和央行都没有提及降准工具，市场的降准预期也有所淡化，债市情绪也转冷。10月15日央行延续等额续作MLF，降准预期彻底落空，长端利率再度向上突破3.0%。

2021年9月23日—10月18日的10年期国债到期收益率走势如图10－15所示。

通胀降温，基本面偏弱，宽松预期带动利率下行

通胀的降温助力了债市的走牛。在经历了10月的商品价格大涨之后，监管部门对于商品市场的炒作乱象频频出击，10月19日，国家发改委组织召开能源保供工作机制煤炭专题座谈会，明确将充

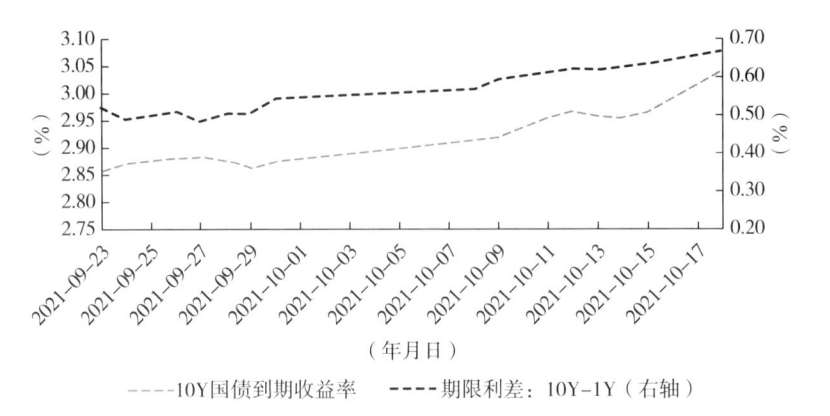

图 10-15 2021年9月23日—10月18日10年期国债到期收益率走势
资料来源：万得资讯，作者整理。

分运用《价格法》规定的一切必要手段，研究对煤炭价格进行干预的具体措施。郑商所也随即宣布对动力煤期货的涨跌停板幅度等做出调整，煤炭系商品全线暴跌。到11月，动力煤期货价格已经回落至900元/吨以下，基本接近8月暴涨前的水平。尽管10月的PPI增速再度走高，但市场普遍预计PPI同比增速或已见顶，通胀对债市的压制逐步减弱。

经济下行的压力也在这一时期集中体现。10月18日，我国第三季度经济数据发布，在限电限产、商品房销售延续回落等不利因素冲击下，GDP增速略低于市场预期，经济动能再度趋弱，且"类滞胀"的特征更为显著。第四季度经济虽有小幅回暖，但市场较为关注的地产和消费对经济仍有较强的拖累作用，且冬季疫情在部分省市防控难度加大。在基本面偏弱的压力下，债市并不逆风。

经济动能的减弱驱动货币政策再度迈向宽松。11月初，央行提前加大逆回购投放力度以弥补流动性缺口，当月中下旬发布的第三季度货币政策执行报告中则删除了"不搞大水漫灌"和"管好货币总闸门"的表述，市场对于宽货币的预期再度升温。且宽货币的预期快速兑现，12月6日，央行宣布将于当月15日全面降准

0.5个百分点。从预期到降准政策落地，市场快速交易了宽货币预期，10年期国债到期收益率重返2.8%附近后保持震荡。12月24日，央行召开货币政策委员会第四季度例会，强调货币政策"更加主动有为"，并提及"发挥好货币政策工具总量和结构双重功能"，市场宽货币预期再起，长端利率也在年末再次迎来下行。

2021年10月19日—12月31日的10年期国债到期收益率走势如图10-16所示。

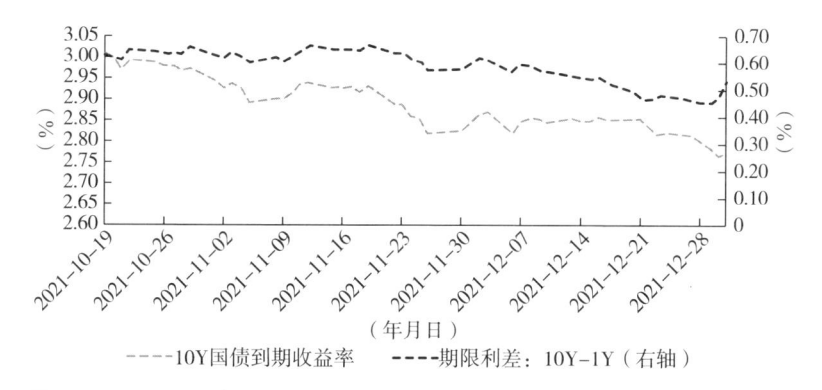

图10-16　2021年10月19日—12月31日10年期国债到期收益率走势
资料来源：万得资讯，作者整理。

第十一章
2022年——疫情扰动、地产收紧与理财市场波动

2022年债券市场整体呈现窄幅波动的特征，核心逻辑是宽货币和宽信用反复博弈。2022年债券市场面临疫情扰动下的经济波折复苏，资金面持续宽松，海外货币政策收紧制约国内货币宽松空间，宽信用政策频出并逐步起效的环境。8月以前，鉴于散点疫情扰动下经济增速低于潜在增速、资金利率持续低于政策利率运行，10年期国债到期收益率始终以1年期MLF利率为顶。由于宽信用政策频出并带动信贷投放脉冲式增长，10年期国债到期收益率下行有限，始终未能突破2020年低点。8月意外降息后，10年期国债到期收益率迅速下行，同时宽信用政策进一步发力，资金利率逐步向政策利率收敛，10年期国债到期收益率又很快震荡回升。11月以后，资金面收紧、宽信用预期升温、债基和理财赎回潮导致利率迅速调整，地产政策连续扩容、防疫政策优化，10年期国债到期收益率创下年内高点。

总体来看，2022年债券市场包括以下几个特征。第一，在内外均衡、以我为主的稳健基调下，货币政策总量宽松相对克制，结构性政策工具成为贯穿全年的主要发力点，对债市支撑相对有限。美联储加息后中美利差持续深度倒挂，汇率承压且美元兑人民币中

间价一度突破7.2的关口。尽管国内的有效需求尚未完全恢复，宽货币发力的必要性抬升，但内外均衡目标以及新一轮猪周期主导的结构性通胀风险限制了总量宽货币的空间，货币政策倾向于通过结构性工具加大对薄弱领域的支持。第二，信贷供给侧政策发力难以拉动较为疲软的需求侧，货币市场流动性在宽松和紧缩之间反复。4月、7月以及12月的两轮资金利率中枢下行均是宽货币发力主导，而观察信贷需求端，企业中长贷需求在稳增长加力的背景下恢复较好，但居民端的信贷需求始终没有明显起色，流动性市场供需变化引起的资金面波动多数由供给侧主导。第三，债市对基本面利多钝化局面逐步形成且难以打破。11月防疫优化措施落地后，尽管11月、12月的经济数据走低，但市场交易"强预期"、忽视"弱现实"，长端利率在年底前上升到年内高点。总体而言，2022年的债牛多数是由资金面和政策面利多引起，基本面因子权重相对减弱（见图11-1）。

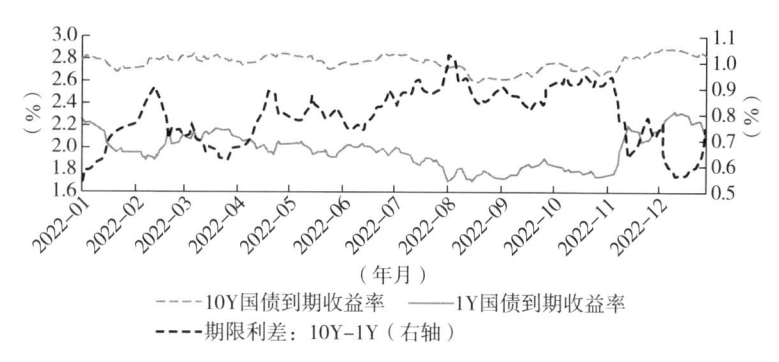

图 11-1 2022年利率复盘：宽货币和宽信用反复博弈
资料来源：万得资讯，作者整理。

意外降息与宽信用预期修正下的V型走势

随着2021年12月15日50bp的降准落地，市场对于短期内宽货币接续发力的预期有所消退。一方面，2021年12月8日—10日召开的中央经济工作会议对宏观政策定调为宽财政和稳货币，要求财政政策"积极"且"提升效能"，要求货币政策"稳健"和"灵活适度"，并没有释放明确的增量宽货币信号。另一方面，货币政策委员会2021年第四季度例会中对于次年货币政策实施的表述更加偏向结构性，提到结构性货币政策工具做加法，并明确要求落实好碳减排支持工具和支持煤炭清洁高效利用专项再贷款两项工具。总体而言，市场明确央行总量工具实施层面偏稳健的作风，短期宽货币缺位的预期下10年期国债到期收益率在1月前3个交易日抬升至2.8205%。

在2021年12月金融数据落地前，市场提前交易金融数据偏弱的预期，10年期国债到期收益率在数据落地前便抢跑，小幅走牛。12月社融增速小幅回升至10.3%，但新增中长贷仍较2020年同期同比少增近3 000亿元（见图11-2）。撇开基数效应来看，2021年年底疫情防控压力对于企业生产和融资安排的扰动是企业端中长贷需求结构性走弱的主要原因。此外，高频数据显示2021年年末—2022年年初30个大中城市商品房成交面积显著低于往年同期水准（见图11-3）。弱信用+弱地产的环境整体利多债市，10年期国债利率在1月MLF操作落地前呈现温和走低的趋势。

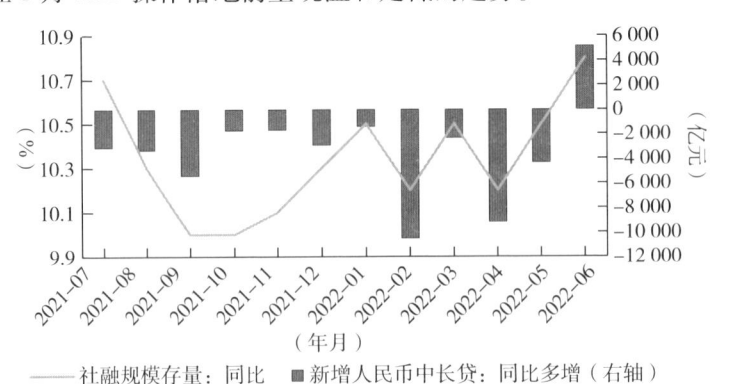

图11-2 2021年12月金融数据整体偏弱

资料来源：万得资讯，作者整理。

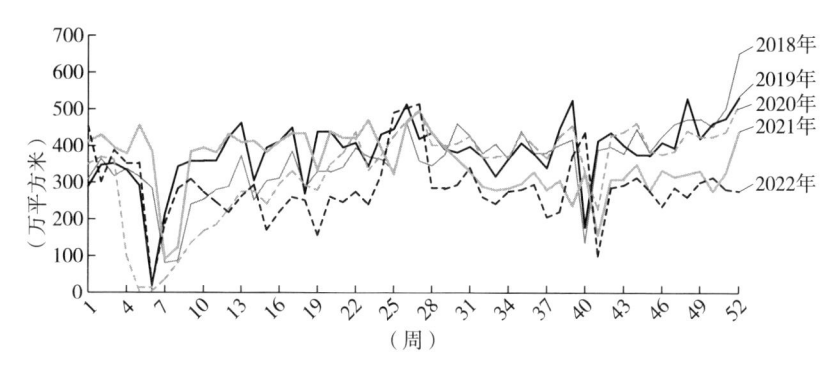

图11-3　2021年年末—2022年年初，30个大中城市商品房成交面积逊于往年同期

资料来源：万得资讯，作者整理。

1月17日MLF超预期降息带来了2022年债市第一波趋势性走牛行情。2021年年末各部委会议对于次年降成本、宽信用的政策目标表态相对明确，而当年12月虽然MLF并未调降，但1年期LPR报价仍独自下调了5bp，宽信用政策靠前发力意图相对明显。历史上降准后接连降息的案例较少，而上次降准接连降息发生在新冠疫情初起阶段（见图11-4）。2022年年初的经济环境显然好于疫情初起阶段，因而1月17日的MLF超额续作和降息属于预期外的利好。1月17—24日，10年期国债到期收益率从2.786%下行至

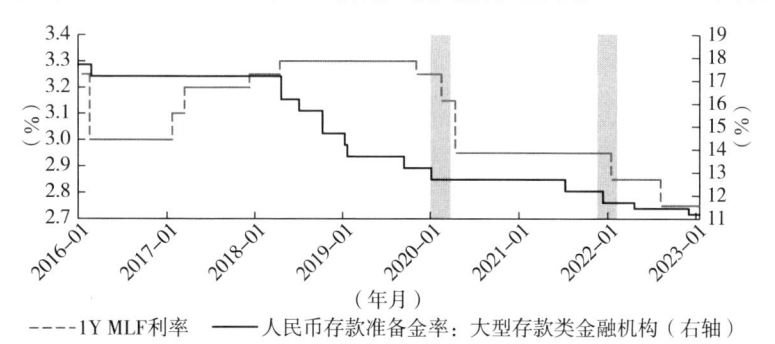

图11-4　历史上MLF降息接续降准的情况较少

资料来源：万得资讯，作者整理。

2.6751%，在这一轮降息行情中的降幅高达11bp。

稳增长、宽货币政策接续发力下，需求修复逐渐在数据层面得到验证，债市也在预期修正下迎来了一轮回调。1月降息后的债牛行情中长债利率一度接近历史低位，与MLF利率的利差也充分交易了年初的政策端利好。1月25日开始，止盈情绪逐步蔓延，利率触底反弹。而随着1月基本面数据逐步公布，市场开始交易稳增长政策显效预期，而1月修复较好的社融增速使得市场对于宽信用预期向好修正，10年期国债到期收益率进一步上台阶。进入2月，房地产市场利好加速了债市调整，当时菏泽、赣州、重庆等地打响了"一城一策"支持房地产行业第一枪，而后全国各大城市纷纷效仿，推出的地方地产支持政策包括但不限于降低首付比、降低房贷利率、降低公积金贷款利率、解除限购限售、发放购房补贴等。总而言之，1月25日—2月21日的走熊行情主要由基本面和政策面预期修正驱动，10年期国债到期收益率回升至降息前水准。

2022年1月4日—2月21日的10年期国债到期收益率走势如图11-5所示。

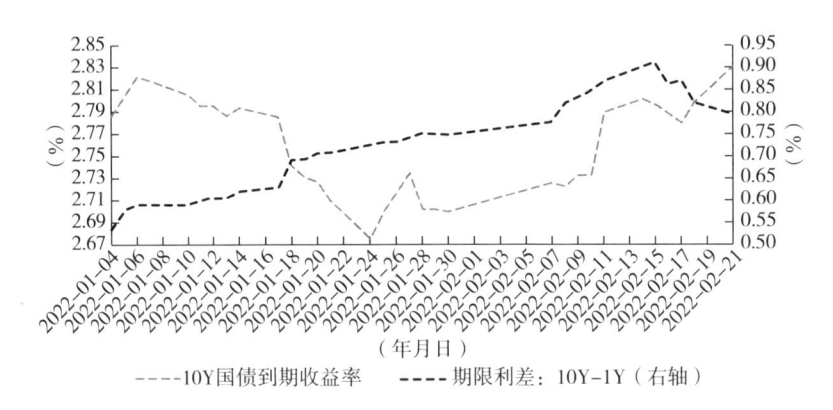

图11-5 2022年1月4日—2月21日10年期国债利到期收益率走势
资料来源：万得资讯，作者整理。

多空交织下的宽幅震荡

随着俄乌冲突显性化，市场风险偏好回落，但股市冲击引起"固收+"赎回潮，连带债市走熊，10年期国债到期收益率呈现U型调整。2月中旬俄乌冲突逐步深化，但当时市场主流观点并未预料到两国的局势恶化，恶化后资本市场风险偏好明显下行，短暂形成股弱债强的局面，10年期国债到期收益率从2月22日下行至最低2.775%。然而债市并没有就此全面转牛，随着避险情绪上升，权益市场也遭受较大冲击，"固收+"产品遭遇较大的赎回压力。为应对赎回潮，机构不得已优先抛售流动性较好的利率债，使得债市被动走熊。进入3月，10年期国债到期收益率震荡抬升至2.85%的MLF锚位（见图11-6）。

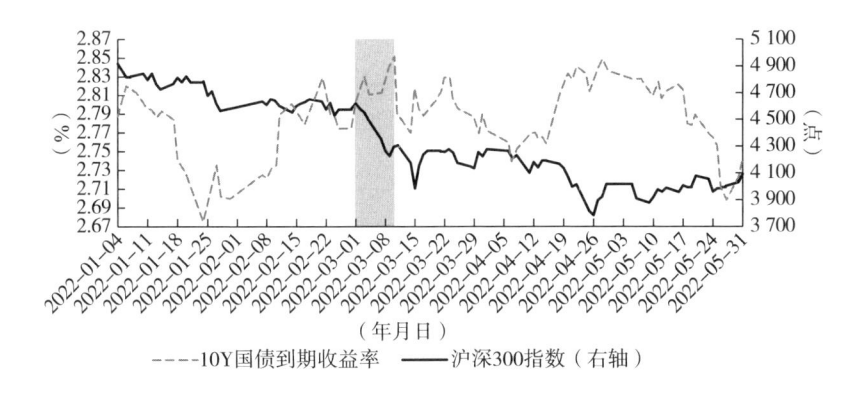

图11-6 "固收+"赎回潮冲击下，债市被动走熊

资料来源：万得资讯，作者整理。

3月中旬基本面预期经历反转，长债利率再度呈现U型调整。2月金融数据公布，社融同比回落至10.2%，中长贷同比少增高达10 520亿元，大超市场预期。市场判断宽信用目标短期难以实现，快速交易了一波利好，10年期国债到期收益率从3月10日的

2.85%回落至3月14日的2.76%。然而15日公布的2月经济数据大幅好于市场预期，在2021年同期两年平均增速8.1%的高基数下，2022年1—2月规模以上工业增加值仍然同比增长7.5%，前期稳增长政策成效显著。在政府购买增加的背景下，当年零售消费迎来开门红，1—2月社会消费品零售总额同比增长6.7%。在固定资产投资方面，制造业、基建和地产均有亮眼之处，因而偏弱的金融数据带来基本面的利多情绪在经济数据公布后反转，叠加两会对于全年稳增长增量政策的部署，以及美联储开启加息周期的预期兑现，10年期国债利率持续震荡回升至2.83%附近。

公开市场操作放量而资金面企稳，3月下旬债市小幅走牛。随着3月底疫情防控难度加大，市场避险情绪进一步走高。为应对疫情冲击、对冲季末流动性收紧压力以及稳定市场情绪，央行在3月25日放量7天逆回购至1 000亿元，而后进一步放量至1 500亿元，资金利率也出现了中枢下行的趋势。在疫情对基本面有所影响而资金面转向宽松的环境下，债市迎来了一波小牛市，10年期国债到期收益率在3月23日—30日持续回落，最低下行至2.79%附近（见图11－7）。

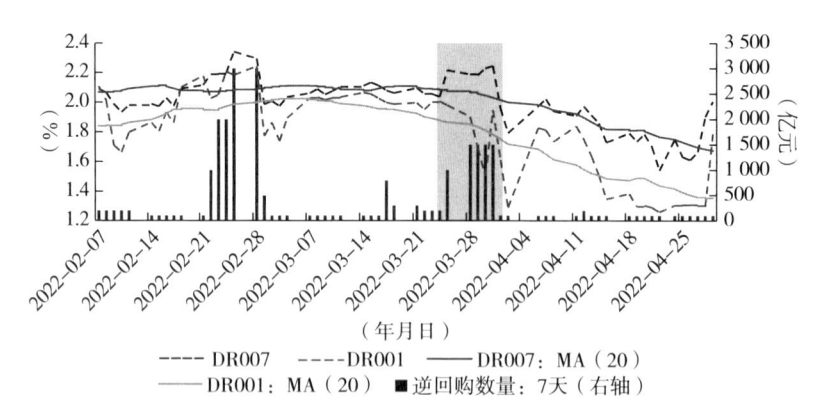

图11－7　随着3月底公开市场操作放量，资金利率中枢逐渐出现下行的趋势

资料来源：万得资讯，作者整理。

2022年2月22日—3月31日的10年期国债到期收益率走势如图11-8所示。

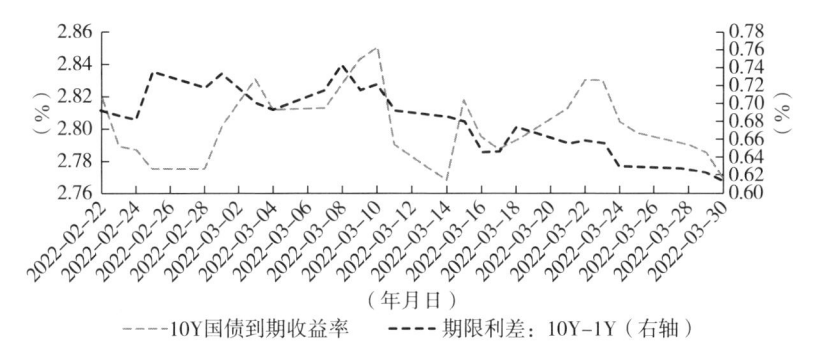

图11-8 2022年2月22日—3月31日10年期国债到期收益率走势
资料来源：万得资讯，作者整理。

宽货币力度不及预期，基本面利多钝化引起的债熊

进入4月，疫情对我国经济的影响显性化，但10年期国债到期收益率相对分位较低，市场情绪比较纠结。4月上旬10年期国债到期收益率中枢在2.75%附近，距离当时2.85%的MLF利率锚位已有10bp左右的利差，同时处于历史相对低位，因而市场对于利率后续做多的安全边际存在疑问，4月1日—14日的10年期国债到期收益率在2.74%~2.77%窄幅震荡。

降准幅度不及预期引发做空情绪，4月中旬债市宽幅走熊。4月13日召开的国务院常务会议上提到"适时运用降准等货币政策工具"，市场对于当月降准公告落地有一定预期。由于历史上降准大多以50bp作为单次幅度，因而4月15日央行公告25bp的全面降准幅度后债市并未出现大幅走牛的迹象，同时在利多出尽的预期影响下，长债利率在16—20日持续走高，一度回升至2.83%附近。与此同时，3月偏弱的基本面数据也在这一时段落地，但债市对于降准落地后短期宽货币向宽信用、宽财政让位的预期较为笃定，对于基本面利多持续钝化。

基本面利多钝化局面持续，4月下旬长债利率维持高位震荡的走势。随着宽货币利多出尽的情绪进一步发酵，10年期国债到期收益率升至2.8%以上并持续弱势震荡。4月下旬国内疫情防控难度仍较大，而在前期降准、央行上缴利润提供的基础货币增量影响下，资金面中枢下行的趋势愈发显著，但是市场在政策面的悲观预期影响下游移不定，10年期国债到期收益率震荡走高并最高上行至2.8486%，相当接近当时2.85%的MLF锚位。

2022年4月1日—4月29日的10年期国债到期收益率走势如图11-9所示。

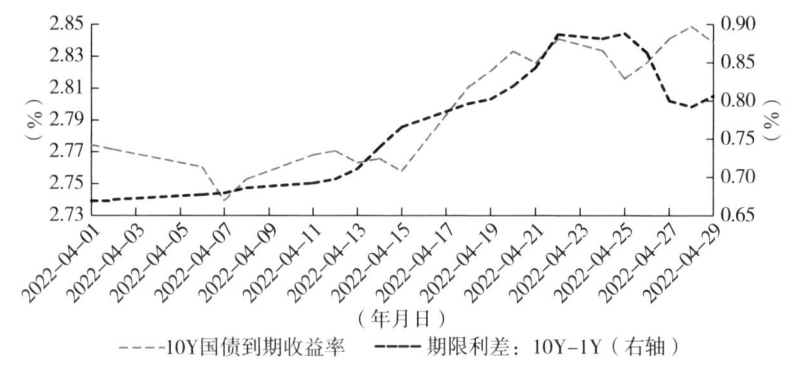

图11-9 2022年4月1日—4月29日10年期国债到期收益率走势
资料来源：万得资讯，作者整理。

资金面大幅偏离政策利率，长债利率强势震荡

资金面大幅宽松而防疫形势转好，长债利率高位震荡而短债利率下行更多。进入5月，基本面预期边际改善。此外，市场对于财政部发行特别国债应对疫情影响存在一定预期，因而债市情绪整体

偏悲观。然而在前期宽货币落地的背景下狭义流动性市场供给相对充裕，同时由于实体经济受挫，私人部门有效融资需求走低，进而形成流动性供大于求的局面。大量资金停留在银行间资金体系而未流向实体经济，同时长债利率高位震荡而套息策略收益显著高于拉长久期，债市杠杆高增（见图11-10）。5月MLF并未降息，但是5年期LPR在缺乏政策利率指导的情况下单独调降了15bp。前期存款利率报价机制改革引起了存款利率下调，叠加降准、上缴利润等宽货币工具发力，商业银行负债成本有效降低，进而传导至LPR报价端。这一非对称调整的目的也在于"缩短放长"，调整短端利率过快走低的同时压降长端利率。对于债市，LPR调降是宽信用进程的重要一环，但是事后来看，需求端乏力主导了2022年全年的弱信用格局，债市也并未因为LPR的调降而转向悲观。

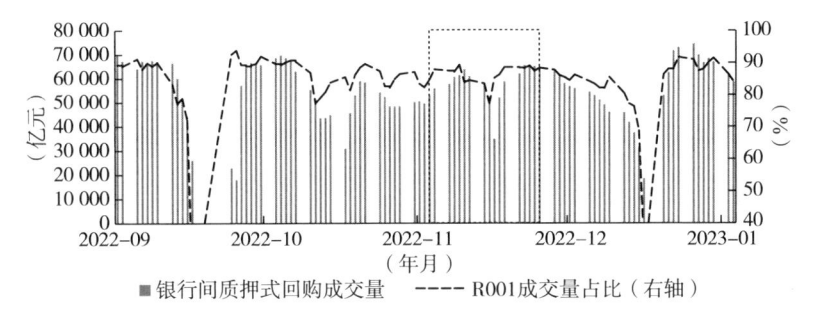

图11-10 5月资金面大幅宽松影响下债市杠杆抬升
资料来源：万得资讯，作者整理。

特别国债发行等稳增长政策预期落空，10年期国债到期收益率"补涨"。5月下旬随着4月各项经济基本面数据落地，市场对于第二季度经济增速的预期向下修正，进而对全年5.5%的经济增速目标的实现较为悲观。而无论是5月23日国务院常务会议提出的6方面33项稳经济一揽子措施，还是5月25日国务院召开的全国稳住经济大盘电视电话会议，都未提及特别国债的发行计划，并且确认不会更改全年赤字目标。此外，会议对于后续稳增长财政政策的表述更偏向于结构性政策。而在全国稳住经济大盘电视电话会议上，第二季度经济增速的预期被下修为维持正增长。随着基本面预期下修，长债利率终于打破了对基本面利多钝化的局面，21—27日迎来了快速下行的"补涨"行情，从2.790%下行约10bp至2.697%。

2022年5月5日—5月27日的10年期国债到期收益率走势如图11-11所示。

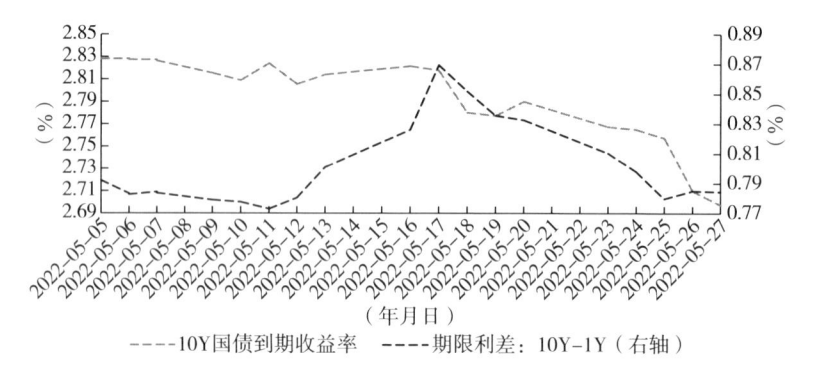

图11-11 2022年5月5日—5月27日10年期国债到期收益率走势
资料来源：万得资讯，作者整理。

复工潮下基本面修复预期回升，而资金利率二度探底，债市倒U型调整

5月PMI好转，基本面预期修正。5月PMI回升至49.6，虽然尚未回到荣枯线，但也印证了疫情对经济的负面影响已经减弱。随着基本面修正预期对债市的利空凸显，6月第一周10年期国债到期收益率快速上行至2.77%附近。此外，融资需求回暖滞后实体经济景气度修复，因而资金面供大于求的格局尚未改变，资金利率仍然

大幅偏离政策利率，6月第二周10年期国债到期收益率维持在2.76%附近小幅震荡。

局部疫情扰动尚存，基本面修复得到数据层面验证，而资金面季节性收紧等因素的多空交织下债市震荡走熊。6月中旬，5月金融数据落地，总量好转而结构偏弱，总体而言并未超出市场预期，但利率经历了一轮小幅下行。当月美联储加息幅度扩大至75bp，一方面我国债市主线始终是国内基本面，另一方面美国滞胀预期之下中美利差倒挂引起的资金外流压力有所减轻，加息当日债市不跌反涨。6月末随着跨季时点临近，资金面出现明显收紧的迹象，央行加大了公开市场操作投放量以对冲，但并未遏制资金利率的脉冲式上行压力。市场预期第二季度经济受疫情影响较大，为弥补经济缺口会上调赤字率或增发特别国债。资金面收紧叠加特别国债发行预期再起，10年期国债到期收益率加大抬升斜率，7月4日达到2.8445%的阶段性高点，相当接近2.85%的MLF锚位。

7月，一些楼盘的业主断供房贷，对市场有所影响。购房者对于开发商的信心和购置新房的意愿进一步下降，再次削弱了新房市场需求。7月地产销售金额和销售面积分别同比下滑28.2%和28.9%，降幅较上月均有所扩大。7月底，政治局会议指出，要"压实地方政府责任，保交楼、稳民生"，从中央到地方，"保交楼"政策被迅速提上日程。

房贷断供风波持续发酵，散点疫情扰动再起、宽财政预期落空，长债利率下行后企稳。阶段性利空出尽后，7月11日起长债迎来一波小幅牛市行情，10年期国债到期收益率从2.84%回落至最低2.76%。该轮行情的驱动因素主要有4点，一是房贷断供事件；二是在7月MLF等额平价续作和7月中旬逆回购增量投放下，资金面宽松预期得以延续；三是增量财政政策预期落空使市场重新对下半年经济增速进行评估；四是局部城市的疫情防控压力使基本面偏弱修复逻辑强化。7月底，美联储宣布7月延续加息75bp，市场预期后续中美利差倒挂将加深，但10年期国债到期收益率并未受到显著冲击。总体而言，在下半年经济增速预期修正、资金面宽松预期延续等因素驱动下，长债利率宽幅下行后企稳，月底在2.78%附近小幅震荡。

2022年5月30日—7月29日的10年期国债到期收益率走势如图11-12所示。

图11-12　2022年5月30日—7月29日10年期国债到期收益率走势
资料来源：万得资讯，作者整理。

8月意外降息主导的债牛

7月基本面数据修复不及预期叠加资金面大幅宽松，长债利率二度下行。8月初债市交易主线仍是基本面预期下修和资金面预期的变化，长债震荡偏强运行。8月第一周，在7月PMI读数偏弱的影响下，市场对于年内经济弱复苏的预期加深，叠加海外地缘政治形势动荡、局部地区疫情反复，长债利率以下行为主。此外，资金面持续宽松，跨过月末时点后资金利率总体持续下行，隔夜利率跌破1%，收益率曲线牛陡化。8月第二周，市场对央行积极干预债市杠杆与引导资金面收敛的预期升温，短债利率有所上行，但7月通胀数据和金融数据不及预期等因素支撑长端利率震荡走强。总体来看，7月经济数据指向基本面修复斜率放缓支撑长债利率下行，但资金面收敛预期升温下短债出现一定调整。2022年全年资金面经历两轮下台阶，见图11-13。

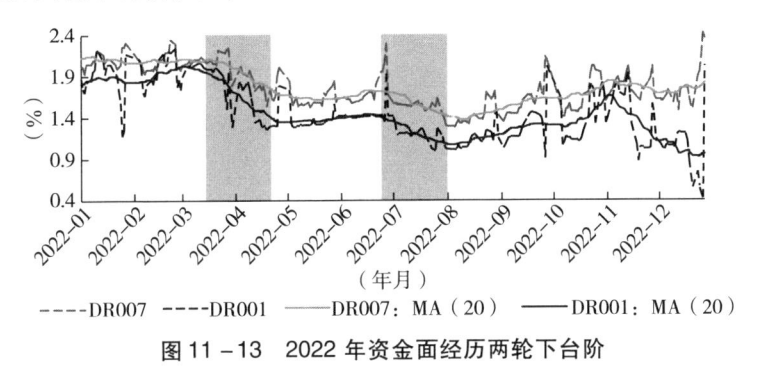

图11-13 2022年资金面经历两轮下台阶

降息后的做多情绪爆发，长端利率宽幅下行。8月中旬，债市聚焦于MLF和公开市场操作利率的超预期降息、缩量MLF续作后资金面的调整等因素。当时市场对于降息几乎没有任何预期，一方面资金利率已经接近历史新低，另一方面疫情虽然对经济数据有所影响，但相较于第二季度的程度轻。8月MLF降息展示了央行对于宽货币支持经济修复的积极性，后续价格型政策工具箱打开，因而各期限品种利率在降息当日均大幅下行。MLF缩量回收流动性后央行对资金利率与政策利率利差收缩引导能力提升，短债利率在降息隔日便进入调整阶段，而长债利率则延续了下行趋势。此外，超预期降息后踏空者较多，同时市场不确定本轮利率底部，担忧10年期国债到期收益率继续下行的空间偏窄，进而将30年期超长债作为10年期长债的"平替"追捧，超长债表现较好。该阶段10年期国债到期收益率最低下行至2.58%，是2020年5月以来的历史低位。

宽财政预期发酵而止盈心态蔓延，但局部地区疫情仍存在，长债利率回升后震荡。8月下旬债市聚焦稳增长发力动向，叠加前期利率快速下行后债市止盈心态蔓延，长债利率出现调整。7月信贷需求偏弱，8月LPR随着MLF降息实现了非对称下调，宽信用预期有所发酵。在8月PMI读数略好于市场预期，8月24日的国务院常务会议稳增长接续政策部署，地方政府"保交楼"措施出台等基本面和政策面的因素下长债承压。此外，在MLF缩量续作影响下隔夜和7天资金利率明显上行，短债调整幅度更大，收益率曲线平坦化，但长债利率走势纠结。

2022年8月1日—9月6日的10年期国债到期收益率走势如图11-14所示。

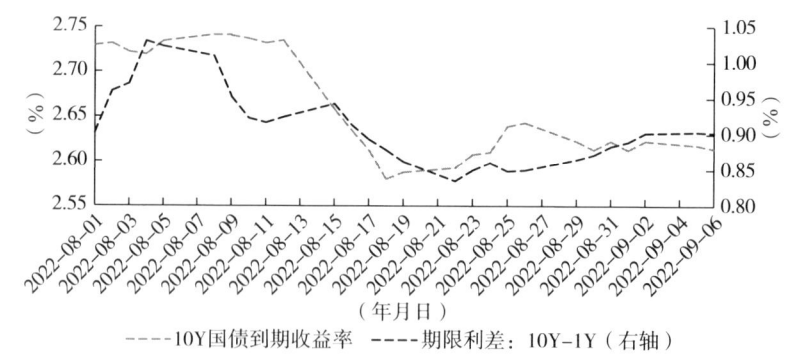

图11-14 2022年8月1日—9月6日10年期国债到期收益率走势
资料来源：万得资讯，作者整理。

资金面收敛叠加汇率波动，利率倒U型调整

8月基本面数据整体好转，MLF连续缩量，叠加宽地产预期发酵，长债利率延续调整。9月第二周开始进入8月数据密集发布期，债市聚焦8月宽信用和基本面修复情况。一方面，8月出口数据不及预期，但债市没有明显围绕该信息定价，可见债市围绕偏弱基本

面的交易逻辑或已出现变化。而8月企业端信贷需求修复显著，经济数据总量改善，基本面层面增量利多不明。另一方面，9月中旬离岸美元兑人民币破"7"，美元强势的背景下人民币汇率承压，央行货币政策空间受限。9月MLF再缩量但未再降息，连续两月MLF缩量下资金面收紧预期升温。此外，9月下旬地方宽松地产政策频出，央行也在9月底推出了阶段性差别化房贷利率政策、下调个人首套房公积金贷款利率等总量宽地产工具，高频数据显示超一线城市地产销售有所回暖，宽地产预期进一步发酵。在基本面转好、汇率承压限制政策空间和地产松绑力度加大之下，9月长债利率持续调整，震荡回升至最高2.76%。

汇率边际企稳而宽货币预期回温（见图11-15），10月中下旬开始长债利率回落。进入10月，债市面临的矛盾主要有三个，一是中美利差倒挂下人民币汇率持续承压，二是资金面收紧压力仍未消除，三是央行宽货币态度不明朗，而不可能三角下人民币贬值压力对货币政策宽松力度的压制也加剧了债市的不稳预期，因而十一假期后长债利率延续了调整的趋势。10月央行针对5 000亿元的MLF到期量选择了等额平价的续作方式，一方面结

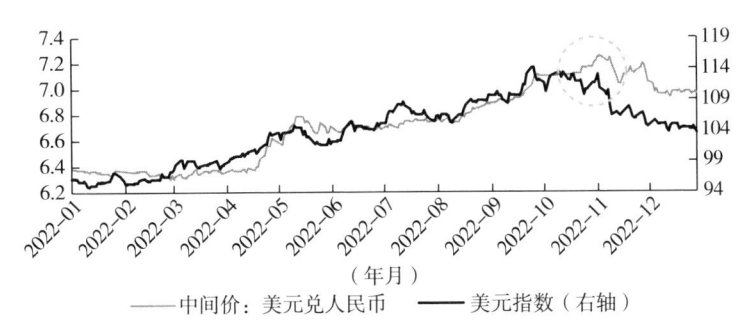

图11-15 2022年人民币汇率贬值的拐点出现在10月末

资料来源：万得资讯，作者整理。

束了8月以来的缩量续作方式，体现了呵护银行间流动性合理充裕的态度，另一方面并未采取降准置换MLF的方式，市场对于增量宽货币的预期落空，因而17—21日10年期国债到期收益率延续了走高的趋势。9月的经济数据延迟到10月24日公布，市场有一定预期，叠加月底汇率企稳而股市大幅走弱，长债利率在10月最后一周大幅走牛。

2022年9月7日—10月31日的10年期国债到期收益率走势如图11-16所示。

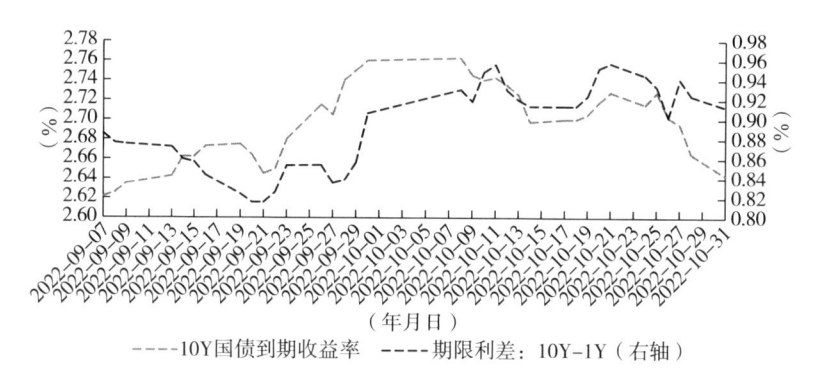

图11-16　2022年9月7日—10月31日10年期国债到期收益率走势
资料来源：万得资讯，作者整理。

疫情防控优化措施落地，长债利率迎来中枢上行

权益市场走强主导了11月第一波震荡熊市。10月不及预期的PMI数据落地后债市仅在当天交易了这波利好，而11月第一天市场风险偏好快速回升，在股债跷跷板效应下11月第一周长债利率稳步抬升，多数时段日增幅度在2bp附近。除股强债弱的因素外，11月2日时任央行行长易纲在《建设现代中央银行制度》一文中提到"管好货币总闸门，实施正常的货币政策"，进一步限制了市场对于增量宽货币的预期，"正常的货币政策"表述也标志着货币

政策从危机模式转向常态模式。总体而言，在11月中旬的熊市到来之前，债市情绪已部分转向悲观。

三重利空因素冲击，债市迎来年内最大单日跌幅。11月中旬债市经历了2022年全年规模最大的一场熊市，随着"第二支箭"工具扩容、房地产"金融16条"等政策影响下，基本面加速修复与宽地产预期全面发酵，叠加资金面快速收紧，11月14日债市经历了罕见大幅调整。利率债市场的悲观行情引起理财和债基产品净值波动，大量赎回下债市迎来第二轮大跌。然而在央行呵护流动性市场的预期下，资金面边际转松，债市情绪在11月17日显著好转。总体而言，在偏弱基本面等既定的中期看多逻辑发生扭转，而宽地产和紧资金的利空消息下，债市情绪较为混乱，对政策面的利空和利多消息均高度敏感。总结来看，10年期国债到期收益率在14日当天抬升10bp后转而围绕2.83%的点位宽幅震荡。

降准预期兑现但难改债市颓势。11月下旬债市在基本面强预期的主导下情绪持续悲观，在11月21日的全国性商业银行信贷工作座谈会上，"用好政策性开发性金融工具，扩大中长期贷款投放""因城施策实施好差别化住房信贷政策，支持刚性和改善性住房需求"的表述被提及，宽信用、宽地产预期进一步发酵。在11月23日国务院常务会议的新闻通稿中，适时运用降准工具被再次提及，叠加月末央行大幅放量公开市场操作的行为，宽货币发力的预期回温，但随着降准公告落地，25bp的幅度给市场浇了一盆冷水，叠加资金面的紧张态势，10年期国债到期收益率中枢继续抬升。

2022年11月1日—11月30日的10年期国债到期收益率走势如图11-17所示。

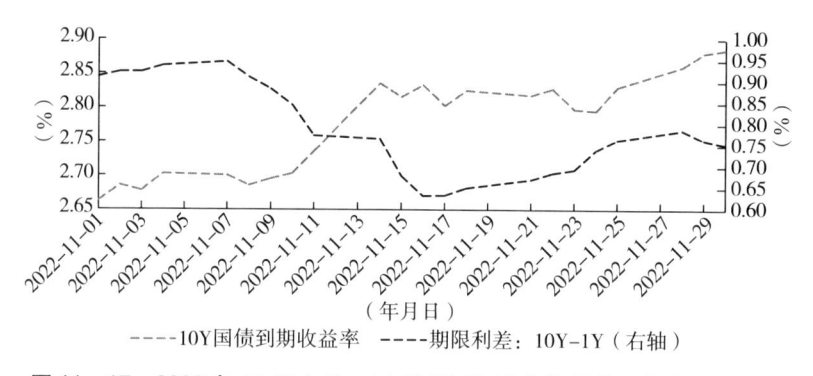

图 11-17　2022 年 11 月 1 日—11 月 30 日 10 年期国债到期收益率走势
资料来源：万得资讯，作者整理。

隔夜利率下破新低，疫情防控优化措施落地后 10 年期国债到期收益率触顶回落

疫情防控优化措施落地叠加理财市场再现大量赎回，月初长债利率继续冲高。伴随线下消费场所和企业经营生产的有序恢复，市场进一步交易后续经济修复斜率抬升的预期。同一阶段，由于信用债市场宽幅调整，理财市场再现大量赎回，而流动性较好的利率债成为机构应对赎回压力抛售的主要品种。双重压力下长债利率在 12 月 1 日—6 日持续走高，最高上行至 2.915 2%，相当接近年内高点。

MLF 超额平价续作，隔夜利率和 7 天利率走势分化，长债利率回落。两次大量赎回冲击叠加年末资金积极性收紧压力抬升，央行提前重启 14 天逆回购来对冲流动性市场波动，短端资金利率边际企稳回落，而隔夜利率出现了显著的中枢下行，一度突破年内低点。考虑到理财赎回潮下退出理财市场的资金实质上仍在存款体系中，因而资金面波动更多的是源于投资者恐慌心态以及季节性因素，而非短端流动性"缺水"所致，而央行年末大规模的公开市场操作成为压低隔夜利率的关键因素。与短端资金面的大幅宽松相反，同业存单利率呈现持续上行的态势，指向商业银行中长期负债成本较高（见图11-18）。12月央行超额续作MLF，实现了2 000亿元的中长期流动性净投放，但超额续作当日利率不降反升，原因在于降息预期落空而阶段性宽货币利好出尽。此外，11月的基本面数据接近年内新低，市场对于基本面修复"强预期弱现实"的逻辑基本形成，长债利率整体回落，这也打开了直到2023年年中的又一波利率下行趋势。

2022年12月1日—12月31日的10年期国债到期收益率走势如图11-19所示。

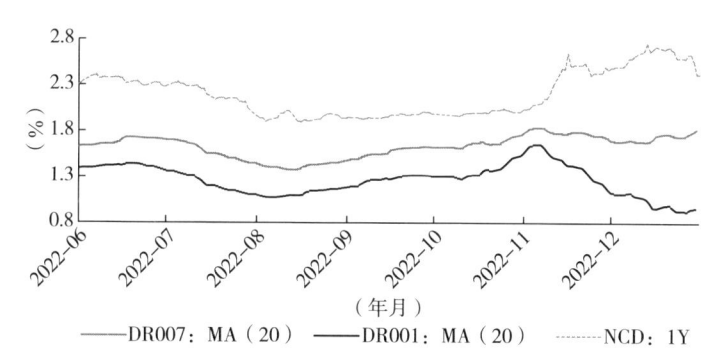

图11-18　年末NCD利率走势和短端资金利率走势分化

注：NCD为大额可转让同业存单的简写。
资料来源：万得资讯，作者整理。

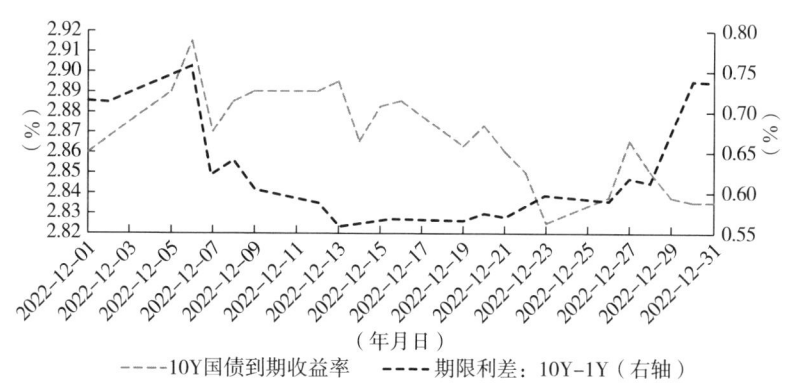

图11-19　2022年12月1日—12月31日10年期国债到期收益率走势
资料来源：万得资讯，作者整理。

第三篇

经济与债务周期的中美差异

第十二章
如何研究美国经济

美联储货币政策工具

3 种传统货币政策工具

美联储 3 种传统货币政策工具，分别为公开市场操作、贴现率与存款准备金要求。通过影响货币和信贷供应来影响经济，以促进经济实现最大就业以及稳定物价的货币政策目标。贴现率是美联储愿意向信誉良好的银行借出抵押品资金的利率，若市场利率高于该水平则银行可以选择从美联储借入资金，因而该利率构成联邦基金利率[①]（Federal Funds Rate，简写为 FFR）上限。存款准备金要求为银行被法律要求按存款一定比例存入法定存款准备金以应对流动性短缺风险（2020 年取消法定存款准备金要求，2021 年 7 月美联储取消了对法定存款准备金利率以及超额存款准备金利率的说法，

---

① 联邦基金利率，是银行和其他符合条件的实体之间在隔夜、无担保的基础上，在美联储借入和借出其账户余额的交易利率。这些账户余额或准备金余额是符合条件的机构出于多种原因持有的存款，包括履行付款义务、管理其流动性风险以及遵守相关监管比例。

取而代之的为存款准备金利率)。公开市场操作为美联储在公开市场上买卖政府证券,是美联储调整银行间存款准备金水平的主要方式。

美联储利率体系——走廊体系与地板体系

在2008年美国金融危机前,由于银行体系中存款准备金储备有限,美联储在"有限储备"框架下,通过走廊体系(corridor system)并依靠公开市场操作作为关键工具,引导联邦基金利率(市场利率)接近或位于联邦基金利率目标水平,即贴现率为市场利率上限,存款准备金利率为市场利率下限(见图12-1)。2008年以前,美联储主要通过公开市场操作购买美国政府债券小幅增加存款准备金供应,使存款准备金供应曲线右移,进而将联邦基金利率保持在美联储目标水平附近。由于美联储倾向于保持贴现率与联邦基金利率利差大致不变,因而在美联储调整利率目标范围时也会相应调整贴现率水平。由于存款准备金供应有限,美联储存款准备金供应水平位于需求曲线的非弹性区域,因而实际上存款准备金利率(市场利率下限)设为零也不会实质性影响走廊系统的有效性。因而走廊体系的优势为美联储无须为存款准备金支付利息,2008年10月以前美联储不向银行支付准备金利息。

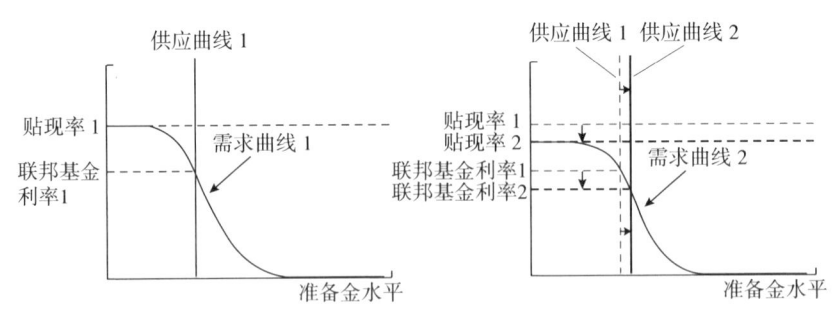

图12-1 美联储走廊体系运作方式

资料来源:圣路易斯联储,作者整理。

但 2007—2009 年的美国深度经济衰退导致美联储大规模放水，不仅将联邦基金目标利率下调接近零水平，将单一的联邦基金利率目标转为设定目标范围（范围上限与下限差值为 25 个基点），并且美联储实施的大规模资产购买计划将准备金水平从 157 亿美元（2007 年）增加至 2.79 万亿美元（2014 年 8 月），如图 12-2 所示。银行体系中准备金供给十分充裕、不再有限，导致美联储供应水平位于需求曲线弹性区域，需求曲线平坦，因而以往美联储对准备金供应进行的小幅调整无法再有效地推动联邦基金利率上行或下行。因而美联储从 2008 年以后在"充足储备"框架下采用地板体系（floor system）管理利率。

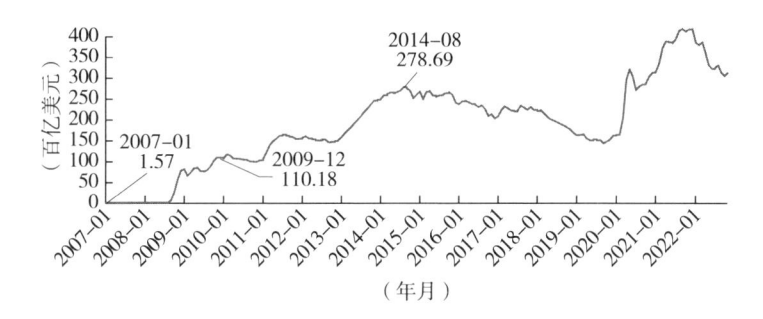

图 12-2 美国准备金储备水平

资料来源：美联储经济数据（FRED），作者整理。

地板体系主要通过准备金利率（Interest On Reserve Balances，简写为 IORB）以及隔夜逆回购协议（Overnight Reverse Repurchase Agreement，简写为 ON RRP）利率分别构成市场利率上限和下限，从而管理利率。其中，准备金利率水平为美联储存入准备金提供的利息收益水平，适用于法定准备金以及超额准备金。若联邦基金利率低于准备金利率，则银行可以在市场上以联邦基金利率借入准备金并将其存入美联储以赚取准备金利率，此套利活动本应会导致准备金利率为联邦基金利率上限，但由于并非所有在银行间市场交易的机构都在美联储具有准备金账户，例如货币市场基金（MMF）和政府资助企业（GSE）不具备准备金利息的资格，杠杆率限制以及融资成本会在联邦基金利率与准备金利率之间形成楔子，导致联邦基金利率实质上低于准备金利率。尽管如此，银行间市场为准备金利率套利机会提供资金的竞争会推升联邦基金利率，导致联邦基金利率接近准备金利率，因而准备金利率成为联邦基金利率上限。

而美联储为了向更广泛的机构提供支持以协助调控联邦基金利率，2014年美联储正式宣布将隔夜逆回购协议工具作为补充货币政策工具，隔夜逆回购协议工具是美联储向合格的交易对手出售证券，同意在第二天回购证券。该操作属于短期公开市场操作，是美联储为平衡储备供应量暂时或季节性变化时采用的工具，以短期暂时性减少美联储资产负债表负债端的准备金余额，与公开市场操作长期永久性地影响系统公开市场账户（SOMA）投资组合的规模不同。合格交易对手包括一级交易商、银行、货币市场共同基金和政府资助的企业，因而更广泛的银行间市场参与者可以通过该工具将资金存入美联储以获得隔夜逆回购协议利率。由于机构通过隔夜逆回购协议工具将资金存入美联储时会获得美国国债作为抵押品，因而隔夜逆回购协议为无风险投资，机构不会愿意以低于隔夜逆回购协议的利率水平在市场上借出资金，因此该利率实质性构成联邦基金利率的下限水平。

在新的地板体系中，虽然美联储仍每日进行公开市场操作以确保准备金水平充足，但美联储是通过调整其管理利率来调整联邦基金利率水平的，而不再是公开市场操作。由于贴现率仍然是联邦基金利率更为广义的上限，即准备金需求曲线上限仍受到贴现率影响，因而美联储在调整货币政策时往往会同时调整包括贴现率在内的3种管理利率（准备金利率、隔夜逆回购协议利率以及贴现率），以推动联邦基金利率保持在货币政策目标范围内运行（见图12-3和图12-4）。

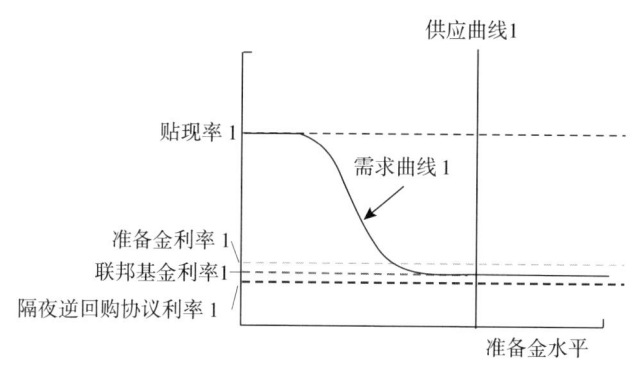

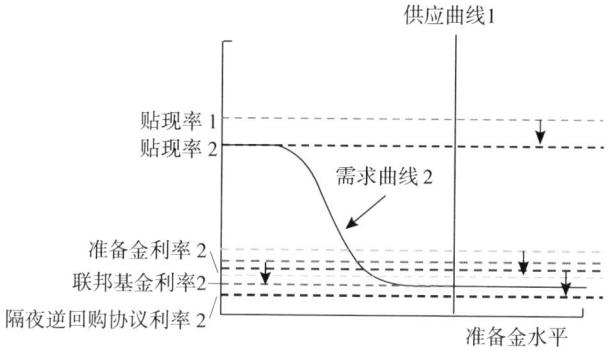

图 12-3　美联储地板体系运作方式

资料来源：圣路易斯联储，作者整理。

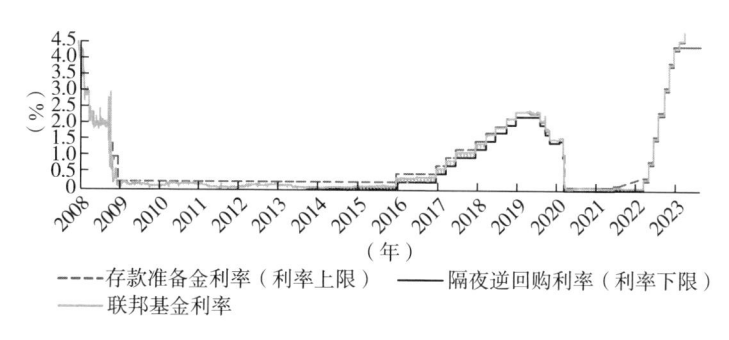

图 12-4　地板体系对于联邦基金利率的调控

资料来源：万得资讯，作者整理。

由于美联储会向机构支付准备金利息，在地板体系下不仅美联储需要承担更高的成本，同时机构为获得利益最大化而进行资金拆借的动力也被消减，实质上鼓励了银行间市场参与者更为保守的借贷行为，进而会降低金融体系运行效率，减少投资与经济活动。但在地板体系下，利率水平调控与流动性水平调控可以相互独立，即央行可以增加银行体系流动性供应（准备金供应）的同时不将短期货币市场利率推低至目标范围以下。

美联储非常规货币政策工具与议息会议

美联储每年会举行 8 次会议，每次议息会议历时两天，在每次会议后（议息会议结束日的纽约时间 14：00）公布联邦基金利率的目标区间、管理利率的设定水平、资产购买或出售计划等，并且在 3、6、9、12 月的议息会议后发布前瞻性指引，其中包括美联储官员对于实际 GDP、失业率、通胀水平、联邦基金利率水平（目标利率）的预测等，是美联储非常规货币政策工具中前瞻性指导的一种。同时在议息会议结束日的纽约时间 14：30，美联储主席发表讲话以及与媒体进行交流，也是美联储前瞻性指导、预期管理的一种方式。前瞻性指导的形式还包括美联储官员在公开场所发表演讲、公开货币政策报告、公开美联储主席国会证词等。

其他主要的非常规工具除了预期管理也包括调整资产负债表规模和结构，调整资产负债表是公开市场操作的一种，属于长期公开市场操作以调控长期利率或对流动性短缺的市场提供支持（短期公开市场操作多以回顾协议或逆回购协议调整准备金供给进而调控短期利率）。资产负债表扩张指纽约联邦储备银行的交易窗口在美联储指示下通过系统公开市场账户，在公开市场买入证券以进行货币宽松操作，可买入的证券主要包括国库券、机构住房抵押贷款证券、联邦机构债券等。缩表则是指缩小资产负债表的规模，分为主动与被动两种方式，主动方式为出售美联储所持有的债券，被动方式为在债券到期或被预付时停止再投资，被动方式缩表比主动方式更为温和。

美联储主要的货币政策工具如表12-1所示。

表12-1 美联储货币政策工具

工具	定义	在有限储备框架中的实践	在充足储备框架中的实践
公开市场操作	美联储买卖政府证券	调整准备金供给水平以调整联邦基金利率的主要货币政策工具	不再被用于调整储备供应和影响联邦基金利率，但公开市场操作仍为重要的货币工具，定期操作以确保市场保持充足的准备金
贴现率	银行通过美联储贴现窗口获得贷款利率水平	联邦基金利率上限，以帮助限制银行在联邦基金市场支付的利率。贴现率在有限框架里面是利率实际上限，也是准备金需求曲线的上限	该利率是联邦基金利率更为广义的上限，也是准备金需求曲线上限。但由于"污点效应"，银行可能会选择以高于贴现率的利率在市场上借款。贴现率和联邦基金利率目标之间的利差往往保持不变，因为美联储通常会在调整联邦基金利率目标水平的同时调整贴现率

(续表)

工具	定义	在有限储备框架中的实践	在充足储备框架中的实践
准备金要求	2020年前美联储要求银行为保证客户提取存款和资金清算需要持有的现金水平（库存现金形式或在美联储账户中的存款形式）	通过创造稳定的储备需求推动美联储以调整准备金需求调整利率水平，为实施有限储备框架的必要条件	在充足的储备金框架中，准备金要求不再为货币政策实施的必要条件。美联储自2020年3月26日起将法定存款准备金率降至零，即不再对准备金水平有法定底线要求
准备金利率	银行在其联邦储备银行的账户中持有的准备金支付的利息水平	利率为0，为联邦基金利率下限，但实际上联邦基金利率与准备金利率相差较大，为最广义的联邦基金利率下限	由于仅部分金融机构可以获得准备金利率，因而准备金利率实质上构成联邦基金利率上限
隔夜逆回购协议利率	隔夜逆回购协议为一种美联储将美国政府证券出售给符合条件的金融机构，同时同意在第二天回购证券的隔夜交易，是公开市场操作的一种方式，而隔夜逆回购协议利率为交易利率水平	未设立	与获得准备金利息相比，更多、更广泛类型的金融机构可以参与隔夜逆回购协议。因而机构不愿意以低于隔夜逆回购协议利率的价格借出资金，因此联邦基金利率通常不低于隔夜逆回购协议利率。因此，隔夜逆回购协议利率是控制联邦基金利率的重要工具，构成联邦基金利率的利率下限

资料来源：美联储，圣路易斯联储，作者整理。

美国通胀的结构

通胀是反映经济健康状况的关键经济指标，它对衡量经济健康状况十分重要。

美国通胀指标

消费者物价指数（CPI）和个人消费支出物价指数（PCE）都是衡量美国通胀的指标，前者由美国劳工统计局发布，后者由美国经济分析局（BEA）发布。它们都基于一篮子商品来衡量通胀，但两者之间存在差异。两者主要差异如下：

- 数据来源：CPI 使用来自家庭消费支出的调查数据，而 PCE 使用来自国内生产总值报告与供应商数据。
- 覆盖范围：CPI 仅包含家庭购买商品和服务的自付费用，而不包括公司或非营利机构等实体代表家庭部门支付的其他支出（如雇主和政府代为支付的医疗保健服务、公立学校提供的教育服务等），但这些都被涵盖在 PCE 中；同时，CPI 仅衡量城市消费者价格，而 PCE 衡量城市和农村所有消费者的价格。
- 项目权重：二者细分项权重有较大差别，例如住房在 CPI 中所占的份额约为 PCE 的两倍，并且 PCE 权重会根据家庭支出模式的改变而更频繁地更新。
- 计算公式：CPI 采用拉斯贝尔（Laspeyres）指数，固定权重指数，其权重每两年更新一次，而 PCE 的计算采用链式费雪指数，权重更新更为频繁，会减少消费的替代偏差,① 这也使得 PCE 的数值低于 CPI。

虽然 PCE 是美联储首选的通胀指标,但美国经济分析局不公布 PCE 分项的权重数据,仅可通过美国经济分析局披露的个人消费支出细分项占比近似推断,PCE 数据可得性较 CPI 数据低。CPI 数据公布更为及时(CPI 每月中发布,PCE 每月末发布)。虽然约 25% 的 PCE 支出没有被 CPI 捕获,但由于许多项目支出数据频率仅为年度,美国经济分析局通过判断趋势估计每月 PCE 项目占比约为 20%,② 测量准确性存在挑战性。此外,美国经济分析局会经常性和定期修订 PCE 价格指数,并且这些修订可能非常值得注意,③ 而非季节性调整的 CPI 几乎从未被修订过,季节性调整后的 CPI 基本上只是会因更新季节性调整因素而修订,因而国债通胀保值证券(TIPS)、通胀互换等金融合约与 CPI 挂钩而非 PCE,CPI 也被用于调整社会保障支付以及联邦税级、编制最低工资指数等,也因此 CPI 数据直接影响美国居民。所以,整体而言市场对于 CPI 通胀关注更高。实质上,CPI 数据与 PCE 数据高度相关,因而后文围绕 CPI 数据对于美国通胀进行进一步阐述。

美国通胀结构

具体的 CPI 分项方法包括八分法和三分法。八分法下,CPI 分为食品与饮料、住宅、服装、交通运输、医疗保健、娱乐、教育与

---

① 资料来源:Landefeld J S, Parker R P. BEA's chain indexes, time series, and measures of long-term economic growth [J]. Survey of Current Business, 1997, 77 (5): 58 – 68.
② 资料来源:Clark, Todd E. Comparing Measures of Core Inflation [J]. Economic Review, 2001 (Q2): 5 – 31.
③ 资料来源:Clark, Todd E. A Comparison of the CPI and the PCE Price Index [J]. Economic Review, 2001 (Q3): 15 – 29.

通信以及其他商品与服务。其中，住宅、交通运输、食品与饮料权重最高，分别为44.384%、16.744%和14.376%。三分法下，CPI分为能源、食品与核心CPI。由于能源和食品项价格波动过大，且影响一般较为短暂，因此在核心CPI中剔除了能源与食品项以更好地反映未来通胀走向。表12-2反映了八分法和三分法的分项内容及其权重。

表12-2 八分法下二级美国CPI权重以及三分法下CPI权重

分类方法	分项名称	权重
八分法	食品与饮料（food and beverages）	14.376
	住宅（housing）	44.384
	服装（apparel）	2.479
	交通运输（transportation）	16.744
	医疗保健（medical care）	8.108
	娱乐（recreation）	5.385
	教育与通信（education and communication）	5.845
	其他商品和服务（other goods and services）	2.677
三分法	能源	6.921
	食品	13.531
	核心CPI	79.548

注：各分项的权重采用美国劳工部披露的2022年12月美国所有城市消费者所有项目的消费者价格指数（CPI-U）相对权重数据。

资料来源：美国劳工部，作者整理。

2020年以来此轮通胀原因分析

美国此轮通胀主要是由新冠疫情引起的供应链中断和宽松货币政策下需求激增共同导致的，俄乌局势进一步从供给端加剧了通胀。

一方面，供应链中断是美国此轮通胀的核心因素之一。疫情使全球范围内的生产、运输等环节均受到影响，而供应链较长的商品面临更大的价格效应和更长时间的中断，如汽车行业。同时，美国经济也面临着极端天气导致的粮食供给冲击与能源供给冲击、石油输出国组织（OPEC）增产困难、劳动力短缺等供给限制问题。而俄乌局势进一步推升了美国通胀。俄罗斯是小麦、葵花籽油、化肥、天然气、原油等商品的重要出口国家，乌克兰也是世界葵花籽油、玉米等商品的重要出口国家。俄乌局势不仅影响了俄罗斯与乌克兰商品的生产与出口，也在较长一段时间内推升了全球粮食价格，进而使能源、食品等商品价格飙涨，又导致商品生产、运输等成本上升，而成本端压力通过供应链不断蔓延至更多行业。

另一方面，美国消费者需求的上涨也进一步抬升了通胀水平。美国政府的超大规模财政刺激以及宽松的货币政策促进了经济V型快速复苏，个人消费支出超预期回暖，尤其是商品消费快速恢复，超过疫情前的消费水平，进而推动了商品项尤其是新机动车项与二手机动车项通胀自2020年下半年开始上行。随着疫情对美国居民生活影响逐步减弱，美国服务消费逐步复苏，货币宽松推升抵押利率下行至历史低位，叠加疫情后经济快速复苏，导致房地产市场逐步火热，核心服务项通胀以及其分项住宅项通胀自2021年2月开始快速上升（见图12-5和图12-6）。

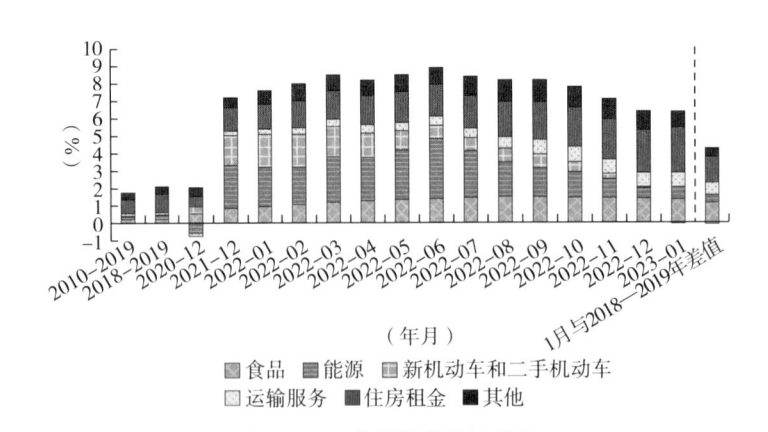

图12-5 美国通胀结构拆分

资料来源：万得资讯，作者整理。

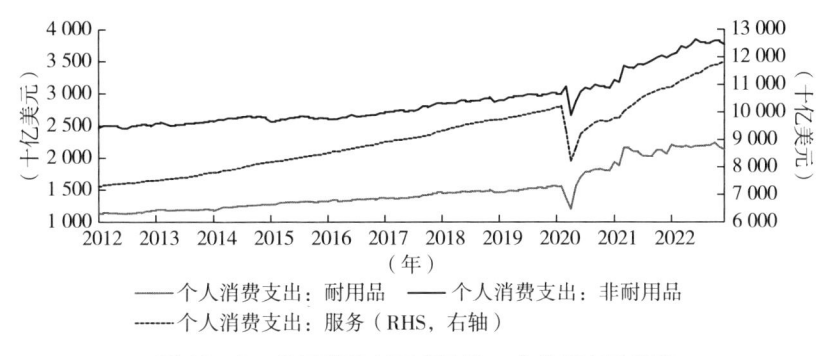

图 12-6　美国消费者需求激增，尤其是商品消费

资料来源：万得资讯，作者整理。

美联储货币政策的通胀目标

价格稳定是美联储的目标之一，而通胀目标定义为平均 2% 的通胀水平，为了实现这一目标，美联储不仅关注核心通胀也关注整体通胀水平。美联储主席鲍威尔在 2022 年 6 月议息会议后的新闻发布会中表示："在法律中美联储对通胀负责，此处通胀是指总体通胀水平，所以总体通胀水平是美联储的最终目标。"因而虽然核心通胀是未来通胀较好的预测指标，并且核心通胀水平与美联储货币政策工具更为相关（因为政策工具较难调控非核心通胀），但总体通胀水平也很重要，不仅因为法律规定，也因为公众不会过多区分核心通胀与总体通胀水平。总体通胀水平是公众关注的，并且公众对于整体通胀的预期是未来价格、工资设定的重要影响因素，即通胀预期将通过预期的自我实现而决定未来的实际通胀，因而美联储为了实现 2% 的通胀目标，需关注整体 CPI 的预期效应，努力将通胀预期锚定在 2% 左右并且避免通胀预期失去锚定的情形。

美国经济结构

美国实际 GDP 结构

从美国实际 GDP 结构以及波动性来看,美国实际 GDP 中占比最高的为消费,占比高达 70%。其中,商品消费波动性往往较大,尤其是耐用品消费,而服务消费波动性较小,即使在经济衰退期间也会具有一定的韧性,甚至持续正增长。其次,美国实际经济增长中较为重要的是私人投资,其占 GDP 的比重约为 18%,虽然占比不高,但是其波动性较大,在美国经济衰退中私人投资下滑往往为经济的最大拖累项(见图 12-7)。从细分项来看,私人投资总额分为固定投资与私人存货变化,固定投资中包括住宅投资与非住宅投资(非住宅投资也被称为企业投资)。其中,虽然住宅投资占比较低(3% 左右)并且在经济增长时期对美国实际 GDP 的拉动率偏低,但在经济衰退期往往是主要的拖累因素。非住宅投资占实际 GDP 的比重约为 15%,由建筑、设备、知识产权产品构成,非住宅投资虽然占比也低于消费,但是在经济承压时,非住宅投资对于 GDP 拖累程度较深,拖累程度与住宅投资相似。相似地,虽然私人存货变化在 GDP 组成部分中占比最小,占比通常为 -1.5% ~ 1.5%,但其波动最大,其走势与美国总需求(消费以及投资需求)变动高度相关,经济衰退较深则私人存货变动跌幅较大,磨底期也更久。对于净出口,往往表现为逆周期性,在经济增长期由于美国进口强劲往往净出口每季度拖累 GDP 4% ~ 7.5%,而在经济衰退期净出口对于实际 GDP 的拖累往往偏限,甚至对 GDP 存在正向贡献。对于政府支出与投资总额,其占 GDP 的比重为 17% 左右,占比往往较为稳定。

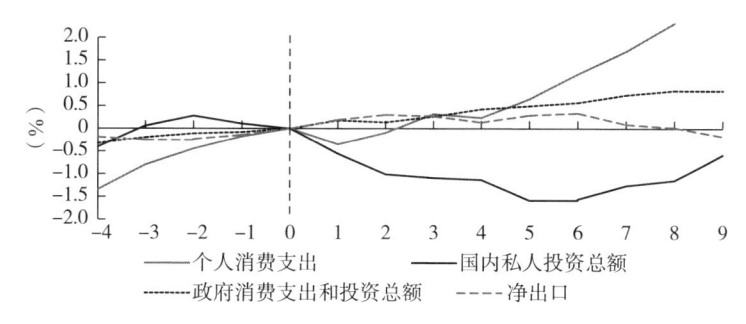

[图表：纵轴为百分比(%)，范围-2.0至2.0；横轴为-4至9]

—— 个人消费支出　　—— 国内私人投资总额
------ 政府消费支出和投资总额　　---- 净出口

图 12-7　在美国过往经济衰退中，平均而言，私人投资为拖累经济的核心因素

注：数据以美国经济研究局（NBER）定义的每轮经济衰退开始时点为基期，以基期GDP实际数值进行基数化处理算出各细项对于实际GDP的贡献水平，并取各轮经济衰退期平均水平（基期数值设为0），此图数据样本不包括由于疫情外部冲击导致的过短且过深的2020年经济衰退。横坐标表示距离经济衰退开始时点的时间长度，单位为季度，横坐标 x 为0表示美国经济研究局定义的经济衰退开始时刻，若 x 为正数，表示为经济衰退开始后 x 个季度，若 x 为负数，表示为经济衰退开始前 $|x|$ 个季度。

资料来源：万得资讯，作者整理。

不同美国经济板块的周期性有所不同。消费在经济衰退中呈现顺周期性，消费水平下滑时点与经济衰退时点较为同步。私人投资也呈现顺周期性，私人投资萎缩时点通常领先于美国经济开始衰退时点，并且私人投资收缩持续时间较长、较深。从细分项来看，住宅项投资衰退程度最深且最先下行。除了1973年与2001年的经济衰退中非住宅投资下滑拐点领先于经济衰退开始时点，非住宅投资（企业投资）周期与经济周期相吻合，并且企业投资往往在经济衰退中后期出现较大幅下行。私人存货变动水平下降时点则与美国经济衰退开始时点表现出同步性，私人存货大幅下跌通常出现经济衰退开始后（见图12-8）。对于政府支出与投资，由于在经济衰退期美国政府也往往保持较高的支出以缓解经济的恶化程度，因而政府支出与投资表现出非周期性，即政府支出和投资总额变化与经济水平变化相关性较低。对于净出口，由于美国在经济增长时期进口

第十二章　如何研究美国经济　303

强劲，贸易逆差、净出口拖累实际经济增长为常态，而经济衰退时进口会同步疲软，导致净出口拖累幅度缩小，因而净出口表现为逆周期性的特征。

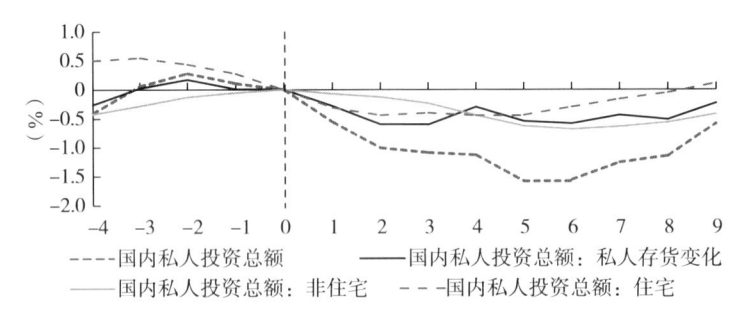

图 12-8　在私人投资中住宅项投资衰退程度最深，非住宅投资与私人存货变化拖累程度相似

注：数据以美国经济研究局定义的每轮经济衰退开始时点为基期，以基期 GDP 实际数值进行基数化处理算出各细项对于实际 GDP 的贡献水平，并取各轮经济衰退期平均水平（基期数值设为 0），此图数据样本不包括由于疫情外部冲击导致的过短且过深的 2020 年经济衰退。横坐标表示距离经济衰退开始时点的时间长度，单位为季度，横坐标 x 为 0 表示美国经济研究局定义的经济衰退开始时刻，若 x 为正数，表示为经济衰退开始后 x 个季度，若 x 为负数，表示为经济衰退开始前 $|x|$ 个季度。

资料来源：万得资讯，作者整理。

各经济板块的影响因素

实际收入增速以及储蓄水平是决定美国消费的核心因素。由于收入是居民消费支出的主要来源，居民消费水平将较大取决于居民收入水平以及居民对于未来的收入预期（见图 12-9）。通胀会侵蚀居民的消费能力以及消费意愿，因而高通胀对于美国消费存在明显的抑制作用，尤其是对于耐用品消费的负面影响较大，所以实际收入增速是美国消费增长的核心驱动力。若居民失业，收入水平将骤降，因而劳动力市场与消费息息相关，较高失业率存在直接导致消费失速的可能性。此外，2020 年美国实施财政刺激后，需关注消费的另一影响因素为居民的储蓄水平。在常态化时期，储蓄变动水平往往遵循历史趋势性增长规律，但受疫情影响，美国大规模财政刺激推动美国居民快速累计较高超额储蓄水平。此轮美国居民累计超额储蓄超 2 万亿美元，因而在 2022 年实际薪资转负时，超额储蓄对于消费放缓存在缓冲作用。

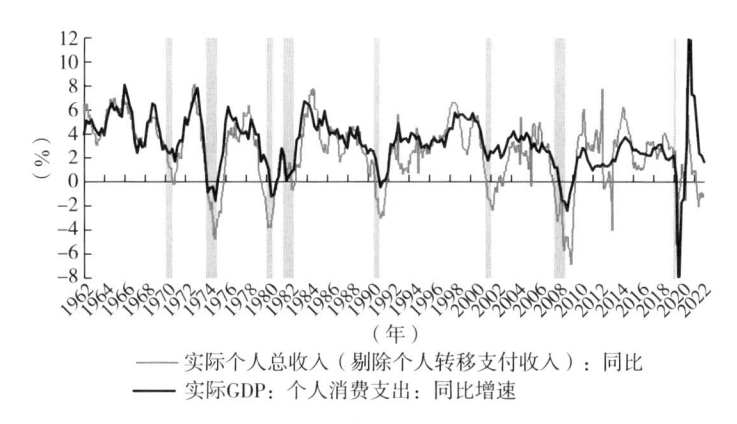

图 12-9　居民消费水平较大程度取决于实际居民收入水平
注：灰色柱状为美国经济研究局定义的美国经济衰退期。
资料来源：万得资讯，作者整理。

住宅投资主要受货币与财政政策、人口结构等因素影响。宽松货币政策会导致房贷利率的锚——美国国债利率下行，进而带动抵押贷款利率下行，因此货币宽松会刺激购房需求。财政政策刺激会提高居民收入水平以及净资产水平，通过财富效应推升居民购房热情。同时，市场供需关系也与人口结构、生活与工作习惯相关。青壮年，尤其是 30 岁左右为首次购房的高峰年龄段，其人口占比增高将支撑实质性购房需求上升，此外例如此轮疫情冲击导致居家办公工作模式的岗位增多以及居民对于社交距离存在要求，也会影响住宅需求。劳动力、材料和已开发土地的短缺也会影响住房供给端，在短期会阻碍住宅投资的增长水平。

企业需求与利润主导非住宅投资的变化，因而经济环境变化、货币紧缩、通胀水平均会影响非住宅投资，美国总需求变动是私人存货变动的主要因素。企业投资高度依赖融资环境与宏观经济景气度，经济增速放缓导致美国需求下滑会推动美国企业投资下降。美国高通胀水平会通过提高企业成本以及抑制美国需求，阻碍价格传导，恶化企业盈利水平，进而导致投资下行压力增大。另外，货币紧缩会通过提高利率、缩减需求、增加企业负债压力等渠道遏制企业投资活力，而企业杠杆水平会放大货币紧缩的负面影响，同时美联储紧缩的抑制作用对于美国企业投资存在一定滞后性。对于私人存货变动，其变动与消费以及投资需求高度相关，在经济放缓时，企业信心不足会推动企业不再进行累库，进而导致私人存货下降。

净出口方面，美国经济需求往往决定美国进口，出口与全球其他主要国家经济表现相对强弱有关。政府支出方面，经济增速放缓，甚至经济衰退对财政支出的影响较为有限，从历史来看，美国经济衰退幅度越大，一定程度上政府支出越高，以帮助经济避免更"硬"的着陆。

美国经济衰退以及衰退同步指标

经济衰退是指经济活动出现重大、广泛和长期萎缩。而技术性衰退是指实际GDP连续两个季度环比负增长，实质性衰退并不等同于技术性衰退。负责商业周期测定的美国经济研究局（NBER）将经济衰退定义为整体经济活动持续数月以上显著下降而非简单的两个季度GDP环比负增长，其参考的指标包括实际收入（个人收入减去转移支付）、非农就业、实际个人消费支出、实际批发零售额、通过家庭调查衡量的就业和工业生产等。

但美国经济研究局的披露具有滞后性。由于美国经济研究局往往需要等待较多数据披露再回溯综合判断经济衰退开始时点或衰退结束时点，因此美国经济研究局公布时点均滞后于经济衰退开始时刻，平均滞后 6 个月，最短为 2020 年滞后 3 个月，最长为 2008 年滞后 11 个月，1990 年则是在经济衰退结束后才宣布了衰退开始时点（见图 12-10）。

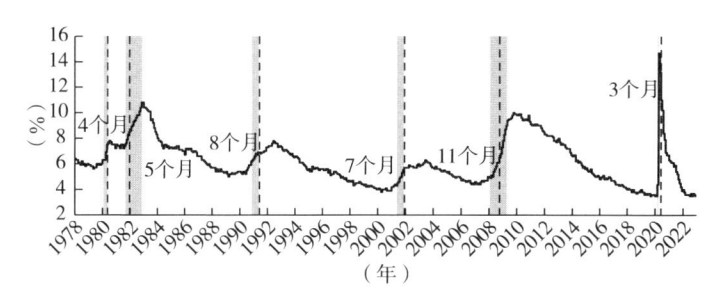

图 12-10 历史来看，美国经济研究局宣布日期滞后美国经济开始衰退时点 3~11 个月

注：折线为美国失业率指标；竖线为美国经济研究局宣布美国经济衰退开始时点，灰色柱状为美国经济研究局定义的美国经济衰退期；标签为美国经济研究局宣布美国经济衰退开始时点滞后于经济衰退开始时点的时间长度。
资料来源：美国经济研究局，万得资讯，作者整理。

采用经济同步指标可以在美国经济研究局公布的数据之外及时判断美国经济衰退开始以及结束的时点。衰退开始时点信号主要有以下 4 个：

- 失业率较此前低点突破 0.5% 及以上，该信号平均滞后于经济衰退开始时点 1 个月，有十分准确的指导意义。
- 非农就业人数见顶回落（回落持续 2 个月），该信号十分准确且平均滞后经济衰退起点 2 个月左右。
- 费城联储同步经济活动指数见顶回落，该信号平均滞后于经济衰退起点 2 个月，十分清晰且准确。
- 工业产出指数局部见顶回落，由于该指标数据单月波动较大且有时会出现衰退伪信号，准确性较差，因此需结合就业市场指标进行综合判断。

若劳动市场两个同步指标中的一个出现衰退信号且工业产出指数局部见顶回落，则意味着美国经济已经或即将陷入衰退风险。而衰退结束时点的信号为工业总体产出指数触底回升且出现两个月回升（在经济衰退开始 6 个月后），该信号对指示经济衰退结束时点具有准确的指导意义。各指标对于经济衰退开始或衰退结束时点的指示意义如表 12 – 3 所示。

美国债券市场

美国债券市场特征与结构

美国债券市场也被称为固定收益市场，是债券交易与发行的市场。美国债券市场是全球规模最大的固定收益市场，基于美国证券业及金融市场协会（SIFMA）的调查数据，截至 2021 年年末，美国债券市场未偿余额已达 52.94 万亿美元，其规模约为全球规模第二大的欧盟固定收益市场的两倍多（见图 12 – 11）。

美国债券市场的投资者包括货币当局、州与地方政府、养老基金、共同基金、对冲基金、银行机构、保险公司、资管公司、海外机构与投资者（包括其他国家政府）等。债券市场的主要发行人以及投资者大多为机构，发行人包括政府、联邦机构、公司、银行、特殊目的公司、海外机构等。基于债券发行人类型，美国债券的主要品种为美国国债、市政债、公司债、机构债、抵押贷款支持证券（MBS）、资产支持证券（ABS）、货币市场工具。其中，美国国债由于得到美国政府的背书，被认为是违约风险极低的债券，即无风险债券，因而美国国债市场是全球规模最大、流动性最强、效率最

表12-3 各指标对于经济衰退开始或衰退结束时点的指示意义

经济衰退开始同步指标名称	触发条件	距离衰退开始时点间隔（月）	同步性评价	指示经济衰退开始的准确性	同步的稳定性与准确性
失业率	较此前12个月低点上升幅度≥0.5%	1	同步性十分稳定	十分准确	★★★★★ ★★★★★
非农就业人数总计	局部见顶回落（回落持续两个月）	2	同步性较稳定，偶尔幅滞后（1969年/1973年）	十分准确，没有伪信号	★★★★★ ★★★★☆
费城联储同步经济活动指数	出现见顶回落	3	略滞后，滞后性十分稳定	十分准确，信号十分清晰	★★★★★ ★★★★★
工业产出指数	见顶回落（回溯）	-3	同步性较稳定，偶尔表现为大幅领先（2001年以及2020年）	不太清晰，存在较多伪信号，需结合其他同步指标共同判断	★★★★☆ ★★☆☆☆
工业总体产出指数	局部触底回升（出现两个月回升）	3	表现为略滞后，滞后性十分稳定	十分准确	★★★★★ ★★★★★

注：信号时点距离衰退开始时间间隔的单位为月，该数值为平均值，正值表示指标衰退信号滞后于衰退开始（或结束）时点，负值表示衰退信号领先于衰退开始（或结束）时点。

资料来源：美联储经济数据，万得资讯，作者整理。

第十二章　如何研究美国经济　309

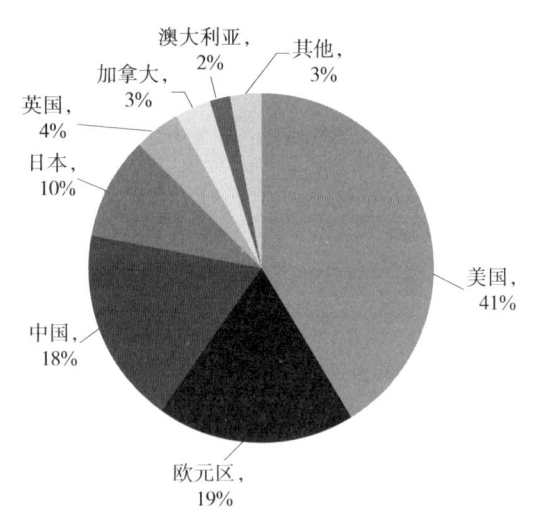

图 12-11　全球债券市场主要经济体债券未偿余额占比

资料来源：美国证券业及金融市场协会，作者整理。

高的市场之一，其利率是全球债券市场交易的基准。从未偿余额规模来看，美国国债占美国债券市场的 42%，第二大主流品种为抵押贷款支持证券，占债券市场规模的 23%（见图 12-12）。

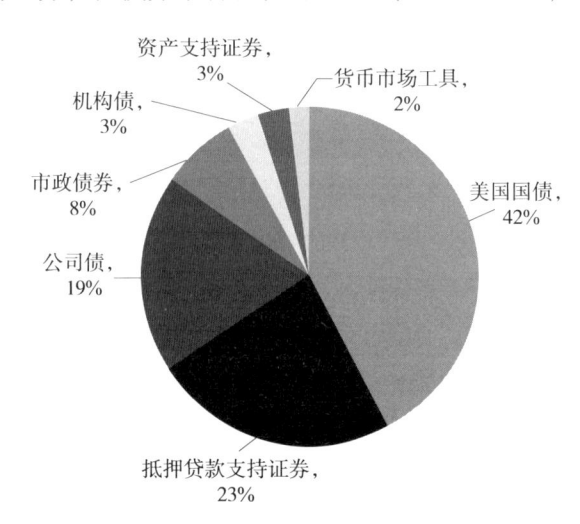

图 12-12　2021 年美国债券市场各品种债券未偿余额占比

资料来源：美国证券业及金融市场协会，作者整理。

而美国债券市场发展、结构与美国经济、美国金融创新密不可分。2008年以前，除了1998—2001年，联邦政府财政均为盈余，因而国债发行以及未偿余额增速放缓。同时，20世纪80年代美国金融监管出现放松，美国金融创新如雨后春笋般涌现，各种金融债券、衍生品在此时期飞速发展。特别是2000—2008年，在美国政策以及政府担保的支持下，抵押贷款支持证券等资产证券化产品快速扩张，抵押贷款支持证券市场份额甚至一度超过国债，其占比于2007年达到最高峰31.9%。美国房地产泡沫破裂引发全球金融危机后，美联储进行超规模货币宽松，大量买入国债以降低长端利率，导致国债规模陡增，并且也通过购买抵押贷款支持证券为该市场注入流动性，但2008年以后房地产市场持续低迷，金融监管更为严格，抵押贷款支持证券的发行在较长一段时期陷入停滞状态。而2020年新一轮超规模的货币宽松政策导致美国国债规模飙升，美国国债与GDP的比值陡增至238.3%，2021年该比值仍高达227.1%，所以此时美国债务压力大幅增加。美国债券市场各债券的规模变动如图12-13和图12-14所示。

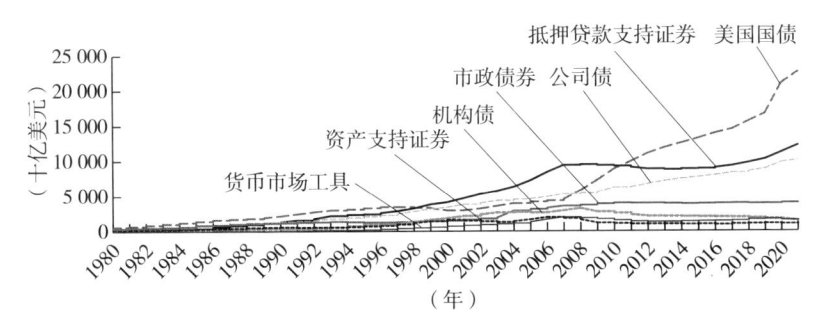

图12-13　美国债券市场各品种债券未偿余额历史变动

资料来源：美国证券业及金融市场协会，作者整理。

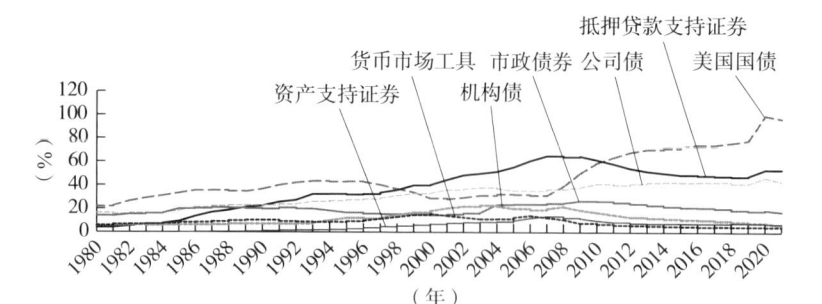

图 12－14　美国债券市场各品种债券未偿余额与实际 GDP 的比值
资料来源：美国证券业及金融市场协会，万得资讯，作者整理。

美国国债市场特征与结构

美国国债为美国财政部代表联邦政府发行的债券，主要为政府赤字提供资金。基于计息方式、到期期限，美国国债可以分为一般国债（包括短期国库券、中期国库票据、长期国库债券）、浮动利率票据（FRN）、美国国债通胀保值证券（TIPS）。基于债券期限，一般国债可以分为短期国库券（Bills，期限在 1 年或以下，具体为 4 周、13 周、26 周、52 周）、中期国库票据（Notes，期限在 2～10 年，具体为 2 年、3 年、5 年、7 年和 10 年）、长期国库债券（Bonds，期限在 10 年以上，具体品种为 30 年），其中短期国库券为零息债券，即仅在到期时支付本金不支付利息的贴现债券，中期国库票据与长期国库债券均为有息债券，每 6 个月支付一次利息。大多数美国国债在场外交易市场交易，美国国债的投资者主要为国际投资者（50% 以上为其他国家政府所持有），截至 2022 年第三季度占比 30%，其次为美国货币当局，占比 21%，再次为养老基金、共同基金，分别占比 14%、12%。除了在二级市场交易，美国国债也活跃于回购协议市场，是美联储公开市场操作的重要构成。各品种美国国债未偿余额如图 12－15 所示。

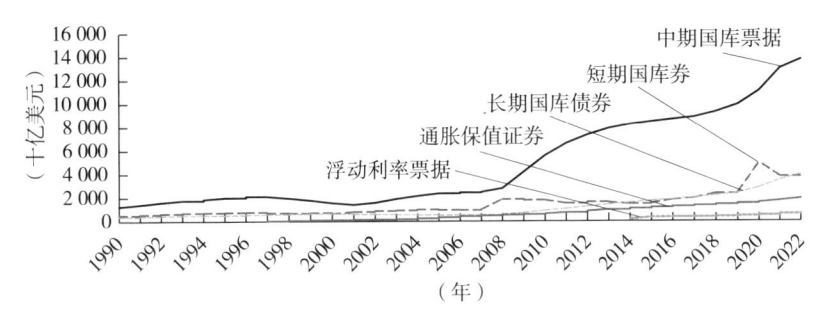

图 12-15　各品种美国国债未偿余额

资料来源：美国证券业及金融市场协会，万得资讯，作者整理。

美国财政部于1997年开始发行通胀保值证券，为投资者提供一种避免通胀风险的投资工具（通胀保值证券对于通胀的调整存在一定滞后性，导致投资者无法完美规避通胀风险），美国财政部也通过不支付通胀风险溢价降低了融资成本，通胀保值证券也为市场参与者、政策制定者与经济学者等提供了测算通胀预期的工具。2022年通胀保值证券未偿还余额规模为1.908万亿美元，通胀保值证券约占美国国债的8%。具体而言，通胀保值证券是一种息票债券，其票面利率固定，但其本金会与非季节性调整的美国所有城市消费者所有项目的消费者价格指数的平均指数挂钩，因而每半年支付一次的息票也会跟随通胀水平变动。同时，通胀保值证券具有本金保护机制，为投资者提供了一种对累积通胀的看跌期权（期权的行权价为零），当通胀保值证券到期时，债券持有人将得到经通胀调整的本金与原始本金二者之间的较高金额，因此通胀保值证券也具有在通缩时期保护投资者收益的优势。整体而言，由于通胀保值证券的本金和息票支付是与实际价值关联的，且看跌期权大概率为价外期权，即看跌期权价值几乎可以忽略，因此通胀保值证券收益率大约是投资者通过持有证券至到期而获得的实际收益率。[1][2] 但由于流动性溢价的存在，通胀保值证券利率作为实际利率的表征可能存在一定的偏差。但通胀保值证券利率是实际利率较为直接且合适的代表，美国国债名义收益率与相同期限的通胀保值证券收益率的差值被称为"盈亏平衡通胀率"（Break-Even Inflation，简写为 BEI），虽然盈亏平衡通胀率会受到流动性溢价等风险溢价的影响，但还是向市场参与者提供了通胀路径预期的相关信息。

美国财政部于 2014 年 1 月开始发行浮动利率票据，截至 2022 年浮动利率票据未偿余额规模占美国国债的 2.6%。浮动利率票据是指发行时规定的票面利率随某个锚定的市场利率定期浮动的债券，在债券到期前每期收到的利息会随着参考利率的变动不断调整。浮动利率票据发行时一般是在某个参考利率的基础上加报价利差来设定票面利率，付息频率为季度。美国浮动利率票据主要参照 3 个月期限的国债利率。与固定利率的债券相比，当市场利率上升时，浮动利率票据可以获得更高的利息支付，因此认为利率将上升的投资者更倾向于持有浮动利率票据。由于票面利率可以根据市场状况不断调整，因此浮动利率票据利率风险接近于无，其价格波动与久期更小。在一些特殊情形下，发行者或投资者为了进一步规避风险，会在浮动利率票据的基础上进一步增设条款，例如设定票面利率的上下限等。

---

[1] 资料来源：Sack B P, Elsasser R. Treasury inflation-indexed debt: a review of the US experience [J]. Economic Policy Review, 2004, 10 (1).

[2] 资料来源：Buraschi A, Jiltsov A. Inflation risk premia and the expectations hypothesis [J]. Journal of Financial Economics, 2005, 75 (2): 429 – 490.

美国国债利率与大类资产走势

美国国债利率的影响因素

名义收益率可以拆分为实际收益率、通胀预期与风险溢价，下文进一步描述各细项的影响因素。

实际收益率

实际收益率可以被视为经济中储蓄供应与投资需求达到平衡后的资金价格，与经济基本面预期（尤其是经济实际增长率预期、宏观经济风险）、货币政策密切相关。如果居民、企业对于未来经济增长较为乐观（实际增长率较高、经济波动性较低），预期未来收入较高，对于当期资金的强劲需求会推动资金实际利率的提升。而如果对于未来经济增长较为悲观，或认为宏观经济风险较高，则会推升居民、企业对储蓄而非对消费、投资的需求，会降低实际利率水平。

历史数据表明，实际 GDP 增速与实际利率的关联较为紧密，实际 GDP 增速中枢的变动往往会导致实际利率中枢的变动。1983 年以来，美国的劳动力减少，生产率增速下降推动经济增速放缓，这一方面促进了储蓄，另一方面也抑制了投资。经济增速下降导致居民下调对未来收入的增长预期，降低边际消费倾向。同时增长放缓也会导致投资机会减少，投资需求受到抑制。此外，伯南克提出的"全球储蓄过剩"理论表明，全球人口老龄化趋势明显，新兴国家经常账户盈余提升，导致这些国家的国民储蓄上升，而过剩的储蓄流入美国市场，压低了美国的实际利率。

美国国债实际利率的另一主导因素是美联储的货币政策，货币政策通过预期、投资组合平衡、久期风险等多个渠道影响实际利率。2008年金融危机后，美联储不仅通过降息将货币政策利率下调至接近零下限水平，为了进一步降低各期限利率水平，美联储还实施了多项非常规货币政策。例如2009年3月，美联储引入利率前瞻性指引，联邦公开市场委员会在2009年3月—2011年6月的声明表示，经济状况可能保证联邦基金利率在很长一段时间内处于极低水平。并且美联储通过"大规模资产购买"（LSAP）提供进一步宽松的货币环境。美联储的预期管理和大规模资产购买都是通过预期渠道来降低各期限的实际利率，即释放未来短期利率仍将保持在较低水平的信号。此外，大规模资产购买也通过投资组合平衡渠道对利率构成下行压力，即金融资产之间的不完全替代性会导致美联储从投资者手中购入资产时，不仅会影响所购资产的供需关系而降低其收益率，也会在投资者向美联储卖出资产后，产生对其他资产组合的再平衡行为，而推动其他资产收益率下降。此外，美联储从市场中购买长期债券会消除市场的部分久期风险，降低了相应的风险溢价，以推动名义收益率下行，即货币政策影响利率水平的久期风险渠道。[1] 美联储宽松的货币政策也会在一定程度上提高通胀预期，从而降低实际利率，但是2008年以后通胀预期上升幅度较低，部分研究表明该渠道的影响可能相对有限。[2]

美联储在2008年金融危机期间采取多种常规和非常规的货币政策，导致长期实际利率下行至零附近，有时甚至为负值。在20世纪80年代经济衰退时期，虽然经济增速较低，但激进的紧缩性

---

[1] 资料来源：D'Amico S, English W, López-Salido D, et al. The Federal Reserve's large-scale asset purchase programmes: rationale and effects [J]. The Economic Journal, 2012, 122 (564): F415–F446.

[2] 资料来源：Neely C. The Effects of Large-Scale Asset Purchases on TIPS Inflation Expectations [J]. Federal Reserve Bank of St. Louis National Economic Trends, September, 2010.

货币政策仍导致实际利率大幅上升。而在2008年金融危机和2020年新冠疫情影响后，通胀预期较为稳定，甚至表现为上升，但较长期的超宽松货币政策（联邦基金目标利率下降至接近零下限水平，叠加大规模资产购买）对于实际利率产生较强的压制作用，这导致实际利率与经济增速的差距不断扩大（见图12－16）。

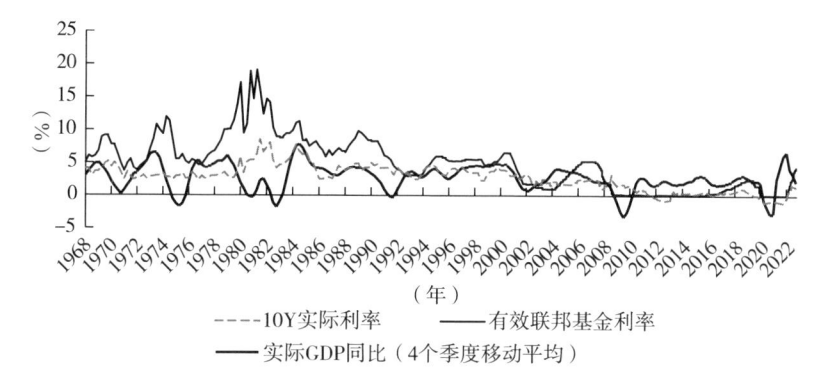

图12－16　2008年金融危机后经济增速与实际利率差距扩大原因主要为美联储长期实行超宽松的货币政策

资料来源：美联储，万得资讯，作者整理。

通胀预期以及风险溢价

美国国债利率中包含的通胀预期是指市场对于债券存续期内通胀水平的预期，通胀预期越高，投资者对于名义收益率的要求会越高。监测通胀预期主要有3种方法：消费者和企业调查、经济学家预测以及与通胀相关的金融工具。其中消费者和企业调查包括密歇根大学对于消费者的通胀预期调查、纽约联储对于消费者的通胀预期调查，以及世界大型企业联合会（Conference Board）的调查等，经济学家预测包括费城联储的专业预测者调查，通胀相关的金融工具包括国债名义利率与相同期限通胀保值证券收益率的差值（即盈亏平衡通胀率，市场隐含的通胀预期）。

在 2020 年以前，从 20 世纪 80 年代开始通胀预期就不断下降，反映出随着全球商品与资本流动加快、工业革命与科技革命加速发展与渗透，通胀中枢水平随时间推进不断下降的现象。但在 2020 年以后，供应链瓶颈、逆全球化趋势以及地缘局势波动推升了通胀中枢水平以及通胀预期（见图 12 - 17）。

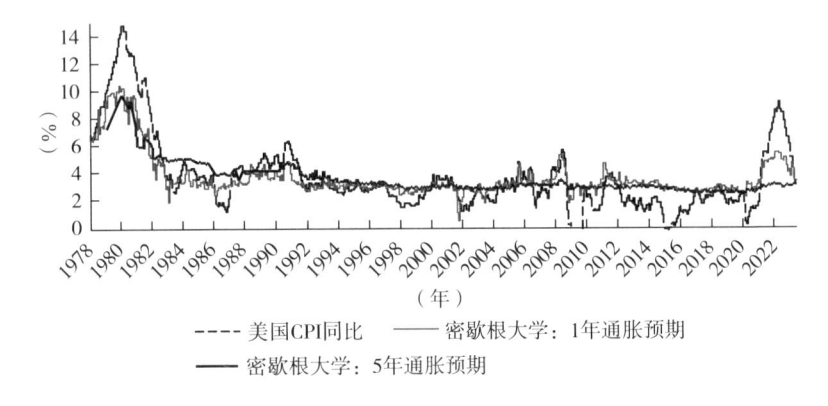

图 12 - 17　20 世纪 80 年代以来的通胀预期

资料来源：万得资讯，作者整理。

美国国债利率中包含的风险溢价，主要来自投资者对于通胀风险、利率风险、流动性风险等风险所需的补偿。通胀风险指若通胀在债券存续期间意外上升，则债券实际价值会下降。同时债券持有人也会面临利率风险、流动性风险、再投资风险等。此外，虽然美国国债从未存在实质性违约，而且基于美国政府信用担保，美国国债利率被视为没有违约风险的"无风险"利率，但美国政府的行动导致美国触及债务上限后债务上限调整迟延，发生债务违约风险阶段性飙升而抬升美国国债利率的情形。例如 2011 年两党迟迟未达成协议推动债务上限调整，在美国国债接近违约时，标准普尔将美国国债的信用评级由 AAA 下调至 AA +。

美国国债利率对全球资产定价的影响

学术界中的各类资产定价模型经常有一个共用的参数，这个参数就是无风险利率。无风险利率是指将资金投资于一项没有任何风险的资产所能获得的收益率，反映资金的时间价值，同时也是将资金投资在任何其他资产时的机会成本。比如经典的资本资产定价模型（Capital Asset Pricing Model，简写为 CAPM）认为，单个证券的超额收益主要取决于其对市场风险的暴露程度，这里的超额收益就是指该证券的预期收益率减去无风险利率，市场风险也是指市场投资组合的预期收益率减去无风险利率。经典的期权定价模型，布莱克-舒尔斯-墨顿模型（Black-Scholes-Merton Model，简写为 BSM）也将无风险利率作为参数之一。

然而在投资实践中，无风险利率可能并非真实存在。因为借贷关系一定存在交易对手，而存在交易对手就有交易对手不履行契约的风险，这也被称为交易对手风险。但是不同的交易对手不履行契约的风险存在差异，有些交易对手比另一些交易对手更有可能履行契约。在所有的交易对手中，各国政府相较于企业和居民通常更有可能履行契约，所以市场一般认为主权债务的违约风险要远低于企业债务或居民债务。但是事实上主权债务违约的情况在历史上也时有发生，尤其容易发生在自身经济结构相对脆弱、财政状况相对窘迫的国家。而美国作为全球第一大经济体，其央行拥有全球规模最大的黄金储备，美元也在全球货币市场中占据主导地位，所以美国政府的债务通常被认为是主权信用风险最低的债务。因此美国国债利率也就在事实上充当了无风险利率的地位，成为全球资产定价的锚。

美国国债利率对美股的影响

美国国债利率对美股的影响主要体现在贴现率上。从理论上看，不论是股利贴现模型（Dividend Discount Model，简写为DDM），还是自由现金流贴现模型（Discounted Free Cash Flow，简写为DCF），都认为企业的估值受到资本成本的影响。而影响资本成本的最主要外部因素，就是无风险利率。由于资本成本位于估值模型的分母端，所以当无风险利率偏向下行，则股票市场的估值水平可能出现系统性抬升；如果无风险利率偏向上行，则股票市场的估值水平可能系统性下降。

上述规律可以在美国股票市场和债券市场的历史数据中得到验证。如果我们取过去70年里标普500指数的周度收益率和10年期美国国债利率的周度变化幅度计算相关系数，则相关系数为－0.0556。由于利率的变化与债券价格的变化方向相反，所以上述相关系数显示从长期来看美股的表现和美国国债的表现是正相关的。实际上美股和美国国债的同涨同跌在历史上经常出现，比如最近的例子是在2020年年初全球经济受到疫情影响之后，美联储开启新一轮QE，美股和美国国债共同进入牛市，而在2021年年底美联储收紧货币政策以应对通胀之后，美股和美国国债又共同进入熊市（见图12－18）。

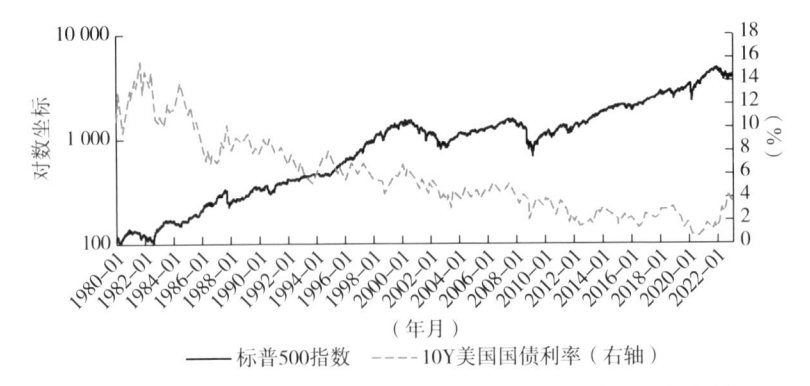

图12－18 美国股票市场和债券市场容易出现双牛或双熊行情

资料来源：万得资讯，作者整理。

美国国债利率对港股的影响

　　港股作为离岸市场，其上市公司的经营地点通常在内地或中国香港，而交易资金又经常来源于海外。所以港股市场既受到国内经济基本面变化的影响，也受到海外流动性环境变化的影响。因此美国国债利率对港股的影响也是通过贴现率，类似于对美股的传导路径，这里不再赘述。更进一步，如果将不同风格的股票拆开来看，价值股由于具备稳定的现金流，这一现金流还会受到宏观经济波动的影响，因此估值受到贴现率的变化影响相对有限，而成长股可能不盈利或者预期在很远的未来盈利，其估值受到贴现率变化的影响更大。所以美国国债利率的上行或下行，经由贴现率的变化影响股票市场估值，对成长板块的影响高于价值板块。体现在数据上，恒生科技指数与美国国债收益率的负相关关系较为显著，若其他影响因素保持恒定，则美国国债利率下行可能是做多港股成长板块的重要信号（见图12-19）。

图12-19　港股成长板块和美国国债利率的负相关关系较为显著
资料来源：万得资讯，作者整理。

美国国债利率对汇率的影响

为什么利率会对汇率造成影响呢？因为汇率可以理解为一国货币的现货价格，而利率反映一国货币的时间价值，进而影响货币的期货价格。举例来说，考虑中国和美国两个国家，假设两国之间的贸易基本稳定，两国央行的不同货币政策选择导致中国利率的提高，而美国利率的下降。由于中国利率的提高，全球投资者投资中国的固定收益类资产的预期收益增加，进而吸引资金流入中国，而美国利率下降则影响反之。所以全球资金倾向于离开美国，卖出美元，流入中国，买入人民币，进而导致人民币相对美元汇率的升值。两国利率的相对变化会影响汇率，这在学术界中被称为利率平价理论（Theory of Interest Rate Parity，简写为 IRP）。上述理论在实际数据中大体能够得到验证（见图 12-20）。

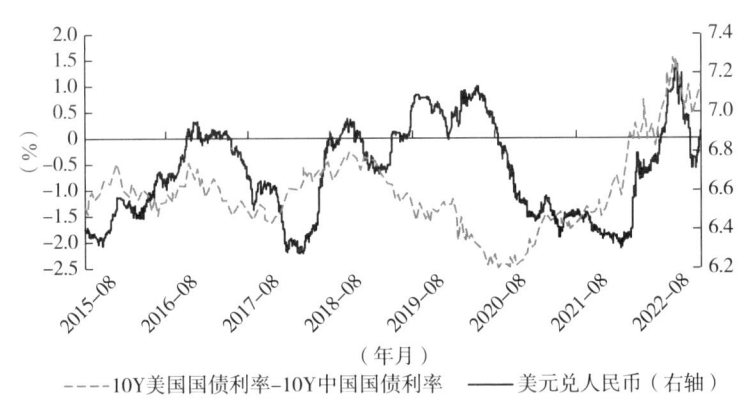

图 12-20 美国利率减去中国利率的差值增大时，人民币汇率倾向于贬值
资料来源：万得资讯，作者整理。

美国国债利率对黄金的影响

黄金是一种特殊类别的大宗商品，经常被当作货币使用。我们

已经知道利率的变化会影响汇率,如果将黄金的价格也视为一种汇率,那么利率的变化将影响金价也不足为奇。具体来说,黄金的定价主要受到两种属性的影响,其一是避险属性,其二是货币属性。避险属性意味着当全球出现经济或政治的潜在风险时,黄金价格将得到提振,如在2022年年初俄乌局势紧张时,金价就曾持续上涨。而对货币属性来说,当美国利率上升时,金价似乎应该下跌,但如果导致利率上升的因素是通胀,那黄金作为商品其价格倾向于与其他实物资产的价格一同上升。所以只有当实际利率上升时,金价才趋于下跌。历史上美国实际利率与金价的负相关关系较为显著(见图12-21)。

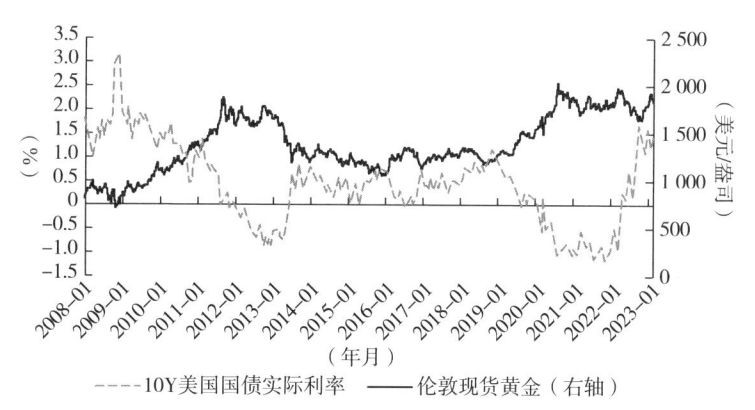

图12-21 美国实际利率和金价的负相关关系较为显著
资料来源:万得资讯,作者整理。

第十三章
中美利差、汇差与国际收支

人民币汇率

人民币汇率的理论研究

汇率本身是一种资产（外汇）的价格表现形式，因此汇率也会受到基本面逻辑与交易心理的共同影响，但在不同汇率决定理论的前提假设之下，特定因素对汇率的影响可能并不相同。理论上，购买力平价、利率平价、国际收支等理论均可以在一定程度上解释汇率变动，但上述理论既有共通之处，也有互悖之处。比如当A国经济基本面相对B国改善时，A国将加大对B国的商品购买，从而加大B国的经常项目顺差，在国际收支理论中，上述变化可能造成B国的货币相对A国升值。但是，A国经济基本面改善的同时往往也对应着A国的实际利率与通胀的上升，因而会在一定程度上推升A国的资产收益率，从利率平价的角度上说，这可能造成A国货币相对B国升值。此外，风险事件、交易和投机心理等因素也可能引起一国汇率的波动，因此在分析汇率走势时，需要关注最主要的汇率决定逻辑。简单的汇率分析框架如图13-1所示。

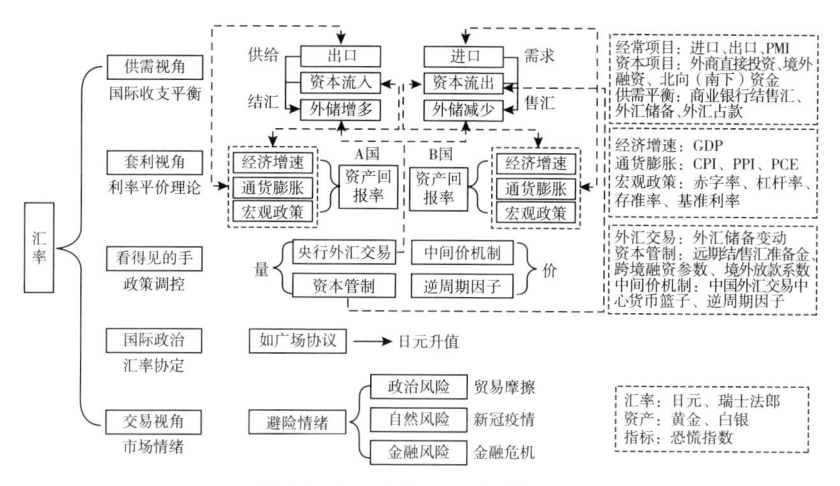

图 13-1 简单的汇率分析框架

购买力平价理论和利率平价理论作为学术界讨论较多的两大理论，从不同角度来解释两国货币变动。概括来说，购买力平价理论尝试从物价/通胀的角度解释两国货币间的变动，利率平价理论则试图从利率和资本流动的角度解释汇率波动。但在实际的人民币汇率（本章所指的人民币汇率均为"美元兑人民币即期汇率"）分析中，较为严苛的假设条件限制了这两个理论的解释力度。

购买力平价理论包括绝对购买力平价和相对购买力平价，其中绝对购买力平价理论反映"汇率水平与两国价格水平之间的关系"，相对购买力平价理论反映"汇率变动与价格水平变动之间的关系"。购买力平价理论成立的前提为"一价法则"。[1] 而现实由于贸易成本、贸易壁垒、部分商品不可贸易等因素的存在，都使得"一价法则"难以成立。参考国际清算银行公布的人民币广义名义汇率指数和广义实际汇率指数，能够看到二者基本同涨同跌，表明即使剔除

---

[1] 资料来源：温建东，黄昊. 关于购买力平价与汇率关系的实证研究 [J]. 中国货币市场，2008（09）：16-22.

了通胀相对变动的影响,仍存在其他影响因素,使得人民币的实际汇率指数并未呈现出理论上的稳定状态(见图13-2)。

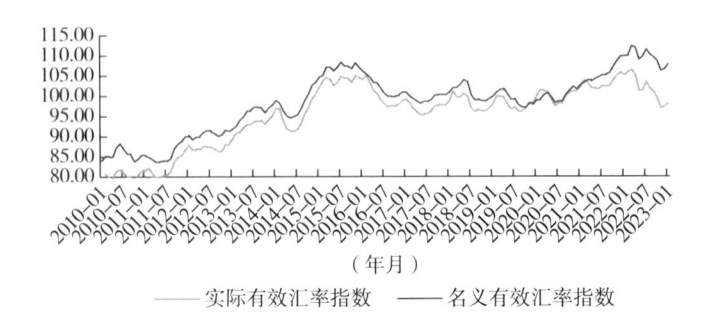

图13-2　人民币广义名义汇率指数和广义实际汇率指数趋势保持一致
注:2010年=100。
资料来源:万得资讯。

利率平价理论包括无抛补利率平价理论和抛补利率平价理论,其中,无抛补的利率平价理论认为当本国利率高(低)于外国利率时,本国货币预期贬(升)值,贬(升)值的幅度等于国内与国际利率水平之差;抛补的利率平价理论则认为本国利率高(低)于外国利率的差额等于本国货币的远期贴(升)水。高利率国的货币在期汇市场上必定贴水,低利率国的货币在期汇市场上必定升水。[1]利率平价理论的重要假设条件是均衡的市场利率加货币的完全可兑换。[2] 尽管从趋势上看,包括LPR改革、优化存款利率自律上限形成方式、取消合格境外机构投资者(QFII)/人民币合格境外机构投资者(RQFII)投资额度等,都表明我国的市场化进程在不断发

---

[1] 资料来源:杜金珉,郑凌云. 利率平价理论对我国汇率决定的适用性探讨[J]. 学术研究,2001(03):10-13.
[2] 资料来源:易纲,范敏. 人民币汇率的决定因素及走势分析[J]. 经济研究,1997(10):26-35.

展。但站在当前时点，我国仍未形成完整的市场化利率体系，叠加资本项目可兑换程度尚需提升，使得利率平价理论对于人民币汇率（尤其是即期汇率）的解释力度有限。这一论点从中美 1 年期国债利差和人民币汇率之间的走势也能得到验证，2015 年以来，这两个指标之间并不存在稳定的正相关或负相关关系（见图 13-3）。

图 13-3 中美 1 年期国债利差和人民币汇率之间不存在稳定的正相关/负相关关系

资料来源：万得资讯。

国际收支平衡表记录了一国的贸易、资本和官方储备的变动情况，具体包括"经常账户""资本和金融账户""净误差与遗漏"，其为人民币汇率分析提供了多维视角。结构上，经常账户由 3 个子账户构成，包括货物和服务、初次收入和二次收入。从差额规模的角度来看，货物既是经常账户中最大的顺差来源，也是我国国际收支顺差的最主要贡献项。资本和金融账户又分别分为资本账户和金融账户，其中以金融账户为主。金融账户又分为非储备性质的金融账户与储备资产。代表资本流动活动的主要为非储备性质的金融账户，其中包含了直接投资、证券投资、金融衍生工具、其他投资 4 个重要项目。储备资产代表包括外汇储备的各类货币、黄金等。净误差与遗漏项是指在编制国际收支平衡表时，因数据不完整、统计时间和计价标准不一致等因素所造成的差错和遗漏，它是为使国际收支借贷双方相互平衡而设置的平衡项目（见表 13-1）。

表 13-1　国际收支平衡表结构

1. 经常账户 　**1. A 货物和服务** 　　**1. A. a 货物** 　　**1. A. b 服务** 　　　1. A. b. 1 加工服务 　　　1. A. b. 2 维护和维修服务 　　　1. A. b. 3 运输 　　　1. A. b. 4 旅行 　　　1. A. b. 5 建设 　　　1. A. b. 6 保险和养老金服务 　　　1. A. b. 7 金融服务 　　　1. A. b. 8 知识产权使用费 　　　1. A. b. 9 电信、计算机和信 　　　　息服务 　　　1. A. b. 10 其他商业服务 　　　1. A. b. 11 个人、文化和娱 　　　　乐服务 　　　1. A. b. 12 别处未提及的政 　　　　府货物和服务 　**1. B 初次收入** 　　1. B. 1 雇员报酬 　　1. B. 2 投资收益 　　1. B. 3 其他初次收入 　**1. C 二次收入** 　　1. C. 1 个人转移 　　1. C. 2 其他二次收入	**2. 资本和金融账户** 　**2.1 资本账户** 　**2.2 金融账户** 　　2.2.1 非储备性质的金融账户 　　　2.2.1.1 直接投资 　　　　股权 　　　　关联企业债务 　　　2.2.1.2 证券投资 　　　　股权 　　　　债券 　　　2.2.1.3 金融衍生工具 　　　2.2.1.4 其他投资 　　　　其他股权 　　　　货币和存款 　　　　贷款 　　　　保险和养老金 　　　　贸易信贷 　　　　其他 　　　　特别提款权 　　2.2.2 储备资产 　　　2.2.2.1 货币黄金 　　　2.2.2.2 特别提款权 　　　2.2.2.3 在国际货币基金组织 　　　　的储备 　　　2.2.2.4 外汇储备 　　　2.2.2.5 其他储备资产 **3. 净误差与遗漏**

资料来源：国家外汇管理局，作者整理。

观察人民币汇率的常用视角

从人民币汇率中间价的形成机制中寻找相关影响因素，可以看到外汇市场供求和美元指数是关键。根据外汇交易中心所公布的人民币汇率中间价形成机制，"外汇市场做市商参考上日银行间外汇市场收盘汇率，综合考虑外汇供求情况以及国际主要货币汇率变化进行报价"，此外央行还会不定期启用"逆周期因子"以调整人民币兑美元汇率中间价报价模型。当前，"逆周期因子"已淡出使用，人民币兑美元汇率中间价主要受到市场供需和一篮子货币汇率变化两个因素影响。2015年12月11日，中国外汇交易中心发布人民币汇率指数，强调要加大参考一篮子货币的力度。基于这一原则，目前已经初步形成"收盘汇率+一篮子货币汇率变化"的人民币兑美元汇率中间价形成机制。"收盘汇率+一篮子货币汇率变化"是指做市商在进行人民币兑美元汇率中间价报价时，需要考虑"收盘汇率"和"一篮子货币汇率变化"两个组成部分。其中，"收盘汇率"是指上日16时30分银行间外汇市场的人民币兑美元收盘汇率，主要反映外汇市场供求状况。"一篮子货币汇率变化"是指为保持人民币兑一篮子货币汇率基本稳定所要求的人民币兑美元双边汇率的调整幅度，主要是为了保持当日人民币汇率指数与上一日人民币汇率指数相对稳定，一定程度上受到美元指数的影响。

在外汇市场供求层面，外贸、外商直接投资、外资证券投资等因素是重要的观察指标，其本质反映的是我国经济的增长潜力。作为拉动我国经济增长的"三驾马车"之一，出口一方面反映了我国经济增长的动能，另一方面也从贸易顺差维度创造了外汇市场的供需。值得注意的是，通过外贸渠道产生的外汇供需，需要通过结售汇行为才能对人民币汇率产生实际的影响。此外，外商来华直接投资和外资证券投资也是影响外汇市场供需的另外两个因素，即资本流动。其中，直接投资更偏中长期，其关注的是我国未来一段时间内的发展潜力，因此投资信心、营商环境的便利程度等因素对外商直接投资的影响较大。证券投资则偏短期，无论是股市的北向资金，还是债市的外资，都容易受到资产比价、风险偏好等短期因素的扰动。

美元指数与人民币汇率之间存在着"美元指数——篮子货币汇率—人民币中间价—人民币即期汇率"的传导链条。历史数据显示，"8·11"汇改以来，人民币汇率与美元指数的走势整体保持一致。但与此同时，由于美元指数衡量的是美元对于一篮子货币的汇率变化情况，其中欧元、日元和英镑3种货币所占权重分列前三，分别达到57.6%、13.6%和11.9%，而人民币并未纳入美元指数的计算之中，因此人民币汇率和美元指数也在部分时间段内走出了显著背离的趋势，例如2016年4—6月、2017年1—5月、2019年1—4月、2021年1—3月以及2021年9—12月（见图13-4）。从美元指数的视角来看，其上行动力往往来自美联储相对其他央行采取更为紧缩的货币政策，以及美国经济相对于其他非美经济体更强，其中货币政策差异的影响更为明显。以"欧美制造业PMI之

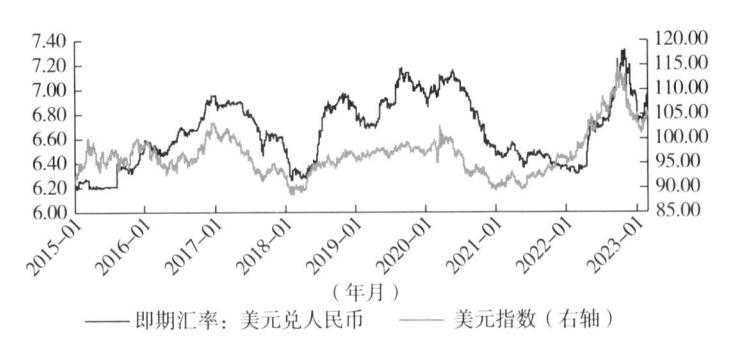

图13-4　人民币汇率与美元指数走势整体一致，但部分时间仍有背离
注：美元指数1973年3月=100。
资料来源：万得资讯。

差"衡量欧美经济相对强弱，趋势上，该指标对美元指数具有一定的指引作用，但二者的时间节奏并不完全一致；以"10年期欧元区公债和10年期美国国债利差"（以下简称"欧美利差"）、"10年期德国国债和10年期美国国债利差"（以下简称"德美利差"）作为欧美货币政策差异的高频观察指标，可以看到欧美利差和德美利差与美元指数的相关性更高，表明欧美央行货币政策差异对于美元指数的影响更为显著。

当前，我国央行已退出对外汇市场的日常干预，但其仍拥有丰富的政策工具箱以应对外汇的异常波动，引导人民币汇率预期，具体包括官方沟通引导、金融机构外汇存款准备金率、逆周期因子、远期外汇风险准备金率、跨境融资宏观审慎参数等宏观审慎工具，以及调节离岸人民币市场利率等（见表13－2）。从实操情况来看，2021年

表13－2　汇率政策工具梳理

工具类型	具体工具	描述
货币政策	货币政策	
外汇干预	外汇储备	运用外汇储备来投放或者回收美元，从而影响汇率
离岸工具	离岸利率、离岸央票	通过调节离岸市场人民币流动性、拆借利率等，从而影响离岸汇率，并进一步影响在岸汇率
预期管理	预期引导	官方沟通，引导汇率预期
宏观审慎	远期外汇业务成本调节	通过调节远期外汇业务成本（如远期外汇业务风险准备金），从而影响汇率
	远期合约互换点	通过互换交易，影响远期合约互换点和差价，从而影响汇率
	宏观审慎参数	通过调节跨境融资，境外放款宏观审慎参数，调节外汇流入流出，从而影响汇率
	外汇存款准备金	通过调整外汇存款准备金，在不影响本币体系的前提下，调控境内美元供求，从而影响汇率
	逆周期因子	对中间价的逆周期调节，直接影响汇率中间价

第十三章　中美利差、汇差与国际收支

以来，央行数次调整外汇存款准备金率，同时还采取上调跨境融资宏观审慎调节参数、上调远期售汇业务的外汇风险准备金率、官方沟通引导等方式加强人民币汇率预期管理。

国际收支

如何理解我国的国际收支平衡表

在经常账户中，外贸是观察"货物"项差额的高频指标，其对人民币汇率的影响较大。进出口表现是观察我国货物顺差的重要视角，人民币汇率与贸易顺差也存在较强的相关性。典型时期包括2018年，出口增速走弱叠加进口保持韧性导致贸易顺差规模收敛，成为当期人民币汇率走弱的主因之一。2020年第二季度—2021年第四季度，进出口持续高增，出口高景气度推动贸易顺差保持高位，支撑人民币汇率持续走强。服务主要包括运输服务、旅游服务、保险和退休金服务、金融服务、制造服务及其他服务，我国服务贸易长期处于逆差，疫情防控期间由于境外出行的减少，逆差规模大幅收窄。初次收入主要包括投资收益及雇员报酬。投资收益又包括直接投资收益、证券投资收益、其他投资收益及储备资产收益。二次收入账户记录居民与非居民之间的经常转移，总体占比较小（见图13-5）。

非储备性质的金融账户包括直接投资、证券投资、金融衍生工具和其他投资，集中反映民间部门的跨境资本流动（见图13-6）。

直接投资与经常账户共同构成的"基础账户"，对人民币汇率的长期趋势起到支撑作用。直接账户反映中长期限的资本投资，与经济发展预期相关，在实际分析中，该账户对应的高频指标可参考商务部发布的"实际使用外资金额：外商直接投资"。考虑到直接

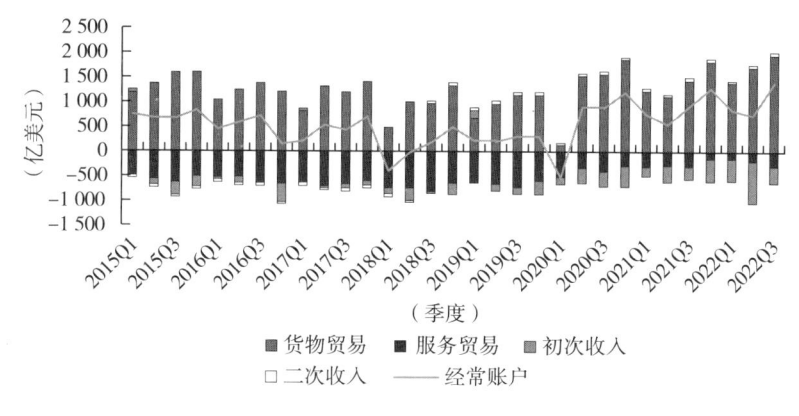

图13-5 我国经常账户结构

资料来源：国家外汇管理局。

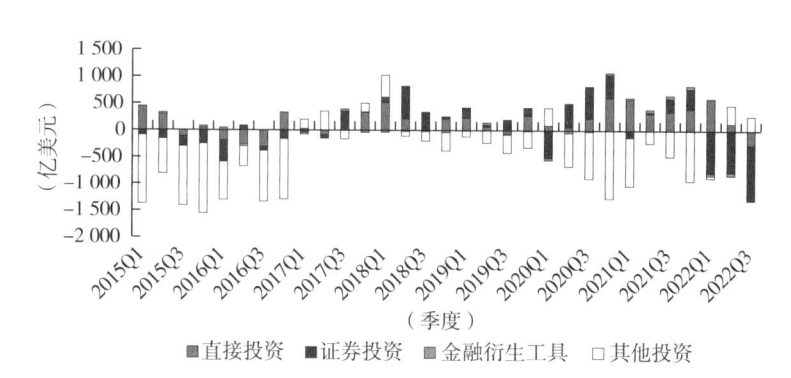

图13-6 我国非储备性质的金融账户结构

资料来源：国家外汇管理局。

投资的期限一般较长，因此相关的资金活动与中长期的经济发展预期较为紧密。以2021年为例，2020年第二季度以来，受益于国内防疫成果，以及全球疫情频发背景下我国对于海外其他新兴市场的相对优势，市场对于我国经济增长的预期较为乐观。在此背景下，2021年外商直接投资净流入规模创2014年以来新高，读数高达2 059亿美元，为同期人民币汇率保持强势提供支撑（见图13-7）。

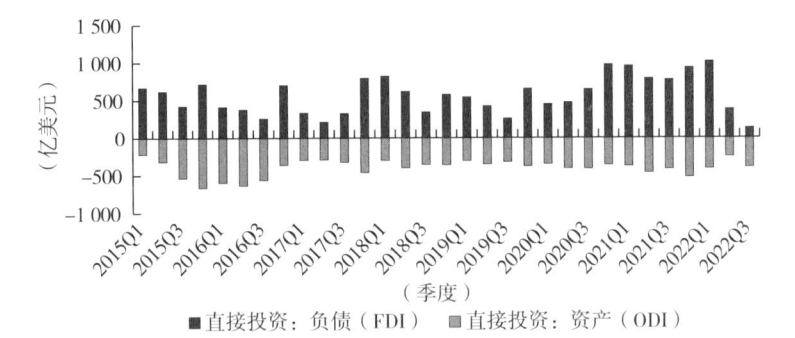

图 13-7 非储备性质金融账户中的直接投资账户结构

资料来源：国家外汇管理局。

证券投资账户能够集中体现外资在我国股债两市的流动，为人民币汇率波动提供金融市场资本流动的分析视角。从结构上看，我国对外股权投资和债券投资的波动性较大，这与海外金融市场波动、国内金融市场对外开放进程等因素有关（见图13-8）。而外资来华证券投资则以债券投资为主，其投资节奏对中美利差的变动较为敏感，同时外资在华的股权投资规模增速也较高，相关投资主要受到国内经济和A股市场基本面、全球风险事件等因素影响（见图13-9）。

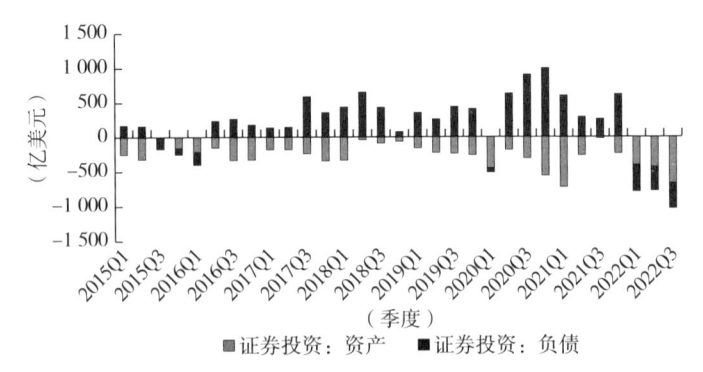

图 13-8 非储备性质金融账户中的证券投资账户结构

资料来源：国家外汇管理局。

整体来看，证券投资账户记录了金融市场的资本流动情况，当该账户出现大规模逆差时（如 2015 年和 2016 年），表明来自金融市场的资本外流压力加剧，进而对人民币汇率形成压制。在实际的汇率分析过程中，可以参考交易所公布的北向资金流动情况、中债登和上清所公布的债券托管情况等相对高频的数据。

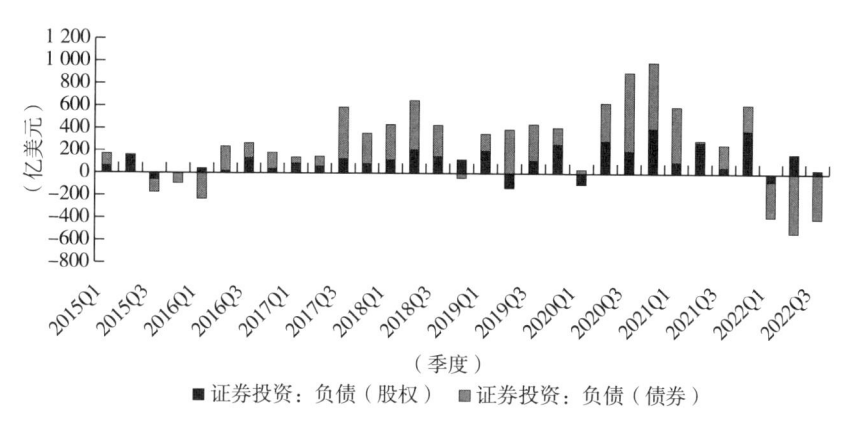

图 13-9　外资来华证券投资以债券投资为主
资料来源：国家外汇管理局。

其他投资账户所含子账户主要为货币和存款、贷款和贸易信贷。该账户的资产端反映境内主体对于资金的境外运用情况，包括企业存放境外的存款、银行对海外分支机构的拆借、企业出口应收等。负债端则反映境外非居民持有人民币的意愿、境内企业对境外贷款的运用、企业进口应付等。尽管其他投资账户缺乏对应的高频数据以观察相关资本流动情况，但我们依然可以根据该账户了解我国的"藏汇于民"、企业偿还外债等现象。2020—2022 年，其他投资账户无论是在升值还是贬值方向都在人民币汇率的波动中起到了重要的缓冲垫作用（见图 13-10）。

储备资产显示了央行拥有的对外资产。在结构上，储备资产包括货币黄金、特别提款权、在国际货币基金组织的储备头寸、外汇

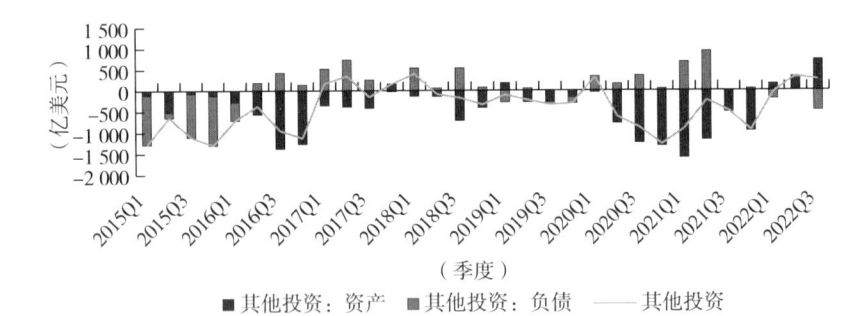

图 13-10　非储备性质金融账户中的其他投资账户结构
资料来源：国家外汇管理局。

储备和其他储备资产，其中主要的变动项为外汇储备。在实际分析中，可通过国际收支平衡表和央行资产负债表两个口径观察我国外汇储备的变动，前者反映了因交易因素导致的外汇储备变动情况，后者则能够体现非交易因素的影响，包括汇率折算、资产价格变动等。整体来看，随着央行对外汇市场直接干预的减少，我国外汇储备规模在 2017 年以后便基本保持稳定（见图 13-11 和图 13-12）。

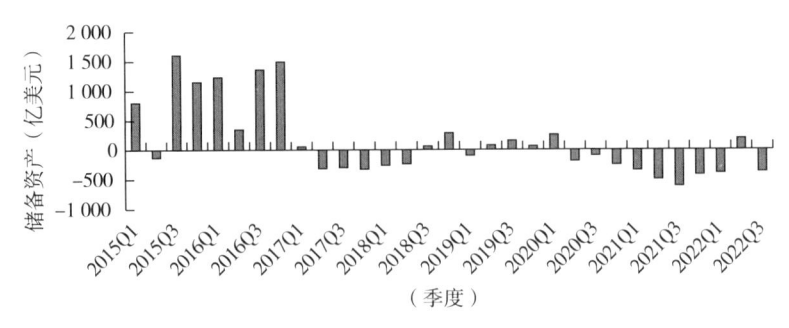

图 13-11　国际收支口径下的储备资产变动
资料来源：国家外汇管理局。

336　债务周期与交易策略

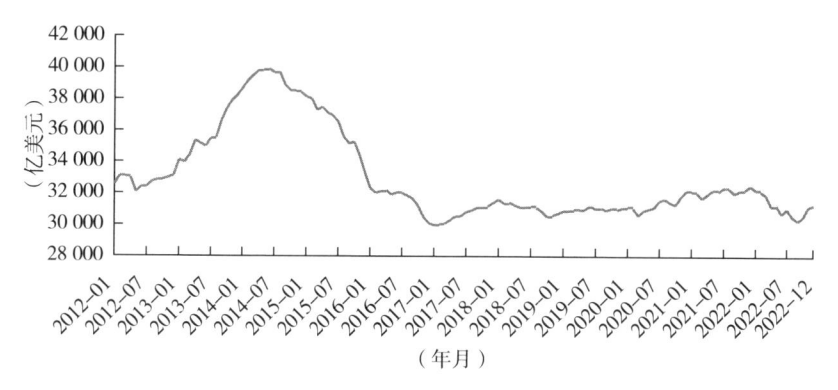

图 13-12 央行口径下的外汇储备

资料来源：万得资讯。

基于国际收支平衡表的人民币汇率分析

2015 年 8 月 11 日，央行发布声明，决定完善人民币兑美元汇率中间价报价，自此人民币汇率向着市场化方向更进一步。2015 年 8 月—2022 年 1 月，根据趋势可以将人民币汇率的变动大致分为 5 个较为典型的阶段（见图 13-13），分别是 2015 年 8 月—2016 年 12 月、2017 年 1 月—2018 年 2 月、2018 年 3 月—2020 年 5 月、2020 年 6 月—2022 年 1 月、2022 年 4 月—2022 年 11 月。通过国际收支平衡表数据，能够较好地分析前述 5 个阶段的人民币汇率波动的驱动因素，体现出基于国际收支框架研究人民币汇率的实用性（见图 13-14）。

1. 2015 年 8 月—2016 年 12 月：全口径的资本外流导致人民币持续走贬。宏观经济方面，由于中美在经济周期、货币政策等方面分化明显，中美利差从 170bp 以上逐步收敛至 50bp 左右。在此背景下，虽然我国的经常账户顺差仍然维持在平均水平，但金融账户出现了全口径资本外流。具体来看，对华直接投资规模缩减叠加对外直接投资规模走高，引发"直接投资"顺差转为逆差。在证券投

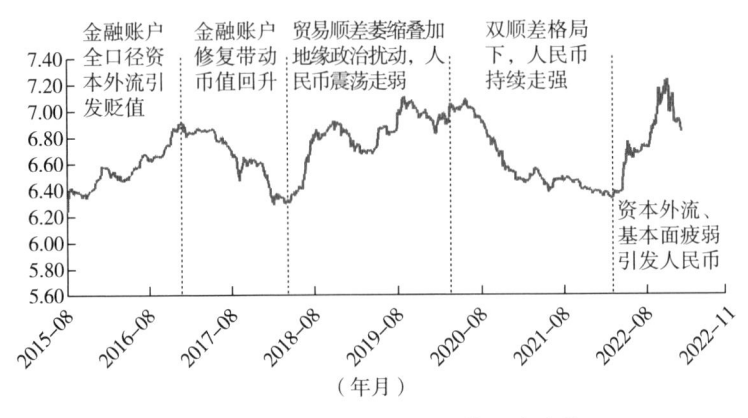

图 13-13 美元兑人民币即期汇率走势

资料来源：万得资讯。

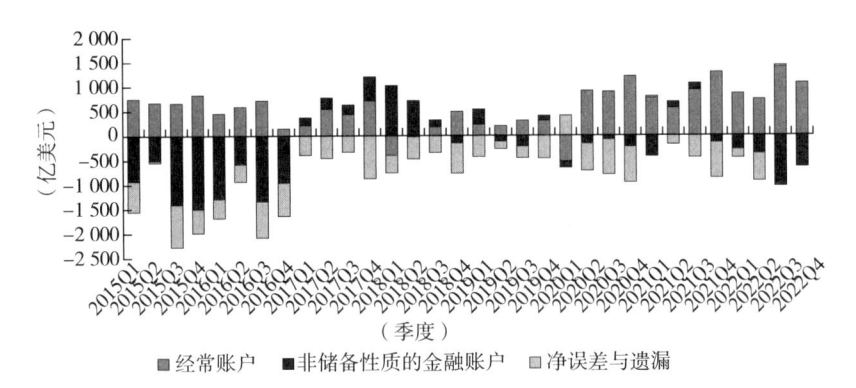

图 13-14 我国国际收支变动情况

注：2022 年第四季度数据为初步数。

资料来源：国家外汇管理局。

资账户中，人民币资产吸引力下降，境内居民配置海外资产导致的资金流出规模增加，同时人民币资产吸引力下降使得境外来华证券投资大幅收缩。在其他投资账户中，2015 年的资金流出主要来源为负债端，即外来资金的撤出。而 2016 年则是资产端资金出现大额流出，即境内资金的主动流出。从分项来看，资金流出主要来自存款减少、企业偿还外债以及外贸企业延迟结汇等，净误差与遗漏项规模的明显走阔或暗含非正规途径的资本外逃等。实际发生的全口径资本外流叠加人民币贬值预期的形成，带动同期人民币汇率持续贬值（见图13-15）。

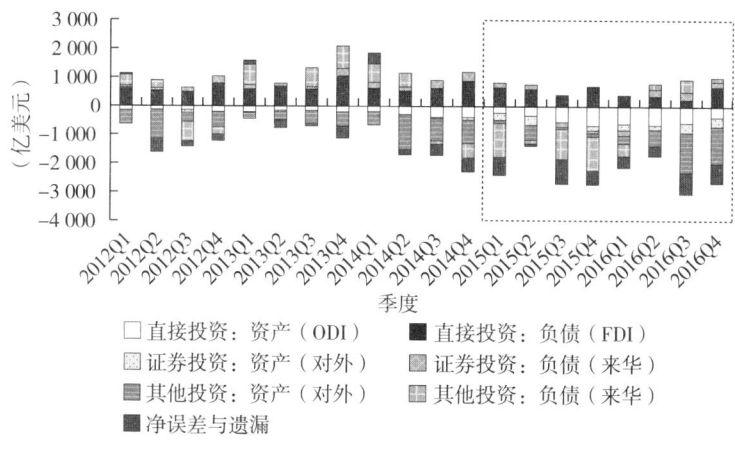

图 13-15　2015—2016年，金融账户出现全口径资本外流
资料来源：国家外汇管理局。

2. 2017年1月—2018年2月：金融账户修复带动人民币重回升值通道。这一阶段，随着国内经济基本面的回暖，央行货币政策开始转向，中美周期错位现象逐步缓和。体现在国际收支平衡表中，一是经常账户仍然维持韧性；二是金融账户较2015—2016年有所修复，资本外流压力趋缓。具体来看，境外直接投资流出节奏明显放缓，单季度平均流出规模从2015年第三季度—2016年第三季度的600亿美元降至2017年的350亿美元。外资逐步回流我国证券市场，尤其是随着"债券通"中"北向通"的开启，外资增持我国债券资产规模快速增长，企业偿还外债情况趋缓，其他投资账户的资本流出压力减弱。在金融账户全方位的修复之下，人民币进入升值通道（见图13-16）。

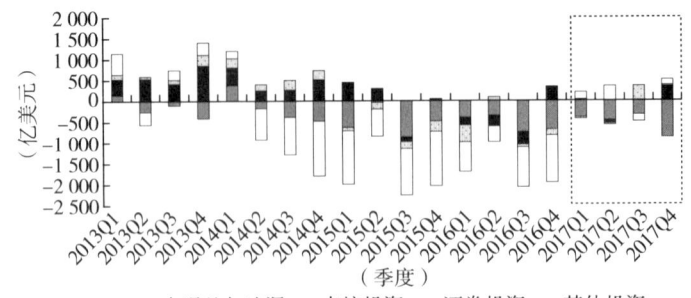

图 13-16　2017 年全年，我国金融账户有所修复

资料来源：国家外汇管理局。

3. 2018 年 3 月—2020 年 5 月：贸易顺差萎缩叠加地缘政治因素扰动，人民币震荡趋弱。2018—2019 年，人民币汇率的主导因素切换至中美贸易摩擦，具体体现在贸易增速下行导致经常账户顺差收窄，贸易摩擦升温带动市场风险偏好走低，部分金融账户出现一定的资本流出压力。2020 年第一季度，受新冠疫情影响，人民币偏弱运行。整体来看，这一阶段在贸易顺差萎缩的背景下，人民币呈现出震荡趋弱的行情（见图 13-17）。

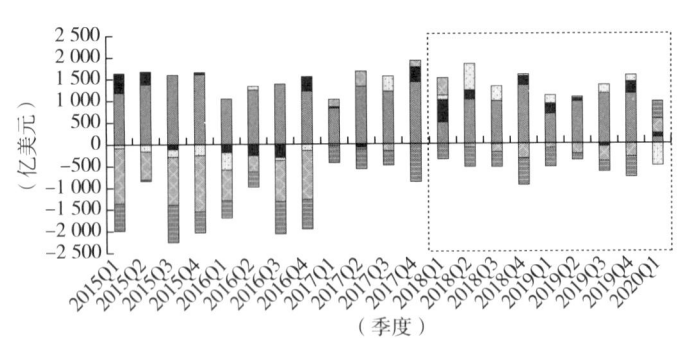

图 13-17　2018 年—2020 年第一季度，我国经常账户和金融账户呈现此消彼长的格局

资料来源：国家外汇管理局。

340　债务周期与交易策略

4. 2020年6月—2022年1月：基础账户高额顺差叠加证券账户净流入规模走高，支撑人民币表现强势。具体来看，受益于国内防疫成果和相对完备的产业链，2020年第二季度以来我国出口实现了快速修复。随着海外需求在大幅的政策刺激下反弹，叠加全球供应链问题加剧，2021年全年我国出口保持了较高的景气度，并带动货物贸易顺差增至历史较高水平。与此同时，受全球疫情影响，居民跨境旅游、留学等活动受限，使得我国服务贸易逆差收窄。在此背景下，经常账户顺差成为支撑人民币走出持续升值行情的基石。在直接投资方面，外商直接投资单季度顺差规模显著高于疫情前水平，即外商来华长期投资的资本流入规模较大。一是因为国内经济在良好的防疫效果以及国内产业链支撑下持续修复，而其他主要新兴经济体仍受制于疫情，使得我国仍然受到了全球外商的追捧。二是国内"稳外贸、促外资"相关工作稳步推进，减税免税等多项措施为外商来华投资提供了更多便利。此外，受益于中美利差走高、国内经济向好等因素，同期证券账户顺差走高，即外资来华证券投资增长（见图13-18）。

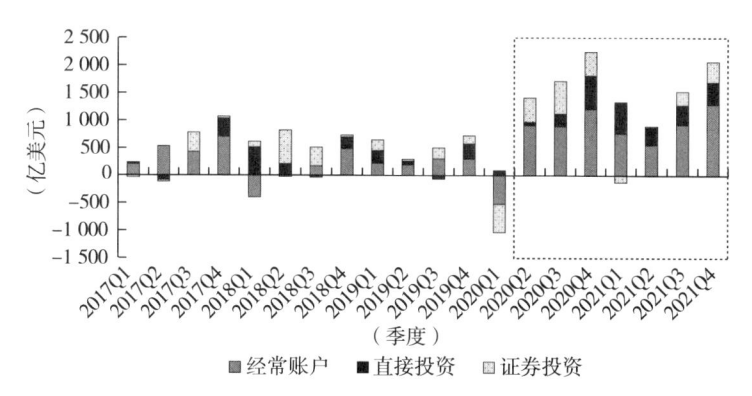

图13-18 2020年第二季度—2021年第四季度，基础账户高额顺差叠加证券账户净流入规模走高，支撑同期人民币表现强势

资料来源：国家外汇管理局。

第十三章 中美利差、汇差与国际收支 341

5. 2022年4月—2022年11月："双顺差"格局逐步逆转，散点疫情频发使经济基本面修复较慢，叠加美联储大幅加息，金融市场资本外流压力加剧，人民币快速走贬。这一阶段，我国经常账户顺差规模创历史新高，主要原因如下。一是在"出口仍有一定韧性+进口持续疲软"的格局下，我国国际收支中的货物顺差规模进一步增长，第三季度单季读数甚至创下历史新高，成为经常账户高顺差的主要贡献项。二是疫情防控对于跨境活动的限制使得旅行服务逆差继续低位运行，进而导致服务逆差规模不及疫情前水平。但同时，非储备性质金融账户显示出较大的资本外流压力。直接投资顺差显著收窄，第三季度单季读数转为逆差，表明散点疫情频发等因素导致外商来华直接投资节奏放缓，资本流出压力集中于证券投资账户，主要体现在外资持续减持人民币债券资产。在此背景下，人民币汇率经历了两轮急贬，并一度突破7.3的高位（见图13-19和图13-20）。

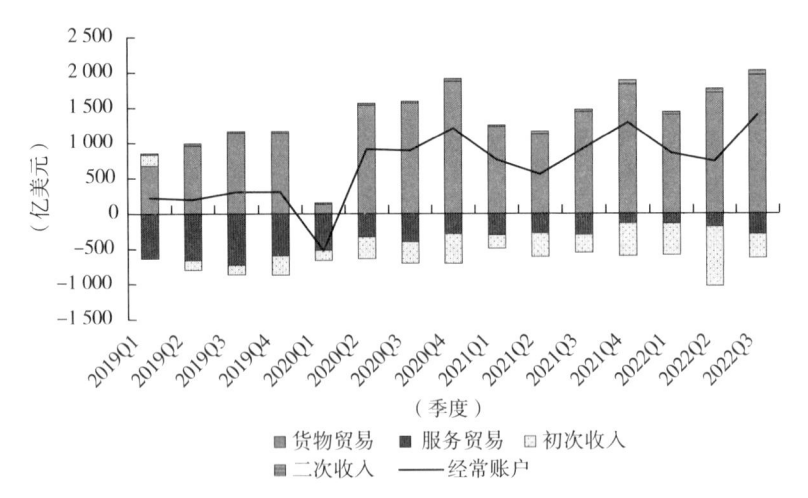

图13-19　2022年前三季度，经常账户顺差规模创历史新高

资料来源：国家外汇管理局。

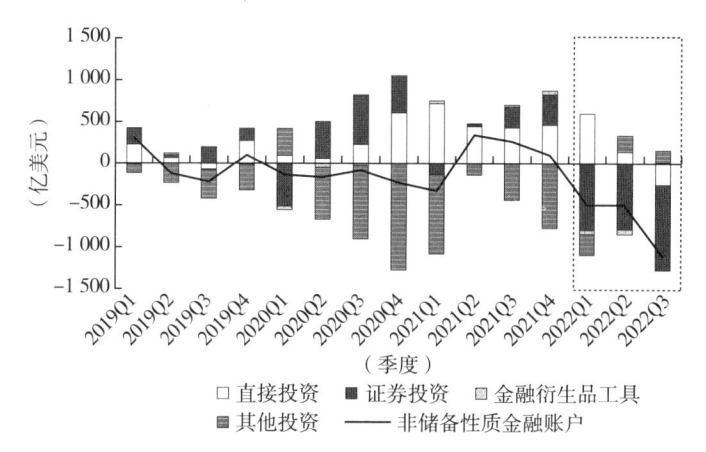

图 13-20　2022 年前三季度，非储备性质金融账户凸显较大的资本外流压力

资料来源：国家外汇管理局。

中美货币政策周期分化与中美利差

中美经济周期错位决定中美货币政策周期分化

作为宏观调控的重要工具，货币政策的取向和节奏主要基于宏观经济基本面。因此，中美在经济周期上的错位，使得两国央行在面对通胀、就业、国内产业转型等不同经济环境时，采取了差异化的货币政策举措，进而导致货币政策周期出现分化。从历史上看，中美货币政策周期的分分合合，错位分化并不鲜见。在美联储宽松的起点（降息、QE），我国货币政策以宽松为主，且我国货币政策多数会率先收紧；在美联储收紧的起点（加息、缩表），我国货币政策并不会立即跟随收紧；而在美联储缩减购债阶段，我国货币政策有松有紧。由于近年来我国货币政策主动性增强，周期短、转向快的特征也更为显著，历史上中美货币政策分化错位较为常见，尤其是 2008 年美国金融危机后。2014—2016 年、2018—2019 年、2021—2023 年

是最近的 3 个典型的中美货币政策周期背离时期，在此期间，美联储货币政策紧缩、我国货币政策宽松。

1. 2014 年 11 月—2016 年 3 月：中美货币政策分化长达 16 个月。美联储于 2013 年 12 月缩减购债并于 2014 年 10 月退出 QE，其货币政策逐步转向正常化。我国于 2014 年 11 月启动降息，2015 年 2 月启动降准，正式进入货币宽松周期。直到 2015 年 12 月美联储启动 2008 年金融危机后首次加息，在 3 个月后中国央行开展了这一轮货币宽松周期的最后一次降准，此后中美货币政策回归同步紧缩。

此轮中美货币政策周期分化的背景是 2008 年金融危机后我国经济比美国经济更早触顶，也更早出现经济下行压力。2014 年上半年，美国 GDP 增速回升到 3% 附近，失业率回到 6% 以下，通胀处于 1.5% 附近，虽然通胀未达到美联储货币政策目标，但美联储寻求正常化的货币政策空间。相比而言，在前期"非标"整治抑制信用扩张、"新常态"的经济发展结构转变格局下，我国 PMI 指标于 2014 年 7 月触顶回落，领先美国 PMI 触顶约一个季度，显示我国宏观经济出现下行压力。更为重要的是，2014 年 GDP 增长目标完成难度较大，同时 PPI 通缩压力进一步增大。

2. 2018 年 4 月—2019 年 8 月：中美货币政策周期分化长达 16 个月。美联储于 2016 年 12 月重新启动加息周期，并于 2017 年 10 月启动缩表。中国央行于 2017 年 2 月跟随美联储加息，2018 年 4 月我国货币政策在美联储仍处于加息周期的背景下转向宽松，其后开启了多次降准操作。直到 2019 年 8 月美联储结束缩表并重启降息，中美货币政策再次回归同步宽松。

观察当时的宏观经济背景，2018 年我国经济先于美国经济见顶回落，我国货币政策"以我为主"。具体来看，2017 年，我国的金融去杠杆导致信用扩张受限、社融增速快速下行，加之中美贸易摩擦，PMI 于 2018 年 5 月见顶，领先美国 PMI 见顶一个季度，显示了 2018 年国内经济下行压力加大，且 2019 年 GDP 增速面临低于政府预期目标的风险。与此同时，国内通胀也处于持续下行趋势中，2019 年年初 PPI 同比接近 0。相比而言，美国经济呈现高增长和高通胀的组合，2018 年美国 GDP 增速保持在 2.5% 以上，CPI 同比持续高于 2%，核心 PCE 同比处于 2% 附近，为美联储加息缩表提供了条件。

3. 2021 年 7 月—2023 年：截至 2023 年 2 月，中美货币政策周期分化已达 19 个月。在稳增长目标下，我国货币政策靠前发力，分别于 2021 年 7 月和 12 月开展两次降准，并于 2022 年 1 月下调 MLF 利率，2021 年 12 月和 2022 年 1 月 LPR 报价连续两个月下行。进入 2022 年第三季度，中国央行再度于 8 月下调 1 年期 MLF 利率和 LPR 报价以提振国内需求。美国方面，在持续的高通胀压力下，美联储于 2021 年 11 月启动缩减购债规模，并在随后的 2022 年 3 月首次加息。截至 2023 年 2 月，美联储已累计加息 425bp，其中 2022 年 6—11 月曾连续单月加息 75bp，中美货币政策周期分化错位愈发明显。

此轮中美货币政策周期分化的背景是，2021 年以来，多国经济迎来复苏，经济修复推动了海外央行的货币政策宽松退潮，而我国货币政策在稳增长目标下维持稳健宽松。具体来看，美国方面，经济修复动能强劲，2021 年全年美国制造业 PMI 都在 60% 附近运行。与此同时，2021 年下半年以来供应链瓶颈未能如期缓解，美联储对于通胀的反应远远滞后于曲线，导致美国通胀攀升。叠加 2022 年年初俄乌紧张局势进一步推升了能源、粮食等基础商品价格，使得美国通胀压力加剧，CPI 同比读数创近 40 年以来新高。我国方面，2021 年以来，我国经济发展面临需求收缩、供给冲击、预期转弱三重压力，在房地产行业下行压力下宽信用效果不佳，国内经济下行压力进一步加大。2021年9月和10月的制造业PMI读数已跌破荣枯线，2021年第四季度GDP增速下滑至4%。而国内通胀较为温和，CPI同比始终维持在1%附近，PPI同比自2021年10月触顶回落。中美在经济修复程度、国内通胀压力等方面的显著差异，最终导致此轮中美货币政策周期的分化。

中美货币政策周期分化下的利差走势

从历史上看，此前的中美利差倒挂，主要原因为我国经济与美国经济联动性较弱。过去，中美利差倒挂仅发生在2002—2003年、2005—2007年及2009年前后3次。当时中美利差波动较大主要是由于中美货币政策跟随各自国内经济发展与通胀水平变动，而我国与美国所处经济周期并不一致，导致两国货币政策各自变动，相关性较小，波动区间为-310bp~127bp，三次倒挂低点分别为-310bp、-216bp、-93bp。并且在2010年以前我国金融市场开放程度较低，债市利率受海外市场的影响程度较小，中美两国利率联动性也较弱，在2010年以后，中国国债利率与美国国债利率联动性随金融市场开放程度增加而提升，且在2010年以后中国国债利率才长期高于美国国债利率，因此着重分析2010年以后历史上中美利差收窄的情形更具实际意义。

2010年以后，中美利差曾出现过5次明显收窄，这与同期中美货币政策显著分化相对应。

1. 2013年5月—2013年7月，我国通胀较为平稳，经济增长偏弱，货币政策边际收紧，中债利率呈现上行趋势，而同期由于2013年5月在美联储议息会议上，伯南克表示将逐步缩减QE规模，引发了缩减恐慌（Taper Tantrum），美国国债利率快速大幅上行，中美利差由175bp左右缩减至低点78bp。

2. 2015年8月—2015年12月，由于国内经济下行压力增大，央行相继降准降息以释放流动性,而同期美国虽然处于加息预期有所升温的阶段,但是全球其他主要国家货币政策仍较为宽松,美国国债收益率为震荡格局,因此中美利差持续由130bp左右缩减至49bp的低点。

3. 2016年6月—2016年11月,国内经济去杠杆监管加码,货币政策由宽松转为边际收紧,中债利率呈现V型走势,同期美国经济复苏信号明显,加息预期逐步升温,美国国债利率呈现上行趋势,后期随加息预期快速升温而加快上行,因此中美利差由130bp左右缩窄至49bp的低点。

4. 2017年12月—2018年12月,由于国内供给侧改革以及中美贸易摩擦导致国内经济走弱,货币政策由收紧转为宽松,中债利率持续下行,而同期由于2017年年底特朗普减税法案,美国经济表现较为强劲,美联储多次加息并持续扩大缩表规模,美国国债利率大幅上行,因此中美利差在该阶段大幅下行至24bp的低点。

5. 2021年7月—2022年11月,美国通胀愈演愈烈叠加就业市场维持韧性,支撑美联储先后开启Taper[①]和加息,其中连续多月出现单月75bp的大幅加息,推动10年期美国国债利率最高升破4.2%。因散点疫情反复扰动,产需修复不足、地产行业面临较大下行压力,国内货币政策保持宽松环境。在此背景下,中美利差快速收敛,并于2022年4月陷入倒挂状态。随着美联储紧缩程度的加深,中美利差倒挂程度也进一步加剧,最低值录得-151.97bp(见图13-21)。

---

① Taper是指美联储缩小购买债券的规模以及缩小美联储资产负债表的动作。——编者注

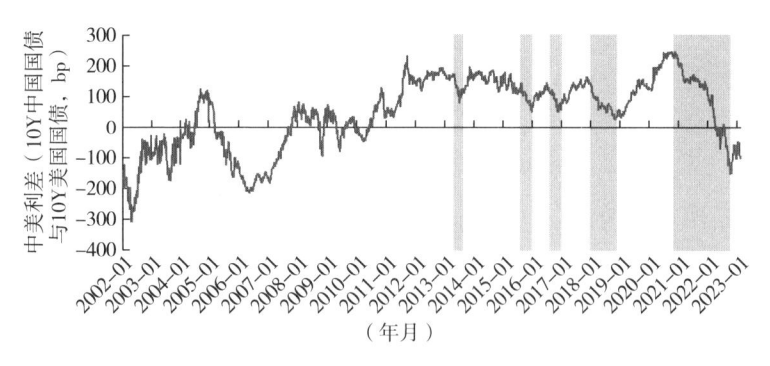

图 13-21　中美 10 年期国债利差走势

资料来源：万得资讯。

中美利差如何影响人民币汇率

中美经济周期错位导致中美货币政策周期出现分化，中美利差收窄，从历史上看也往往伴随着人民币贬值。但从过去几轮人民币和中美利差的表现来看，中美利差并非主导人民币汇率的因素。

- 2015—2016 年，人民币持续走贬的主要原因是同期非储备性质的金融账户出现大额逆差，表明资本持续净流出。中美利差收窄导致企业加速偿还外债，但这并不是人民币贬值的主要原因。
- 2018—2019 年，人民币的弱势主要是因为经常项目顺差的萎缩，同期非储备性质的金融账户并无明显的资本流出压力。因此，在该阶段，中美利差和人民币贬值之间并无直接的因果关系。
- 2021—2022 年，人民币汇率走贬与中美利差收敛在时间点上呈现错位，中美利差收窄导致外资持有人民币债券的持续流出，但这同样不是主导汇率的主要原因。

综上来看，中美利差收窄阶段人民币汇率贬值的原因各有不同，中美利差收窄与人民币汇率贬值之间并非绝对的因果关系，但其本质都是中美经济基本面分化所呈现的结果，因而彼此呈现出一定的相关性（见图13-22）。

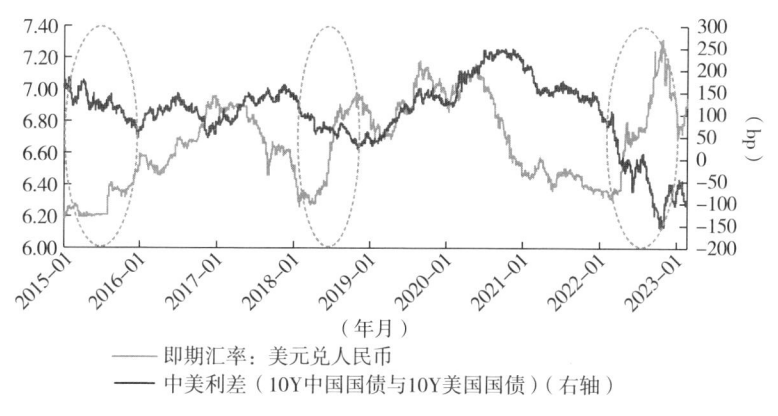

图13-22 中美利差与人民币汇率

资料来源：万得资讯。

第四篇

债券市场投资策略

第十四章
从土地财政到地方债务压力

回顾过去政策变迁与我国经济的飞速发展，城投债在我国城镇化建设扩张过程中扮演了举足轻重的角色。伴随着每一轮政策周期，我国经济、基建、融资和政策演变都与城投债的发展息息相关。本章首先探讨城投债的基本概念和历史变迁，随后详细介绍城投债近年来面临的机遇与挑战，最后对城投债未来的发展进行展望。

城投债知多少

城投债与城投平台

概念与定义

何谓"城投债"？"城"指"城市建设"，"投"指"投融资"，"债"指"举债借钱"。通俗来说，城投债就是地方政府为了筹资，向投资者借钱，而发行的按照约定偿还本息的债权债务凭证，这里募集的资金可以供地方政府投资城市基础设施建设，包括但不限于建设交通设施、供水供电、公共场所、公共租赁住房等。在《中华人民共和国预算法》（2014 年修正）出台之前中央表示，"除法律和国务院另有规定外，地方政府不得发行地方政府债券"，对地方政府举债进行了严格限制。同时，《担保法》和《贷款通则》分别限制了地方政府为贷款提供担保和直接向银行贷款的能力。因此，地方政府不得不选择组建城投平台以实现变相举债。城投平台由地方政府出资设立并承担连带还款责任，通过城投债为政府投资项目融资，在过去 10 年城市建设的高速发展中发挥了资金配套功能，其重要的经济和社会价值均不容忽视。此外，城投债也是我国债券市场的重要组成部分，对于投资者，城投债能够为投资者提供更多的投资品种选择，可以更好地满足不同投资者对期限、风险和利率的偏好。

城投债的特征

1. 债务品种。城投债的品种包括企业债，由国家发改委监管；公司债，含可转债，由证监会、上交所和深交所监管；非金融企业债务融资工具，如中期票据（MTN）、短期融资券（CP）、超短期融资券（SCP）、非公开定向债务融资工具（PPN）、项目收益票据等，由中国银行间市场交易商协会监管。2022 年年底城投债各债务品种存续规模如图 14 - 1 所示。

2. 主体评级。城投平台作为城投债的发行主体，其主体评级从优至劣可分为 AAA、AA +、AA、AA -、AA - 以下和其他。2022 年年底不同主体评级城投债存续规模如图 14 - 2 所示。

3. 债项评级。城投债的债项评级从优至劣可分为 AAA、AA +、AA、AA -、A - 1 和其他。目前我国城投债债项评级集中于 AAA、AA + 和 AA，均值位于 AA +，评级位于 AA 下方的城投债规模呈现明显断档。2022 年年底不同债项评级城投债存续规模如图 14 - 3 所示。

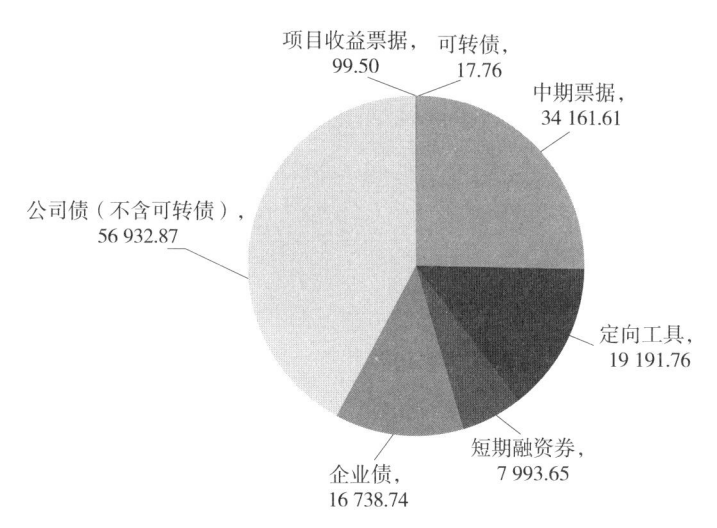

图 14-1 2022 年年底城投债各债务品种存续规模（亿元）
资料来源：万得资讯，作者整理。

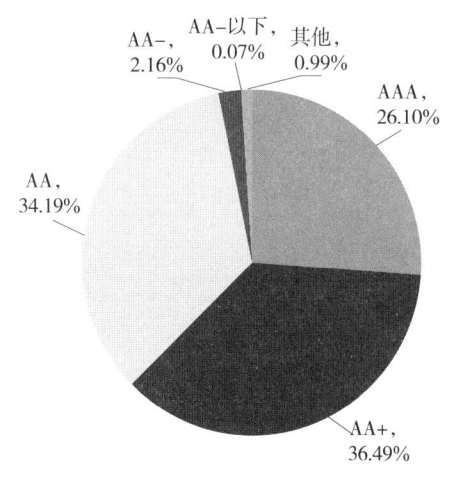

图 14-2 2022 年年底不同主体评级城投债存续规模
资料来源：万得资讯，作者整理。

第十四章　从土地财政到地方债务压力　355

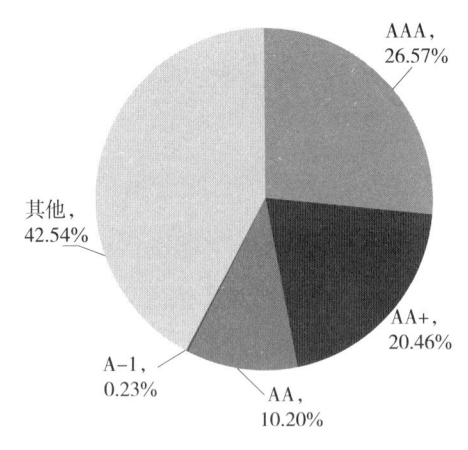

图14-3 2022年年底不同债项评级城投债存续规模
资料来源：万得资讯，作者整理。

城投债的政策轮动

纵观市场过往，城投债的量价随政策调控跌宕起伏。

2008年以来，城投债政策的宽松期和收紧期交替，经历了多轮调整，在不断成长的过程中，其发行规模也出现阶段性增长趋势。另外，随着政策的松紧变化，城投债发行规模先降后升的愈合过程也在逐渐拉长。2014—2016年是一个大的发行回落再回升的愈合期，在2016年达到月度发行最高点4 662亿元。此后至今，城投债发行规模一直在震荡调整。

历史上政策转折对收益率走势有着重大影响。这十年来城投收益率由高点回落往往伴随着宽松政策出台，如2009年10月"财建631号文"，要求加快落实地方政府投资配套资金；2012年3月"银监发12号文"，在保证降旧控新的基础上将"禁新建"改为"控新建"，适当放宽新增债务监管；2018年"国办发101号文"保持基建领域补短板力度，开启新一轮城投债宽松周期。收紧政策多位于收益率底部区域，促使收益率向上调整，如2010年"国发

19号文"、2013年4月"发改办财金957号文",2014年"国发43号文"以及2016年"国办函88号文"等。政策经历诸多变迁,也切实影响了城投的融资环境,既要控制不发生系统性风险,也要保障融资平台合理融资需求(见图14-4)。

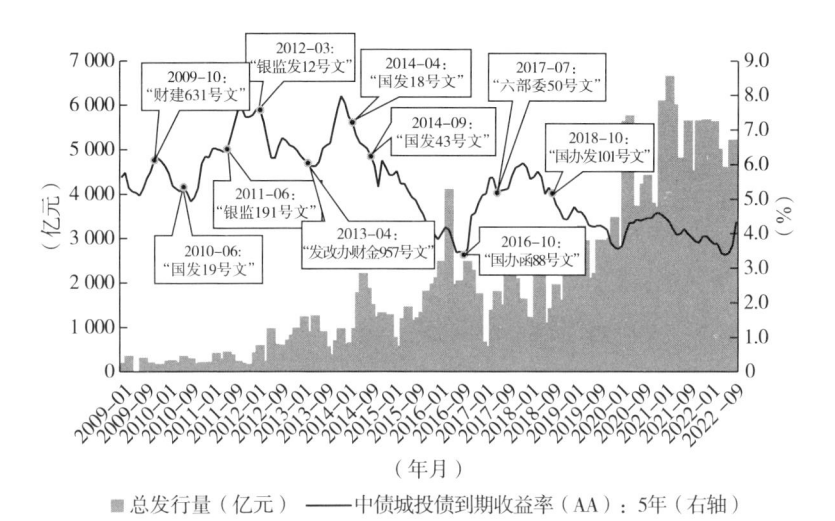

图14-4 2009—2022年城投债月度发行规模、收益率情况及事件梳理

资料来源:万得资讯,作者整理。

在债务周期视角下,城投平台的债务扩张和收缩反映了经济周期的波动。在地方政府债务上升发展的过程中,债务融资支持基础设施投资,推动经济的发展,接着由于债务压力带来需求放缓。在债务扩张周期,政策宽松,流动性充裕,债务和杠杆上升速度加快,引发一轮去杠杆。2015年的宽松周期到2017年的去杠杆防风险即是例子。紧缩周期后的经济下行又倒逼基建投资带动经济的需求,进而开启新一轮城投宽松周期(见表14-1)。

表 14-1　近年城投债政策周期

时期	监管环境	主要监管政策
2008年—2010年年初	宽松	2009年银监会92号文开启城投支持地方基建的序幕
2010年下半年—2011年	收紧	2010年国发19号文加强对地方政府融资平台的管理
2012年—2014年上半年	宽松	2012年银监发12号文放开地方政府融资平台新增贷款
2014年下半年—2015年年初	收紧	2014年国发43号文标志全面加强地方政府债务管理
2015年年初—2016年上半年	宽松	2015年国务院批准财政部启动城投债务置换
2016年下半年—2018年上半年	收紧	2016年国办函88号文和财预175号文加强地方债务监管
2018年下半年—2020年上半年	宽松	2018年中央政治局会议提出"六稳",2020年进一步"六保"
2020年下半年至今	边际收紧	财政部要求政策性金融机构不得配合地方政府变相举债
2021年4月	收紧	2021年国务院通知提及防范化解地方政府隐性债务风险
2021年8月	边际放松	中央政治局会议提出稳增长和防风险并重
2021年12月	收紧	中央经济工作会议坚决遏制地方隐性债务风险
2022年4月	边际放松	按市场化原则保障融资平台公司合理融资需求

资料来源:万得资讯,作者整理。

城投债研究框架

城投债的研究框架依次从宏观基本面、区域基本面和平台主体面切入。

首先，宏观基本面应重点关注城投平台的资金注入来源以及基建、房地产和城投平台的共生效应，不同市场宏观环境下对城投平台的融资难易程度及成本高低影响巨大。

其次，城投定价与区域基本面高度相关。城投平台作为我国中央和地方政府事权、财权分立下的特殊产物，在股权架构、组织人事、业务职能和资金往来等方面都与地方政府保持密切联系，且城投从事的基础设施建设和公共事业服务基本不以营利为目的，其信用资质与区域基本面存在较为明显的联系。以省级城投平台为样本，从我国各省级行政单位的城投区域利差可以看到，东部沿海省份的区域利差普遍较低，基本在150bp以下，中部地区省份的区域利差大多在150~200bp，而西部地区和东北地区各省的区域利差则大多在200bp以上，个别省份的区域利差甚至超过300bp。因此，城投定价主要与区域基本面相关，背后反映的是地方政府支持力度（见图14-5）。

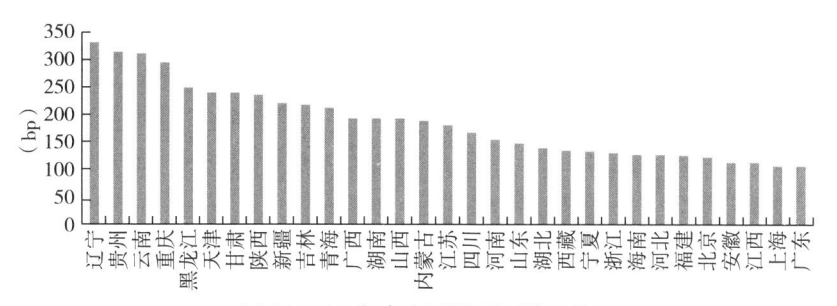

图14-5 各省市区城投区域利差

资料来源：万得资讯，作者整理。

城投的量价是地方政府支持能力和支持意愿的综合反映。如前所述，城投债定价主要取决于地方政府支持力度，而企业内生的偿债能力为次要因素，因此市场上产生了所谓"城投信仰"的说法，城投公司有政府隐性背书，而地方政府必须讲信用，想尽办法阻止城投债发生实质性违约，政府是城投债风险的最后兜底。城投债定价的因素可以总结为"地方政府支持能力"和"地方政府支持意愿"两部分，这一分析逻辑在境内投资者中的接受程度颇高，而一向注重企业本身经营和财务状况的穆迪投资者服务公司也调整了对于城投平台的评级逻辑，也从"政府支持能力"和"影响政府支持意愿的平台公司特征"两个层次出发。

最后，政府对城投平台的支持意愿又受城投平台自身的市场地位以及财务状况影响，因此同时应对城投平台自身的主营业务类型、区域地位以及自身的偿债能力、营运能力、盈利能力和现金流的健康度等因素予以密切关注（见图14-6）。

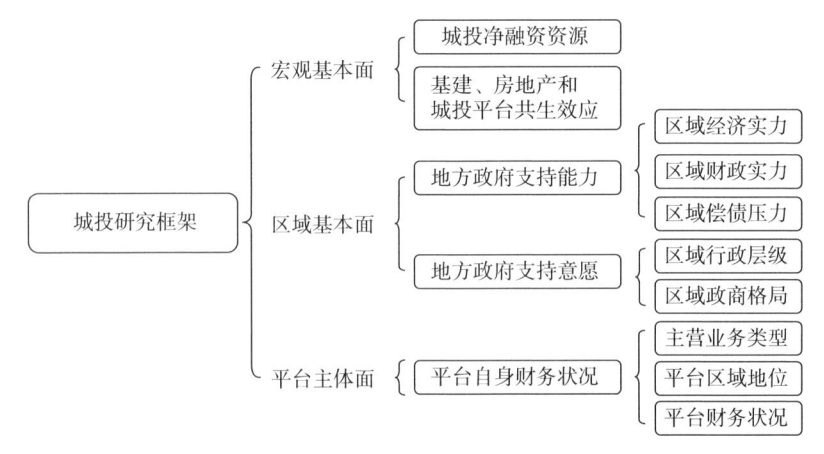

图14-6 城投平台中观和微观层面信用资质分析框架

宏观基本面

城投净融资资源

1. 城投融资来源最稳定的"三角支架"，地方政府、银行系统和资本市场缺一不可。

第一,地方政府对于城投平台的直接支持反映为资产注入,在财务报表上体现为实收资本(或股本)和资本公积。2012年之前,地方政府可以将储备土地作为资产注入融资平台,使得该期间城投权益规模增速基本在20%以上,但财政部、国家发改委、人民银行、银监会在2012年12月发布的《关于制止地方政府违法违规融资行为的通知》对土地融资做出限制,2013—2019年地方政府直接注资城投平台的规模增速逐年下降,2019年甚至为负。

第二,银行系统对于城投平台的支持体现为贷款,可以用银行授信额度的同比增速作为代理变量。2006年至今,银行支持城投平台的力度出现过两次高点,第一次是2009年3月,央行和银监会发布"92号文",支持有条件的地方政府组建投融资平台;第二次是2015—2016年,在防风险的要求下,地方债务置换迎来银行支持。

第三,资本市场对于城投平台的支持主要体现为债券发行,此外还有非标准化债权资产①融资和股票融资。以占比较高的债券融资为视角,城投平台应付债券余额的同比增速在2008—2016年始终维持在20%以上,城投平台在信用债市场不断扩容的背景下对于直接融资的使用逐渐深入。但在2017年去杠杆之下,城投债融资收缩,并延续至2018年,其间非标的收缩同样剧烈。2019年开始,逆周期调节下城投政策再迎宽松,资本市场对于城投平台融资的支持力度迎来反弹。2020年以来,政策在边际收紧和边际放松中寻求平衡,在保障融资平台合理融资需求的同时防止出现系统性风险。城投平台资金来源增速对比如图14-7所示。

---

① 非标准化债权资产是指未在银行间市场及证券交易所市场交易的债权性资产,包括但不限于信贷资产、信托贷款、委托债权、承兑汇票、信用证、应收账款、各类受(收)益权、带回购条款的股权性融资等。

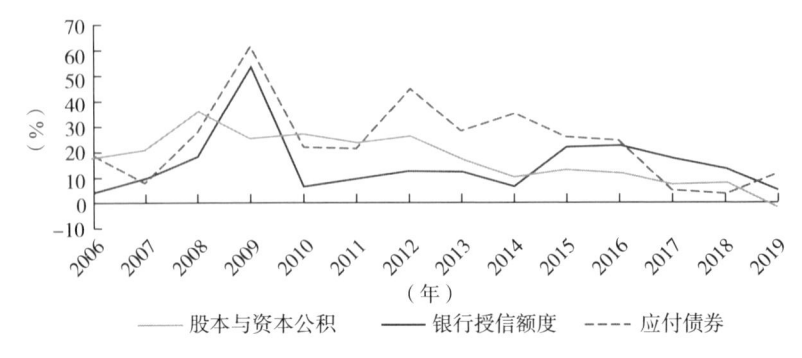

图 14－7　城投平台资金来源增速对比

资料来源：万得资讯，作者整理。

2. 城投融资收缩存在两阶段效应。城投融资收缩的初期，一般会带来"资产荒"效应，比如 2022 年前三季度城投净融资逐渐收敛，但利差也在持续下降，类似于 2016 年下半年收紧初期的"资产荒"状态。但随着融资收缩的时间逐渐拉长，程度不断加深，"资产荒"逻辑或将逐步让位于流动性接续困难导致的恐慌情绪。比如从 2016 年年底开始，城投融资进一步收缩，并维持在低位，而城投利差持续上行，直到 2018 年上半年结束。2022 年 11 月开始，在赎回冲击下，城投债净融资加速恶化（见表 14－2），融资收缩与城投利差的 U 型关系再现（见图 14－8）。

在当前监管思路和投资者决策合力下，不同资质城投债面临的融资收缩能级也明显不同，在融资资源日益稀缺的背景下，偏尾部平台首当其冲。从月度的净融资趋势来看，中高等级城投债（AAA、AA＋）的融资缩量比较可控，尚能够维持流动性的紧平衡；而低等级城投债（AA 及以下）的融资收缩速度正在加快。在融资资源日益稀缺的背景下，偏尾部平台将面临越来越大的挑战（见图 14－9）。

表14-2 城投债净增量分布

(亿元)

地区	2014年	2015年	2016年	2017年	2018年	2019年	2020年	2021年	2022年
浙江	773	624	1 025	587	993	2 103	3 942	5 318	2 140
江苏	2 066	2 116	3 670	1 833	1 569	2 205	4 611	5 469	1 749
山东	864	477	871	342	319	1 332	2 738	2 741	1 288
四川	606	637	573	539	400	1 202	1 947	1 716	1 096
湖北	607	122	592	444	560	723	979	1 114	680
广东	600	83	381	-128	0	218	953	1 024	633
福建	367	343	364	-42	59	390	636	629	628
安徽	404	182	515	450	282	430	585	692	552
江西	283	502	513	133	499	791	1 009	1 138	532
上海	167	-69	59	-245	-86	65	522	521	441
湖南	648	759	1 488	844	-5	604	1 021	1 121	414
河南	419	296	574	149	198	422	780	797	375
重庆	720	626	1 147	218	31	463	678	961	333
山西	182	102	179	26	85	167	31	88	329
河北	331	94	116	-5	-154	199	376	22	300
陕西	445	150	226	120	35	130	594	296	238

（续表）

地区	2014年	2015年	2016年	2017年	2018年	2019年	2020年	2021年	2022年
北京	268	26	204	-79	372	225	344	-103	121
新疆	176	225	194	129	-112	47	189	138	52
西藏	0	0	0	0	40	53	40	50	33
广西	293	281	242	24	55	106	530	423	21
宁夏	49	36	8	0	13	11	47	-23	19
海南	44	-5	47	31	-47	-41	22	0	17
天津	873	514	486	-83	459	308	156	-768	0
黑龙江	89	59	62	9	-172	-29	-69	-35	-11
青海	81	32	-18	16	-28	3	-9	2	-40
辽宁	579	243	188	-372	-608	-277	-71	-148	-50
内蒙古	165	130	5	-14	-159	-43	-202	-85	-80
吉林	95	237	184	173	97	199	30	-30	-127
云南	299	277	203	121	-40	90	167	65	-144
贵州	338	513	944	283	-221	228	525	-18	-226
甘肃	313	129	6	-109	-3	112	141	-10	-282
合计	13 144	9 741	15 048	5 394	4 431	12 436	23 242	23 105	11 029

资料来源：万得资讯，作者整理。

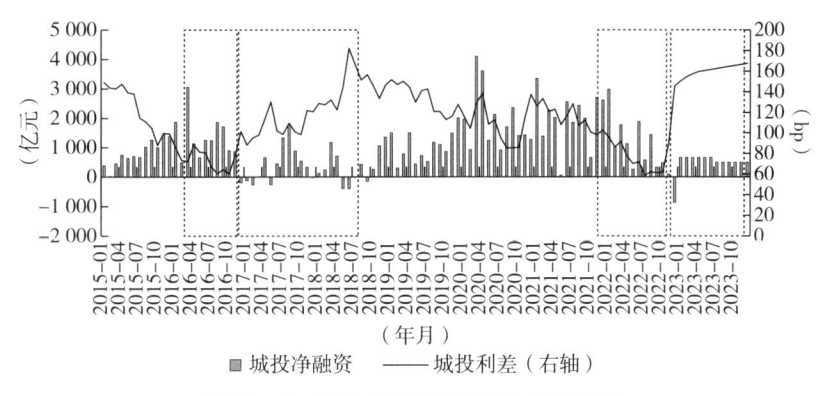

图 14-8 城投债净融资规模与城投利差

资料来源：万得资讯，作者整理。

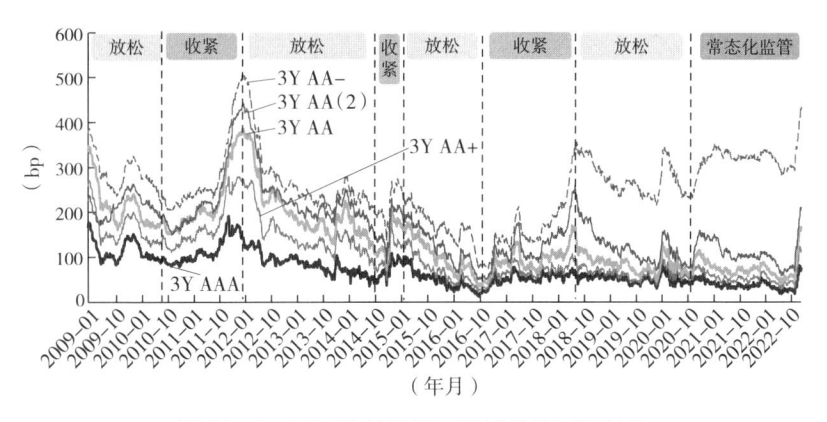

图 14-9 不同监管周期下的城投债国开利差

资料来源：万得资讯，作者整理。

基建、房地产和城投平台共生效应

历史上基建投资与城投放量的共生效应十分明显（见图 14-10），由地方政府加杠杆负债推动地方经济建设，除了纳入预算资金和少量地方债，过去往往依赖于城投平台融资。由于近年来我国对于推动地方基础设施建设意愿十分强烈，也导致广义财政在基建上面的负担越来越重。从数据上看基础设施建设投资增速有所减缓,依据国家统计局公布的"城镇固定资产投资完成额:基础设施建设投资"数据,我国基建投资增速从 2010 年的 18.47% 下降到 2022 年的 9.4%。但是从财政收入自给率上看,基建对我国财政造成的负担在逐步加大,基建投资/宽口径财政收入之比(宽口径财政收入 = 政府性基金收入 + 公共财政收入)从 2010 年的 54.06% 上升到 2021 年的 62.85%,也就是说,基建投资的增速要快于宽口径的财政收入,而大部分资金来源都需要依赖平台的过度融资,因而也带来去杠杆环境下市场对于滚动融资和偿付债务的担忧。

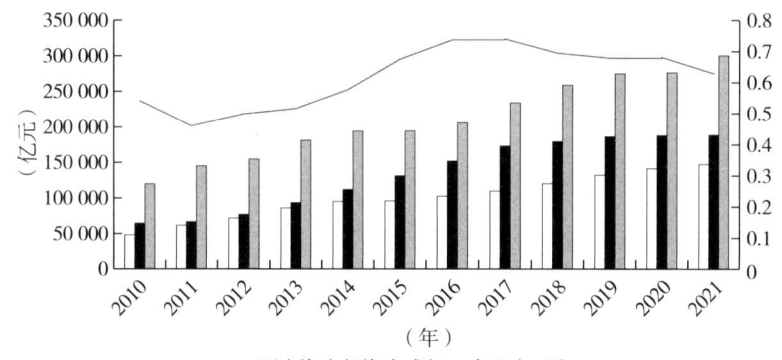

图 14-10 地方基建投资和广义财政收入的关系
资料来源:万得资讯,作者整理。

财政收入难以覆盖日渐增长的基建投资,城投平台的地位也在逐步地强化,甚至已难退出历史舞台。1992 年,为支持浦东新区建设,中央决定给予上海 5 方面的配套资金筹措方式,历史上第一只城投债浦东新区建设债券出现,后来随着省市区县各行政层级城投平台的诞生,其各类融资导致当下隐性债务问题盘根错节。根据我们在《地方政府隐性债务成因、规模、对策》(2018 年 8 月 30

日）报告中分析和测算的数据，2015 年以来城投隐性债务增加速度明显（见图 14-11）。我们根据债券市场城投公司资产负债表测算（已经发债公司与没有发债公司的经验比例为 1.5 倍），2015—2021 年城投公司的隐性债务分别为 32.52 万亿元、41.75 万元、47.95 万亿元、57.60 万亿元、65.61 万亿元、76.99 万亿元、85.40 万亿元，以高速姿态稳步增加，复合年均增长率高达 21.30%。

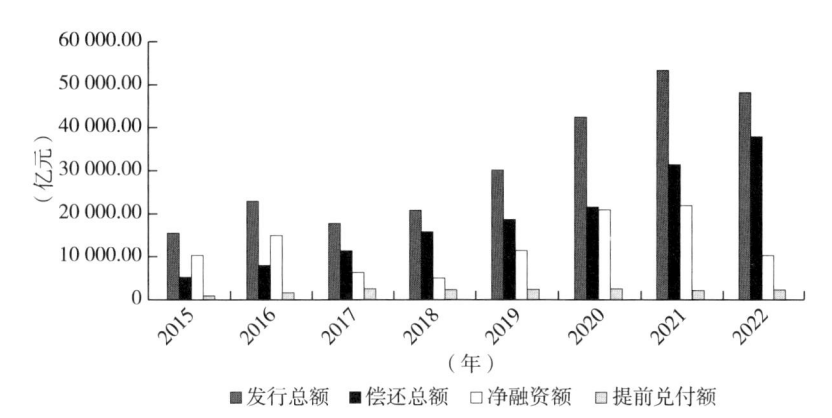

图 14-11　2015—2022 年城投平台发行和净融资情况
资料来源：万得资讯，作者整理。

地方政府的主要收入来源之一是政府性基金，其中绝大部分来源于土地出让，这也是城投平台和地方政府解决隐性债务问题的基本收入来源。那么地方政府—城投平台—房地产市场的链条就变得相对清晰。限制地方政府隐性债务扩张也会带来副作用，如果为了限制城投平台，而限制平台债务，那城投和地方政府只能诉诸房地产市场和土地出让缓解资金压力，实际上又对居民部门的杠杆与债务带来了压力。去杠杆与城投债监管趋严，地方政府广义资金来源受阻，借债较多的地方政府还本付息压力很大，可能加大收税与土地出让的意愿，这也侧面的对房价产生了一些影响。但是房价的上涨引起了资产泡沫、收入分配等方面的担忧。所以一些城市对房地产进行限价，因此也导致了土地流拍和房地产售价与成本拉不开收益的情况。

基建投资的负担，在旧有的发展模式下，还是需要回到地方政府开源节流与土地出让，而土地出让势必要求一轮房地产景气。旧有的基建投入模式，每一次衰退要求的财政扩张周期，往往是地方政府加杠杆周期；而投资支出后，需要后续土地出让偿债，又需要一轮地产周期进行解套，周而复始。

区域基本面

城投债作为地方投融资平台发行的融资债券，债券偿还一般受到地方政府信用的隐性担保，政府是城投债风险的最后兜底。地方政府自身实力较强时，当地融资平台发行的城投债资质也较好，市场认可率较高，反之城投债资质较差，市场认可率较低。我国不同地区的经济实力分化较大，江苏、浙江、广东等沿海发达地区的自身经济实力较好，债务水平也更可控，信用资质也更高，因此这些地区的城投平台往往更受市场的青睐。然而，贵州、吉林、云南等地的政府实力偏弱，债务压力也相应更高一些，从而导致市场对这些地区的城投平台"心生戒备"。因此，城投定价主要与地方政府支持的区域基本面相关，区域基本面是重要的考量因素，对地方政府实力的观察在城投债分析中显得尤其重要。

地方政府支持能力

1. 区域经济实力。

（1）GDP与人均GDP。GDP是指一个国家（或地区）所有常住单位在一定时期内生产活动的最终成果，是国民经济核算的核心指标，也是衡量一个国家或地区经济状况和发展水平的重要指标。人均GDP在某种程度上比GDP总量更能反映一个地区的富裕程度和经济发展水平。

（2）资金总量，是指本外币各项存款余额，反映一个地区对资金的吸附能力。一个城市能汇聚多少资金，显示出这个地区的综合实力和发展潜力。

（3）自然资源禀赋，是指在一定的时间条件下，能够产生经济价值以提高人类当前和未来福利的自然环境因素，包括地理位置、土地资源、矿藏资源、水利资源、生物资源等，是生产的原料来源和布局场所，与城投平台所在区域的产业结构密切相关，会影响当地经济实力与财政水平。

（4）产业结构，是指第一产业（主要指农业）、第二产业（主要指工业）和第三产业（主要指服务业）在区域经济结构中所占的比重，包括产业结构本身，以及技术结构、产业布局、产业组织、产业链等 5 个要素。需要关注所属区域工业企业的自主创新能力强弱、产品附加值高低、创造税收能力。

（5）人口规模、结构与教育水平。人口规模是指一国某一时点上人口总量，质量是指在既定的人口总量中不同的构成。在自然资源、资本数量与可利用技术既定的条件下，经济增长的速度或一定时期国民产出的增加取决于可利用的劳动数量。

2. 区域财政实力。

（1）财政预算第一本账：一般公共预算。一般公共预算为地方财政最重要的一本账，也是与中央关联度最高的一本账，其收入端以税收为主体，而支出端注重民生保障和维持国家机构的正常运转等方面（见图 14-12）。

①收入端：

- 关注城投平台所属区域地方政府的一般公共预算收入的规模与年际变化，该指标最能反映地方政府真实的财政实力。

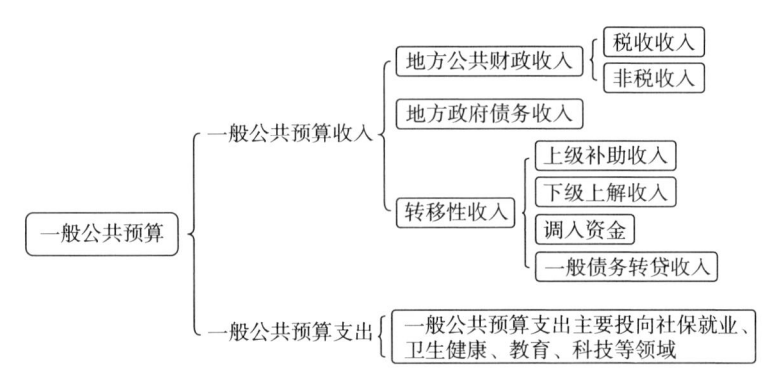

```
                                    ┌─ 地方公共财政收入 ┌─ 税收收入
                                    │                  └─ 非税收入
                   ┌─ 一般公共预算收入 ├─ 地方政府债务收入
                   │                  │                ┌─ 上级补助收入
                   │                  │                ├─ 下级上解收入
一般公共预算 ──────┤                  └─ 转移性收入 ───┤
                   │                                   ├─ 调入资金
                   │                                   └─ 一般债务转贷收入
                   │
                   └─ 一般公共预算支出 ─ 一般公共预算支出主要投向社保就业、
                                         卫生健康、教育、科技等领域
```

图 14-12　地方政府一般公共预算的构成

资料来源：财政部，作者整理。

- 关注城投平台所属区域地方政府的地方公共财政收入，即税收收入与非税收入之和的规模与年际变化。
- 关注城投平台所属区域地方政府的税收收入规模以及税收收入在一般公共预算收入中所占比重。全国范围来看，2017—2021 年税收收入占一般公共预算收入比重的平均值在 82% 左右。税收收入占比高的区域经济活力较高。
- 关注城投平台所属区域地方政府的上级补助收入规模及年际变化，关注其稳定程度。

②支出端：

- 关注城投平台所属区域地方政府的财政支出刚性，通常用硬性支出占一般公共预算支出的比重来衡量。财政支出刚性是指压缩财政支出规模的难易程度，财政支出容易压缩，财政支出刚性就小；反之，财政支出刚性大。硬性支出是关系居民个人切身利益的财政支出项目，这类支出的刚性很大，压缩余地很小，包括各类事业中的人员经费、价格补贴、抚恤和社会救济支出，以及用于还本付息的债务支出，直接影响居民的生活水平。
- 关注城投平台所属区域地方政府的财政自给率。财政自给率小于60%的地区财政实力较弱。

$$财政自给率 = \frac{地方政府一般公共预算收入}{一般公共预算支出} \times 100\%$$

经济实力强的地区，财政自给率也较高。截至2022年6月，广东、浙江和江苏的一般公共预算收入位居前三位，分别为6 730亿元、5 746亿元和4 639亿元，作为经济实力较强的区域，其财政自给率也较高，整体信用水平高。而西藏、青海和宁夏的一般公共预算收入排在最后三位，分别为111亿元、133亿元和232亿元，各地区间差距十分明显。作为经济实力较差的地区，财政自给率也较差，西藏的财政自给率就仅为10.41%，远低于浙江的92.14%（见表14-3）。

表14-3 各地区财政实力 （金额单位：亿元）

地区	一般公共预算收入	自然增长（%）	税收收入	一般公共预算支出	财政自给率（%）
广东	6 730	-11.4	—	—	77.39
浙江	5 746	-6.2	4 757	6 236	92.14
江苏	4 639	-17.9	—	—	68.66
山东	3 950	-8.2	—	—	62.21
上海	3 795	-19.8	—	3 812.7	99.53
北京	2 991	-8.1	2 531	3 961	75.51
四川	2 479	-3.8	—	—	42.56
河北	2 381	-6.7	—	4 911	48.48

(续表)

地区	一般公共预算收入	自然增长（%）	税收收入	一般公共预算支出	财政自给率（%）
河南	2 362	-3.5	—	—	41.72
福建	1 960	-4.1	1 110	2 729	71.80
安徽	1 934	-1.2	1 153	4 488	43.08
山西	1 823	28.6	1 465	2 727	66.84
湖北	1 787	-10.6	1 338	4 395	40.66
江西	1 752	2.6	1 001	3 726	47.02
陕西	1 719	19.4	—	—	45.73
湖南	1 590	-7.2	1 007	4 460	35.65
内蒙古	1 576	36.6	—	—	44.84
辽宁	1 335	-9.2	855	2 951	45.24
重庆	1 019	-16.2	640	2 427	41.96
新疆	911	17.8	—	—	10.64
贵州	889	-12.9	482	2 949	30.13
天津	869	-29.3	641	1 280	67.88
云南	868	-22.5	479	3 707	23.42
广西	858	-16.6	450	3 369	25.47
黑龙江	655	-1.4	—	—	25.48
甘肃	446	-5.7	275	2 285	19.52
海南	439	-8.5	316	1 037	42.37
吉林	379	-42.8	254	1 722	22.03
宁夏	232	-0.8	—	875	26.49
青海	133	-20.9	101	987	13.45
西藏	111	-24.2	—	1 062	10.41

注：一般公共预算收入选用2022年6月数据；部分地区无最新数据则财政自给率选用2021年。

资料来源：万得资讯，作者整理。

（2）财政预算第二本账：政府性基金预算。地方政府的政府性基金预算构成如图 14-13 所示。

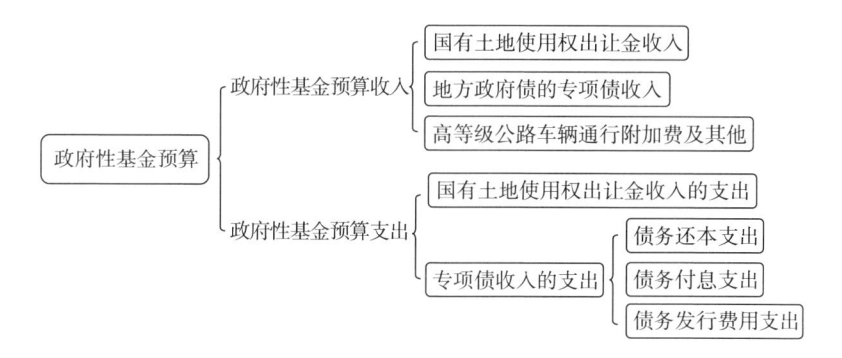

```
                    ┌─ 政府性基金预算收入 ─┬─ 国有土地使用权出让金收入
                    │                      ├─ 地方政府债的专项债收入
政府性基金预算 ─────┤                      └─ 高等级公路车辆通行附加费及其他
                    │                      ┌─ 国有土地使用权出让金收入的支出
                    └─ 政府性基金预算支出 ─┤                          ┌─ 债务还本支出
                                           └─ 专项债收入的支出 ──────┼─ 债务付息支出
                                                                      └─ 债务发行费用支出
```

图 14-13 地方政府的政府性基金预算构成
资料来源：财政部，作者整理。

政府性基金预算是地方政府财政预算的第二本账，是依照法律、行政法规的规定在一定期限内向特定对象征收、收取或者以其他方式筹集的资金，专项用于特定公共事业发展的收支预算。政府性基金预算收入 = 土地出让金 + 地方政府债的专项债收入，其中土地出让收入占比高达 80%~90%，可见政府性基金预算的重心是"土地财政"。

应关注政府性基金收入的规模及稳定程度。由于政府性基金收入是城投债主要还款来源之一，如果土地市场延续低迷情绪，政府性基金收入增速持续走低，将给部分债务率过高的省份造成还本付息的压力。对于债务率较低、城投信用风险较小的地区，政府性基金收入锐减会导致城市基础设施建设难以满足预期。

3. 区域偿债压力。2018 年《中共中央国务院关于防范化解地方政府隐性债务风险的意见》明确对政府债务进行了分类，包括显性债务、隐性债务、关注类债务和企业自身债务。其中，在区域基本面层面应重点关注地方政府的显性债务与隐性债务。地方政府显性债务是一般意义上的地方政府债务，主要包括地方政府债券中的一般债券和专项债券，不含地方政府债券中的置换和再融资债券；地方政府隐性债务是地方政府在法定债务预算之外，直接或间接以财政资金偿还，以及违法提供担保等方式举借的债务，包括城投债、银行贷款、信托融资以及 PPP 形成的债务等。

市场上认可度较低的区域债务压力普遍较大。具体来看，江苏、浙江和山东经济实力较强，且为发债大省，因此债券余额也较高，位居前三位。由于债券余额偏高的省份自身财力也较高，因此债务压力相对并不高。然而，贵州、吉林、青海等地的债券余额绝对规模其实并不高，分别位居第 14 位、第 24 位和第 29 位，但因其自身财政实力较低，所以债务压力较大，债务率处于前三位，偏高的债务压力也导致这些地区自身融资平台所发行的城投债资质受到影响（见表 14-4）。

表 14-4　各地区债务情况　　　　　　　　　　（金额单位：亿元）

地区	地方政府债	城投债	债券余额合计	显性负债率（%）	债务率（%）
江苏	20 599	27 897	48 496	17.70	1 045.40
浙江	20 284	18 685	38 970	27.59	678.21
山东	23 121	11 909	35 030	27.82	886.84
广东	24 832	4 367	29 199	19.97	433.86
四川	17 411	9 403	26 814	32.33	1 081.66
湖南	15 319	8 066	23 385	33.26	1 470.55
湖北	13 809	6 412	20 221	27.61	1 131.57
河南	14 673	4 620	19 293	24.92	816.79
安徽	13 462	5 005	18 467	31.34	955.10
河北	15 351	1 613	16 964	38.01	712.49
江西	10 683	6 052	16 735	36.07	955.20

（续表）

地区	地方政府债	城投债	债券余额合计	显性负债率（%）	债务率（%）
重庆	9 827	6 325	16 152	35.23	1 585.70
福建	11 609	3 807	15 417	23.78	786.65
贵州	12 394	2 863	15 257	63.28	1 716.95
云南	11 917	1 483	13 399	43.90	1 543.36
陕西	9 623	3 005	12 628	32.29	734.64
北京	10 705	1 603	12 308	26.58	411.55
天津	8 580	3 613	12 193	54.67	1 403.47
广西	9 501	2 423	11 924	38.40	1 389.78
辽宁	10 708	337	11 045	38.82	827.31
上海	8 258	2 436	10 694	19.11	281.80
新疆	8 827	1 365	10 193	55.23	1 118.85
内蒙古	9 315	159	9 475	45.41	601.18
吉林	7 062	1 119	8 181	53.35	2 156.81
黑龙江	7 181	257	7 438	48.26	1 135.62
山西	6 105	1 281	7 386	27.03	405.21
甘肃	5 602	809	6 411	54.69	1 437.46
海南	3 445	133	3 578	53.21	814.55
青海	2 882	96	2 978	86.10	2 244.09
宁夏	1 934	203	2 137	42.77	921.42
西藏	561	231	792	26.99	716.63

注：数据截至2022年8月9日。债务率＝当期该地区债券余额/该地区上半年一般公共预算收入。

资料来源：万得资讯，作者整理。

（1）关注区域偿债压力衡量指标。

①负债率：

- **显性负债率**：衡量地方显性债务对地方经济规模的压力。

$$显性负债率 = \frac{地方显性债务余额}{GDP} = \frac{一般债余额 + 专项债余额}{GDP}$$

- 宽口径负债率：衡量地方显性债务和隐性债务中的城投债对地方经济规模的共同压力。

$$宽口径负债率 = \frac{地方显性债务余额 + 城投有息负债}{GDP}$$

②债务率：

- 窄口径债务率（显性债务率）：衡量地方显性债务对地方财政的压力。其中，地方综合财力 = 一般性公共预算收入 + 政府性基金收入 + 中央转移支付及税收返还。目前国际通用的窄口径债务率的红线是120%。

$$窄口径债务率 = \frac{地方显性债务余额}{地方综合财力}$$

- 宽口径债务率：衡量地方显性债务和隐性债务中的城投债对地方财政的共同压力。

$$宽口径债务率 = \frac{地方显性债务余额 + 城投有息负债}{地方综合财力}$$

③地方政府举债空间：若本年度地方政府举债空间偏小，则该区域本年度前期的融资风格较为激进，后续举债的空间比较有限。

$$本年度地方政府举债空间 = 1 - \frac{本年度新增地方债规模}{本年度新增地方政府债务限额}$$

（2）关注区域隐性债务置换。近十年来，由于我国财政管理体制、行政管理体制和经济管理体制有所疏漏，在我国投融资市场有重要地位的地方政府曾长时间缺乏举债融资手段，只能通过组建城投平台等方式变相举债，叠加市场投资热情的升温，最终导致地方债务处于隐蔽蔓延的状态。为防范和化解地方政府在债务管理方面的财政金融风险，2015年财政部《关于对地方政府债务实行限额管理的实施意见》表示，允许地方政府利用3年左右的过渡期发行债券，将其债务存量中的部分短期高利率债务置换为长期低利率债务，这标志着地方政府隐性债务的3轮置换的开端。

区域地方政府隐性债务的置换可以帮助债务压力较大的地区调整财政支出结构，帮助防范和化解地方政府财政所承担的金融风险和债务积累风险，是区域范围内城投平台在规范发展下保持刚性兑付的重要支撑和有力保障。应关注城投平台所属区域隐性债务置换相关的政府安排、化债逻辑、期限拉长的隐债规模以及风险出清的落实情况。

地方政府支持意愿

1. 实控人行政层级。城投平台实际控制人（简称"实控人"）的行政级别由高到低大致包括省级、市级、区县级、园区级等。一般来说，城投实控人行政级别越高，城投平台与地方政府关系越紧密，在所属区域的重要性越强，当地政府对城投平台的支持意愿越强，该平台发行的城投债项目安全性也就越高。

应通过天眼查、企查查、企业预警通等数据平台查询城投平台的股权穿透图，找出其形式上的控制人。秉持实质重于形式的原则，考察地方政府注入城投平台的资产比重，历史增资及资产划拨动态与原因，主营业务收入和应收账款来自哪一级政府，税收优惠和政府补贴方式，分析城投平台与地方政府的挂钩程度。某级地方政府对该城投平台注资越多，与该城投平台回款交易规模越大、越频繁，对该城投平台补贴优惠力度越大，则该行政层级的地方政府越有可能为对应城投平台的实控人，其行政层级也越能代表城投平台的行政层级。但同时也应警惕城投行政级别虚高的现象。

2. 区域政商氛围。健康、亲和、清正的政商氛围对城投平台所处区域保持良好的市场活力与市场秩序至关重要。应结合区域内热点事件关注城投平台当地政府对城投平台重视程度和兜底意愿，当地政府对国企的救助意愿，当地银行对城投平台的授信态度，同时注意防范非标债务违约事件频发及多家城投平台被降级的省份内部城投平台的区域性风险。例如，2020年11月10日，河南省永煤控股旗下债券"20永煤SCP003"到期未能兑付，成为首只发生实质性违约的国企债券，也使得河南全省信用债利差在较长一段时间内保持高位运行。

平台主体面

主营业务类型及业务垄断性

不同城投平台的主营业务覆盖面各不相同、百花齐放，主流的城投主营业务包括城市基础设施建设、土地整理与开发、交通及公共事业、国有资产运营、园区开发以及房地产、金融等弱产业类业务，小众的城投主营业务不乏供应链贸易、大物业运营、品牌化住房租赁、建筑垃圾资源化利用、文创投资乃至艺术村落等。城投平台的主营业务是其财务状况好坏的根本来源，也势必影响地方政府对城投平台的支持意愿，从而影响平台所发行城投债的竞争力。

应当关注城投平台的主营业务类型，重视主营业务规模情况、在建项目和拟建项目明细、项目已回款金额和未来回款计划、市场化程度、政府补贴占比、政策背书力度、需求端能否创造稳定的现金流、配套供应链及产业结构情况等。

需要特别关注的是城投平台主营业务在所属区域的垄断性及主导地位。应考察该平台的主营业务是不是当地的唯一主体或主要主体，市场垄断地位和竞争优势如何，可替代性高低。若城投平台在当地市场具有突出的龙头地位，作为当地该领域业务的投资、建设、经营和管理主体，通常会形成明显的产业化结构，地方政府在财政、税收等多方面往往也会提供支持，同时也意味着平台在当地金融市场拥有较高的地位，各金融机构对其有较高力度的授信支持。在此背景下，城投平台自身经营性现金流对未来债务偿付的覆盖率会较好，再融资渠道也较为通畅，有利于其资产规模及收入的扩大并保证了较为稳定的外部偿债来源，平台所发行城投债的竞争力也会大大增强。

平台财务状况

1. 偿债能力。
（1）关注平台债务期限结构。
①短期偿债能力：

- 流动比率：

$$流动比率 = \frac{流动资产}{流动负债}$$

- 速动比率：

$$速动比率 = \frac{流动资产 - 存货}{流动负债}$$

- 现金比率：

$$现金比率 = \frac{货币资金 + 有价证券}{流动负债}$$

- 现金流量比率：

$$现金流量比率 = \frac{经营活动现金净流量}{流动负债}$$

- 到期债务本息偿付比率：

$$到期债务本息偿付比率 = \frac{经营活动现金净流量}{本期到期债务本金 + 现金利息支出}$$

②长期偿债能力：

- 资产负债率：

$$资产负债率 = \frac{总负债}{总资产}$$

- 负债权益比率：

$$负债权益比率 = \frac{总负债}{股东权益}$$

- 偿债保障比率：

$$偿债保障比率 = \frac{总负债}{经营活动现金净流量}$$

- 利息备付率（利息保障倍数）：

$$利息保障倍数 = \frac{息税前利润（EBIT）}{当期应付利息费用}$$

- 偿债备付率：

$$偿债备付率 = \frac{可用于还本付息的资金}{当期应还本付息的金额}$$

$$= \frac{息税折旧及摊销前利润（EBITDA）- 企业所得税}{当期应还本金 + 当期应还利息}$$

③集中到期债务规模：应关注城投平台主体存量债务在不同期限内的集中到期规模，对可能存在的债务偿还高峰期内的集中兑付压力做好预警。

（2）关注平台或有负债。或有负债是指因过去的交易或事项可能导致未来所发生的事件而产生的潜在负债。一般而言，或有负债的支付与否视未来的不确定事项是否发生而定，该负债的履行很可能导致经济利益流出，从而影响企业的偿债能力。对于城投平台，或有负债通常包括因未决诉讼事项和对外担保事项等而形成的潜在负债。

在诉讼事项方面，应关注城投平台是否存在因担保贷款逾期等而产生的重大未决诉讼或未决仲裁。

在对外担保事项方面，应关注城投平台对外担保余额及期限结构，担保比率（对外担保的额度与城投平台净资产的比值），被担保对象的资质与风险集中程度，警惕民企为主要被担保对象的情况及部分担保客户占城投平台对外担保金额的比重过高的情况，反担保①措施的设置情况，被担保企业是否曾经发生过偿债逾期情况，关联企业互保情况。

2. 营运能力。

（1）关注平台总资产周转率。其中，平均资产总额 =（资产

---

① 反担保是指第三人为债务人向债权人提供担保的同时，又反过来要求债务人（借款人）对自己（担保人）提供担保的行为，可称为担保之担保，即为担保人提供的担保。

总额年初数＋资产总额年末数）÷2。

$$总资产周转率 = \frac{销售收入}{平均资产总额}$$

（2）关注平台流动资产周转率。其中，平均流动资产总额＝（流动资产年初数＋流动资产年末数）÷2。

$$流动资产周转率 = \frac{销售收入}{平均流动资产总额}$$

（3）关注平台固定资产周转率。其中，平均固定资产总额＝（固定资产年初数＋固定资产年末数）÷2。

$$固定资产周转率 = \frac{销售收入}{平均固定资产总额}$$

（4）关注平台存货周转率。其中，平均存货余额＝（存货年初数＋存货年末数）÷2。

$$存货周转率 = \frac{销货成本}{平均存货余额}$$

（5）关注平台应收账款周转率。其中，平均应收账款余额＝（应收账款年初数＋应收账款年末数）÷2。

$$应收账款周转率 = \frac{销售收入}{平均应收账款余额}$$

3. 盈利能力。

（1）关注平台总资产收益率。其中，平均资产总额＝（资产总额年初数＋资产总额年末数）÷2。

$$总资产收益率 = \frac{净利润}{平均资产总额}$$

（2）关注平台净资产收益率。其中，平均净资产总额＝（净资产总额年初数＋净资产总额年末数）÷2。

$$净资产收益率 = \frac{净利润}{平均净资产总额}$$

（3）关注平台毛利率。

$$毛利率 = \frac{主营业务收入 - 主营业务成本}{主营业务收入}$$

（4）关注平台所得政府财政补贴。应关注城投平台所获得的政府补贴规模、占平台收入比重以及政府补贴的稳定性。如果未来由于财政资金的变化导致补贴收入的下降，将使得城投平台面临政府补贴不确定的风险，从而影响自身的盈利能力乃至偿债能力。

4. 现金流健康度。

（1）关注平台经营活动现金流。应关注城投平台经营活动产生的现金流量的组成结构及年际变化，分析该部分现金流量波动较大或在部分年份流入小于流出的原因。例如，城投平台所承接的主要项目工期长且需待工程竣工验收后进行结算，将导致期间部分年度经营活动现金流流入和流出的波动较大，在此情况下城投平台经营活动现金流波动造成的现金流健康度风险较小。此外，应依据城投平台各业务板块的资本开支计划，合理预测平台未来的经营活动现金流流入流出情况。

（2）关注平台投资活动现金流。投资活动现金流流出将在未来产生现金流流入，为城投平台长期发展提供了坚实的基础，使其具有良好的成长性，同时也会提高城投平台的偿债能力。应关注城投平台投资活动产生的现金流量的组成结构和年际变化，以及城投平台所投资股权及债券类资产的质量，注意防范城投平台投资活动产生的现金流量净额持续为负背后的风险。

（3）关注平台筹资活动现金流。银行贷款、发行债券或发行非标准化债权类资产等筹资活动是城投平台现金流流入的重要组成部分。应关注城投平台筹资活动产生的现金流量的组成结构和年际变化。重视筹资活动现金流大幅波动或为负值的原因，城投平台主动去杠杆或公益性项目的项目贷退出等方式导致现金流为负的情况风险较小，而应当警惕平台信用受损、筹资能力下降所导致的筹资活动现金流持续为负的情况。应关注城投平台对子公司及孙公司融资管理的情况。

城投债的挑战与未来

回顾城投行业的历史周期变化，不同阶段下的行业政策松紧程度各异，而债务管控方面的细化却在逐步加深，对城投行业的政策管控也在边际收紧。展望未来，城投也面临着挑战。

政策对债务风险的管控

近年来，过高的显性和隐性债务压力加重了地方财政的负担，以至于很多新增债券不得不用来还本付息，大大削弱了其投资能力。高债务和近年来的减税降费使得地方政府对土地财政的依赖不断增加，间接刺激了房价长期上涨。2020年第四季度永煤集团等国企债券违约事件发生，引发部分区域信用债融资暂停；2021年也不乏华融等风险事件暴露，对信用债市场产生冲击，加大融资难、融资贵问题。回顾近年来国家的政策表态，在本身信贷和社融增速下行的信用收敛环境中，地方政府隐性债务风险一再受到政策层关注，彰显国家对于债务管控的态度与决心，也昭示着城投政策宽松时代已结束，城投行业融资政策边际收紧已是大势所趋（见表14-5）。

表14-5 国家对风险处置的关注

时间	会议	具体内容
2020-01-16	中央政治局会议	积极研判和防范化解各种风险,确保党中央大政方针和决策部署不折不扣落到实处
2020-02-21	中央政治局会议	打好防范化解重大风险攻坚战,坚决守住不发生系统性金融风险底线
2020-05-29	政府工作报告	加强金融等领域重大风险防控,坚决守住不发生系统性风险底线
2020-09-28	中央政治局会议	必须坚持系统观念,着力固根基、扬优势、补短板、强弱项,注重防范化解重大风险挑战
2020-12-11	中央政治局会议	要抓好各种存量风险化解和增量风险防范
2020-12-16	中央经济工作会议	要办好自己的事,坚持底线思维,提高风险预见预判能力,严密防范各种风险挑战
2021-03-05	政府工作报告	稳妥化解地方政府债务风险,及时处置一批重大金融风险隐患
2021-04-30	中央政治局会议	要防范化解经济金融风险,建立地方党政主要领导负责的财政金融风险处置机制
2021-08-17	中央财经委员会第十次会议	会议强调,确保经济金融大局稳定,意义十分重大。要坚持底线思维,增强系统观念,遵循市场化法治化原则,统筹做好重大金融风险防范化解工作。要夯实金融稳定的基础,处理好稳增长和防风险的关系,巩固经济恢复向好势头,以经济高质量发展化解系统性金融风险,防止在处置其他领域风险过程中引发次生金融风险

(续表)

时间	会议	具体内容
2021-12-08	中央经济工作会议	会议再次提及要坚决遏制地方隐性债务风险
2022-02-24	《2021年中国财政政策执行情况报告》	坚持开好"前门"、严堵"后门",依法健全规范政府举债融资机制,初步建立起防范化解地方政府债务风险的制度体系
2022-04-18	央行、外汇局出台23条举措全力做好疫情防控和经济社会发展金融服务	要在风险可控、依法合规的前提下,按市场化原则保障融资平台公司合理融资需求,不得盲目抽贷、压贷或停贷,保障在建项目顺利实施

资料来源:中国政府网,党建网,搜狐网,腾讯网,新浪财经,万得资讯,作者整理。

城投债的缓释、置换与违约

城投平台有息债务主要可以拆解为非标、债券和银行贷款。城投非标违约的影响面比较小,这类风险暴露早已发生,对于债券市场的新增冲击也已经比较有限。在银行贷款方面,随着2021年"银保监会15号文"继续常态化执行,尾部平台贷款逾期或者主动展期的风险可能会逐渐增加。即便是未发债的平台出现此类风险,也可能以担保、股权、业务、资金往来等方式与当地发债平台产生关联。相比于非标、贷款,城投债端则显得异常稳健,不过暗流已在涌动。债券风险的表现形式包括技术性违约、展期、实质违约,实际上,目前市场上已经发生过一些城投"类展期"事件。2019年9月9日,永续债"16吉林交投MTN001"公告不赎回,票息从4.64%重置为7.98%;2020年4月9日,大连瓦房店沿海项目开发有限公司用"20瓦房02"置换"17瓦房02"(见表14-6)。只要保障本金都能兑付，很难将城投债展期算作违约行为。不过，为了避免发生类似永煤事件对市场的冲击，城投债展期更有可能从行政层级低的私募债开始，采取置换债券的可能性比较大。

表14-6 出现过"类展期"事件的城投债

债券简称	规模（亿元）	原兑付日	展期期限（年）	兑付日	原票面利率（%）	新票面利率（%）
16吉林交投MTN001	15	2019-09-28	3	2021-04-28	4.64	7.98
17瓦房0220瓦房02	4	2020-04-13	3+2	2021-01-27	6.80	7.50

资料来源：万得资讯，作者整理。

土地财政的路径依赖

土地财政是政府收入方式之一，在过去为政府创造了巨额的财政收入，为城市的发展和建设也提供了资金支持（见图14-14）。现阶段大部分房企都面临一定的资金压力，因此对拿地也开始持有谨慎的态度。这也在一定程度上影响了地方政府的收入，导致部分地方政府采取城投平台拿地的措施来避免流拍，稳定财政收入。

我国传统的土地财政虽为地方政府创造了巨额的财政收入，但也有较多弊端。狭义的土地财政是指土地出让、房地产税收和土地融资给地方政府带来的收入，这导致我国主要城市的土地财政依赖度较高。在这样的背景下，土地拍卖价格屡创新高，住宅房的价格不断上升，并加剧了资源错配和贫富差距问题。

随着政策对地产行业的呵护，房产的销售数据有望回暖，而销售回暖也将助力开发商拿地情绪的提振。土地财政虽然有其弊端所在，但未来可能走向存量商品房和增量保障房为主的二元市场，继

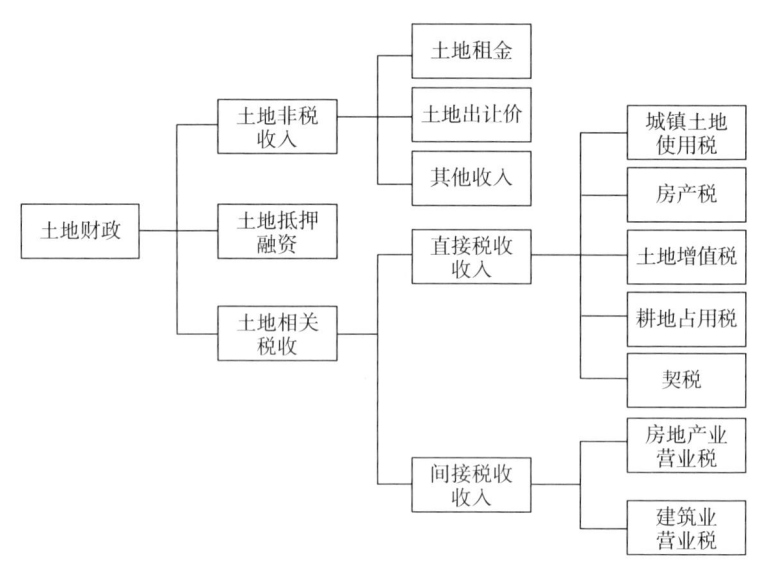

图 14-14 土地财政内容

续坚持"房住不炒",鼓励推动保障房建设目标。因此,现阶段的土地财政模式不会被轻易打破。

近年来,地方财政对于土地的依赖度始终维持在相对高位。2019—2021 年,31 个省(自治区、直辖市)的土地依赖度均值分别为 41%、43% 和 40%,广义财政收入当中接近一半与土地出让有关,部分省份的土地依赖度甚至超过 50%(见表 14-7)。

表 14-7　31 个省(自治区、直辖市)土地依赖度排名

省份	2021 年(%)	排名	2020 年(%)	排名	2019 年(%)	排名
浙江	58	1	61	1	60	1
江苏	58	2	56	3	51	4
贵州	55	3	53	6	49	11
湖北	54	4	56	2	51	7

(续表)

省份	2021年(%)	排名	2020年(%)	排名	2019年(%)	排名
湖南	54	5	53	9	50	10
山东	52	6	53	11	51	5
江西	51	7	55	4	51	8
重庆	51	8	54	5	51	3
四川	51	9	53	8	51	6
安徽	50	10	49	12	51	2
福建	50	11	53	10	46	15
广西	49	12	53	7	48	12
陕西	46	13	48	14	45	16
吉林	45	14	48	13	37	19
河南	44	15	47	15	50	9
河北	40	16	45	16	47	13
广东	38	17	40	19	33	23
甘肃	37	18	43	17	38	18
青海	37	19	37	21	46	14
天津	34	20	32	24	37	20
上海	33	21	31	25	25	27
北京	31	22	30	26	28	25
云南	31	23	42	18	43	17
辽宁	30	24	34	22	32	24
海南	30	25	39	20	36	21
新疆	27	26	28	28	25	28
山西	26	27	33	23	34	22
宁夏	24	28	28	30	22	31
黑龙江	22	29	28	29	23	30
内蒙古	18	30	24	31	24	29
西藏	17	31	29	27	25	26

注：土地依赖度＝政府性基金收入÷（一般预算收入＋政府性基金收入）。
资料来源：万得资讯，作者整理。

2022年起,在部分知名房企"暴雷"的压力下,房地产企业预售资金管控加严,现金流健康度愈发危如累卵,企业购地意愿也急剧萎缩,使得土地市场明显降温,政府的土地出让收入大幅下滑。土地市场降温遇冷引发城投债市场对地方政府财政收入下滑的担忧。城投公司约30%的主营业务收入来自政府财政补贴,财政实力雄厚的省市区域地方政府对城投企业的扶持、兜底能力更高,当地企业活跃度和经济活跃度也更高。因此,土地出让金的下滑倘若使得政府负债率提高,在一定程度上会使支出刚性压力加大,影响地方城投企业的债务偿付,也加剧了投资者对城投企业偿债能力弱化的担忧,进一步影响了城投企业债务再融资的能力,增大了城投债融资规模下行的压力。

第十五章
房地产债务的周期变迁

房地产债券的基本概念

房地产包括房产与地产，是对土地及附着在土地上不可分离的建筑物的统称。房地产行业可细分为开发、经营、服务，以及综合前述3项业务的多样化活动等子行业。房地产行业的开发流程包括拿地、建设、销售3个环节。拿地是指房企通过拍卖、工程转让、项目收购等方式获得建设用地的使用权。拿地后，房企将建筑施工任务交由建筑公司负责。销售是指房企将建成的房屋售给购房居民或公司的过程。一般而言，房地产行业上游包括负责土地一级开发的政府与受委托企业、建筑公司，下游主要是购房居民。本章主要介绍我国房地产债券市场的结构情况，并探讨房地产行业在国民经济中扮演的重要角色。

房地产债券的基本情况

本文所称房地产债券，是指从事房地产业务的企业依照法定程序发行，约定在一定期限内还本付息的有价证券。依照条款和交易场所不同，狭义口径下房地产信用债可分为企业债、公司债、中期票据、短期融资券、定向工具等品类，而广义口径的房地产信用债还包括资产支持债券、可转换公司债券、项目收益票据等品类。本文主要研究狭义口径下房地产信用债的相关情况。2011年以来，我国房地产债券市场从小到大，规模不断扩大，品类也在丰富，已发展成为我国债券市场的一大支柱。

房地产债券市场规模变化情况

按照交易市场划分，我国房地产债券市场可分为境内债券和中资海外债券。境内债券是指房地产企业在境内注册发行并流通的债券，中资海外债券是指境内房地产企业或其控制的境外机构在境外发行的债券。我国房地产债券存量规模较大，根据万得资讯，截至2022年年末，存续境内房地产债券共计1 328笔，存续规模为1.48万亿元；中资房地产海外债共计528笔，存续规模为1 767.13亿美元，计价币种以美元、港元和离岸人民币为主。

以2016年和2020年为分界线，境内房地产债券市场可分为2016年以前的快速成长期、2016—2020年的稳定期、2020—2022年的压降期。早期房地产债券规模较小，2014年以后得益于证监会扩大发债主体范围和丰富债券发行方式，境内房地产债券规模快速成长，3年间从2013年年末的1 200亿元左右增长至2016年年末的1.4万亿元左右。2016年以后，国家加强房地产调控政策，房地产债市随之进入稳定期，存续规模在1.5万亿元以上波动。2020年以后，房企融资渠道收缩，叠加信用风险频出，部分中低资质企业退出债券市场，存续规模呈下降趋势。

房地产债券市场结构特征

在存续房地产债券中，公司债和中期票据存续规模占比超千亿元，合计占比超过八成。具体来看，公司债与中期票据规模分别为8 387.3亿元和4 831.9亿元，合计占存续房地产债券规模的89.47%。

企业债、短期融资券、定向工具的存续规模分别为 320.0 亿元、315.2 亿元、919.9 亿元，规模占比均低于 10%

存续房地产债券期限集中在 3~5 年，呈两端小、中间大的纺锤形结构。具体来看，截至 2022 年年末，期限在 1~5 年的房地产债券占比较高，共计 1 124 笔，存续余额达 1.3 万亿元，占存续房地产债券余额超过 80%。期限在 1 年以内和 10 年以上的房地产债券数量较少，分别为 54 笔和 4 笔，存续规模为 318.4 亿元和 31.2 亿元，占比均在 5% 以下。

九成以上存续房地产债券发行人评级在 AA 级以上，其中 AAA 级存续规模为 1.1 万亿元，占比超过 70%；AA+ 和 AA 级规模分别为 2 024.5 亿元和 1 348.4 亿元，规模占比分别为 13.7% 和 9.1%。A- 级以下房地产债券规模占比为 0~5%。

按属性区分，央/国企房地产债券规模较大，数量较多。其中地方国企房地产债券数量最多，共计 655 笔，存续规模为 5 955.7 亿元，规模占比为 40.31%；央企房地产债券数量共计 305 笔，存续规模为 4 236.3 亿元，规模占比为 28.67%；民营企业和混合所有制企业的债券数量较少。

为什么要关注房地产

鲜有其他行业能如房地产行业般与宏观经济、产业链、居民生活等方面都息息相关，对宏观政策产生重大影响。我国金融体系以银行为主导，房地产行业的发展是否良好在一定程度可影响银行信贷情况，进而影响货币政策。因此对于货币政策，关注房地产行业至关重要。

房地产行业对宏观经济的影响

房地产行业对 GDP 的拉动作用可分为，行业自身产值对 GDP

贡献的直接作用和通过拉动其他行业增长对 GDP 贡献的间接作用。直接作用可通过房地产行业增加值占 GDP 的比重测算，间接作用则可根据房地产行业对其他行业的完全消耗系数测算，房地产投资开发对 GDP 的贡献和拉动可通过支出法近似测算。在直接作用方面，2011 年以来，房地产行业对 GDP 贡献率呈上升趋势，截至 2021 年年末，房地产行业贡献率为 6.7%，较 2011 年年末增加了 1.03%。完全消耗系数是指一个行业的产品直接与间接消耗其他行业的产品或服务数量，代表该行业生产与其他行业之间的联系情况。根据国家统计局披露数据，2015 年房地产行业对其他行业的完全消耗系数总计为 1.37。2010 年以来房地产行业的完全消耗系数总和呈增长趋势，说明对其他行业生产关系逐渐紧密，拉动作用增强。

房地产投资开发对 GDP 的贡献率和拉动作用可通过房地产占固定资产投资比重与资本形成对 GDP 的贡献率和拉动作用之间的乘积近似得到。[①] 根据国家统计局数据，可计算得到 2011—2017 年，房地产对 GDP 的贡献和拉动呈下降趋势，贡献率和拉动率分别从 2011 年的 10.3% 和 1.0% 降至 2017 年的 8.7% 和 0.6%。2011 年以后，随着国家加强调控措施，房地产投资开发对 GDP 的贡献率和拉动率略有下降。

除投资开发外，房地产行业还可通过增加就业、促进消费以及抑制居民消费两条路径影响社会总消费，进而影响 GDP 增长。一方面，房地产对其他行业的拉动作用增加相关行业的就业岗位，居民收入增加，消费意愿增强，社会总消费得到刺激。另一方面，按支出法计算，居民购房行为增加，储蓄和购房贷款规模增加，对消

---

① 资料来源：邓雄. 房地产对经济增长和产业链的影响分析 [J]. 区域金融研究，2015（02）：72–77.

费形成挤出效应，抑制消费的增长。

房地产行业对其他行业的影响

房地产行业的成长对其他上游行业具有拉动作用。建造楼房需要建材、钢铁、水泥等材料，施工需要相关机械设备和施工人员，新房建成后需要装修，家电、家具、装修材料等产品需求增加。产业链环环相扣，房地产行业的发展增大了对相关产品的需求，从而拉动其他上游行业的发展。

房地产作为资本密集型产业，融资需求大，对金融科技和创新也起到了促进作用。对于房地产企业，开发投资需资金支持，从而催生对债券融资、贷款融资的需求。在此基础上，部分房企信用资质较低，需有增信措施才能获得融资支持，担保、信用违约互换（CDS）、信用风险缓释合约（CRMA）、信用风险缓释凭证（CRMW）等信用衍生品应运而生。CDS 是指合约的买方向卖方支付一定费用，以换取信用违约后卖方的赔付款的合约产品；CRMA 是指针对单笔债券或债务的 CDS；CRMW 是具有凭证性质、可交易流通、具有类似 CDS 性质的信用保护工具。对于购房者，大多数居民采用分期付款的方式购买房产，住房抵押贷款和各类贷款衍生品应运而生，包括担保债务凭证（CDO）在内的衍生品促进了金融产品的创新和金融科技的发展。

房地产行业对政府和居民的影响

房地产行业增加地方政府收入。房企建造楼房需要获得建设用地的使用权，现阶段房企获得土地使用权的主流方式是通过拍卖与购买从政府获得。售出土地使用权所获得的土地出让金成为地方政府收入的重要来源。2011—2021 年，土地出让金收入与地方财政收入之间的比值呈上升趋势，土地出让金在政府收入中扮演愈加重要的角色。截至 2021 年年末，该比值已达 0.74，较 2011 年年末的水平增加了 0.39。细分具体区域来看，浙江、江苏、湖南、湖北、贵州等地土地出让金收入在政府收入中占比较高，山西、内蒙古、新疆、黑龙江、宁夏、西藏等地土地出让金占比较低。此外，房地产行业扩大了其他行业产品与服务的需求，增加相关企业的收入，从而增加了政府的税收收入。

房地产兼具商品属性和投资品属性，多方面影响居民生活与幸福感。一方面，作为与居民生活息息相关的商品，住房本身的大小、装修水平、物业服务、地理位置、周边配套设施等因素均能影响居民生活水平，促进或抑制居民幸福感。购房后的住房抵押贷款对居民消费有一定抑制作用，从而负面影响居民生活。作为投资品，房地产价格的变动影响购房家庭的资产价值，间接影响未购房家庭的实际收入，从而正面或负面影响居民幸福感。

房地产债券的研究框架

债券的收益源自债券到期收益率，低买高卖的资本利得，构建组合的骑乘收益。在有效市场的条件下，对于房地产债券的风险与收益，宏观与微观的风险变化，流动性良好与否，市场热度等因素均在债券收益率上体现。房地产债券到期收益率来源于两部分，一是受宏观经济基本面变化而变化的基准利率，二是受发债主体信用资质和市场热度变化而变化的信用利差。房地产债券的研究框架也可基于基准收益率、信用利差，以及上述两部分的影响因素展开。

基准收益率的分析

基准收益率反映某一固定期限资金的时间价值，是该期限下资金的最低盈利水平。基准收益率由社会对资金的供需变化决定，资金的需求与宏观经济周期中的经济增长和通胀相关，资金的供给则更多由央行的货币政策决定。一般而言，房地产债券市场的基准利率采用同期限的国债收益率或国开债收益率表示。

经济周期的不同阶段增长情况不同，对资金的需求不同，从而导致基准利率不同。根据费雪效应，名义利率可拆分为实际利率和通胀率，其中（1+名义利率）=（1+实际利率）×（1+通胀率），前述等式可简化为名义利率=实际利率+通胀率。实际利率和通胀率由宏观经济增长情况决定，经济周期的不同阶段各不相同。美林时钟根据通胀率变化滞后于经济增长变化，将经济周期划分为4个阶段，即复苏、过热、滞胀、衰退，经济增长变化在这4个阶段周而复始。在复苏阶段，资金需求增长，供给充足，实际利率处于较低水平，从低位开始增长，同时宏观经济从萧条阶段恢复，通胀率也处于最低点，名义利率较低。在过热阶段，生产迅速发展，扩大生产规模的需要加大对资金的需求，资金开始供不应求，实际利率迅速上升，同时通胀率上升，名义利率继续增长。在滞胀阶段，总供给下降，资金需求收缩，实际利率开始下行，但社会物价仍处于较高水平，通胀率继续上升。在衰退阶段，生产继续下行，对资金的需求进一步收缩，实际利率下行，此时物价水平开始下降，通胀率降低，名义利率降至低点。

货币政策决定资金供给，影响名义利率的表现。新凯恩斯学派认为货币政策是经济周期变化的外生变量，在经济增长的不同阶段，政府应采用不同的货币政策，从而稳定经济。宽松的货币政策向经济提供流动性，增加资金供给，从而降低名义利率；紧缩的货币政策向经济收回流动性，降低资金供给，从而提高名义利率。

信用利差的分析

信用利差是指信用债到期收益率与同期限基准利率之间的差

值，不同债券信用利差的不同主要来源于期限、债券条款、公司信用资质的差异，以下主要讨论公司信用资质及其影响因素。公司信用资质反映发债主体信用风险的大小，资质较优的主体偿债风险较小，资质较差的主体违约风险较高。由于不同发债主体股东背景不同，经营策略各不相同，信用资质也各不相同，可从定性与定量两个方面分析主体信用资质情况。

从定性角度看公司信用资质

股东背景与股权情况可影响主体信用资质。稳定的股权结构是公司经营发展的基础。不同属性的股东可给公司带来的支持不同，规模较大的股东可带给公司更多的资金支持和业务资源，从而增强公司的经营优势，提高信用资质。股东是否多元化与股权是否分散也可影响公司的经营情况。分散的股权情况可避免出现控股股东"一言堂"的情况，避免大股东侵蚀小股东的利益，但也可能降低公司的决策效率，错失优质发展机会。因此，在分析发债主体信用资质时，首先需关注公司股权结构情况。

行业地位一定程度反映公司规模和抗风险能力，进而影响公司的信用资质。对于房地产行业，龙头房企可开展多样化业务和布局多元的土地储备，从而具有更强的抗风险能力。行业排名靠后的公司则可能更依靠单一业务或布局单一城市，易受宏观风险和行业风险影响，经营波动较大。在其他条件相同的情况下，行业地位更高的公司代表更优的信用资质。

从定量角度看公司信用资质

定量分析公司信用资质主要是从财务角度分析公司偿债能力的强弱和违约风险的大小。一般而言，偿债资金共有 3 个渠道，分别为盈利获现、资产变现、外部筹资。财务报表和各类财务比率可反映公司3类偿债能力的静态表现和动态变化，从而为信用资质的分析提供参考信息。

1. 资产负债情况。企业杠杆即债务率，是公司债务占资产比率的情况，反映公司可撬动的资产规模的大小。房地产行业是典型的高杠杆行业，回顾房地产债券市场违约情况，出险房企的杠杆率普遍高于未出险的房企，因此，信用资质的分析需关注公司杠杆率的情况。杠杆率高的企业债务负担较重，一旦发生经营不佳的情况，可能会引起公司出售资产以偿还到期债务的情况，影响公司正常的经营活动，甚至可能出现资不抵债，最终违约的情况。同时在我国控制房地产企业杠杆率的背景下，高杠杆的公司可能意味着未来债务融资空间不足，外部筹资能力较弱。一般而言，房企违约风险与杠杆成正比关系，杠杆率越高，违约风险越大，信用资质越低。

债务结构是公司债务融资来源结构和期限结构，反映主体外部融资能力的强弱。公司债务可分为经营过程需要的经营债务和满足融资目的的有息债务，融资能力的分析主要拆解公司有息债务结构。按来源分，有息债务可大致分为银行借款、债券融资和非标融资3类，其中非标融资是指非标准化债权资产的融资，主要有信托贷款、委托债权、承兑汇票、信用证、应收账款、各类收益权等类型。银行贷款、债券融资、非标融资这3类债务来源的融资成本依次递增，融资难度依次递减。优质的房企更愿通过银行贷款和债券渠道进行融资。按期限分，有息债务可分为一年以内到期的短期债务和一年以上的长期债务，不同的期限结构反映公司信用资质的不同，优质的房企更愿意借入较长期的资金。

资产流动性情况是指公司流动资产占总资产的比例和对流动负债的覆盖程度。出售资产是公司偿债资金的一大重要来源，其中流动资产变现能力更强，因此需关注这类资产的占比情况和对短期债务的覆盖程度。资产流动性更佳的公司变现能力更强，相对偿债能力更强，因此信用资质也更优。

类债务科目，是指担保、永续债、明股实债等科目未计入杠杆率的分析，但在公司实际经营过程中，这类科目现金流具有债务性质，并对公司信用资质产生影响，应纳入分析范围。公司对外担保规模和集中度无法在资产负债表中体现，属于公司表外负债。若被担保方违约，需公司偿付相关债务，则隐性债务转为显性债务。而财务杠杆率以季度为频率更新，可能无法及时反映公司此类债务负担变化的情况，因此在事前分析时就需考虑公司对外担保规模和集中度的情况。永续债是指无固定偿还期限的债券，通常被计入权益科目，但实为债务，因此也需加以考虑公司永续债的规模。所谓明股实债，是指投资回报不与公司经营情况挂钩，而是以固定现金流的形式取得回报，并在一定期限或达满足条件后由被投资公司赎回股权或偿还本金的股权投资方式。实操中明股实债通常计入少数股东权益科目，进行公司杠杆分析时易被遗漏，因此需重点关注公司明股实债情况。

2. 经营与利润情况。房地产企业开发投资的一大资金来源是销售回款，若公司销售数据表现不佳，销售增速放缓，则可能导致公司回收资金周期增长，经营效益下降，信用资质弱化。历史上曾有销售减少后公司陷入流动性困境，最终偿付困难导致违约的案例，例如2021—2022年的房地产债券违约风波，究其原因，很大程度与2021年房地产销售数据下滑有关。因此分析房地产发债主体的信用资质，需关注销售数据动态变化的情况。

销售和营业收入易被粉饰，需综合考虑公司的盈利情况。单一关注公司销售数据过于片面，即使遭遇经营困难的情况，发债主体可通过打折促销、降价让利等方式使得销售数据和营业收入表面上看平稳增长，但公司实际盈利情况已开始下降。因此若要分析公司经营的变化情况，还需综合考虑盈利能力的变化。

进行信用资质分析时，核心目的是分析公司经营偿债能力的情况，因此对销售和盈利的分析，最终还是要落到对债务的覆盖程度上来。若销售和盈利的数据绝对水平较低，即使增长率很高，经营偿债能力也较差。优质公司盈利对债务的覆盖程度较高，发生违约的可能性更低，因此信用资质也更优。

3. 现金流量情况。无论是经营、出售资产还是外部筹资，公司偿还债务均需要现金，因此有必要分析公司现金流是否健康。现金流量表从经营、投资、筹资3个角度展示公司现金流情况。基于上述3个角度，通过对比行业内的优质企业和出险企业，可提炼出健康的房企经营、投资、筹资现金流的典型特征。

经营性现金流是公司满足日常业务活动需要后从经营活动中获得的剩余现金流，其流向和规模变化情况是反映公司经营活动健康与否的重要指标。经营性现金流呈净流入趋势，规模稳定增长的公司经营造血能力较强，信用资质也更优；经营性现金流流向或规模突然变化的公司，则说明其可能遇到经营的困难之处。

投资性现金流是公司对固定资产和有价证券买卖后获得的净流入或流出的现金流。健康的房企处于扩大生产经营规模的过程中，购买固定资产、长期资产，扩大投资规模均会引起投资性现金流净流出规模的增加。若公司投资性现金流呈净流入态势，则说明公司可能存在出售大额固定资产的情况。

筹资性现金流是公司吸收投资、发行债券、取得借款、偿还债务、分配股利等与筹资行为有关的现金流净流入情况。健康的房企筹资性现金流应呈净流入趋势，若公司筹资性现金流转负或规模减小，则可能说明公司筹资能力下降，滚续偿债能力减弱，信用资质下降。

研究框架的影响因素与打分卡模型

基于研究框架，房地产信用资质的影响因素可分为宏观因素和公司自身因素，宏观因素主要影响房地产行业的销售情况与景气度，公司自身因素则与经营情况相关。本章主要从实践角度阐述各类影响因素与衡量指标，并建立适用于房地产公司信用资质分析的打分卡模型。

宏观因素

房地产销售情况与经济增长情况息息相关。在 GDP 增长较快的条件下，居民更倾向于投资，购入股票、基金、衍生品等增长价值较高的投资标的，而具有投资属性的房地产也在居民的投资范围内，房地产销售情况也表现较好。在 GDP 增长放慢的条件下，居民避险情绪增加，更倾向于将剩余资金储蓄起来，或投资黄金等具有避险属性的标的，因此不利于房地产销售。

货币政策通过债务融资路径影响房地产销售情况。无论是房地产公司还是购房者，其资金来源在很大程度上依赖于银行信贷的投放和其他债务融资形式，而货币政策可从量价两条路径影响相关主体进行债务融资的难易程度。在宽松的货币政策背景下，从量的角度看，存款准备金率较低，商业银行有充足的资金发放房地产开发贷款和住房抵押贷款，从而促进房地产销售；从价的角度看，宽松的货币政策拉低融资成本，债券利率和贷款利率也较低，房地产公司融资更便利，居民购房成本降低，更愿意购房，因而促进房地产销售。从实践角度看，可利用 M1 与 M2 增速、社融规模增速等指标衡量货币政策的宽松与否。

调控政策直接影响房地产销售情况。我国房地产市场是不完全竞争市场，需政府介入进行纠正与调控以实现资源的最优配置，此时房地产销售情况受政策调控影响较大,监管可通过限购限贷、提高税率等措施直接影响房地产销售情况。从实践角度看,可通过各地平均首付比例、房屋契税、公积金贷款比例等指标来衡量房地产调控政策的宽松与紧缩。

公司自身因素

公司定性情况指标

对于股东属性,可关注公司实控人的属性和持股比例,若公司无实控人,则可关注第一大股东的情况。一般而言,实控人或第一大股东是央企的房地产公司信用资质优于实控人或第一大股东是地方国有企业的房地产公司,地方国企则优于实控人是自然人与外资企业的公司。对于持股比例,需穿透汇总实控人直接与间接持股比例情况,持股比例越高,实控人与公司的联系越紧密,信用资质越优。

对于行业地位,可关注销售与拿地百强榜单的排名情况。公司行业地位是一个相对主观的指标,可从多个角度衡量,难有统一的标准。销售和拿地情况在一定程度上反映公司规模和行业地位,因此可关注公司销售与拿地百强榜单的排名情况,以此代表公司行业地位。

公司财务情况指标

1. **资产负债指标**。扣预后负债率可代表公司杠杆情况,计算公式为,扣预后负债率 =(总负债 − 预收账款)÷ 总资产。对于房地产公司,资产负债率通常较高,由预售商品房形成的预收账款在负债中占比较高,且无须用现金偿还,因此使用扣预负债率能较精准地反映公司债务水平和偿债能力的高低。考虑到宏观与行业的波动,可采用公司近 3 年扣预后负债率平均值和近 3 年同比增长率平均值分别从静态和动态角度衡量公司的杠杆情况。

非标债务占比和短期债务占比可代表公司债务结构，非标占比和短期债务占比越低，公司资质越优。按来源划分，公司有息债务来源于银行贷款、债券、非标，融资难度依次递增。低资质的公司难以从银行和债券市场融资，因此债务结构中非标占比较高，这可从侧面反映公司偿债能力的强弱。按期限划分，若短期债务占比较高，说明公司短期偿债压力较大，难以融入长期资金，出现流动性紧张的风险较大。

可自由使用的货币资金对短债覆盖程度可代表公司资产流动性情况。可自由使用的货币资金是公司在受限货币资金以外的资金。对于房地产公司，预售资金、担保资金等资金虽也计入货币资金科目，但不可用于偿还债务，单纯考虑货币资金对短债的覆盖程度可能会使得公司流动性"虚高"，因此在分析时需剔除受限货币资金。资产流动性越高的公司，短期偿债能力越强，信用资质也更优。

对外担保、少数股东权益、永续债占比可代表公司担保等类债务情况。对于担保，主要考虑公司对外担保规模占净资产比例，占比越高的公司，或有负债的风险越大，信用资质越低。对于明股实债，可用少数股东权益近似替代，永续债和少数股东权益占净资产比例越高的企业，信用资质更低。

2. **盈利指标**。营业收入增速和利润增速可代表公司销售变化情况。由于各房企销售数据的统计口径各不相同，披露时间差异也较大，实践上采用营业收入增长率和利润增长率指标更具可行性和便利性。出险的房企在违约前，业务经营陷入困境通常率先表现在营业收入增速和利润增速下滑方面，因此这两项指标的变动可对公司信用资质的变化提出预警。

毛利率与净利率可代表公司盈利能力情况。毛利率与净利率分别是公司毛利润与净利润对营业收入的比值。对于通过降价促销保持营业收入和利润平稳增长的公司，其盈利能力的下降可通过毛利率与净利率的下降识别。毛利率与净利率越高的公司，盈利能力水平越强，信用资质越优。

EBITDA 利息保障倍数、债务对 EBITDA 的覆盖程度可代表公司经营偿债能力（EBITDA＝营业利润＋财务费用＋折旧与摊销）。EBITDA 代表公司通过主营业务产生现金流的能力。EBITDA 利息保障倍数＝EBITDA/利息费用，债务对 EBITDA 的覆盖程度＝全部债务/EBITDA，这两项指标可反映公司从经营活动中偿还债务的能力，EBITDA 利息保障倍数越高，债务对 EBITDA 的覆盖程度越低，公司偿债能力越强，信用资质越优。

3. **融资与现金流指标**。经营性现金流、投资性现金流、筹资性现金流的方向与规模可代表公司现金流的健康情况。健康的公司现金流表现出典型特征，经营性现金流与筹资性现金流呈净流入态势，投资性现金流呈净流出态势。若公司经营性现金流与筹资性现金流持续收缩，投资性现金流突然转正，可能说明公司经营造血能力与融资能力弱化，需出售固定资产与其他长期资产以偿还债务，信用资质变弱。

融资渠道的多样化能力可代表公司融资能力。公司融资渠道有权益市场、债券市场、银行、非银金融机构等，具体融资方式则有 IPO、配股、定向增发、发行债券、贷款、授信、回购等。拥有多样化融资渠道的公司可通过多种方式筹集资金，偿债能力较强，信用资质也更优。实践方面，可计算银行授信额度是否覆盖公司短期债务和全部债务，以此判断公司从银行渠道融资的能力。此外还可根据公司是否为上市公司判断其从权益市场融资的能力。

信用评分模型

综合上述研究框架与指标，可搭建房地产公司信用评分模型。

该模型包含定性指标与定量指标，分别占比20%与80%。定性指标包括实控人属性、实控人持股比例、销售拿地排名等指标，定量指标包括资产负债指标、盈利指标和现金流指标。具体指标含义、计算公式与权重如表15-1所示。

表15-1 房地产公司信用评分模型

一级指标	二级指标	三级指标	含义	权重（%）
定性指标	股东情况	实控人属性	实控人是否为中央国有企业、地方国有企业、混合制企业、自然人等	10
		实控人持股比例	实控人直接持股比例+实控人间接持股比例	5
	行业地位	销售拿地排名	（销售百强榜排名+拿地百强榜排名）÷2	5
定量指标	资产负债指标	杠杆率	近3年扣预负债率平均值	6
			近3年扣预负债率同比增速平均值	2
		债务结构	非标债务规模÷全部有息负债	3
			短期债务÷全部有息负债	3
		资产流动性	（货币资金-受限货币资金规模）÷短期债务	8
		类债务	对外担保÷净资产	3
			永续债÷净资产	2
			少数股东权益÷净资产	3
	盈利指标	销售情况	近3年营业收入平均值	5
			近3年营业利润平均值	5
			近3年营业收入增速平均值	2
			近3年营业利润增速平均值	2

（续表）

一级指标	二级指标	三级指标	含义	权重（%）
定量指标	盈利指标	盈利情况	（主营业务收入−主营业务成本）÷主营业务收入	4
			净利润÷营业总收入	4
		经营偿债能力	EBITDA÷利息费用	8
			全部债务÷EBITDA	8
	现金流指标	现金流流向	经营性现金流与筹资性现金流是否净流入，投资性现金流是否净流出	5
		现金流规模	近3年经营性现金流平均值	1
			近3年投资性现金流平均值	1
			近3年筹资性现金流平均值	1
		融资渠道多样化	银行授信额度与短期债务的比值是否大于1，银行授信额度与全部债务的比值是否大于1	2
			公司是否可通过权益市场、债券市场、银行、非银金融机构等渠道募集资金	2

房地产债券走势回顾

我国房地产债券经历多年风雨，已发展成为信用债市场的重要组成部分。本章主要回顾2011—2022年房地产债券收益率与利差走势。2015年以前，我国房地产债券数量较少，得益于2014年证监会对信用债扩容，房地产债券市场也迎来长足发展。

2011—2014 年市场走势

政策基调以调控为主。2009 年以后，房地产行业火热发展，房价快速上涨。为抑制过热的投机性需求，2009 年起开始宏观调控，"国四条"、《国务院办公厅关于促进房地产市场平稳健康发展的通知》、"新国八条"等政策相继发布，特别是"国四条"设置了首付比例，限制非首套房购房条件，增加市场供给等措施调整房地产行业供需格局，减缓房价快速上涨的趋势。

此阶段房地产债券市场处于早期发展时期，债券数量较少。以当时 3 年期存续房地产债券收益率和信用利差的中位数代表整体房地产债券走势。2011—2014 年，房地产债券收益率与利差走势与整体信用市场基本趋同，可分为 2011 年快速上行期、2012 年上半年下行期、2012 年下半年至 2014 年年末的震荡上行期（见图 15 - 1）。2011 年央行多次加息加准，资金面偏紧，债券市场收益率上行，而云投事件也对当时尚不成熟的信用市场造成较大冲击，信用债收益率与利差快速上行，房地产债券二级市场走势跟随整体信用市场上行。2011 年年底，国内通胀见顶，PPI 与 CPI 增速逐月回落，央

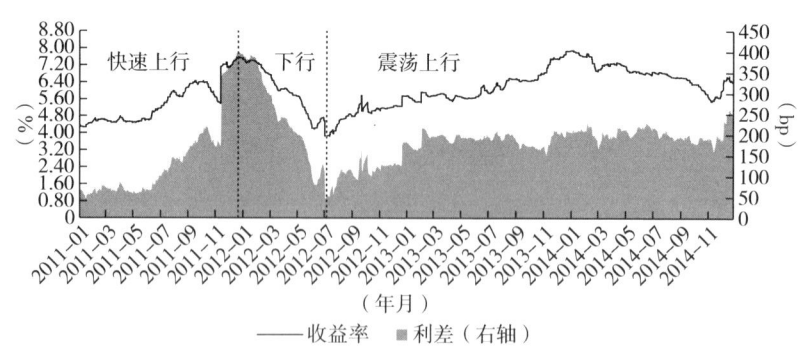

图 15 - 1 2011—2014 年房地产债券收益率与利差走势
资料来源：万得资讯，作者整理。

行于 2012 年两次降准，开启新一轮宽货币周期，信用债收益率与利差开始回落。此时房地产债券收益率与利差跟随信用市场下行。2012 年 7 月社融触底，宽信用确立，债市利空因素加强，信用利差上行，房地产债券收益率与利差跟随整体信用债市场上行。2013—2014 年，我国债市经历"钱荒""超日债"违约，房地产债券收益率也在震荡中上行，2014 年 4 月央行降准落地后，房地产债券则开启新一轮牛市，收益率与利差开始下行。

2015—2022 年市场走势

此阶段房地产债券快速扩容，行业政策经历一系列变化，可大致分为 2015—2016 年的棚改货币化阶段、2017—2020 年的房住不炒的调控阶段、2021—2022 年的平稳发展的纠偏阶段。以 3 年期 AAA 中债房地产债券估值收益率与同期限国开债利差代表整体房地产债券收益率与信用利差，整体来看房地产债券市场随着政策变化经历一系列波动。

棚改货币化阶段

2010 年左右，在政策面增加了房地产供给，2014 年以后部分地区房地产库存增长，形成供需格局的结构性错配。例如，三、四线城市房地产供给过多，而人口则持续外流；高端和大户型的住宅供给过多，而居民对这类住宅消费能力不足。在此背景下，房企资金回收周期增长，可能引起流动性不足而出现债务违约的情况，信用市场的信用风险在积累。因此 2015 年起，我国开启房地产去库存进程，棚改货币化则是众多政策中具有代表性的一项措施。从 2015 年国务院强调棚改优先使用货币化安置开始，棚改货币化的规模与在各类安置措施中频率占比不断提升。

2015—2016 年，房地产债券走势以长时间的牛市为主，短时间的调整行情穿插其中。2015年，信用债市场经历一整年的牛市，央行维持宽松的货币政策，降息与降准组合使得资金面维持宽松，推动信用收益率与利差全年呈下行趋势，房地产债券利差下行40bp左右。2016年1—2月，债市维持宽松预期，地产债券利差继续下行。3—4月资金面收紧，市场情绪转悲观，利差开始上行。5—10月，债市资产荒拖动收益率与利差下行。10月以后央行开始回笼资金，资金面由松转紧，收益率与利差快速上行（见图15-2）。

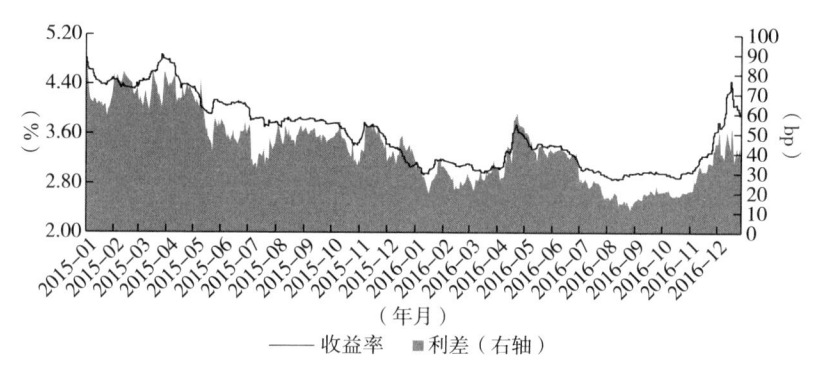

图15-2 2015—2016年房地产债券收益率与利差走势
资料来源：万得资讯，作者整理。

房住不炒的调控阶段

棚改货币化虽有效达到去库存的效果，但在一定程度上也推高了房价，房地产行业再次升温。2016年年末中央经济工作会议提出房住不炒的定位，标志新一轮房地产调控周期开始。此阶段货币化安置占棚改安置措施的比例降低，多地限购限贷，房地产融资途径逐步受到限制。

2017—2020年，房地产债券市场经历"违约潮"、中美贸易摩擦、资管新规、新冠疫情等事件的影响，收益率与利差的走势也经历起伏。2017年，金融监管趋严，资金面整体偏紧，房地产债券延续2016年的趋势，收益率与利差均呈上行趋势。2018—2019年，国内宏观经济下行压力加大，央行多次降准、降息、宽货币，收益率与利差下行。2020年，房地产债券收益率与利差走势背离，1—4月，央行放松流动性，收益率下行，而市场避险情绪升温，利差快速上行。4—11月，国内疫情得到控制，宏观经济开始恢复，房地产债券收益率随基准利率反弹，而市场信心增强，利差回落。11月以后，信用事件影响市场，央行放松货币政策以维稳债市，房地产债券收益率下行，而利差则再度上行（见图15-3）。

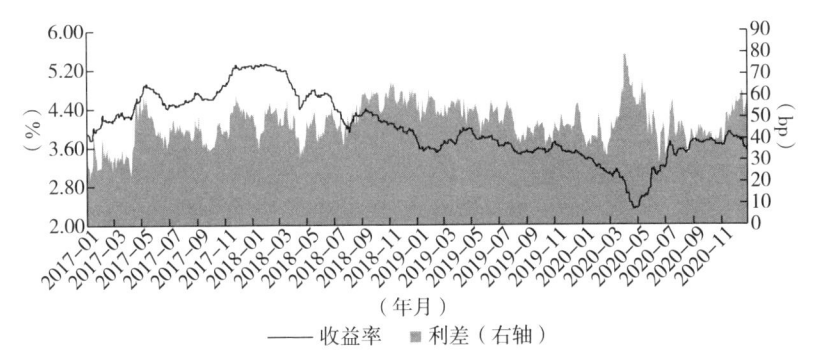

图15-3 2017—2020年房地产债券收益率与利差走势

资料来源：万得资讯，作者整理。

平稳发展的纠偏阶段

2021年房地产销售情况不佳，部分房企因融资受限而陷入流动性困局，全行业受到影响。监管层认识到在房地产行业基本面偏弱的背景下，需对房地产市场适度放松，并支持房地产行业平稳发展。2021年第四季度开始，融资与销售两个方面均有房地产支持性政策出台。在融资端，从并购债务融资工具，到民企增信措施与保交楼借款，再到融资"三支箭"政策与预售资金监管，力度逐渐增强。在销售端，从三、四线城市下调首付比例与降低房贷利率，到热点城市放松限购限贷政策，政府对房地产销售支持的范围扩大。

2021—2022年，房地产债券走势可分为牛、熊两个阶段。2021年年初—2022年10月，在债市"资产荒"和资金面十分宽松等因素的推动下，房地产债券收益率与利差整体下行，呈现长时间的牛市行情，其中受部分房企的违约与舆情风险影响，调整行情穿插其中。2022年11月以后，债券市场下跌引发理财赎回的负反馈循环，收益率与利差大幅上行，11月虽有多项房地产行业的支持性政策出台，但利好因素难改市场上行趋势。2022年12月中旬以后，央行维持流动性宽松，债市情绪回暖，房地产债券收益率与利差再度下行（见图15-4）。

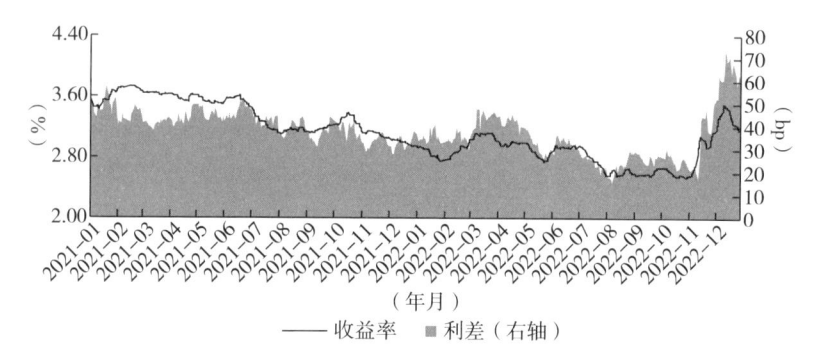

图15-4 2021—2022年房地产债券收益率与利差走势

资料来源：万得资讯，作者整理。

第十六章
拼图式产业债

如果用二分法对工商企业信用债进行分类，那么城投债以外都是产业债，可见这是一个含义丰富、包罗万象的领域。在产业债中，地产债由于话题性强，通常单独列示，前文已经详细阐述，所以后文所提的产业债如无特别说明，均不含地产债。

虽然产业债含义很丰富，但其在我国债券市场面临着困境。截至 2022 年年末，存续的工商企业信用债共 25.2 万亿元，其中城投债余额 13.2 万亿元，占比 52%，地产债和产业债的余额占比分别为 5% 和 43%。但如果把时间拉回到 2013 年，产业债的余额比重为 75%，2005 年的这一数字甚至为 94%。由此可见，产业债占国内信用债比重正在不断下滑。那么，这个变化是如何发生的呢？

产业债图谱变迁

2005 年 5 月，央行发布《短期融资券管理办法》，短期融资券重新登场，2005 年也成为国内信用债正式启航的元年。2005 年之后，信用债市场发展不断提速，早期主要体现为各主管部门相继推出主要的债券品种。银行间债券市场在 2005 年重新推出短期融资券之后，持续推动新品种创设。2008 年 4 月，央行推出中期票据，实行注册制。2011年5月3日，首批通过交易商协会注册的非公开定向债务融资工具（PPN）正式发行，发债主体包括中国五矿、国电集团和航空工业集团。交易所债券市场也有所动作。2007年9月19日，上交所发布公司债上市规则。2007年10月12日，我国首只公司债07长电债挂牌上市。2012年5月，中小企业私募债试点办法正式公布。2015年6月起，沪深交易所正式接受私募债备案，私募公司债起步。在企业债方面，2008年国家发改委放开了企业发债审批额度限制，开始实行完全条件核准制，只要符合发行规模不超过净资产40%，过去3年平均盈利可以支付1年债券利息，资金投向符合国家产业政策等条件，均可获准发债。

整体而言，2005—2013年，信用债市场处于稳步发展的阶段，在此期间，发债主体结构以产业发行人为主。截至2013年年末，存续的城投债、地产债和产业债分别为2.0万亿元、745亿元和6.1万亿元，产业债比重达到75%，彼时的国内信用债市场，基本可以被称为产业债市场。历年工商企业信用债存续规模如图16-1所示。

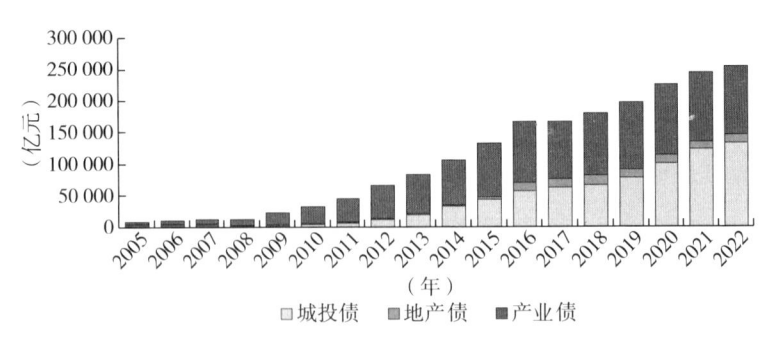

图16-1 历年工商企业信用债存续规模
资料来源：万得资讯，作者整理。

2014年3月5日，上海超日太阳能科技股份有限公司公告称，无法按期全额支付"11超日债"的当期利息，成为国内首只正式违约的公开市场债券。也正是从 2014 年开始，产业债的信用风险越来越受到投资机构的关注，而地产债和城投债则迎来了爆发式增长。2015 年 1 月，证监会发布新的《公司债券发行与交易管理办法》，扩大了公司债发行主体的范围，丰富了发行方式，放松了发行限制，信用债准入门槛降低，中小民企涌入债市，其中一大部分是房地产开发商。2015 年 5 月，财政部、央行、银监会联合印发《关于 2015 年采用定向承销方式发行地方政府债券有关事宜的通知》，要求在 8 月 31 日前完成首批 1 万亿元的债券置换，随后《关于妥善解决地方政府融资平台公司在建项目后续融资问题的意见》和《关于充分发挥企业债券融资功能支持重点项目建设促进经济平稳较快发展的通知》等文件出台，城投债发展迎来推动力。2014—2016 年，工商企业信用债中的产业债比重由 68% 降至 58%，地产债由 1% 提升至 7%，城投债则由 31% 提升至 35%。

2017 年开始，去杠杆下信用风险开始爆破，产业民企融资环境恶化，产业债首次出现年度净偿还现象，存续规模由 2016 年的 9.5 万亿元降至 2017 年的 8.9 万亿元，而地产债和城投债则分别实现 5 209 亿元和 1 204 亿元的净融资，信用债结构中的产业债比重进一步降低至 54%。不过，由产业债信用风险引发的债市结构调整仍未结束，2018—2020 年，产业债违约规模维持高位，引发投资机构对于产业发行人的进一步规避。2021—2022 年，产业债违约有所收敛，但地产债违约接棒，机构风险偏好仍受抑制。在持续不断的信用风险发酵中，2017—2022 年，工商企业信用债中的产业债比重由 54% 降至 43%，地产债由 8% 降至 5%，城投债则由 38% 提升至 52%。历年工商企业信用债存续规模比重如图 16-2 所示。

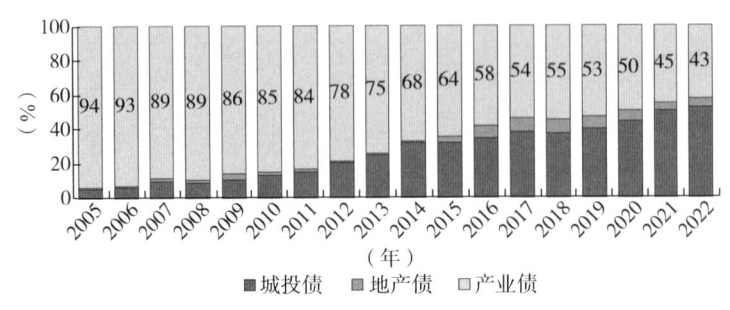

图 16-2 历年工商企业信用债存续规模比重

资料来源：万得资讯，作者整理。

综上所述，近年来产业债受信用风险的负面冲击较大，存续规模在 2019—2022 年始终维持在 11 万亿元附近的水平，从早期的增量市场逐渐过渡为存量市场。虽然产业债市场规模近年来增量有限，但对于这个仍有约 11 万亿元存量规模的市场，做进一步细分研究的必要性也是很大的。从实操层面，投研机构一般会从以下角度对产业债进行拆分研究——行业、企业性质、创新品种。

行业分析框架

截至 2022 年年末，在存续的 10.8 万亿元的产业债中，煤炭债和钢铁债的存续规模分别为 7 219 亿元和 3 707 亿元，合计占比 10.1%。从绝对规模来看，所谓"过剩产能"行业在产业债江湖中只占一成，却有十足的话题性，煤炭债和钢铁债历史波动较大，既给市场造成过超预期的伤害，也为部分机构带来了超额回报，由于其估值波动性和个体差异性极大，煤炭和钢铁行业成为产业债分析中无法绕过的话题。本节以煤炭行业为例，梳理产业债的行业分析框架。

煤炭行业概况

我国的能源结构以煤炭为主体，截至2022年，煤炭占我国一次能源的比例仍有55%，其广泛应用于建材、化工、钢铁和电力等行业。煤炭根据黏结指数和挥发分指标，可以分为三大类：动力煤、炼焦煤和无烟煤。动力煤主要用于电力、锅炉燃烧等，炼焦煤主要用于冶金行业，无烟煤主要用于化工行业、高炉喷吹等。在我国煤炭储量中，动力煤占比最高，其次为炼焦煤，无烟煤的占比最低。

我国煤炭资源储量较丰富，且集中于中西部地区。根据中国自然资源部《中国矿产资源报告（2022）》中的数据，2021年年末我国煤炭探明储量为2 078.85亿吨，煤炭储量仅次于美国、俄罗斯和澳大利亚，位居世界第四。但我国煤炭资源分布极不均匀，山西、内蒙古、陕西、新疆、贵州的煤炭资源总和占全国比重75%以上，总体呈现"北富南贫，西多东少"的格局。根据煤炭资源分布，我国重点建设了14个亿吨级大型煤炭基地，煤炭产量向山西、内蒙古、陕西地区集中。从原煤产量来看，2022年山西、内蒙古、陕西、新疆、贵州等5省原煤产量合计为376 824.5万吨，占全国总产量的83.8%（见表16-1）。

由于供需区域的差异，我国煤炭呈现"西煤东运，北煤南运"的运输格局。主要运输方式分为公路、水路、铁路3种，其中铁路以其运力大、速度快、成本低、能耗小等优势，成为煤炭的主要运输方式。

火电、钢铁、建材和化工是我国煤炭最主要的下游产业，这四大行业在耗煤总量中的合计比重超过90%（见图16-3和图16-4）。

表 16-1 2022 年全国部分省份煤炭产量排名

排名	地区	产量（万吨）
1	山西	130 714.6
2	内蒙古	117 409.6
3	陕西	74 604.5
4	新疆	41 282.2
5	贵州	12 813.6
6	安徽	11 176.9
7	河南	9 772.8
8	宁夏	9 355.4
9	山东	8 753.1
10	黑龙江	6 951.8
11	云南	6 659.4
12	甘肃	5 351.8
13	河北	4 705.6
14	辽宁	3 158.1
15	四川	2 224.0
16	江苏	964.1
17	吉林	948.0
18	青海	936.5
19	湖南	799.6
20	福建	443.2
21	广西	291.7
22	江西	194.6
23	湖北	728.0

资料来源：统计局，作者整理。

图 16-3 煤炭行业产业链

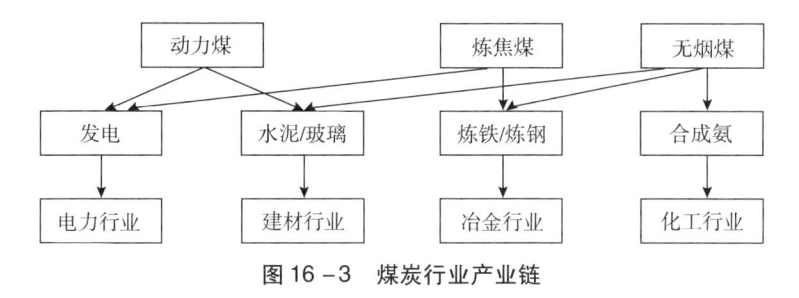

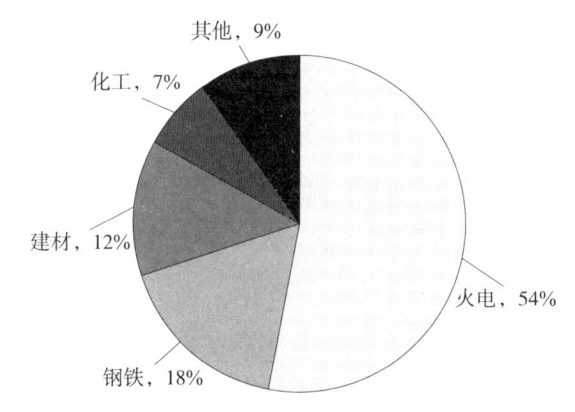

图 16-4 煤炭下游需求分布（2019 年）
资料来源：中国煤炭市场网，作者整理。

煤炭行业利差复盘

煤炭行业信用利差与其他强周期行业趋势类似，表现为波动幅度较大。主导煤炭行业信用利差的因素包括政策周期、盈利能力、信用风险等。

2015 年年初—2016 年上半年，煤炭行业利差大幅上行。由于行业产能过剩叠加风险事件发生，使得煤炭债抛盘严重，债券利差一路走高，行业利差飙升约 200bp。在此基础上，企业盈利又明显恶化，2016 年上半年有部分债券违约，致使行业利差进一步上行。

2016 年下半年—2019 年下半年，煤炭行业超额利差逐渐下行并维持低位震荡。2016年下半年—2017年，去产能政策的作用逐渐体现，过剩产能释放，供需格局改善，煤炭行业利差不断收窄，回归至低位。2018年—2019年年末，在资产稀缺的大背景下，煤炭行业利差走势震荡，均值约为125bp。

2019年下半年—2020年4月，行业利差快速上行。由于煤电博弈，叠加疫情因素影响，煤炭行业的供需错配导致煤炭价格有所下跌，进而使得煤炭行业盈利收紧。需求端的疲弱加之盈利能力的减弱，行业利差快速上行。

2020年5月—2021年年末，行业利差呈现高低波动趋势。当疫情防控压力减小、煤炭行业全面复工复产时，行业营业状况逐步改善，企业盈利能力上升，行业利差下行；当疫情防控压力增大时，行业利差上行。在这段时间，煤炭行业利差呈现区间波动。

2021年年末—2022年年末，行业利差先逐步下行再大幅上行。2022年出台的一系列煤炭保供稳价政策使得煤企的经营情况有所改善，盈利能力提升，促进行业利差逐步下行。但进入2022年年末，意料之外的"赎回潮"使得信用债整体遭遇抛售，煤炭行业债券也不能幸免，行业利差迅速拉升至历史中枢水平以上（见图16-5）。

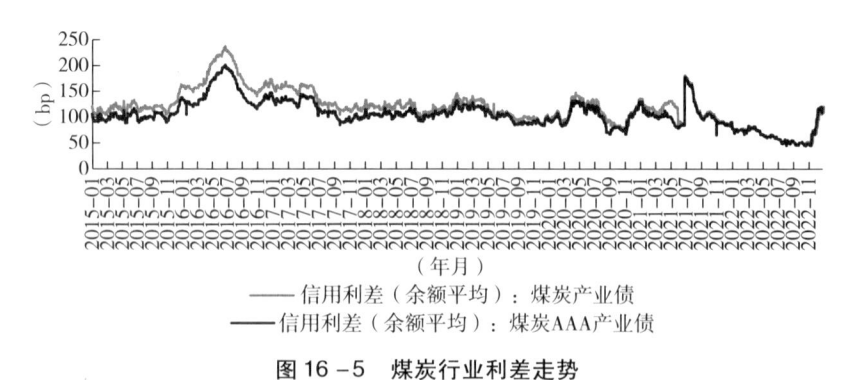

图16-5 煤炭行业利差走势

资料来源：万得资讯，作者整理。

煤炭行业主体概况

截至 2022 年年末，在存续信用债中筛选出 GICS（全球行业分类系统）中属于煤与供消费用燃料的债券，共计 635 只，涉及发行人共计 55 家。从债券数量角度看，山西省、山东省、陕西省、北京市、河南省的现存债券较多；从发行人角度看，山西省、山东省、河南省、北京市、陕西省的发行人数量较多（见表 16-2）。

表 16-2 煤炭债券与发行人分布

债券分布		发行人分布	
省份	发行债券数量（只）	省份	发行人数量（家）
山西省	286	山西省	12
山东省	133	山东省	11
陕西省	74	河南省	6
北京市	38	北京市	6
河南省	34	陕西省	4
河北省	19	安徽省	3
江苏省	19	河北省	2
安徽省	15	江苏省	2
四川省	8	黑龙江省	1
江西省	4	四川省	1
黑龙江省	2	内蒙古自治区	1
内蒙古自治区	2	甘肃省	1
甘肃省	1	江西省	1
总计	635	总计	55

资料来源：万得资讯，作者整理。

从地域的角度，可以将各省份的煤炭发行人进行粗略划分，如山西系、山东系、陕西系等（见表 16-3）。山西系包括晋能煤业、焦煤集团、晋煤集团等;山东系包括兖矿能源、山东能源集团等;陕西系包括榆林能源、陕煤化集团等。根据债券发行规模及主体资质,接下来将重点讨论陕西系和山东系的各一家代表性煤炭企业。

表16-3 煤炭债发行人信息

分类	部分煤炭发行人
山西系	晋能煤业、焦煤集团、晋煤集团、山西潞安矿业(集团)
山东系	兖矿能源、山东能源集团公司
北京系	中煤集团、京煤集团、国家能源集团
河北系	冀中能源、开滦集团
河南系	河南能源集团、郑煤集团、中平神马
安徽系	淮南矿业、淮北矿业、皖北煤电
陕西系	榆林能源、陕煤化集团

资料来源:万得资讯,作者整理。

陕西系:陕西煤业化工集团有限公司

陕西煤业化工集团有限公司(简称"陕煤化集团")是地方国有煤企,公司股东和实控人为陕西省国资委(100%)。业务以煤炭为主,钢铁、化工为辅。截至2022年12月31日,公司持股陕西煤业65.12%的股份。截至2022年12月31日,公司存续债券63只,合计余额1 284.3亿元。

公司为陕西省内唯一特大型国有煤炭企业,区域优势明显,煤炭资源充足。公司股东和实控人为陕西省国资委(100%),在产业布局、政府支持方面具备突出优势。公司主产动力煤、贫瘦煤、不黏结煤。截至2022年6月末,公司拥有煤炭资源储量300.45亿吨,可采储量203.09亿吨,煤炭产能为20 115万吨/年,矿井剩余可采年限约为100.96年。

公司盈利能力较强,债务结构改善,经营活动获现能力强。近几年公司主营业务收入和利润总额保持增长态势，经营活动获现能力较强。短期负债规模下降，债务结构有所改善。2016年—2022年第三季度，公司营业收入、净利润保持较高水平，且在不断增长。公司资产负债率从2015年的80%降低到2022年第三季度的67%；2017—2021年，公司经营净现金流为433亿元、367亿元、328亿元、323亿元、682亿元，经营活动获现能力强。

山东系：山东能源集团有限公司

山东能源集团有限公司（简称"山东能源集团"）是地方国有煤企，大股东和实控人均为山东省国资委。业务以煤炭为主，物流贸易、机械制造、化工为辅。截至2022年12月31日，公司存续债券16只，合计余额646.6亿元。

公司为煤炭地方国企，煤炭资源充足。公司股东和实控人为山东省国资委（70%），能够获得较强的外部支持。公司主产动力煤、喷吹煤、无烟煤、炼焦用气精煤等，截至2021年年底，公司拥有煤炭地质储量901.34亿吨，剩余可采储量190.43亿吨，产能为31 225万吨/年。

公司盈利能力良好，资产减值损失侵蚀利润，偿债能力较强。受益于煤炭行业回暖，近年来公司盈利及获现能力均大幅提升。2016年—2022年第三季度，得益于成本控制良好，公司营业收入相对稳定，净利润增长迅速，公司资产负债率从2016年的78%降低到2022年第三季度的68%；2017—2021年，公司经营净现金流为126亿元、171亿元、162亿元、313亿元、541亿元，经营活动获现能力强。

煤炭行业主体分析方法

煤炭企业的信用分析可以从外部因素、内生性经营因素、财务因素和政府因素4个方面衡量。

外部因素

外部因素主要针对外部行业环境、企业的外部支持和潜在现金流。外部行业环境主要涉及供给与需求两方面，它们会受到国家相关政策、宏观经济波动、国际市场煤价变动、其他替代性能源价格变动等因素的影响。外部支持主要涉及企业属性、股权结构，企业属性划分为中央国企、地方国企、民企，股权结构包括企业大股东及实控人背景、持股情况等。潜在现金流关注对外担保和直接融资，对外担保关注企业为关联方或其他企业提供的担保占净资产比例情况，直接融资关注企业有无下属上市公司、未来可能的直接融资渠道及数额。

内生性因素

内生性经营因素主要关注资源禀赋、生产规模、成本控制、非煤业务和区位优势等。

1. 资源禀赋。作为不可再生资源型行业，资源禀赋是煤炭行业经营情况最核心的影响因素。主要关注煤炭煤种、可采储量、煤炭品质、开采条件等。不同煤种的稀缺性不同，导致细分下游市场的需求与价格不同，价格从高至低排序为焦煤、无烟煤、动力煤。

2. 生产规模。生产规模方面重点关注煤企的年产能。煤企的年产能越高，代表企业的生产规模越大，市场份额占比越高，议价能力也越强。

3. 成本控制。煤炭行业同类型产品的高度同质化使成本控制对企业盈利具有重要影响。成本控制重点关注吨煤成本。吨煤成本主要由材料动力、职工薪酬、折旧与摊销、安全生产费、维简费、塌陷补偿费及其他支出构成，其中职工薪酬及材料动力是主要构成部分。同时我们也需要关注企业在社会负担上的成本压力，诸如环境保护费等。

4. 非煤业务。伴随去产能政策的实施，大部分煤企出于减少周期波动或扩充盈利手段的考虑，纷纷利用原有优势发展非煤业务，包括但不限于开展电力、煤化工等煤炭相关行业，以及房地产开发、工程施工等非煤炭关联性行业。虽然煤炭企业的大部分盈利来自煤炭产业，但非煤业务的经营发展也在逐步扩大，非煤业务也直接影响煤企的信用资质。

5. 区位优势。区位优势重点关注煤炭资源分布。如果煤炭资源丰富的地区处于交通发达地区或者煤炭净调入地区，它就可以消化企业大部分乃至全部的煤产量，运销优势相对显著。

财务因素

财务因素关注企业盈利能力、资本结构、长期偿债能力和短期偿债能力等。盈利能力重点关注煤炭业务的毛利率，不同煤企因区位条件、资源禀赋、成本控制等因素不同，吨煤价格和吨煤成本有所差异，因此毛利率可以更真实地反映煤企煤炭业务的盈利水平。资本结构重点关注资产负债率，煤炭行业作为重资本行业，通常负债率较高，资产负债率可以反映企业的债务负担与偿债压力。长期偿债能力重点关注 EBITDA 利息保障倍数，该指标反映企业现金流对债务和利息的偿付保障。短期偿债能力重点关注企业经营活动现金流净流量、流动比率、速动比率等，这些指标反映企业短期资金周转能力。

政府因素

政府因素关注煤企对地方政府的贡献度。煤企既有经营特性，又有公益属性，其资质分析需特别重视其对地方政府的贡献度。大部分煤企都是地方国企或央企，承担着"三供一业"及地方公益职能，偿债能力往往与地方政府息息相关，当行业不景气时，多数煤企能够得到地方政府或中央的支持。因此，除上述3部分因素外，还需额外考虑包含政府因素的调整项。

企业性质之辨

企业性质对于我国产业债研究，也是非常重要的划分维度。截至2022年年末，央企、地方国企和民营企业产业债的信用利差分别为73bp、121bp和223bp，级差比较明显，实际上从历史走势来看，3类企业性质的产业债始终保持着相对的利差差距（见图16-6）。

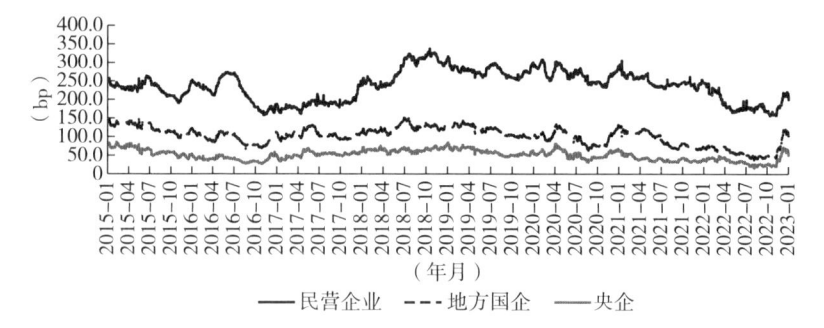

图16-6 各类企业性质产业债的信用利差走势
资料来源：万得资讯，作者整理。

为何不同企业性质之间的信用利差存在这样的规律？主要原因在于市场认为它们的违约概率存在分化，而违约概率主要由历史数据进行统计。自2014年"11超日债"违约，截至2022年年末，国内产业债共出现205个违约主体，已实质违约债券规模达5 526亿元。其中，含中外合资企业、外资企业在内的广义民营企业有166个，涉及违约债券规模3 843亿元，地方国企次之，违约主体26个，涉及违约债券规模861亿元，央企最少，违约主体13个，涉及违约债券规模822亿元（见图16-7和图16-8）。

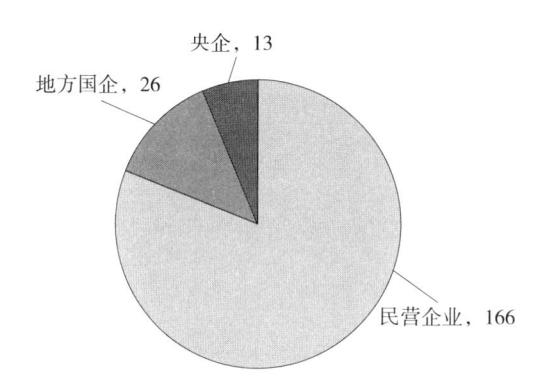

图 16-7 产业债违约主体数量分布（个）

资料来源：万得资讯，作者整理。

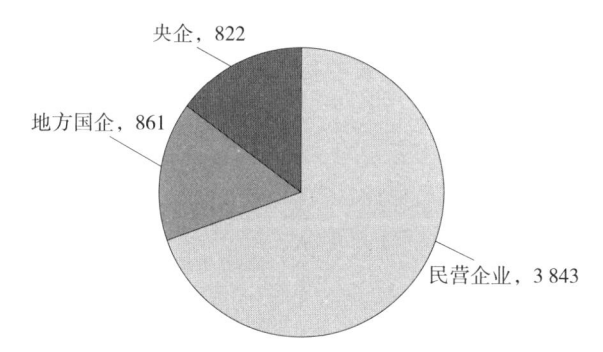

图 16-8 产业债违约规模分布（亿元）

资料来源：万得资讯，作者整理。

正是因为各类企业性质的违约率和利差存在较为明显的分化，因此，分析产业债时也必须将企业性质作为重要的观察角度。

央企债分析要点

截至 2022 年年末，万得资讯口径下出现过债券违约的中央国企共有 13 家，这里面有一部分是纯正的央企子公司，但也有一部分性质较为模糊的央企，需要仔细甄别（见表 16-4）。

第十六章 拼图式产业债 427

表 16-4 央企债券违约梳理

发行人	首次债券违约日期	债券简称	所属万得资讯行业
保定天威集团有限公司	2015-04-21	11 天威 MTN2	电气部件与设备
中国第二重型机械集团有限公司	2015-09-15	12 二重集 MTN1	工业机械
国机重型装备集团股份有限公司	2015-10-14	08 二重债	工业机械
中国中钢股份有限公司	2015-10-19	10 中钢债	钢铁
中煤集团山西华昱能源有限公司	2016-04-06	15 华昱 CP001	煤炭与消费用燃料
新疆和钢钢铁股份有限公司	2018-05-17	13 金特债	钢铁
中城投集团第六工程局有限公司	2018-08-13	15 城六局	综合类行业
中国华阳经贸集团有限公司	2018-09-30	15 华阳经贸 MTN001	售货目录零售
中信国安集团有限公司	2019-04-28	15 中信国安 MTN001	综合类行业
北大方正集团有限公司	2019-12-02	19 方正 SCP002	互联网软件与服务
紫光集团有限公司	2020-11-16	17 紫光 PPN005	通信设备
北京紫光通信科技集团有限公司	2021-04-26	18 紫光通信 PPN001	电子制造服务
国广环球传媒控股有限公司	2021-11-17	H5 国广债	出版

资料来源：万得资讯，作者整理。

2015年4月21日，保定天威集团有限公司未能按时兑付"11天威 MTN2"的利息，成为首个出现债券实质违约的央企。保定天威集团有限公司由中国兵器装备集团有限公司控股，属于央企子公司，截至2022年年末，其名下违约债券共4只，逾期本金合计45亿元。

2020年7月，中国国新联合31家央企共同出资发起设立央企信用保障基金，基金总规模1 000亿元。近两年来，央企违约情况出现了明显的好转，新增违约主体极少，央企的债券信用风险明显收敛。从存量央企债的收益率分布来看，绝大部分都处于低收益的范畴，适合用作避险，最大程度地规避信用风险（见表16-5）。

表16-5 存续央企债的收益率分布

剩余期限/YTM	(0, 2%]	(2%, 3%]	(3%, 4%]	(4%, 5%]	(5%, ∞)	总计
(0, 1Y]	180	14 213	4 439	215	207	19 254
(1Y, 2Y]		5 787	5 921	375	110	12 194
(2Y, 3Y]		1 434	7 610	1 044	123	10 211
(3Y, 4Y]		55	2 082	127	75	2 339
(4Y, 5Y]			3 110	295	5	3 410
(5Y, ∞)		149	1 677	64	10	1 900
总计	180	21 638	24 839	2 120	530	49 308

注：数据截至2022年12月31日。
资料来源：万得资讯，作者整理。

国企债分析要点

截至2022年年末，万得资讯口径下出现过债券违约的地方国企共有26个，较违约央企数量多出一倍。相比之下，地方国企债的违约数量较多，并且与区域信用风险产生密切联动，对债券投资者的影响更大（见表16-6）。

表16-6 地方国企债券违约梳理

发行人	首次债券违约日期	债券简称	省份
吉林粮食集团收储经销有限公司	2015-07-31	14吉粮债	吉林省
保定天威英利新能源有限公司	2015-10-13	10英利MTN1	河北省
上海云峰（集团）有限公司	2016-02-29	15云峰PPN005	上海市
广西有色金属集团有限公司	2016-03-09	13桂有色PPN001	广西壮族自治区
东北特殊钢集团股份有限公司	2016-03-28	15东特钢CP001	辽宁省
四川省煤炭产业集团有限责任公司	2016-06-15	15川煤炭CP001	四川省
河北省物流产业集团有限公司	2016-11-17	15冀物流CP002	河北省
新疆生产建设兵团第六师国有资产经营有限责任公司	2018-08-13	17兵团六师SCP001	新疆维吾尔自治区
中科建设开发总公司	2018-11-19	16中科建设PPN002	上海市
通用技术集团沈阳机床有限责任公司	2019-07-17	15沈机床MTN001	辽宁省
天津市浩通物产有限公司	2019-07-25	H18浩通1	天津市
海口美兰国际机场有限责任公司	2019-07-29	16美兰01	海南省
沈阳机床股份有限公司	2019-08-16	15沈机床股MTN001	辽宁省

(续表)

发行人	首次债券违约日期	债券简称	省份
天津融诚物产能源资源发展有限公司	2019-08-30	H18天物1	天津市
青海盐湖工业股份有限公司	2019-09-30	16青海盐湖MTN001	青海省
呼和浩特经济技术开发区投资开发集团有限责任公司	2019-12-06	16呼和经开PPN001	内蒙古自治区
海南航空控股股份有限公司	2020-01-23	海航104	海南省
青海省投资集团有限公司	2020-02-20	17青投债	青海省
北京北大科技园建设开发有限公司	2020-03-06	18北大科技ABN001优先级	北京市
中国吉林森林工业集团有限责任公司	2020-05-18	15森工集MTN001	吉林省
天津市房地产信托集团有限公司	2020-08-24	16房信01	天津市
天津房地产集团有限公司	2020-09-08	16天房04	天津市
沈阳盛京能源发展集团有限公司	2020-10-23	18沈公用PPN001	辽宁省
华晨汽车集团控股有限公司	2020-10-23	H17华汽5	辽宁省
云南祥鹏航空有限责任公司	2021-02-10	17祥鹏MTN001	云南省
武汉当代明诚文化体育集团股份有限公司	2022-04-22	20明诚03	湖北省

资料来源：万得资讯，作者整理。

分省份来看，出现过债券违约的26个地方国企中，来自辽宁和天津的发行人分别有5个和4个，位居前二，两地的地方国企违约对区域再融资造成了较大的影响。2016年3月，东北特殊钢集团股份有限公司出现债券违约，当年辽宁省国企债净融资规模同比下降82%，次年的净融资规模直接转负，直到2022年依然未能重新转正。2019—2022年，天津连续出现国企债券违约，债券投资者开始收缩对于天津的投资敞口，2021年录得1 070亿元的债券净偿还，一举抵消过去3年的累计净融资规模（见图16-9和图16-10）。

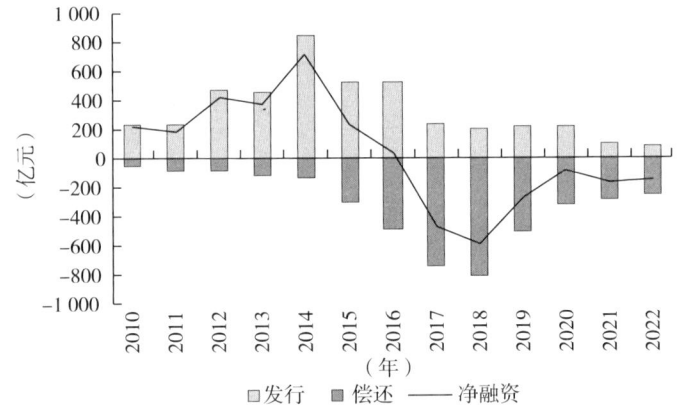

图16-9　辽宁国企债发行、到期与净融资

资料来源：万得资讯，作者整理。

在地方国企接连出现信用风险的背景下，2021年2月28日，国务院国资委印发《关于加强地方国有企业债务风险管控工作的指导意见》，要求加强国有企业债务风险处置和防范应对工作，其中提到"依法处置债券违约风险，严禁恶意逃废债行为"，这对于国企债券的信用维护产生了积极的影响。该文件发布之后，新增的地方国企债券违约数量迅速下降。

截至2022年年末，从地方国企债券收益率分布来看，大致能够反映各区域产业国企信用风险的暴露情况（见图16-11）。

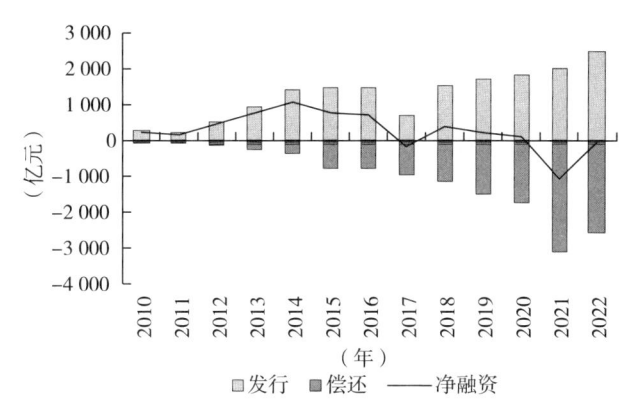

图 16-10 天津国企债发行、到期与净融资

资料来源：万得资讯，作者整理。

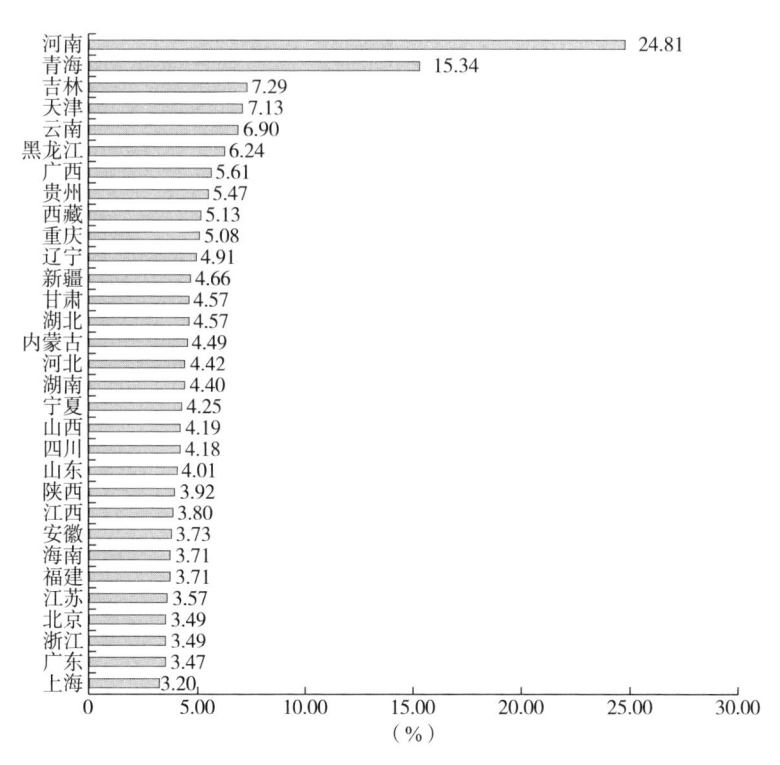

图 16-11 存续产业国企债加权平均收益率情况

资料来源：万得资讯，作者整理。

民企债分析要点

在工商企业信用债中，产业债近年来的比重不断下滑，而在产业债中，民企债又面临更加严峻的局面。2005—2017年，民企债在产业债中的比重由1.2%逐步提升至16.0%，但随着民企违约潮的演绎，2018年以来民营企业在债券市场的融资能力不断下滑，截至2022年年末，在存续的10.8万亿元的产业债中，民企债的比重已经降至3.7%（见图16-12）。

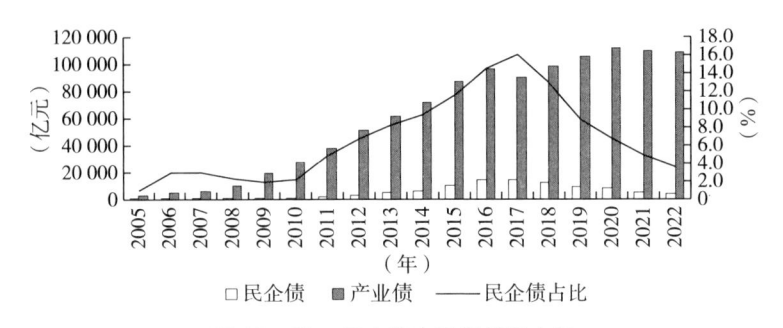

图16-12　民企债存量规模及占比

资料来源：万得资讯，作者整理。

民营企业在债券市场的地位不断下滑，与其对国民经济的重要性产生了偏差。2018年11月，习近平总书记在民营企业座谈会上充分肯定了我国民营经济的重要地位和作用，其中提到民营经济具有"五六七八九"的特征，即"贡献了50%以上的税收，60%以上的国内生产总值，70%以上的技术创新成果，80%以上的城镇劳动就业，90%以上的企业数量"。2018年以来，债券市场也不断推出支持民企发债的政策，其中有一项措施是"发挥市场化增信作用，鼓励市场机构、政策性机构通过创设信用保护工具为民营企业债券融资提供增信支持"，通过"信用保护工具+民企债"的组合进行投资，是当前机构参与民企债的重要方式之一。

目前我国银行间债券市场和交易所债券市场均有信用保护类工具，前者统称为信用风险缓释工具（CRM），后者统称为信用保护工具，并且都可以再细分为合约类工具和凭证类工具（见图16-13）。银行间的合约类工具包括信用风险缓释合约（CRMA）和信用违约互换（CDS），凭证类工具包括信用风险缓释凭证（CRMW）和信用联结票据（CLN）。交易所的合约类工具主要是信用保护合约，凭证类工具主要是信用保护凭证。合约和凭证的主要区别在于，合约类工具是一对一签订的非标产品，不可转让，而凭证类工具则属于标准化的场内产品，由创设机构向凭证持有人提供信用保护，可以转让。以交易所的信用保护工具为例，信用保护合约为一对一达成，个性化较强，与之相比，信用保护凭证具有以下特点：可流通转让，便于投资者灵活调整其风险对冲需要；参与便捷，交易双方无须签署主协议，相关条款均体现在凭证创设说明书中；要素较为标准化，且对凭证存续期间有较严格的信息披

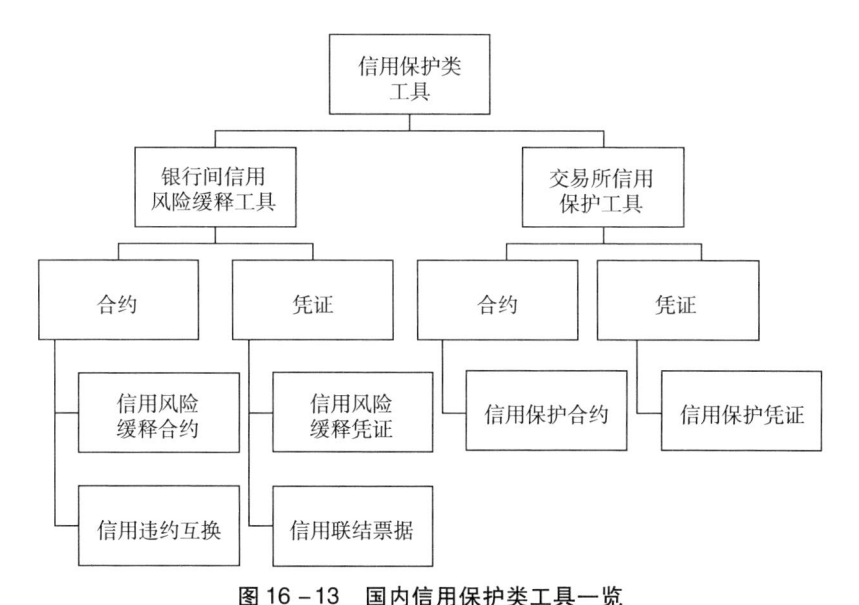

图16-13　国内信用保护类工具一览

露要求；定价市场化，凭证创设采用簿记建档等方式，有助于充分发挥价格发现功能。

2010年信用风险缓释凭证亮相之后，使用规模有限，仅2010年、2011年和2016年有零星几单落地。2018年，在开始强调纾困民企，并设立民营企业债券融资支持工具之后，信用风险缓释凭证的规模开始增长，且2018—2020年的标的主体均以民营企业为主。2021—2022年，部分资质较弱的地方国企也开始借助信用风险缓释凭证提升发债成功率，不过截至2022年12月31日，民企信用风险缓释凭证累计创设规模达到386.1亿元，超过地方国企和央企信用风险缓释凭证之和。整体而言，虽然2021年以来使用信用风险缓释凭证的民企比重有所下降，但与信用债市场整体的企业性质分布相比，信用风险缓释凭证对于民企发债的助力作用依然是明显的（见图16－14）。

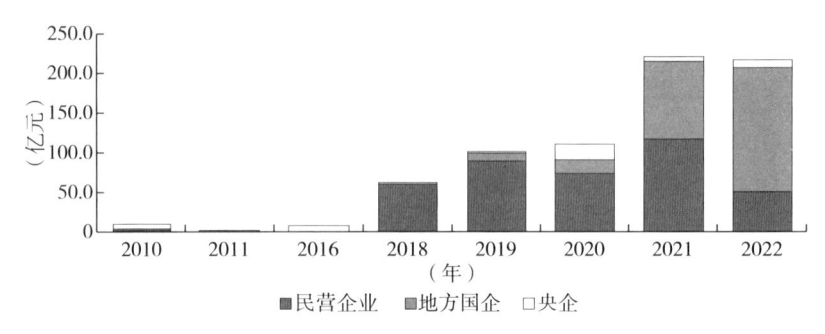

图16－14 新发信用风险缓释凭证的名义本金分布——按企业性质
资料来源：万得资讯，作者整理。

通过"信用保护工具＋民企债"的组合进行投资，有机会在控制信用风险的前提下，获取一定的超额收益。以"22恒逸MTN003（科创票据）"为例，该债券起息日期为2022年12月22日，初始期限2年，票面利率为7.2%，浙商银行为该债券创设的22浙商银行CRMW057 ［22恒逸MTN003（科创票据）］的信用保护费费率为 2%，意味着"债券 + 信用风险缓释凭证"的组合净票息为 5.2%，对投资机构而言，实际承担的信用风险等价于投资于创设机构同期限债券的信用风险。2022 年 12 月 22 日，浙商银行剩余期限在两年左右的普通债收益率约为 3%，因此，投资于"民企债 + 信用风险缓释凭证"的组合有机会获取一定的超额收益。也正是因为这样的投资组合变得有利可图，未来投资机构重返民企债市场的预期正在不断增强。

产业债的创新

除了传统的行业划分和企业性质划分，近年来，越来越多的投资机构开始从品种层面对产业债进行研究，使得产业债的投研体系更加立体，也为超额收益的获取提供了新的解法。本节选取市场关注度较高的几个债券品种进行梳理。

永续债

永续债实际上有着悠久的历史，1648 年荷兰水务管理机构发行的永续债是目前可考的最古老的永续债，该永续债的初始票面利率为 5%，随后降至 2.5%，至今还在继续付息，所谓"永续"，可见一斑。回到国内债券市场，永续债的出现时间较晚。2013 年 10 月，武汉地铁集团公司发行国内首只可续期企业债"13 武汉地铁可续期债"，成为国内永续债的开端。截至 2022 年年末，永续债在国内市场已经发展近 10 年，成为一个重要的细分债券领域。

发展历程

2013—2022 年，永续债连续 10 年呈现净融资，市场规模不断扩容，其中，2019—2020 年的增速最快，年度净融资均在 1 万亿元以上，2021年开始，由于到期规模迅速攀升，永续债的年度净融资水平有所下降。截至2022年年末，国内永续债的存续规模达到4.8万亿元（见图16-15）。

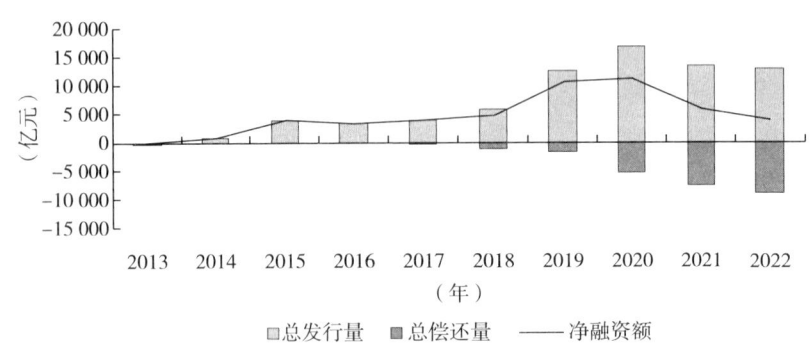

图16-15 永续债发行、到期、净融资规模
资料来源：万得资讯，作者整理。

伴随着市场规模的不断扩大，国内永续债的细分类别也更加多样化。按照发行人类别，可以划分为企业永续债和金融永续债，其中企业永续债又可以细分为可续期企业债、长期限含权中期票据、可续期定向融资工具、可续期一般公司债和可续期私募债，截至2022年年末，企业永续债占全部永续债的规模比重约为50.4%，其中规模最大的是长期限含权中期票据，占全部永续债比重为28.2%。金融永续债主要包括证券公司永续次级债、无固定期限资本债券以及其他金融机构永续债，合计规模占比约为49.6%，其中贡献最大的是无固定期限资本债券，即银行永续债，占全部永续债比重为44.5%（见表16-7）。由于企业永续债和金融永续债的条款存在较大差异，且在产业债领域中，谈论的永续债通常指代企业永续债，因此，本章后文如无特别说明，永续债均表示企业永续债。

表16-7 存续永续债梳理

永续债分类	细分类别	存续数量（只）	占比（%）	存续规模（亿元）	占比（%）	首只永续债	起息日期
企业永续债	可续期企业债	41	1.9	578	1.2	13武汉地铁可续期债	2013-10-29
	长期限含权中期票据	1 101	51.4	13 598	28.2	13国电MTN001	2013-12-20
	可续期定向融资工具	8	0.4	63	0.1	14兖州煤业PPN001	2014-09-22
	可续期一般公司债	708	33.0	9 521	19.7	16浙交Y1	2016-03-09
	可续期私募债	59	2.8	542	1.1	16桂续01	2016-06-13
金融永续债	证券公司永续次级债	54	2.5	2 027	4.2	15中信建	2015-01-19
	无固定期限资本债券	168	7.8	21 449	44.5	19中国银行永续债01	2019-01-29
	其他金融机构永续债	5	0.2	435	0.9	19中债增金融永续债01	2019-07-12

资料来源：万得资讯，作者整理。

估值体系

与普通信用债相比，永续债赋予发行人展期和递延付息的选择权，因此投资者要求永续债有更高的收益率，用于弥补这一期权价值。永续债与普通信用债之间的品种利差，就是指投资者对于永续债有别于普通信用债的所有特征所要求的收益率补偿。从公式出发：

$$信用债收益率 = 无风险利率 + 流动性溢价 + 信用风险溢价$$
$$永续债收益率 = 信用债收益率 + 品种利差$$

回顾 2016—2022 年的永续债品种利差走势，在 2018 年上半年之前，品种利差基本保持稳定，中枢水平在 80bp 左右，意味着与普通债相比，永续债能够贡献 80bp 的超额收益，但从 2018 年下半年开始，永续债品种利差开始冲高，以中位数衡量的品种利差中枢最高上升至 120bp 附近，意味着投资者需要更高的超额收益，才愿意继续投资于永续债，背后的主要原因在于从 2018 年下半年开始，永续债的展期和递延付息事件密集发生，让投资者对于这个品种的风险进行重估。不过从 2019 年年底开始，永续债的负面案例已经不再超预期，而且债券市场进入"资产荒"的环境，投资者开始向品种要收益，使得永续债的品种利差不断收敛，2022 年 10 月末已经压缩至不足 20bp。不过在 2022 年年底的赎回冲击下，永续债品种利差又出现了一定的反弹，截至 2022 年年底，以中位数衡量的品种利差中枢回到 50bp 的水平（见图 16 – 16）。

永续债品种利差相当于所嵌期权的定价，主要包括"展期期权"和"递延付息期权"。根据期权定价模型，期权价格为其预期收益的现值，受到行权概率和行权收益的影响：

$$展期期权价格 = (P_1 \times 行权收益_1) \times e^{-rT}$$

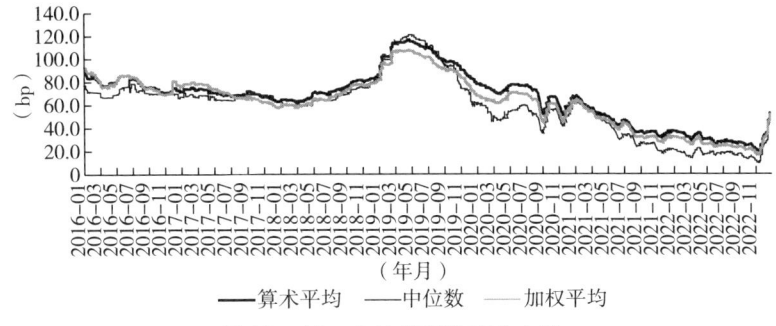

图 16-16 永续债品种利差走势

资料来源：万得资讯，作者整理。

$$递延付息期权价格 = (P_2 \times 行权收益_2) \times e^{-rT}$$

发行人资质、行业等均会对期权的行权概率和行权收益造成影响，进而影响期权定价，最终反映为品种利差。根据这一思路，可以从多个角度出发，丰富永续债的品种利差体系。截至2022年年末，AAA/AAA-/AA+/AA隐含评级永续债的品种利差分别为47/47/55/68bp，央企/国企/民企的品种利差分别为46/59/64bp，基本呈现出资质越弱，品种利差越高的规律，背后的原因在于，永续债展期或递延付息会产生较大的负面影响，强资质主体出现这类负面事件的概率更小，因此品种利差也更低（见图16-17和图16-18）。

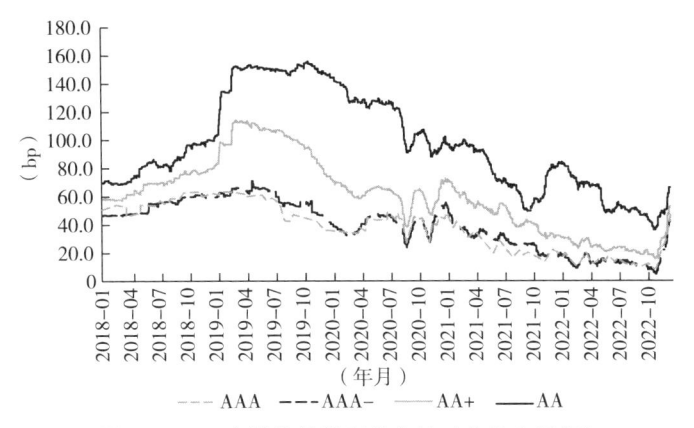

图 16-17 永续债品种利差走势（分隐含评级）

资料来源：万得资讯，作者整理。

第十六章 拼图式产业债 441

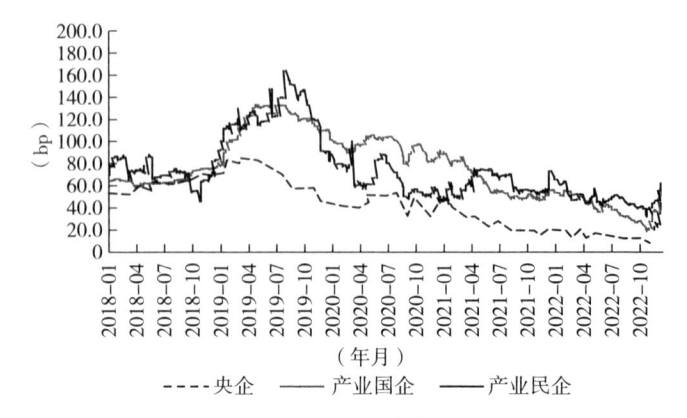

图 16-18　永续债品种利差走势（分企业类型）

资料来源：万得资讯，作者整理。

绿色债券

海外绿色债券市场概况

国际主流的绿色债券标准包括《气候债券标准》（CBS）和《绿色债券原则》（GBP）。气候债券倡议组织（The Climate Bonds Initiative，简写为CBI）是一个关注投资者的非营利机构，旨在促进用于全球低碳和气候适应型经济转型的大规模投资。该组织于2011年年底发布《气候债券标准》的1.0版本，随后经过多次修订。《绿色债券原则》则是由国际资本市场协会（International Capital Market Association，简写为ICMA）于2014年年初发布，随后每年都会召开年度会议进行讨论。《气候债券标准》和《绿色债券原则》并非各自独立，《气候债券标准》3.0版本认证的绿色债券、贷款或其他债务工具需要满足3个条件：完全符合《绿色债券原则》和/或《绿色贷款原则》；在内部控制、跟踪、报告和认证上使用了最佳实践（best practice）；融资资产与实现《巴黎协定》相符合。而《绿色债券原则》的4个核心组成部分包括：募资用途，项目评选流程，募集资金持续管理，信息披露。绿色债券分类如表16-8所示。

表16-8 绿色债券分类

债券类别	定义
标准绿色用途债券（Standard Green Use of Proceeds Bond）	与《绿色债券原则》要求一致。对发行人有追索权的标准债务工具
绿色收益债券（Green Revenue Bond）	与《绿色债券原则》要求一致。对发行人无追索权的债务工具，其信用敞口来源于收入、费用、税收等产生的质押现金流，但债券募集资金所投的绿色项目可以和现金流来源不相关
绿色项目债券（Green Project Bond）	与《绿色债券原则》要求一致。无论投资者是否对发行人有潜在追索权，都对该债券所覆盖的绿色项目风险有直接敞口
绿色资产支持证券（Green Securitised Bond）	与《绿色债券原则》要求一致。由一个或多个绿色项目作抵押的债券，包括但不限于担保债券、ABS、MBS等。其偿债的首要资金来源通常是资产现金流

资料来源：国际资本市场协会，作者整理。

《可持续金融共同分类目录》是中欧共同发起的国际绿色产业分类标准。2021年11月4日，由中欧等经济体共同发起的可持续金融国际平台（IPSF）在第26届联合国气候变化大会举行期间召开IPSF年会，发布了《可持续金融共同分类目录报告——减缓气候变化》。《可持续金融共同分类目录》包括了中欧绿色与可持续金融目录所共同认可的，对减缓气候变化有显著贡献的经济活动清单，初始版本覆盖了能源、制造、建筑、交通、固废和林业等六大领域的主要经济活动。2022年6月3日，中欧牵头发布《可持续金融共同分类目录》更新版，包含了中欧分类目录共同认可的 72 项对减缓气候变化有重大贡献的经济活动。

绿色债券发行规模逐年上升，发达市场比重较高。2007 年 6 月，欧洲投资银行发行首单绿色债券，早期的绿色债券多由欧洲投资银行、世界银行、国际金融公司、非洲开发银行等超国家机构发行，但近年来多个国家开始发力，累计发行规模后来居上，美国、中国、法国和德国所累计发行的绿色债券规模都已超过超国家机构。截至 2021 年年底，累计发行绿色债券最多的前 10 个国家中，来自亚太地区的只有中国和日本，其余均为欧美国家。实际上，若只考虑国内绿色债券定义，则中国所发的绿色债券规模很大，但其中只有部分同时符合气候债券倡议组织的认定，因此在气候债券倡议组织的统计口径下，中国累计发行的绿色债券规模在各国中排名第二。截至 2021 年年底，全球累计发行绿色债券 15 988 亿美元，其中发达市场贡献 73%，新兴市场贡献 20%，其余 7% 由超国家机构发行（见图 16－19、图 16－20、图 16－21）。

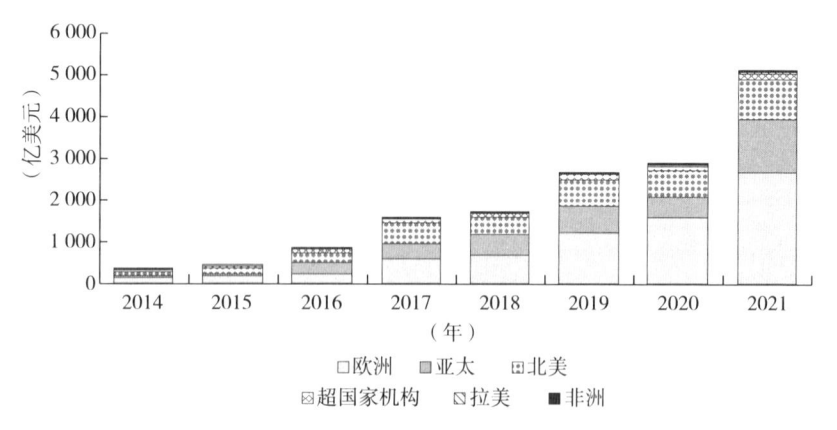

图 16－19 绿色债券年度发行规模（区域分布）

资料来源：气候债券倡议组织，作者整理。

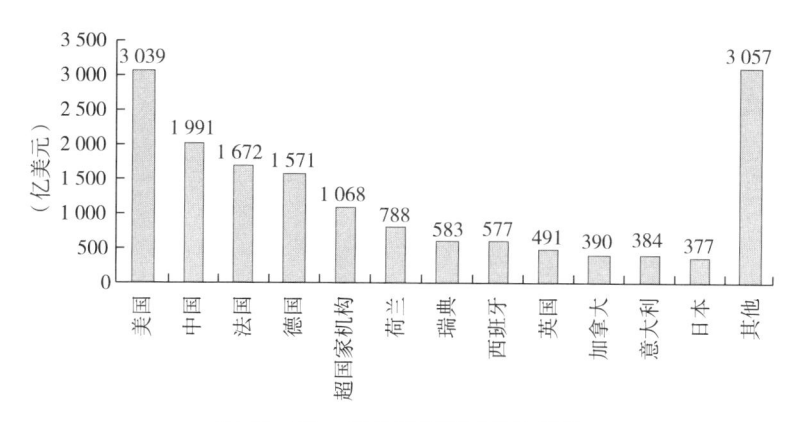

图 16-20 绿色债券累计发行规模

资料来源：气候债券倡议组织，作者整理。

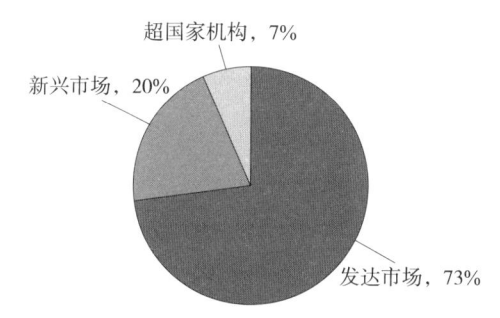

图 16-21 绿色债券累计发行规模（市场类型分布）

资料来源：气候债券倡议组织，作者整理。

能源、建筑、交通是主要募资用途，欧元和美元是主要发行货币。早期绿色债券主要由开发银行主导，2014 年有 41% 的绿色债券由开发银行发行，但其占比随后逐年下降，目前稳定在 10% 左右。2021 年绿色债券的前三大发行方类型分别是非金融企业（27.6%）、金融公司（26.6%）和主权国家（14.3%），如图 16-22 所示。从募资用途来看，绿色项目目前主要集中于能源、建筑和交通等行业，如图 16-23 所示。从发行货币来看，欧元和美元分别占已发行绿色债券规模的 40.9% 和 31.7%，远超其他货币，而人民币的占比为 9.5%，排名第三（见图 16-24）。

第十六章 拼图式产业债 445

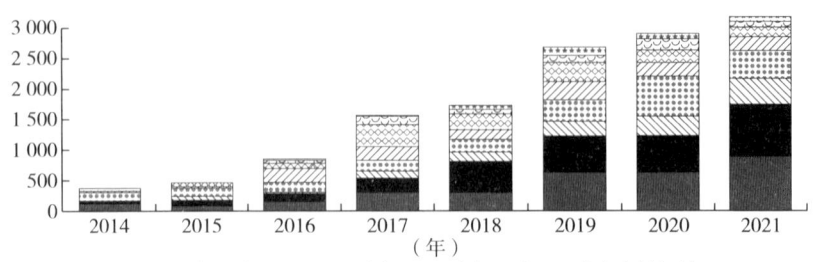

图 16-22　绿色债券年度发行规模（发行方类型分布）

资料来源：气候债券倡议组织，作者整理。

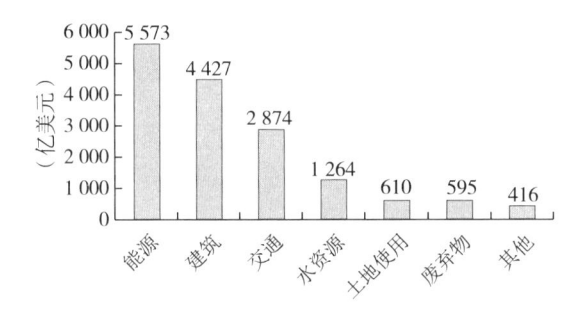

图 16-23　绿色债券累计发行规模

资料来源：气候债券倡议组织，作者整理。

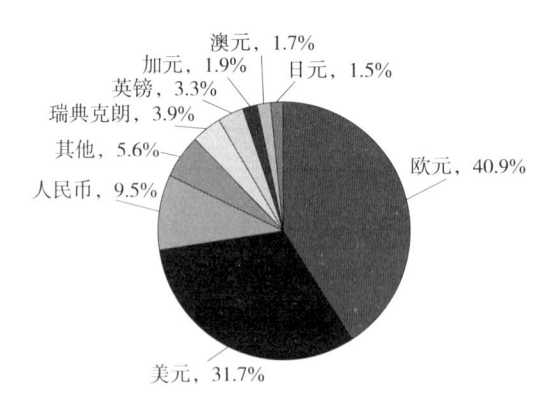

图 16-24　绿色债券累计发行规模（发行货币分布）

资料来源：气候债券倡议组织，作者整理。

国内绿色债券发展历程

《中国绿色债券原则》是供市场主体参考使用的绿色债券自律规则。2022年7月29日，在央行和证监会指导下，由绿色债券标准委员会制定的《中国绿色债券原则》正式发布。《中国绿色债券原则》的亮点包括：充分尊重国际通行标准，参考国际资本市场协会发布的《绿色债券原则》等相关规定；明确绿色债券的募集资金需100%用于符合规定条件的绿色产业、绿色经济活动等相关的绿色项目；发行人应开立募集资金监管账户或建立专项台账，对绿色债券募集资金到账、拨付及收回实施管理，确保募集资金严格按照发行文件中约定的用途使用，做到全流程可追踪；明确了绿色债券品种的具体范围。

《绿色债券支持项目目录（2021年版）》为我国绿色债券的绿色项目认定范围提供依据。2021年4月21日，央行、国家发改委、证监会联合发布《绿色债券支持项目目录（2021年版）》，该文件将绿色债券定义为"将募集资金专门用于支持符合规定条件的绿色产业、绿色项目或绿色经济活动，依照法定程序发行并按约定还本付息的有价证券，包括但不限于绿色金融债券、绿色企业债券、绿色公司债券、绿色债务融资工具和绿色资产支持证券"。相比于之前版本，《绿色债券支持项目目录（2021年版）》的变化包括：央行、国家发改委、证监会联合发布，国内标准趋于统一；煤炭等化石能源清洁利用等高碳排放项目不再被纳入支持范围，并采纳国际通行的"无重大损害"原则，与国际标准进一步趋同。近年来与绿色债券相关的文件和政策如表16-9所示。

2021年绿色债券市场扩容提速，2022年更上一层楼。2016—2020年，国内绿色债券的年度发行规模均在2 000亿元以上，且整体保持稳定，市场处于平稳发展阶段，但2021年以来，在金融支

表16-9 绿色债券相关文件和政策梳理

日期	机构/部门	文件/政策	要点
2015-12-15	中国金融学会绿色金融专业委员会	《绿色债券支持项目目录（2015年版）》	国内对绿色债券支持项目的初步定义，设置三级目录
2015-12-15	央行	《中国人民银行公告〔2015〕第39号》（关于绿色金融债券发行管理）	为绿色金融债券发行提供指引，强调募集资金只能用于支持绿色产业项目，并对债券存续期间募集资金管理进行了明确规定
2015-12-31	国家发改委	《绿色债券发行指引》	为绿色企业债发行提供指引，允许企业将不超过50%的债券募集资金用于偿还银行贷款和补充营运资金
2017-03-02	证监会	《中国证监会关于支持绿色债券发展的指导意见》	要求证监会系统单位加强政策支持和引导，建立审核绿色通道，适用"即报即审"政策，提升企业发行绿色公司债券的便利性
2017-12-13	央行、证监会	《绿色债券评估认证行为指引（暂行）》	对评估认证机构资质、业务承接、评估认证内容、评估认证意见等方面进行了规范
2018-02-05	央行	《关于加强绿色金融债券存续期监督管理有关事宜的通知》	进一步明确了绿色金融债券的存续期管理
2018-03-23	上交所	《上海证券交易所公司债券融资监管问答（一）——绿色公司债券》	进一步明确了评估认证、发行条件等要素

(续表)

日期	机构/部门	文件/政策	要点
2018-08-13	上交所	《上海证券交易所资产证券化业务问答（二）——绿色资产支持证券》	明确绿色资产支持证券的定义，以及评估认证、存续期管理等事项
2021-04-21	央行、国家发改委、证监会	《绿色债券支持项目目录（2021年版）》	绿色项目界定标准更加科学准确，煤炭等化石能源清洁利用等高碳排放项目不再被纳入支持范围，并采纳国际通行的"无重大损害"原则，使减碳约束更加严格。债券发行管理模式更加优化，首次统一了绿色债券相关管理部门对绿色项目的界定标准，有效降低了绿色债券发行、交易和管理成本，提升了绿色债券市场的定价效率
2021-05-27	央行	《银行业金融机构绿色金融评价方案》	央行分支机构要根据《银行业金融机构绿色金融评价方案》要求，结合实际制定辖区内银行业金融机构（法人）绿色金融评价实施细则并做好评价工作，积极探索拓展评价结果应用，着力提升银行业金融机构绿色金融绩效。本通知自2021年7月1日起施行。《中国人民银行关于开展银行业存款类金融机构绿色信贷业绩评价的通知》（银发〔2018〕180号）同时废止

（续表）

日期	机构/部门	文件/政策	要点
2021-07-13	上交所、深交所	《上海证券交易所公司债券发行上市审核规则适用指引第2号——特定品种公司债券（2021年修订）》《深圳证券交易所公司债券创新品种业务指引第1号——绿色公司债券（2021年修订）》	进一步优化了绿色债券募集资金使用和信息披露要求，确保募集资金流向绿色产业领域
2021-11-04	央行	《可持续金融共同分类目录》	央行与欧盟委员会相关部门共同牵头完成《可持续金融共同分类目录》
2022-06-01	银保监会	《银行业保险业绿色金融指引》	进一步拓宽绿色金融政策的覆盖面。近年来我国银行业逐步建立了涵盖监管指引、统计制度、指标评价的绿色金融制度体系，保险业在发展环境污染责任保险等绿色保险方面也取得了积极成效。建立银行业、保险业统一适用的绿色金融指引，有利于完善绿色金融政策体系，补齐制度短板，引导银行保险机构切实加强绿色金融管理，推动保险业在绿色投融资和风险管理等方面进一步发挥积极作用

(续表)

日期	机构/部门	文件/政策	要点
2022-06-03	可持续金融国际平台	《可持续金融共同分类目录》（更新版）	与在第26届联合国气候变化大会举行期间发布的初版相比，《共同分类目录》更新版采纳了许多2021年11月4日至2022年1月14日公开征集的市场反馈意见，完善了现有目录，并增补了17项由中欧专家评估确认的经济活动
2022-07-29	绿色债券标准委员会	《中国绿色债券原则》	《中国绿色债券原则》是供市场主体参考使用的绿色债券自律规则，旨在推动中国绿色债券市场规范和高质量发展

资料来源：央行，国家发改委，证监会，上交所，深交所，中国金融学会绿色金融专业委员会。

持绿色转型，助力实现"2030年前实现碳达峰，2060年前实现碳中和"目标的大背景下，绿色债券发行规模增长迅速，2021年全年发行规模超过6 000亿元，2022年则进一步提升至9 000亿元，且净融资额也在不断上升。截至2022年年末，存续的绿色债券一共有1 695只，存续规模为17 158亿元。从债券类型来看，工商企业绿色债券的存续规模超过1万亿元，占比约60%，金融绿色债券和绿色资产支持证券的规模占比分别约为28%和12%。在工商企业绿色债券中，产业绿色债券占比过半，2022年年末的存续规模为5 586亿元。分行业来看，公共事业占比最高，47%产业绿色债券的存量来自公共事业发行人（见图16-25、图16-26、图16-27）。

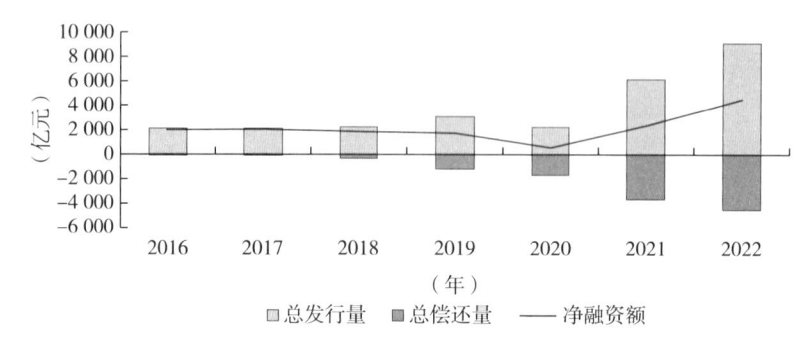

图 16-25　绿色债券发行、到期与净融资规模走势

资料来源：万得资讯，作者整理。

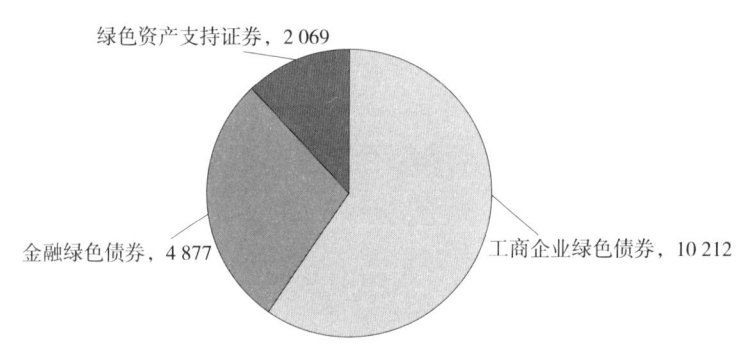

图 16-26　2022 年存续绿色债券类型分布（亿元）

资料来源：万得资讯，作者整理。

各类"创概念"债券

金融服务实体经济是一项根本要求，对于债券市场，监管层通过推出各类创新债券来扶持科创相关企业的融资需求。其中，创新创业公司债券、科技创新公司债券和科创票据是主要的"创概念"品种，本部分对这类品种进行梳理。

交易所债券市场和银行间债券市场均对科技创新债券融资有所助力。在交易所债券市场，创新创业公司债券于 2016 年试点，

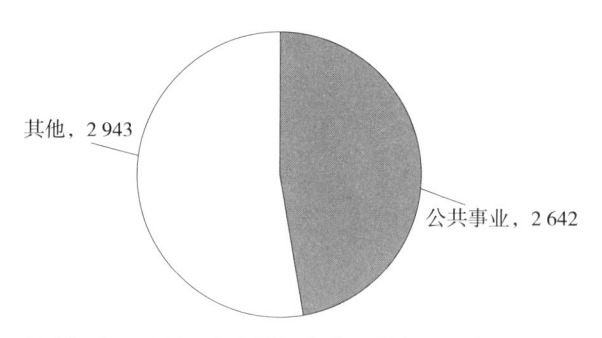

图 16-27　2022 年存续绿色产业债行业分布（亿元）
资料来源：万得资讯，作者整理。

2017 年正式推出，规定"发行主体范围包括创新创业公司以及募集资金专项投资于创新创业公司的公司制创业投资基金和创业投资企业"；科技创新公司债券于 2021 年试点，2022 年正式推出，将创新创业公司债券纳入科技创新公司债券统筹管理，支持对象拓展到成熟期企业转型升级等领域。在银行间债券市场，2022 年 5 月，交易商协会将科创类融资产品工具箱升级为科创票据，具体细分为主体类和用途类科创票据，其中科技创新企业需具有相应科技创新称号，用途类科创票据要求募集资金中 50% 以上用于支持科技创新发展。从时间顺序来看，依次推出的 3 个品种是创新创业公司债券、科技创新公司债券和科创票据，而截至 2022 年年末，总发行规模的排名却是"后来居上"，科创票据累计发行 1 510 亿元，排名第一，科技创新公司债券累计发行 1 089 亿元，排名第二，创新创业公司债券累计发行 585 亿元，排名第三（见图 16-28）。

与永续债不同，"创概念"债券和可比的普通债之间并不存在估值上的差异，因此对于投资者影响有限，主要作用在于拓宽符合条件发行人的融资渠道。不过，伴随着融资渠道的拓宽，相关发行人出现流动性风险的可能性也会有所降低。

第十六章　拼图式产业债

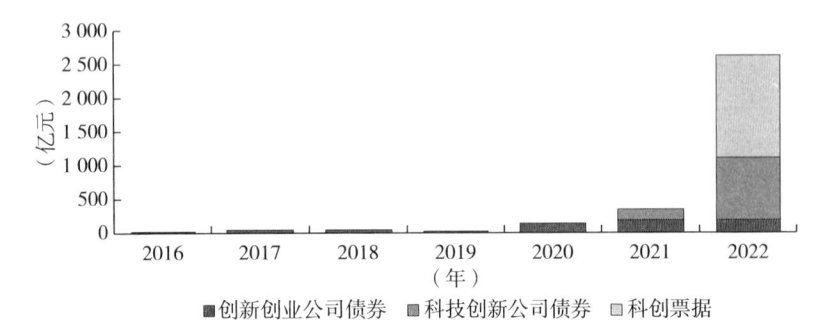

图 16-28 "创概念"债券发行规模走势

资料来源：万得资讯，作者整理。

第十七章
股债联动的可转债

可转债的基本要素

可转债的定义

可转债的全称是可转换公司债券。可转债发行 6 个月后进入转股期，债券持有人可按照发行时约定的价格将债券转换成公司的普通股票。如果债券持有人不想转换，则可以继续持有债券，直到偿还期满时收取本金和利息，或者在流通市场出售变现。如果持有人看好发债公司的股票增值潜力，在转股起始日之后可以行使转换权，按照预定转换价格将债券转换成股票，发债公司不得拒绝。可转债的利率一般低于该公司的债券利率，公司发行可转债可以降低筹资成本。可转债持有人还享有在一定条件下将债券回售给发行人的权利，发行人在一定条件下拥有强制赎回债券的权利和调整转股价的权利。

可转债具有债性和股性的双重特性。债性即债权性，是指与其他债券一样，可转债也有规定的利率和期限，投资者可以选择持有债券到期，收取本息。股性即股权性，是指可转债在转换成股票之前是纯粹的债券，但转换成股票之后，原债券持有人就由债权人变成公司的股东，可参与企业的经营决策和红利分配，这也在一定程度上影响公司的股本结构。

上面我们提到了可转债是一种既具有债性也具有股性的证券，但是不同品种的价格主导因素往往不同。我们介绍一个常用来对可转债进行分类的指标——平价底价溢价率。计算方式为，（转换价值 - 债底）÷债底。可以根据这个指标将可转债分为 3 类：

- 偏股型可转债：平价底价溢价率大于 20%。偏股型可转债价格主要受到正股的影响。
- 平衡型可转债：平价底价溢价率介于 0～20%。平衡型可转债价格既受到正股的影响，也受到债底的影响。
- 偏债型可转债：平价底价溢价率小于 0。偏债型可转债价格主要受到债底的影响。

可转债的基本要素

可转债有若干要素，这些要素基本上决定了可转债的转换条件、转换价格、市场价格等总体特征。本部分以 A 转债为例说明。

1. 有效期限与转换期限。根据《上市公司证券发行管理办法》（修订）的规定，可转债的期限最短为 1 年，最长为 6 年，自发行结束之日起 6 个月后赋予投资者以特定的转股价转换为该公司股票的权利。A 转债的起息日期为 2022 年 2 月 24 日，转股期自发行结束之日（2022 年 3 月 2 日）起满 6 个月后的第一个交易日（2022 年 9 月 2 日）起至可转债到期日（2028 年 2 月 23 日）止。

2. 票面利率。可转债的票面利率是指可转债作为一种债券时的票面利率，一般比相同等级的信用债票面利率低，1 年付息 1 次。A 转债的票面利率设定为"第一年 0.20%、第二年 0.40%、第三年 0.60%、第四年 1.50%、第五年 1.80%、第六年 2.00%"。A 转债的起息日期为 2022 年 2 月 24 日，到期日期（摘牌日期）为 2028 年 2 月 24 日。

3. 初始转股价格的确定。根据《上市公司证券发行管理办法》（修订）的规定，初始转股价格应不低于募集说明书公告日前二十个交易日该公司股票交易均价和前一个交易日的均价。A 转债的初始转股价为 110.26 元/股，募集说明书公告日前一日 A 公司股票的交易均价为 110.25 元，前二十个交易日的交易均价为 104.7 元。按照初始转股价计算，总共可转换为 0.6893 亿份 A 公司的 A 股股票，则可转债全部转股对 A 股总股本的稀释率为 5.34%。

4. 转股价格的调整。在可转债发行之后，当公司因派送股票股利、转增股本、增发新股（不包括因可转债转股而增加的股本）、配股使公司股份发生变化及派送现金股利等情况时，可按照相应的公式进行转股价格的调整。

5. 转股价格向下修正条款。发行人可以约定转股价格向下修正条款（简称"下修条款"）。如 A 转债的下修条款为"在本次可转债存续期间，当公司股票在任意连续三十个交易日中至少有十五个交易日的收盘价低于当期转股价格的 80% 时，公司董事会有权提出转股价格向下修正方案并提交公司股东大会审议表决"。关于下修条款，后文将展开介绍。

6. 赎回条款。赎回条款通常分为两个部分，分别是到期赎回条款和有条件赎回条款。

到期赎回，是指可转债期满后五个交易日内，公司以可转债的票面面值 + 补偿利息向本次可转债持有人赎回全部未转股的可转债。

有条件赎回，是指当下述两种情形的任意一种出现时，公司有权决定按照债券面值加当期应计利息的价格赎回全部或部分未转股的可转债。一种是余额小于3 000万元的赎回；另一种是强制赎回，触发条件表述为：在转股期内公司股票在连续y个交易日中至少x个交易日的收盘价格不低于当期转股价格的z%（含z%），简记为$(x/y, z)$。z，x越小，强赎条款越容易触发。可转债的赎回期一般与转股期相同，即发行结束之日满六个月后的第一个交易日起至本次可转债到期日止。

A转债的到期赎回条款为"在本次可转债期满后五个交易日内，公司将按债券面值的108%（含最后一期利息）的价格赎回全部未转股的本次可转债"。

A转债的有条件赎回条款为"在本次可转债转股期内，如果下述两种情形的任意一种出现时，公司有权按照本次可转债面值加当期应计利息的价格赎回全部或部分未转股的本次可转债：（1）公司股票连续三十个交易日中至少有十五个交易日的收盘价格不低于当期转股价格的130%（含130%）。简写为（15/30，130%）。（2）当本次可转债未转股余额不足人民币3 000万元时"。

7. 回售条款。回售条款通常分为两类：一类是无条件回售条款，又称之为附加回售条款。A转债的无条件回售条款为"若本次可转债募集资金运用的实施情况与公司在募集说明书中的承诺相比出现重大变化，且该变化被中国证监会认定为改变募集资金用途的，本次可转债持有人享有一次以面值加上当期应计利息的价格向公司回售其持有的部分或者全部本次可转债的权利。在上述情形下，本次可转债持有人可以在公司公告后的回售申报期内进行回售，本次回售申报期内不实施回售的，自动丧失该回售权"。另一类是条件回售条款，A转债的条件回售条款为"在本次可转债最后两个计息年度内，如果公司股票收盘价在任何连续三十个交易日低于当期转股价格的70%时，本次可转债持有人有权将其持有的本次可转债全部或部分以面值加上当期应计利息回售给公司"。简写为

(30/30,70%)。

需要注意的是无条件回售条款是必要条款，而条件回售条款则是可选条款。过往来看一般银行转债以及一些大盘转债未设置条件回售条款。A 转债的基本条款如表 17-1 所示。

表 17-1 A 转债的基本条款

债项评级	AA+	主体评级	AA+
发行规模（亿元）	76	正股行业（中信）	有色金属
存续期（年）	6	到期赎回价（元）	108
转股稀释率（%）	5.34	转股价格（元）	110.26
票面利率（%）	0.2、0.4、0.6、1.5、1.8、2.0	面值对应到期收益率（%）	2.01
转股期	2022 年 9 月 2 日—2028 年 2 月 23 日	到期日	2028 年 2 月 24 日
起息日	2022 年 2 月 24 日	赎回条款	(15/30,130%)
下修条款	(15/30,80%)	回售条款	(30/30,70%)
保荐机构	中信证券	评级机构	联合资信评估股份有限公司

资料来源：万得资讯，作者整理。

可转债的价格驱动因素

前文我们已经对可转债定义与基本要素进行了探讨，基于此就可以梳理出影响可转债价格的主要驱动因素，主要有四大类，分别是正股、债底、条款博弈和可转债估值。

可转债由于内嵌了转股权，因此，可转债价格的一个核心驱动因素就是正股价格。正股价格提升直接导致可转债的内在转换价值提升，从而使得可转债的价格提升。关于正股的研究，我们在后文具体研讨。

可转债具有债性，因此是一个向下有底的品种，当内在转换价值下降时，可转债价格会受到债底的支撑，可转债可以不用转股而依旧被当作债券持有以获得票息和本金。由此，一些偏债型可转债会受到债市扰动，特别是受宏观流动性的影响。

条款博弈是可转债独有的特性，可转债具有三大附加条款，即下修、赎回和回售，其中下修赋予上市公司向下修正转股价的权利，直接抬升可转债的转换价值，从而影响可转债价格。赎回赋予上市公司提前赎回可转债的权利，直接标志着可转债生命周期即将结束。回售在前文已有说明，关于条款博弈我们在后文具体探讨。

可转债估值是可转债定价的一种方法，用来衡量可转债相对于内在价值（无论是股权价值还是债券价值）的溢价。可转债估值在一定程度上减缓了可转债价格的波动，但在有些时候也可能成为可转债价格波动的放大器，也值得投资者的关注。关于可转债估值定价方法我们在后文具体探讨。可转债的价格驱动因素总结如图 17-1 所示。

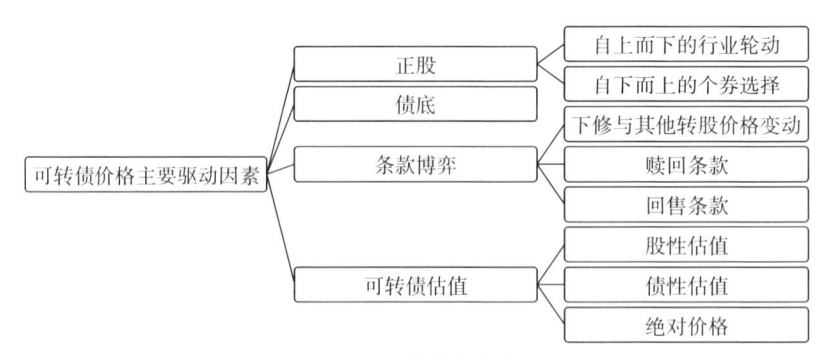

图 17-1　可转债的价格驱动因素

资料来源：万得资讯，作者整理。

可转债的条款博弈

可转债的三大附加条款——赎回、下修和回售是可转债价格重要的内生影响因素。其中赎回条款和下修条款对可转债价格的冲击往往较为剧烈,本部分主要介绍这两种条款对可转债价格产生的影响。

赎回条款

我们这里探讨的赎回条款,主要是条件赎回中的"在转股期内公司股票在连续 y 个交易日中至少 x 个交易日的收盘价格不低于当期转股价格的 $z\%$(含 $z\%$)",简记为 $(x/y, z)$。z、x 越小,赎回条款越容易触发。

只要可转债的转换价值满足上述条件,大部分上市公司会选择执行提前赎回权利以结束可转债的生命周期。提前赎回价格通常远低于转股价值,因此当执行提前赎回后,理性投资者会选择卖出可转债或直接转股。投资者会在可转债与正股之间比对,若可转债价格高于平价,则直接卖出可转债获利更多;若可转债价格低于平价,则理论上转换成正股再卖出获利更多。由于这样的套利,可转债的价格最终会趋于转股价值,相应地转股溢价率最终也会收敛于 0。

投资者会在赎回条款快要触发时,为防止提前赎回可能带来的损失而选择卖出可转债,造成转股溢价率下降。当正股的价格持续高于可转债的转股价时,市场会博弈可转债是否执行提前赎回权利,因此会有因为赎回预期博弈带来的转股溢价率提前下降(见图 17-2 和图 17-3)。

此外,我们更加关心提前赎回对可转债价格的影响,现实情况是,不论转股溢价率是否在赎回公告前趋于 0,赎回公告后大部分

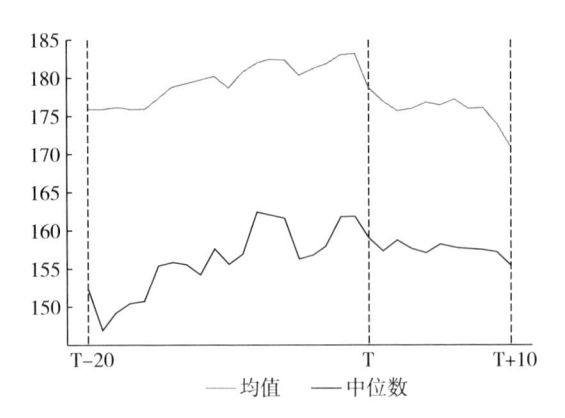

图 17-2　赎回公告日 T 前后可转债收盘价

注：统计区间为 2021 年 2 月 1 日—2022 年 12 月 31 日。
资料来源：万得资讯，作者整理。

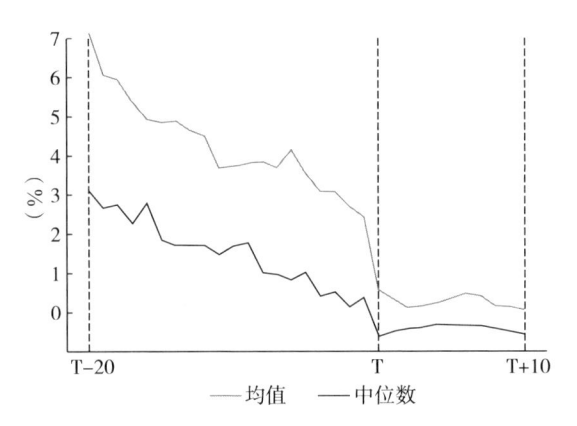

图 17-3　赎回公告日 T 前后转股溢价率

注：统计区间为 2021 年 2 月 1 日—2022 年 12 月 31 日。
资料来源：万得资讯，作者整理。

可转债面临股债齐跌的局面。赎回后大部分可转债会转股，因此会对正股产生一定的冲击，反过来也会影响可转债的价格。因此，赎回条款是可转债投资者最需要关注的条款，避免在可转债持有期间遇见强赎的执行（见图 17-4 和图 17-5）。

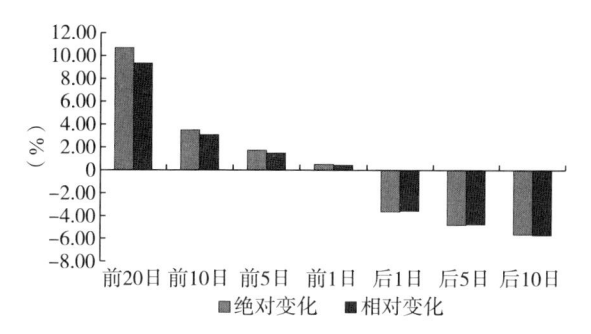

图 17-4　提前赎回执行前后可转债价格变化

注：统计区间为 2021 年 2 月 1 日—2022 年 12 月 31 日。
资料来源：万得资讯，作者整理。

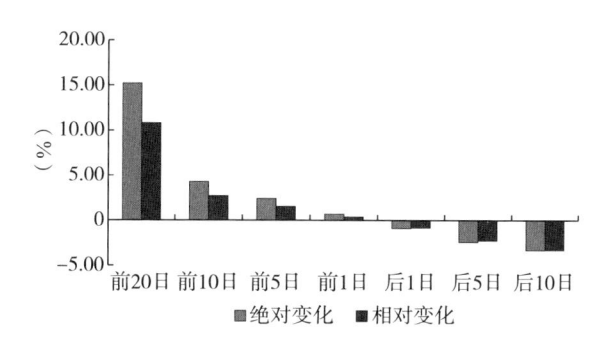

图 17-5　提前赎回执行前后正股价格变化

注：统计区间为 2021 年 2 月 1 日—2022 年 12 月 31 日。
资料来源：万得资讯，作者整理。

下修条款

可转债的向下修正条款一般分为两部分。第一部分是触发条件，通常表述为"在可转债存续期间，当公司股票在任意 y 个连续交易日中至少 x 个交易日收盘价格低于当期转股价格的 $z\%$ 时，公司董事会有权提出转股价格向下修正方案并提交公司股东大会审议表决"。触发条件简记为 $(x/y, z)$。x，y 越小，z 越大，则下修条款越容易触发。第二部分是关于下修底价的说明,《上市公司证券发行管理办法》(修订)规定下修后的转股价不得低于股东大会召开日前二十个交易日该公司股票交易均价和前一个交易日的均价。部分个券还会加上"同时不得低于最近一期经审计的每股净资产以及股票面值"的条件。后文我们将因触发下修条款而使上市公司向下修正其可转债的转股价的行为统一简称为"下修"。

我们统计了 2017 年 1 月 1 日—2022 年 12 月 31 日发行的可转债的下修条款设置,最常见的触发条件是(15/30,85),(15/30,80)和(15/30,90)。其中,约 60% 的可转债有"下修后的转股价不得低于最近一期经审计的每股净资产以及股票面值"的约束。

下修的流程一般为,条款触发—董事会提议—股东大会表决—公告是否下修以及实施时间。董事会提议会明确下修转股价确定规则。股东大会表决则存在不确定性,下修方案须经出席股东大会股东所持表决权的 2/3 以上通过才可实施。在股东大会表决时,持有该次发行可转债的股东需要回避。

下修转股价可以使可转债平价迅速上升,如果下修到底则可转债平价接近 100 元,迅速进入股性区间定价方式,叠加转股溢价率,可转债价格会大幅提升。实践中在董事会公告后可转债价格往往会基于预期平价定价立即出现上涨。

短期博弈收益空间有限,提前埋伏难度较高。统计期间,董事会下修公告前 20 日,正股处于下跌通道,平均下跌约 2%,可转债价格则波动很小,主要受到债底支撑。传统的下修博弈主要关注下修所带来的短期收益。董事会公告日当天往往可转债价格高开,一次调整到位,收盘价相较于当天开盘价涨幅均值为 0.01%,较前一日收盘价涨幅约为 4.03%。董事会公告日后 5 日可转债涨幅均值为 5.08%,后 10 日为 5.41%,至股东大会涨幅均值为 5.79%。短期博弈的关键在于提前埋伏,赚取董事会公告日当天的收益。董事会公告日到股东大会期间的收益空间则较为有限，大约2%（见图17-6和图17-7）。但正如上文提及，下修本身并不是高频事件，提前埋伏对于投资者难度较高，并不具有性价比。此外，即使选择提前埋伏

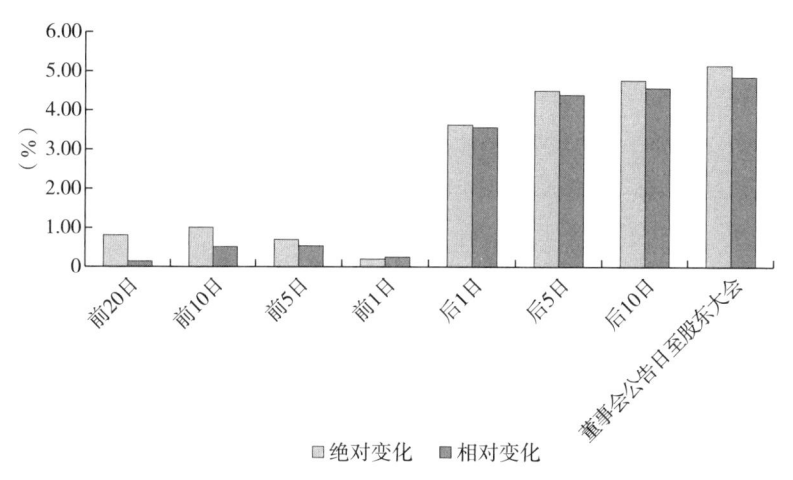

图 17-6 下修预案前后可转债价格变化

注：统计区间为2017年1月1日—2022年12月31日。
资料来源：万得资讯，作者整理。

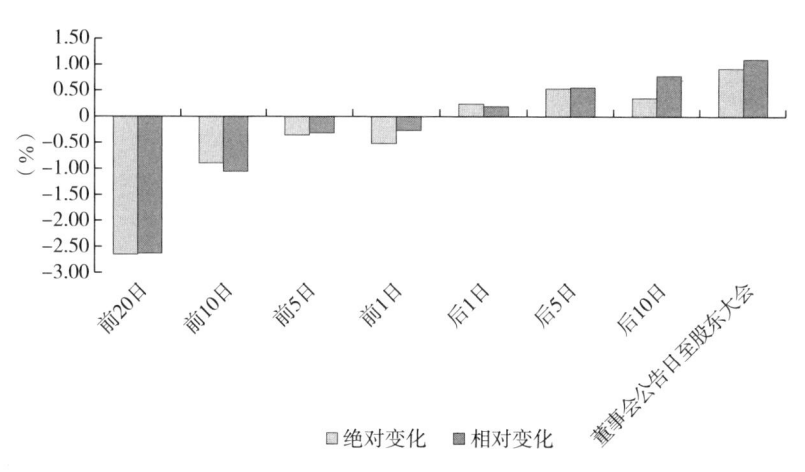

图 17-7 下修预案前后正股价格的变化

注：统计区间为2017年1月1日—2022年12月31日。
资料来源：万得资讯，作者整理。

策略，潜在下修标的大多数在债性区间，流动性相对一般（样本个券下修前 20 日换手率中位数为 0.82%，未转股余额中位数为 7.00 亿元），对于机构投资者交易成本更高。若下修博弈成功，则通常有放量之日，可以兑现博弈的收益；若未能博弈成功，在清淡的成交量下，如何退出又成为新的难题。

上文提到，董事会公告日可转债价格往往会高开，基本一步调整到位，而董事会公告日至股东大会期间可转债价格的涨幅有限，因此短期博弈需要提前埋伏。而在时序上看下修并不是高频事件，2023 年以来下修个券虽增多但下修数占触发数比例也仅在 4% 左右，加大了短期下修博弈的难度。想要提前埋伏具有下修可能的个券，就需要进一步了解下修的动力和阻力，提高下修博弈择券的胜率。

短期下修博弈的关键在于提前埋伏，需要投资者做大量的案头工作去挖掘可转债下修的动力与阻力进行预判，收益空间也有限，并非性价比高的事件驱动投资。我们建议重点在已触发下修的个券中挖掘当前大股东及一致行动人持有比例高、转股稀释低、绝对价格低、临近解禁期或回售期的个券，这部分可转债下修的可能性较高。

可转债的估值定价体系

可转债估值是运用可转债特性对冲正股研究注意力稀缺的重要工具。自 2017 年可转债市场快速扩容，到 2022 年 12 月 31 日，可转债市场个券数达到 466 只，几乎涵盖所有中信一级行业（见图 17-8 和表 17-2）。目前我国的可转债投资者主要使用的是正股策略，但可转债相较于股票无法"做时间的朋友"，同时还要求更加精准地预测正股的上涨空间。由此，可转债市场注意力稀缺的问题愈发严重，单纯使用正股策略面临更高的成本、更少的收益。从可转债特性出发辅助择券，提高胜率逐渐成为可转债投研的关键。可转债估值是直观衡量可转债便宜与否的指标，是运用可转债特性对冲正股研究注意力稀缺的重要工具。

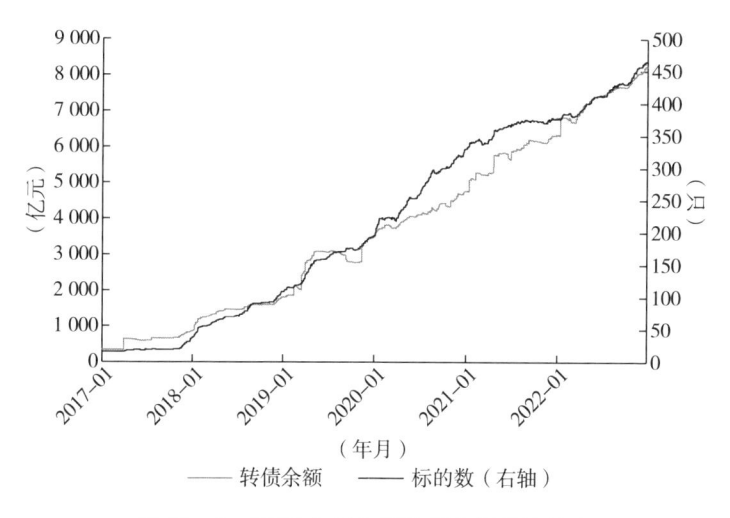

图17-8 2017年以来可转债市场快速扩容
资料来源：万得资讯，作者整理。

可转债估值方法就是在精确的谬误和模糊的正确之间寻找一个平衡。可转债是一种比较复杂的衍生品，除了债权和转股权，还内嵌了下修、赎回和回售三大条款带来的期权，这些给可转债定价带来诸多困难。产业界和学术界已经开发了多种用于可转债估值与定价的工具，传统的定价方式基于B-S模型、二叉树模型和蒙特卡洛最小二乘法（LSM），先进的算法则基于隐性差分、非线性回归蒙特卡洛等较为复杂的数学工具。可转债定价模型一般都具有严格的假设，实践中几乎不可能被充分满足，一些高级方法还需要很强的算力，得到的结果可能是精确的谬误，对可转债投研帮助并不大。目前实践中市场上常用股性估值和债性估值两类指标进行分析，

表17-2 可转债正股行业分布（存量）

	2017年(只)	2018年(只)	2019年(只)	2020年(只)	2021年(只)	2022年(只)
基础化工	5	11	18	29	35	55
机械	2	7	13	25	33	43
电子	2	8	10	19	26	34
医药	3	5	16	26	32	39
电力及公共事业	2	8	14	20	23	26
电力设备及新能源	5	8	16	26	18	27
建筑	1	4	9	21	24	25
汽车	4	9	13	20	25	25
轻工制造		5	11	19	22	22
计算机	3	3	10	15	16	22
有色金属		2	10	18	13	17
银行	1	7	8	10	14	19
农林牧渔		4	4	7	11	16
纺织服装		1	4	11	11	13
建材	1	1	1	2	8	8
食品饮料		2	3	6	7	7
家电			3	7	8	9
非银行金融	1	4	4	7	9	10
交通运输		2	5	5	7	8
钢铁	1	1	1	4	3	7
国防军工		3	2	4	6	6
石油石化		2	2	4	4	7
传媒	1	5	6	6	5	6
煤炭			1	2	2	4
通信		2	6	9	7	5
商贸零售	2	3	3	5	5	4
消费者服务	1	1	2	3	2	1
房地产	1	1			1	1

注：统计时间截至2022年12月31日。
资料来源：万得资讯，作者整理。

股性估值包含隐含波动率和转股溢价率，债性估值包含到期收益率（Yield to Maturity，简写为 YTM）、纯债溢价率等。本部分的估值体系主要关注股性估值，债性估值仅作为补充。

隐含波动率与转股溢价率各有优缺点，但在实践中常使用转股溢价率。隐含波动率在时序上可比但是计算复杂、模型假设较多，转股溢价率计算方便易于理解，但在时序上不可比（见图 17-9）。在实践中，对 B-S 模型进行进一步修改并且计算成本较高，我们往往对转股溢价率进行修正，构造不受平价水平变动影响的指标。其次，两者在统计意义上看，相关性较高。因此，在后文中，我们主要采用转股溢价率对可转债股性估值进行分析。

- 隐含波动率：将可转债当前交易价格、转股价格、无风险利率、到期时间等参数代入 B-S 模型反推出来的波动率。可转债的隐含波动率可以理解为当前可转债内嵌的期权价值所对应的正股未来的波动水平。这种方法的优点是在时间序列上可比。这种方法的缺点是将可转债价格拆分为债底和转股期权，二者并不具有独立性，并且忽视了下修、赎回、回售三大条款的期权价值，同时 B-S 模型本身假设较多，不符合市场实际。
- 转股溢价率：可转债价格相较于内在转股价值的溢价率。转股溢价率主要反映的是市场对于正股未来涨幅的预期。这种方法的优点是经济意义较为直观且便于计算。这种方法的缺点是转股溢价率会随着平价的涨跌而发生变化，致使个券转股溢价率或市场平均溢价率在时间序列上不可比。

测算可转债市场整体的股性估值水平，平价区间法和回归模型拟

$$\text{反解出隐含波动率 } \sigma \begin{cases} \text{可转债价值=转股期权部分价值+债权部分价值} \\ \text{转股期权部分价值}=C\cdot\dfrac{100}{X}, \quad \text{债权部分价值}=\Sigma\cdot\dfrac{coupon_i}{(1+r_i)^{t_i}} \\ C=S\cdot N(d_1)-Xe^{-rT}N(d_2) \\ d_1=\dfrac{\ln(\frac{S}{X})+(r+\frac{\sigma^2}{2})T}{\sigma\sqrt{T}}, d_2=\dfrac{\ln(\frac{S}{X})+(r-\frac{\sigma^2}{2})T}{\sigma\sqrt{T}}=d_1-\sigma\sqrt{T} \end{cases}$$

$$\text{转股溢价率}=\frac{\text{转债价格}-\text{转股价值}}{\text{转股价值}}$$

图 17-9 两种常用的可转债估值方法——隐含波动率和转股溢价率

资料来源：万得资讯，作者整理。

合法较为常用。就个券而言，转股溢价率的影响因素可以分为内生因素和外生因素。内生因素即可转债条款，由于条款影响，不同平价个券的转股溢价率中枢是不一样的。高平价可转债由于有赎回条款，其转股溢价率中枢较低；低平价可转债由于债底和下修条款的支撑，其转股溢价率中枢较高。因此，简单对全市场个券的转股溢价率进行算术平均或者余额加权平均都具有较强的时序不可比性。为了剔除内生条款的影响，目前市场上常用平价区间法和回归模型拟合法来构造总量维度的股性估值水平（见图17-10～图17-14）。

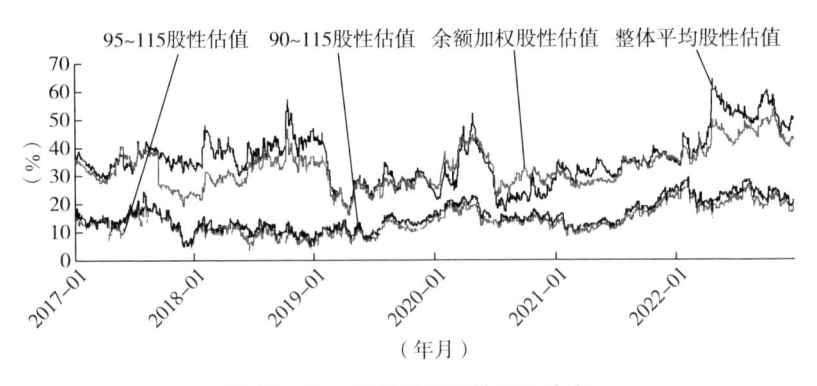

图 17-10 平价区间法转股溢价率

资料来源：万得资讯，作者整理。

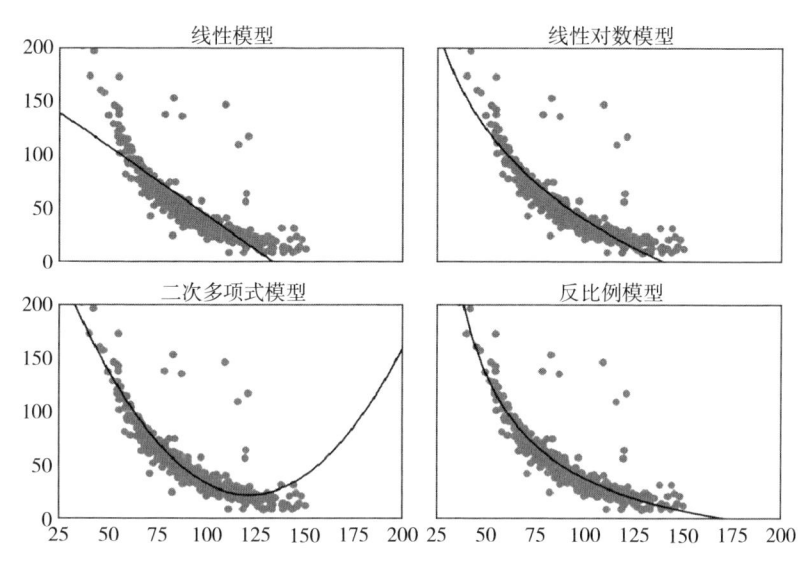

图17-11 回归模型拟合转股溢价率曲线

资料来源：万得资讯，作者整理。

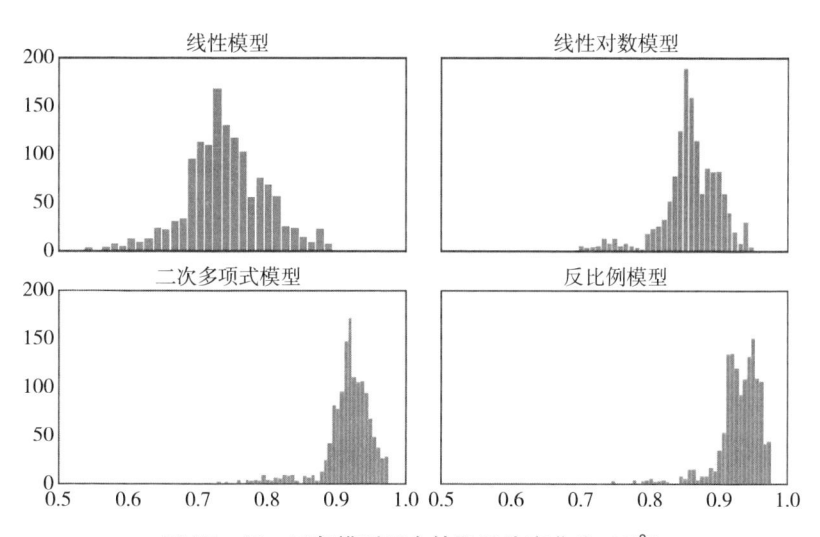

图17-12 回归模型拟合转股溢价率曲线（R^2）

资料来源：万得资讯，作者整理。

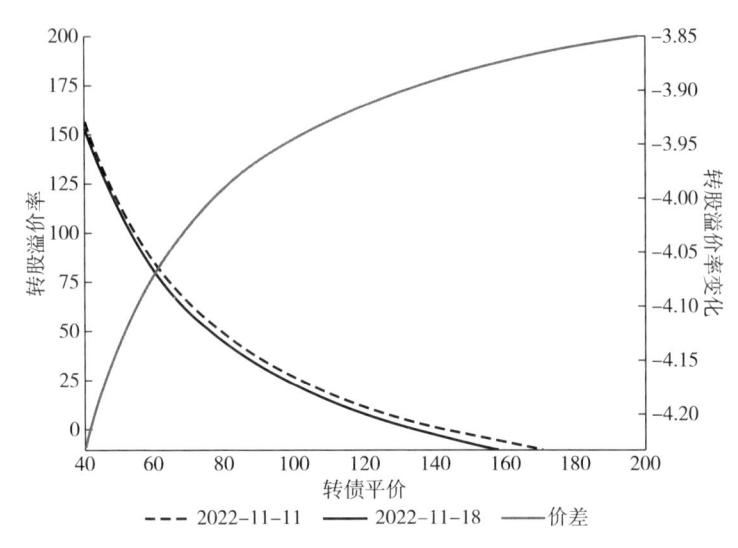

图 17-13 拟合法下两个交易日股性估值的对比（基于反比例模型）
资料来源：万得资讯，作者整理。

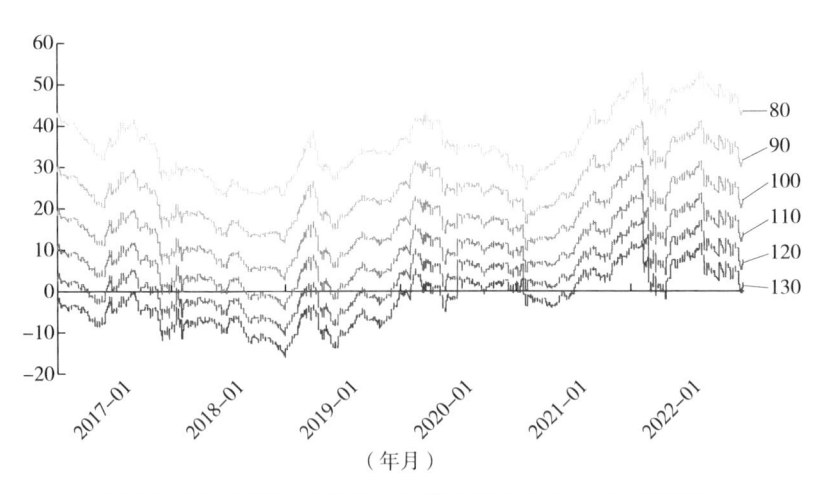

图 17-14 不同平价的拟合转股溢价率（基于反比例模型）
资料来源：万得资讯，作者整理。

- 平价区间法：构造不同平价区间的转股溢价率。我们可以将可转债按照平价高低划分为不同的区段，在区段内计算平均值。这样一个区段内的可转债平价比较相近，求得的转股溢价率均值在时序上差异会减小，强化了时序上的可比性。我们也可以方便地计算某个平价区间转股溢价率的历史分位数，并判断当前该区间可转债整体股性估值的高与低。实践中也可以采用多种方法剔除"妖券"的干扰平滑曲线。
- 回归模型拟合法：在截面上，采用回归模型对转股溢价率曲线进行拟合从而计算出不同平价的拟合转股溢价率。经过检验，在线性模型、线性对数模型、二次多项式模型和反比例函数模型中，拟合效果较好的是反比例函数模型。回归模型拟合转股溢价率有两个使用方法。一个是对比任意两个时刻的转股溢价率拟合曲线，判断不同平价转股溢价率变化的结构性差异。另一个是基于拟合的模型计算出某个平价的拟合转股溢价率，对比当前值所处的历史分位数，来判断可转债市场的风险。

估值是可转债价格的一种衡量方式，估值高代表可转债当前的价格贵，估值低代表可转债当前的价格便宜，因此可转债估值也适用于一般的供需分析方法。我们已经采用上述的技术方法剔除了可转债条款的内生干扰，同时在总量层面也基本平滑对冲了不同评级、期限等的差异。

可转债供给对股性估值的影响逐渐减小。从供给方面来看，2017年可转债市场发展早期个券数量较少，历史上大盘可转债发行时可能对可转债市场存在一定的冲击，我们在《可转债基础研究系列之一——供给冲击前世今生全解析》（2017年2月15日）中进行了介绍。但随着可转债发行不断增加，可转债供给不再是核心影响因素。因此，影响可转债估值的核心因素在于可转债的需求，具体来说有两个方面，分别是宏观流动性和权益市场预期。

在总量层面分析可转债市场的股性估值重点考虑的是需求侧的宏观流动性和权益市场趋势。

- 宏观流动性：可转债投资者主要以传统的固收投资者为主，对流动性变化更加敏感。在流动性充裕时，纯债收益下降、可转债债底提升、"固收＋"资金涌入可转债市场向可转债要收益，从而拉升可转债估值。在流动性紧缩时，固收产品遭遇赎回压力，优先卖出流动性较好的可转债，此时可转债受到债市的影响较大。
- 权益市场趋势：可转债虽然是债券，但也是一种权益类资产，特别是当前可转债投资者的主流策略是正股策略，买可转债分享的是正股上涨的收益。因此一般来说在权益市场牛市阶段，可转债赚钱效应更好，固收资产会加大可转债的仓位。在权益市场熊市或预期较差时，大部分账户会减少对可转债的配置。

结合宏观流动性和权益市场趋势，复盘 2017—2022 年可转债市场的估值变动行情，可以大致分为以下几个阶段（见图 17-5 和表 17-3）：

- 2017 年 1—12 月（债熊，股牛）：债券市场身处熊市，权益市场经历前低后高走势，总体呈现结构性慢牛行情。年初再融资新规发布，定增收紧，可转债市场供给开始增加，从供给方面对可转债估值也形成冲击。全年可转债估值和中证转债指数震荡下降。

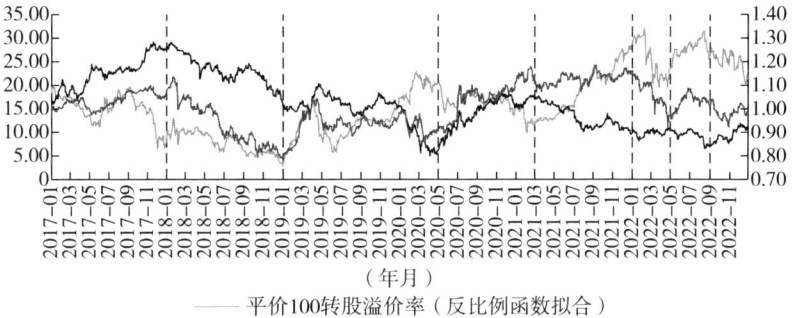

—— 平价100转股溢价率（反比例函数拟合）
—— 10Y国债收益率（右轴，标准化） —— 上证指数（右轴，标准化）

图 17 – 15　2017—2022 年可转债市场的估值变动行情复盘

资料来源：万得资讯，作者整理。

表 17 – 3　2017—2022 年可转债市场的估值变动统计　（数字单位：%）

指数	2017年1月—2017年12月	2018年1月—2018年12月	2019年1月—2020年4月	2020年5月—2021年2月	2021年3月—2022年1月	2022年1月—2022年4月	2022年5月—2022年8月	2022年9月—2022年12月
中证转债	-0.16	-1.16	26.39	3.41	19.41	-9.64	5.69	-4.75
上证指数	6.56	-24.59	14.68	22.69	3.72	-16.28	5.91	-3.53
中证1000	-17.35	-36.87	28.17	11.40	26.64	-28.41	21.66	-6.95
信用债	1.96	8.23	9.88	1.11	5.68	1.56	2.48	-0.92
利率债	-1.61	9.43	9.63	-2.25	5.72	0.88	2.23	0.01
权益市场	牛	熊	牛	牛	牛	熊	牛	震荡
债券市场	熊	牛	牛	熊	牛	震荡	震荡	熊

资料来源：万得资讯，作者整理。

- 2018 年 1—12 月（债牛，股熊）：经济下行与中美贸易摩擦下的债券熊市，但是权益市场全年大幅下跌，可转债估值全年大幅压缩。期间中证转债下跌 1.16%。
- 2019 年 1 月—2020 年 4 月（债牛，股牛）：2019 年年初权益市场好转，之后短暂回调并进入结构性行情，叠加国债收益率下行，可转债估值在此期间上升。2019 年 1 月、7 月和 8

第十七章　股债联动的可转债　475

月都出现"正股驱动+估值驱动"的黄金时刻,可转债估值对收益贡献大幅增加。其间中证转债上涨 26.39%。

- 2020 年 5 月—2021 年 2 月（债熊,股牛）：随着生产的复苏,经济重启,货币政策趋于常态化,政策逐渐转向宽信用、防空转,宏观流动性逐渐收紧,股市在此期间大涨,但可转债估值压缩。2020 年 5 月也是近几年少数的估值大幅削弱组合收益的月份。其间中证转债上涨 3.41%。

- 2021 年 3 月—2022 年 1 月（债牛,股牛）：债市慢牛行情,纯债和信用债操作难度逐渐增大,可转债成为重要的"固收+"增厚收益的品种,其间大量"固收+"产品发行并增持可转债,叠加 A 股牛市,可转债估值极致拉升。2021 年 3 月、4 月、5 月、7 月和 11 月估值都对可转债组合起到明显的正向影响。其间中证转债上涨 19.41%。

- 2022 年 1 月—2022 年 4 月（债震荡,股熊）：多空因素制衡下国债收益率震荡,权益市场大幅下跌,其间可转债市场在 2 月有阶段性极致去估值,股性估值大幅下降。其间中证转债下跌 9.64%。

- 2022 年 5 月—2022 年 8 月（债震荡,股牛）：多空因素制衡下国债收益率震荡,权益市场反弹,其股性估值回升。其间中证转债上涨 5.69%。

- 2022 年 9 月—2022 年 12 月（债熊,股震荡）：资金面收敛,宽信用政策加力,利率振荡上行,理财赎回负反馈,权益市场震荡,股性估值下跌。其间中证转债下跌 4.75%。

不同宏观流动性与权益市场趋势的组合下可转债估值变化并不相同,"股债双牛"对可转债最有利,"股债双熊"下容易发生"极致去估值"。其一,"股债双牛"对可转债市场最有利,此时可转债不仅能赚到正股的钱，还能赚到估值的钱，如 2019 年和 2021 年。其二，"股债双熊"对可转债最不利，此时可转债在大类资产中甚至成为最受伤的品种，不仅可转债平价下跌，往往还要面临可转债需求的快速萎缩，估值快速压缩，阶段性出现可转债表现比股票更弱的情况，如 2022 年的第一季度和第四季度。其三，"股牛债熊"和"股熊债牛"是比较复杂的情况，可转债市场整体的收益往往一般，任何一个市场的下跌都足以侵蚀另一个市场的上涨，此时需要根据可转债特点、可转债正股特点寻找结构性行情。

正股研究方法

正股研究是可转债研究的关键，因此，可转债投资者其实是半个股票投资者，需要熟练掌握常见的股票分析方法。当然，股票研究方法也是一个百花齐放的领域，可以从宏观经济、公司基本面、股价技术面等多方面入手，其中基本面分析是基础，是最重要的环节。

首先，获得公司相关信息主要有两个渠道。一个渠道是上市公司公开发布的信息，如公司的年报、半年报、可转债募集说明书、公司公开发布的其他信息［包括交易所互动平台（上证 e 互动、深证互动易）、上市公司发布的调研纪要、交易所问询函及公司答复函、公司官网信息］。其中，可转债的募集说明书和交易所的问询函中的信息量往往较高，是投资者重要的参考资料，其次是年报和半年报。另一个渠道是上市公司实地调研，去工厂实地看看，与管理层进行交流，来对自己的观点进行验证。当然，第一步的案头工作是实地调研的前提。

一般来说，我们在对上述公司资料进行基本面分析时，至少应当梳理清楚以下几个环节：第一，熟悉公司的业务，如公司业务版图，股东背景，公司发展历程，近几年股价表现，等等；第二，了解公司核心业务所处的大行业的前景，公司所处的赛道是不是一个好赛道，公司在行业中的竞争地位如何，以及公司的上下游情况；第三，将以上两个分析落实到财务数据上，寻找公司未来业绩增长的驱动力，对公司的盈利进行预测，并结合 P/E、P/B 等指标或者杜邦分析法分析股票的估值。

正如前文所述，股票研究是一个百花齐放的领域，不同流派的分析方法都可以单独成书，本部分不再展开介绍。但依然需要强调正股研究是可转债研究的核心，需要投资者花费大量时间思考。

可转债发行审核流程与一级市场参与方式

可转债发行审核流程

可转债审核流程的主要节点有董事会预案、股东大会公告、交易所受理、交易所问询与上市公司回复、交易所上市委员会通过、证监会核准。可转债的发行预案首先需要经过董事会决议，决议通过后发布董事会预案公告，并上报股东大会审议。股东大会审议通过后，发行人可将相关材料上报交易所，交易所受理可转债预案后上报交易所上市委员会，随后发行人对相关反馈意见进行修改，可转债预案方可获得交易所过会和证监会核准，并获得发行批文。之后进入发行阶段。随着可转债市场的发展和全面注册制时代的到来，可转债这种再融资方式也深受上市公司喜爱，一级市场的发行流程相较于以往效率提升很多，一般来说一年之内即可完成发行上市。

进入发行阶段，我们核心关注的时间节点有发行公告日（T－2日）、原股东优先配售股权登记日（T－1日）、网上申购日（T日）、网上中签率公告日（T＋1日）、网上中签结果公告日（T＋2日）（见图17－16和表17－4）。可转债在发行阶段有两种参与方式，分别是抢权和打新，下面我们重点介绍这两种参与方式。

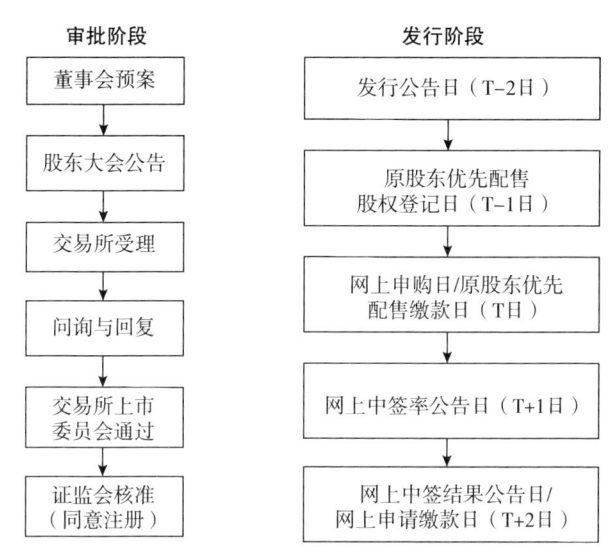

图 17-16 可转债的审批与发行流程

表 17-4 可转债的发行时间节点

交易日	发行安排
T-2 日	刊登《募集说明书》及其摘要、《发行公告》、《网上路演公告》
T-1 日	网上路演；原股东优先配售股权登记日
T 日	刊登《可转债发行提示性公告》；原股东优先配售认购日（缴付足额资金）；网上申购（无须缴付申购资金）；确定网上申购摇号中签率
T+1 日	刊登《网上中签率及优先配售结果公告》；进行网上申购的摇号抽签
T+2 日	刊登《网上中签结果公告》；网上投资者根据中签号码确认认购数量并缴纳认购款（投资者确保资金账户在 T+2 日日终有足额的可转债认购资金）
T+3 日	保荐机构（主承销商）根据网上资金到账情况确定最终配售结果和包销金额
T+4 日	刊登《发行结果公告》

资料来源：万得资讯，作者整理。

第十七章 股债联动的可转债 479

原股东优先配售——抢权

在可转债发行的原股东优先配售环节，发行人（上市公司）的原股东享有优先配售权，配售比例上限为持股比例。原股东可优先配售的可转债数量为其在股权登记日（T-1日）收市后登记在册的持有正股股份的股份数量按每股配售相应面值可转债的比例计算可配售的可转债金额，再按1 000元/手的比例转换为手数，每一手（10张）为一个申购单位。原股东优先配售不足一手的部分按照精确算法原则取整。

原股东参与优先配售的部分，应当在T日申购时缴付足额资金。原股东除可参加优先配售，还可在T日参加优先配售后余额的网上申购。

值得注意的是，特定股东申购转债，限售期为6个月（《上海证券交易所上市公司自律监管指引第12号——可转换公司债券》《深圳证券交易所上市公司自律监管指引第15号——可转换公司债券》）：上市公司持有5%以上股份的股东、董事、监事、高级管理人员申购或者认购、交易或者转让本公司发行的可转债，应当遵守《中华人民共和国证券法》第四十四条短线交易的相关规定。可转债转股、赎回及回售不适用短线交易的相关规定。

所谓抢权策略，就是投资者可以提前买入公司的正股，然后获得较高的可转债配售比例。甚至在可转债预案公告后，投资者就可以关注这家公司，并且提前考虑买入正股的时间，只要在原股东股权登记日持有正股，即可按照比例配售相应的可转债。但是这种策略的收益主要取决于持有正股期间的收益，而非持有可转债的收益，考验投资者对于可转债正股走势的把握。

网上申购——打新

原股东优先配售后余下部分进入网上/网下发行阶段，网下发行主要针对机构投资者，网上发行主要针对中小投资者。目前大部分可转债没有网下发行，之前少数大规模可转债会设置网下发行。

网上发行的每个账户最小认购单位为一手（10张，1 000元），每一手为一个申购单位，超过一手的必须是一手的整数倍，每个账户申购上限是1 000手（100万元），如超过则该笔申购无效。

T日：T日为网上申购日。在交易系统的正常交易时间内，如遇重大突发事件影响本次发行，则顺延至下一交易日继续进行。申购时，投资者无须缴付申购资金。

T+1日：发行人和保荐机构（主承销商）将公告本次发行的网上中签率。根据本次发行的网上中签率，在公证部门的公证下，由发行人和保荐机构（主承销商）共同组织摇号抽签。

T+2日：发行人和保荐机构（主承销商）将公告摇号中签结果，投资者根据中签号码确认认购某只可转债的数量并准备认购资金，每一中签号码认购一手（10张，1 000元）。T+2日日终，中签的投资者应确保其资金账户有足额的认购资金，投资者认购资金不足的，不足部分视为放弃认购。网上投资者放弃认购的部分以实际不足资金为准，最小单位为一手。投资者放弃认购的部分由保荐机构（主承销商）包销。

投资者连续12个月内累计出现3次中签但未足额缴款的情形时，自结算公司收到弃购申报的次日起6个月（按180个自然日计算，含次日）内不得参与新股、存托凭证、可转债及可交换债的网上申购。放弃认购的次数按照投资者实际放弃认购的新股、存托凭证、可转债及可交换债的次数合并计算。

近几年可转债发行个券增加，上市破发逐渐减少，可转债在上市首日价格可以达到120元左右，按照100元的配售价格来计算，收益率起码在20%，近乎零风险的收益率使得可转债打新市场热度越来越高，吸引大量散户和机构参与。截至2022年11月25日，打新户数在1 115万户左右，中签率均值为0.004 244%，打新收益均值为6.69元。2019年打新户数在89万户左右，中签率均值为0.040 836%，打新收益均值为45.18元（见图17－17）。

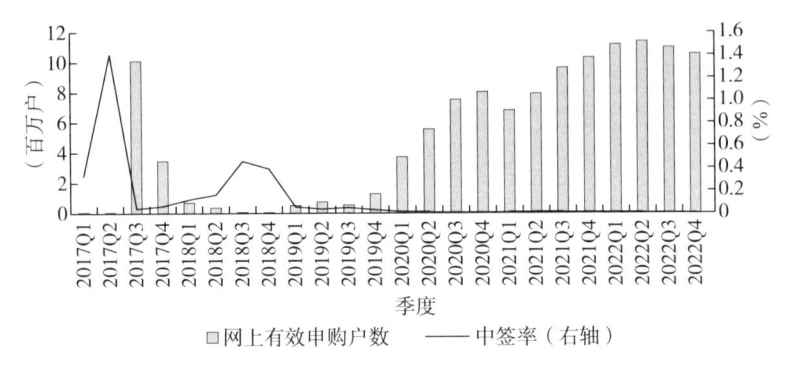

图17－17　可转债打新网上有效申购户数与中签率
资料来源：万得资讯，作者整理。

可转债的交易规则与信息披露机制

历史上可转债的交易规则曾经跟随债券（利率债和信用债）交易规则，也没有完整的信息披露机制，导致可转债在个券层面上经常呈现出炒作的特点，经过多年的发展，可转债的交易规则和信息披露机制已经日渐完善。可转债最新的交易规则主要依据《上海证券交易所可转换公司债券交易实施细则》和《深圳证券交易所可转换公司债券交易实施细则》（见表17－5），最新的信息披露机制主要依据《上海证券交易所上市公司自律监管指引第12号——可转换公司债券》和《深圳证券交易所上市公司自律监管指引第15号——可转换公司债券》（见表17－6）。

关于可转债的二级市场交易规则，我们核心关注以下几个方面。其一，涨跌幅限制。上市首日涨幅57.3%、跌幅43.3%；非上市首日，涨跌幅20%。其二，两个交易所可转债均为日内交易。

表17-5 上交所与深交所的可转债交易规则

上海证券交易所可转换公司债券交易实施细则	深圳证券交易所可转换公司债券交易实施细则
交易时间	第十二条 向不特定对象发行的可转债采用匹配成交方式的，每个交易日的9:15至9:25为集合匹配时间，9:30至11:30、13:00至15:00为连续匹配时间。	第十二条 向不特定对象发行的可转债采用匹配成交方式的，每个交易日的9:15至9:25为开盘集合匹配时间，9:30至11:30、13:00至14:57为连续匹配时间，14:57至15:00为收盘集合匹配时间。每个交易日的9:20至9:25、14:57至15:00，本所交易主机不接受参与匹配成交的撤销申报。
开盘、盘中、收盘	第十七条 向不特定对象发行的可转债采用匹配成交方式的，其上市后首个交易日，集合匹配阶段的有效申报价格范围为发行价的上下30%，连续匹配阶段的交易申报价格不高于即时揭示的最低卖出价的110%且不低于即时揭示的最高买入价的90%；同时不高于上述最高申报价与最低申报平均数的130%且不低于该平均数的70%；即时揭示中无买入申报价格的，即时揭示的最低卖出价格、最新成交价格中较低者视为前项最高买入价格；即时揭示中无卖出申报价格的，即时揭示的最高买入价格、最新成交价格中较高者视为前项最低卖出价格。当日无交易的，前收盘价视为最新成交价格。有效申报价格范围与涨跌幅限制范围一致。除上市首日外，有效申报价格视为最新成交价格。	第十七条 向不特定对象发行的可转债上市首日，开盘集合匹配期间的有效申报价格范围为发行价的上下30%，连续匹配、盘中临时停牌、收盘集合匹配期间的有效申报价格范围为匹配成交最近成交价的上下10%，收盘集合有效申报价格不得高于发行价的157.3%并不得低于发行价的56.7%。集合匹配期间，且全日有效申报价格高于发行价日内进行撮合，有效申报价与涨跌幅限制范围一致。集合匹配期间没有达成交的，后续匹配期间有效申报价格范围为匹配成交最近成交价；当日无成交的，为前收盘价。

第十七章 股债联动的可转债 483

（续表）

	上海证券交易所可转换公司债券交易实施细则	深圳证券交易所可转换公司债券交易实施细则
日内交易（T+0）	第五条 可转债交易或转让采用全价价格进行申报，实行当日回转交易或者转让。	第五条 可转债交易或者转让采用全价价格进行申报，实行当日回转交易或者转让。
涨跌幅限制	第十条 向不特定对象发行的可转债交易采用匹配成交方式的，实行价格涨跌幅限制。向不特定对象发行的可转债上市后的首个交易日涨幅比例为57.3%，跌幅比例为43.3%。上市首个交易日后，涨跌幅比例为20%。涨跌幅价格的计算公式为：涨跌幅价格 = 前收盘价 ×（1 ± 涨跌幅比例）。计算结果按照四舍五入原则取至价格最小变动单位。向不特定对象发行的可转债上市首日，以该债券的发行价格作为前收盘价。涨跌幅限制价格与前收盘价之差的绝对值低于申报价格最小变动单位的，以前收盘价增减一个申报价格最小变动单位计算相应的价格。涨跌幅限制价格低于申报价格上限或者下限的，以申报价格最小变动单位相应的价格。	第十五条 除上市首日外，向不特定对象发行的可转债的价格涨跌幅限制比例为20%。涨跌幅限制价格的计算公式为：涨跌幅限制价格 = 前收盘价 ×（1 ± 涨跌幅比例）。计算结果按照四舍五入原则取至价格最小变动单位。涨跌幅限制价格与前收盘价之差的绝对值低于申报价格最小变动单位的，以前收盘价增减一个申报价格最小变动单位计算相应的价格。涨跌幅限制价格低于申报价格下限的，以申报价格最小变动单位作为相应的价格。

（续表）

上海证券交易所可转换公司债券交易实施细则	深圳证券交易所可转换公司债券交易实施细则
熔断机制	第十六条 向不特定对象发行的可转债上市后的首个交易日内，匹配成交出现下列情形的，本所可以对其实施盘中临时停牌： （一）盘中成交价格较发行价首次上涨或下跌达到或超过20%的，临时停牌持续时间为30分钟。 （二）盘中成交价格较发行价首次上涨或下跌达到或超过30%的，临时停牌时间持续至当日14：57。 盘中临时停牌具体时间以本所公告为准，临时停牌于当日14：57复牌。 本所可以视可转债交易情况调整相关指标阈值，或者采取进一步的盘中风险控制措施。	第十六条 向不特定对象发行的可转债上市首日匹配成交出现下列情形的，本所可以对其实施盘中临时停牌： （一）盘中成交价较发行价首次上涨或者下跌达到或者超过20%的，临时停牌时间为30分钟。 （二）盘中成交价较发行价首次上涨或者下跌达到或者超过30%的，临时停牌至14：57。 盘中临时停牌的具体时间以本所公告为准，临时停牌时间跨越14：57的，于当日14：57复牌，并对已接收的申报进行复牌集合匹配，再进行收盘集合匹配。
大宗交易	第二十七条 向不特定对象发行的可转债采用协商成交方式的，交易时间为每个交易日的15：00至15：30。当天全天停牌、处于临时停牌期间或者停牌至收市的可转债，本所不接受其协商成交申报。 第二十九条 向不特定对象发行的可转债协商成交申报价格在发行价的上下30%范围内确定。除上市首日外，协商成交申报价格在发行价的上下30%范围内且协商成交申报价格在前收盘价的上下20%范围内确定。	第十七条 向不特定对象发行的可转债采用匹配成交、协商成交、盘后定价成交等交易方式。 匹配成交是指交易系统对可转债交易按价格优先、时间优先的原则，对向不特定对象发行的可转债交易申报自动匹配成交的交易方式。 协商成交是指交易双方互为指定交易对手方，协商确定交易价格及数量的交易方式。

第十七章 股债联动的可转债 485

（续表）

上海证券交易所可转换公司债券交易实施细则	深圳证券交易所可转换公司债券交易实施细则
大宗交易	第三十三条 本所接受向不特定对象发行的可转债的意向申报。可转债投资者可以向全市场或者部分可转债投资者发送意向申报，意向申报不可直接确认成交。其他可转债投资者可以通过协商成交方式与意向申报发出方达成交易。 第三十四条 本所每个交易日接受向不特定对象发行的可转债意向申报的时间为 9：30 至 11：30、13：00 至 15：30。	盘后定价成交是指可转债交易收盘后按照时间优先的原则，以可转债当日收盘价或者当日匹配成交量加权平均价格对买卖申报逐笔连续成交的交易方式。 第二十七条 向不特定对象发行的可转债采用协商成交方式的，交易时间为每个交易日的 9：15 至 11：30、13：00 至 15：30。当天全天停牌，处于临时停牌期间或者盘中收市的可转债，本所不接受其协商成交意向申报。 采用盘后定价成交方式的，交易时间为每个交易日的 15：05 至 15：30。当天全天停牌或者盘后停牌至收市的可转债，本所不接受其盘后定价成交意向申报。 第三十一条 向不特定对象发行的可转债上市首日，协商成交申报价格在发行价的上下 30% 范围内确定。除上市首日外，协商成交申报价格在当日涨跌幅限制价格范围内确定。

资料来源：上交所官网，深交所官网，作者整理。

486　债务周期与交易策略

表17-6 上交所与深交所的可转债信息披露规则

	《上海证券交易所上市公司自律监管指引第12号——可转换公司债券》	《深圳证券交易所上市公司自律监管指引第15号——可转换公司债券》
短线交易	第三十七条 上市公司持有5%以上股份的股东、董事、监事、高级管理人员申购或者认购、交易或者转让本公司发行的可转债,应当遵守《中华人民共和国证券法》第四十四条短线交易的相关规定。可转债转股、赎回及回售不适用短线交易的相关规定。	第三十八条 上市公司持有5%以上股份的股东、董事、监事、高级管理人员申购或者认购、交易或者转让本公司发行的可转债,应当遵守《中华人民共和国证券法》第四十四条短线交易的相关规定。可转债转股、赎回及回售不适用短线交易的相关规定。
赎回	第二十二条 在可转债存续期内,上市公司应当持续关注赎回条件是否满足,预计可能触发赎回条件的,应当在赎回条件满足的5个交易日前及时披露提示性公告,向市场充分提示风险。 第二十三条 上市公司应当在满足可转债赎回条件的当日召开董事会决定是否行使赎回权,并在次一交易日开市前披露赎回或者不赎回的公告。未及时履行审议程序及信息披露义务的,视为不行使本次赎回权。 上市公司行使赎回权的,应当及时办理赎回登记相关业务并披露实施赎回公告,此后在赎回登记日前每个交易日披露1次赎回提示性公告。公告应当载明赎回条件、赎回日期、最后交易日、赎回价格等事项。	第三十一条 在可转债存续期内,上市公司应当持续关注赎回条件是否满足,预计可能触发赎回条件的,应当在赎回条件触发日5个交易日前及时披露提示性公告,向市场充分提示风险。 第三十二条 上市公司应当在满足可转债赎回条件的当日召开董事会审议决定是否行使赎回权,并在次一交易日开市前披露赎回或者不赎回的公告。未及时履行审议程序及信息披露义务的,视为不行使本次赎回权。 上市公司行使赎回权的,应当及时披露实施赎回公告,此后在赎回日前每个交易日披露1次赎回提示性公告,赎回公告应当载明赎回条件、赎回日期、最后交易日、赎

（续表）

	《上海证券交易所上市公司自律监管指引第 12 号——可转换公司债券》	《深圳证券交易所上市公司自律监管指引第 15 号——可转换公司债券》
赎回	赎回日期、最后交易日、摘牌日、赎回程序、赎回价格、付款时间、付款方法、赎回内容、赎回相关风险。赎回条件触发日与赎回资金发放日的间隔期限应当不少于 15 个交易日且不超过 30 个交易日。公司股票在赎回资金发放日前 4 个交易日内出现全天停牌情形的，上市公司应当重新办理赎回相关业务。上市公司不行使赎回权的，应当充分说明不赎回的具体原因，且在未来至少 3 个月内不得再次行使赎回权，并在公告中说明下一满足赎回条件期间的起算时间。 第二十四条 上市公司决定行使赎回或者不行使可转债赎回权的，应当充分披露其实际控制人、控股股东、董事、监事、高级管理人员在该可转债的交易满足赎回条件前的 6 个月交易该可转债的情况。披露内容应当包括期初持有数量、期间合计买入数量、期间合计卖出数量、期末持有数量等。上市公司决定不行使可转债赎回权的，还应当披露上述主体未来 6 个月内减持可转债的计划，相关主体应当予以配合。	回价格、赎回程序、赎回内容、付款方法、付款时间，并重点提示可转债赎回的相关风险。赎回条件触发日与赎回日的间隔应当不少于 15 个交易日且不超过 30 个交易日。公司股票在赎回日前 4 个交易日内出现全天停牌情形的，赎回日应当相应顺延。 上市公司不行使赎回权的，应当充分说明不赎回的具体原因，且在未来至少 3 个月内不得再行使赎回权，并在公告中说明下一满足赎回条件期间的起算时间。 第二十三条 上市公司决定行使或者不行使赎回权的，应当充分披露其实际控制人、控股股东、持有 5% 以上股份的股东、董事、监事、高级管理人员在赎回条件满足前的 6 个月内交易该可转债的情况。披露内容应当包括期初持有数量、期间合计买入数量、期间合计卖出数量、期末持有数量。上市公司决定不行使赎回权的，还应当披露上述主体未来 6 个月内减持可转债的计划，相关主体应当予以配合。

（续表）

	《上海证券交易所上市公司自律监管指引第 12 号——可转换公司债券》	《深圳证券交易所上市公司自律监管指引第 15 号——可转换公司债券》
下修	第十六条 上市公司应当在预计触发转股价格修正条件的 5 个交易日前及时披露提示性公告。 在转股价格修正条件触发当日，上市公司应当召开董事会审议决定是否修正转股价格，在次一交易日开市前披露修正或者不修正可转债转股价格的提示性公告，并按照募集说明书或者重组报告书的约定履行后续审议程序和信息披露义务。上市公司未按本款规定及时履行审议程序及信息披露义务的，视为本次不修正转股价格。 上市公司修正转股价格的，应当及时披露转股价格修正公告。公告应当包括修正前的转股价格、修正后的转股价格、修正程序、转股价格修正的起始时间等内容。 上市公司不修正转股价格的，下一触发转股价格修正条件的期间从本次触发条件的次一交易日重新起算。	第十五条 上市公司应当在触发转股价格修正条件的当日召开董事会审议决定是否修正转股价格，在次一交易日开市前披露修正或者不修正可转债转股价格的提示性公告，并按照募集说明书或者重组报告书的约定履行后续审议程序和信息披露义务。未及时履行审议程序及信息披露义务的，视为本次不修正转股价格。 上市公司决定修正转股价格的，应当及时披露转股价格修正公告。公告应当包括修正前的转股价格、修正后的转股价格、修正程序、转股价格修正的起始时间等内容。
回售	第二十七条 上市公司应当在满足可转债回售条件的次一交易日开市前披露回售公告，此后在回售期结束前每个交易日披露 1 次回售提示性公告，公告应当载明回售条件、申报期间、回售价格、回售程序、付款方法、付款时间等内容。回售条件触发日与回售申报期首日的间隔时间一般不得少于 15 个交易日。	第二十八条 上市公司应当在满足回售条件的次一交易日开市前披露回售公告，此后在回售期结束前每个交易日披露 1 次回售提示性公告。公告应当载明回售条件、申报期间、回售价格、回售程序、付款方法、付款时间，回售条件触发日与回售期首日

第十七章 股债联动的可转债 489

（续表）

	《上海证券交易所上市公司自律监管指引第12号——可转换公司债券》	《深圳证券交易所上市公司自律监管指引第15号——可转换公司债券》
回售	间隔期限应当不超过15个交易日。 第二十八条 变更可转债募集资金投资项目的，上市公司应当在股东大会通过决议后20个交易日内赋予可转债持有人一次回售的权利，有关回售决议公告至少发布3次，其中，在回售实施前、股东大会实施前至少发布5次。其中，在回售实施前、在回售期间至少发布一次。余下一次回售公告的发布时间视需要而定。 第三十一条 如在同一交易日内分别可转债持有人的交易申请、回售等两项以上业务申请的，按照交易申请、回售、转股、转股的顺序处理申请。	售申报期首日的间隔期限应当不超过15个交易日。 第二十九条 经股东大会批准变更募集资金投资项目的，上市公司应当在股东大会通过后20个交易日内赋予可转债持有人一次回售的权利，有关回售公告至少发布3次，其中，在回售实施前、股东大会决议前至少发布5次，在回售实施后5个交易日内至少发布一次，在回售公告发布的时间视需要而定。 第三十二条 如在同一交易日内分别可转债持有人的交易申请、回售、转股、转托管等两项以上的，按照交易申请、回售、转股、转托管的业务申请处理申请。
转股来源	第十三条 上市公司可以将回购股份用于转股，拟新增使用回购股份作为转股来源的，应当按照本所重组报告书规定以及募集说明书或者重组报告书约定履行相应审议程序。 上市公司申请将回购股份划入转股专门账户，上海分公司申请指定其名下一个回购股专门账户作为转股专门账户，并使用该转股专门账户中的回购股份或者将其他回购专门账户中的回购股份划入转股专门账户用于转股。	第十二条 上市公司可以将回购股份用于转股，拟新增使用回购股份作为转股方式的，应当按照本所重组报告书规定以及募集说明书或者重组报告书约定履行相应审议程序。 上市公司拟将回购股份用于转股的，需要向中国结算申请指定其名下一个回购专用证券账户作为转股专门账户，并使用该证券账户中的回购股份划入转股专门账户用于转股。

资料来源：上交所官网，深交所官网，作者整理。

其三，可转债上市首日存在熔断机制。其四，深交所存在14：57—15：00收盘集合匹配，而上交所没有收盘集合匹配。

信息披露机制同样是可转债市场的重要规则，前文我们提到了诸如赎回和下修条款的触发与执行都会对可转债的价格产生较大的短期影响。关于可转债的信息披露机制，我们核心注重以下几个方面。

1. 短线交易。上市公司持有5%以上股份的股东、董事、监事、高级管理人员申购或者认购、交易或者转让本公司发行的可转债，适用于短线交易相关规定，即6个月内不能减持。

2. 赎回条款。

（1）赎回前：在赎回条件满足的5个交易日前及时披露提示性公告，向市场充分提示风险。

（2）触发赎回：当日召开董事会决定是否行使赎回权，并在次一交易日开市前披露赎回或者不赎回的公告。未及时履行审议程序及信息披露义务的，视为不行使本次赎回权。

（3）若执行赎回，赎回条件触发日与赎回资金发放日的间隔期限应当不少于15个交易日且不超过30个交易日。

（4）若不执行赎回，应当充分说明不赎回的具体原因，且未来至少在3个月内不得再次行使赎回权，并在公告中说明下一满足赎回条件期间的起算时间。充分披露其实际控制人、控股股东、持有5%以上股份的股东、董事、监事、高级管理人员在赎回条件满足前的6个月内交易该可转债的情况。披露内容应当包括期初持有数量、期间合计买入数量、期间合计卖出数量、期末持有数量等。上市公司决定不行使可转债赎回权的，还应当披露上述主体未来6个月内减持可转债的计划，相关主体应当予以配合。

3. 下修条款。

（1）触发前：上市公司应当在预计触发转股价格修正条件的5

个交易日前及时披露提示性公告。

（2）触发时：在转股价格修正条件触发当日，上市公司应当召开董事会审议决定是否修正转股价格，在次一交易日开市前披露修正或者不修正可转债转股价格的提示性公告，并按照募集说明书或者重组报告书的约定及时履行后续审议程序和信息披露义务。上市公司未按本款规定履行审议程序及信息披露义务的，视为本次不修正转股价格。

（3）上市公司修正转股价格的，应当及时披露转股价格修正公告。公告应当包括修正前的转股价格、修正后的转股价格、修正转股价格履行的审议程序、转股价格修正的起始时间等内容。

（4）上市公司不修正转股价格的，下一触发转股价格修正条件的期间从本次触发修正条件的次一交易日重新起算。

附录
基础概念

债券定义和债券收益率

债券（Bonds）是债券发行人（政府、企业、银行等）遵循法定程序发行，并与债权人约定在规定的期限内还本付息的有价证券。债券属于有价证券，并且具有法律效力，代表了债券发行人和持有人之间的债权债务关系，其中债券持有人属于债权人，债券发行人属于债务人。从投资标的的角度来看，债券利息收入相对固定，同时也存在价格变动带来的资本利得或损失，属于固定收益类品种。债券的基本要素包括债券面值、偿还期、付息期、票面利率以及发行人名称，同时具有偿还性、流动性、安全性和收益性的特征。债券存在较多的分类标准，但在利率的二级研究中，按照有无信用风险划分为利率债和信用债是最为常见的方式。利率债有一国政府信用背书，因而不存在信用风险而仅包含利率风险，因此国债到期收益率通常作为市场利率具有代表性的研究对象。

债券利率种类繁多，对于债券二级市场研究而言需要掌握和厘清的利率种类包括票面利率、到期收益率以及持有期收益率。

票面利率，是指债券发行人（债务人）对债券持有人（债权人）每年支付的利息与票面金额之比，计算方式为每年债券附息总额除以债券面值。

假设债券面值为 B，每一年支付的票息为 C，票面利率为 CR，则存在以下关系式：

$$CR = \frac{C}{B} \times 100\%$$

到期收益率（Yield To Maturity，简写为 YTM），是指在每期现金流的再投资利率保持不变的前提下，购买并持有债券至到期所获得的年均收益率。换言之，债券到期收益率是通过投资债券而获得的未来每一期现金流的现值之和等于债券当前价格时的贴现率。

假设债券的面值为 B，每一年支付的票息为 C，贴现率为 y，当下市场价值为 P，则存在以下关系式：

$$P = \sum_{n=1}^{n} \frac{C_n}{(1+y)^n} + \frac{B}{(1+y)^n}$$

内部收益率（Internal Rate of Return，简写为 IRR），是指使得投资组合净现值（未来现金流入量 − 未来现金流出量）等于 0 的折现率。YTM 属于 IRR 的一种。

持有期收益率（Holding Period Return，简写为 HPR），是指从投资债券到卖出债券这一阶段中所获得的全部收益率与期初购买债券价格的比值。有别于到期收益率，持有期收益率并不需要持有债券至到期。持有期收益率综合考虑了债券收益率变动下的资本利得以及每一期的票息收益，可以根据需要换算为年均持有期收益率。

假设债券买入价格为 P_0，卖出价格为 P_1，持有期间总票息收入为 C，持有期收益率为 HPR，则存在以下关系式：

$$HPR = \frac{P_1 - P_0 + C}{P_0} \times 100\%$$

债券的基本要素

久期

久期作为债券定价研究中的重要概念,有多种定义方式,一般情况下是指麦考利久期(Macaulay Duration),其他相对重要的久期概念包括修正久期(Modified Duration)以及有效久期(Effective Duration)。

麦考利久期根据音译不同也称作麦考莱久期或麦考勒久期等)最早由麦考利(F. R. Macaulay)在1938年提出,定义为以每期现金流在债券价格中占比为权重的,债券未来各期现金流支付时间的加权平均值。麦考利久期的计算方法为,基于贴现率测算出每一期现金流的现值,然后除以债券价格得到每一期的权重,再将权重乘以对应现金流的产生时间,加总后得到整个债券的麦考利久期。久期可以有效衡量债券利率风险的大小,而久期越长往往意味着更高的利率风险。其背后的原理并不复杂,它讲的是收回未来现金流的实际时间长短。也就是说,越多的现金流越早收回,则久期越短,利率风险也就越小。反之亦然。

假设债券的市场价格为 P,麦考利久期为 D,到期时间为 T,当前到 t 时点的持续时间为 t,贴现率为 y,t 期的现金流为 C_t,则久期的计算公式为:

$$D = \sum_{t=1}^{T} \left[\frac{C_t/(1+y)^t}{P} \times t \right]$$

修正久期是考虑了当下债券贴现率基础上进行修正后的麦考利久期。在贴现率发生边际变化时,债券价格变动和贴现率的相对变化幅度比值近似为麦考利久期。这一结论基于贴现率变化幅度相当小的假设，而修正久期则综合考虑了贴现率当前的数值，能更加精确地反映收益率变动对于债券价格的影响。

假设债券的麦考利久期为 D_{mac}，修正久期为 D_{mod}，贴现率为 y，则修正久期的计算公式为：

$$D_{\text{mod}} = \frac{D_{\text{mac}}}{1+y}$$

假设债券的市场价格为 P，麦考利久期为 D_{mac}，修正久期为 D_{mod}，到期时间为 T，当前到 t 时点的持续时间为 t，贴现率为 y，t 期的现金流为 C_t，则修正久期和债券价格变化关系的推导过程如下所示：

已知：

$$P = \sum_{t=1}^{T} \frac{C_t}{(1+y)^t}, \quad D_{\text{mac}} = \sum_{t=1}^{T} \left[\frac{C_t/(1+y)^t}{P} \times t \right]$$

$$\therefore \frac{\mathrm{d}P}{\mathrm{d}(1+y)} = -t \times \sum_{t=1}^{T} \frac{C_t}{(1+y)^{t+1}} = -\frac{1}{1+y} \times \sum_{t=1}^{T} \left[t \times \frac{C_t}{(1+y)^t} \right]$$

将等式左右两侧同时除以 P，可以得到：

$$\frac{\mathrm{d}P}{\mathrm{d}y} \times \frac{1}{P} = -\frac{1}{1+y} \times \sum_{t=1}^{T} \left[\frac{C_t/(1+y)^t}{P} \times t \right]$$

$$\therefore \frac{\Delta P}{P} \times \frac{1}{\Delta y} = -\frac{1}{1+y} \times D_{\text{mac}}$$

$$\therefore \frac{\Delta P}{P} = -D_{\text{mod}} \times \Delta y$$

有效久期，是指给定利率变动幅度下，债券价格变动的占比。有效久期由修正久期演化而来，在贴现率变动较小时两者数值近似。有效久期更多运用于现金流不确定的或含权的债券。

假设债券的有效久期为 D_{eff}，当前价格为 P_0，给定利率变动幅度绝对值为 x，y_- 为初始收益率减去 x 后的数值，y_+ 为初始收益率加上 x 后的数值；P_- 为收益率下降 x 后的债券价格，P_+ 为收益率上升 x 后的债券价格，则有效久期的定义式为：

$$D_{\text{eff}} = \frac{P_- - P_+}{P_0(y_+ - y_-)}$$

凸性

凸性（Convexity），是指贴现率发生边际变化时久期的变化幅度。久期衡量的是贴现率每变化一单位所造成的债券价格变化，而两者间呈现近似以久期为斜率的线性关系。实际上，债券价格和贴现率的反向关系是一条凸向原点的曲线，而凸性计算了贴现率变动对久期的影响，实质上是债券价格和贴现率之间的二阶导数，也就是衡量了两者关系曲线的曲度。由于债券价格和贴现率的关系呈非线性，在贴现率变化幅度较大时，久期显然不能全面解释价格变动对贴现率变动的敏感程度。对于凸性较大的曲线，用修正久期测算单位贴现率变动下的债券价格变动误差更大。因此为了更加准确地测算收益率变化和债券价格变化的关系，有必要引入凸性的概念。

假设债券的凸性为 C，市场价格为 P，麦考利久期为 D_{mac}，到期时间为 T，当前到 t 时点的持续时间为 t，贴现率为 y，t 期的现金流为 C_t，则凸性的计算公式为：

$$C = \frac{\mathrm{d}D_{\text{mac}}}{\mathrm{d}y} = \frac{1}{P} \times \frac{\mathrm{d}^2 P}{\mathrm{d}r^2} = \frac{1}{P(1+y)^2} \sum_{t=1}^{T} \frac{C_t(t^2+t)}{(1+y)^t}$$

久期和凸性分别为债券价格利率曲线的一阶导和二阶导，因而利用泰勒展开可以得到以下关系式：

$$\frac{\mathrm{d}P}{P} \approx \frac{1}{P} \times \frac{\mathrm{d}P}{\mathrm{d}y} \times \mathrm{d}y + 0.5P \times \frac{\mathrm{d}^2 P}{\mathrm{d}y^2}(\mathrm{d}y)^2 = -D_{\mathrm{mod}} \times \Delta y + 0.5C \times (\Delta y)^2$$

在实际研究工作中，上述等式可以用于测算一段时间内持有的某只债券（组合）因贴现率变化所获得的资本利得。加上这一阶段的票息收益后，可以进一步测算出对应区间的持有期收益率。从债券组合管理的角度来看，无论是历史收益归因还是未来收益预测，久期和凸性均是重要的参考依据。

DV01

基点美元值（DV01），其定义为债券贴现率向上或向下变动一个 bp 时，债券价格相较于初始价值产生的变动。因为收益率变动一个 bp 的幅度非常小，所以 DV01 的概念忽视了债券价格变动的方向，仅关注变动的幅度。DV01 由修正久期的推导式变化而来，如下所示：

$$\because \frac{\Delta P}{P} = -D_{\mathrm{mod}} \times \Delta y$$

$$\therefore \Delta P = -D_{\mathrm{mod}} \times \Delta y \times P$$

$$\because \Delta y = 0.0001$$

$$\therefore \mathrm{DV01} = D_{\mathrm{mod}} \times P \times 0.0001$$

期限利差

期限利差，是指同一品类的债券中较长期限品种到期收益率和较短期限品种到期收益率的差值。期限较长的债券往往拥有更高的久期，进而面临更高的利率风险，因此期限利差也可以视为长期限品种相较于短期限品种利率风险溢价的定价补偿。将横坐标设定为债券期限、纵坐标设定为债券到期收益率，将其他特征一致而期限不同的债券的到期收益率按期限由短到长的方式从左至右排列，可以得到收益率曲线（Yield Curve）。通常情况下，收益率曲线是一条斜向上的曲线。

期限利差的成因：长端和短端利率定价逻辑的差异

观察历史上期限利差与10年期国债到期收益率走势，可以发现利差拐点往往早于利率拐点出现，而不同时段的周期性行情中，利差走势与利率走势的关系也各不相同。造成期限利差波动的根本原因在于长端利率和短端利率定价机制的差异（见附图1）。

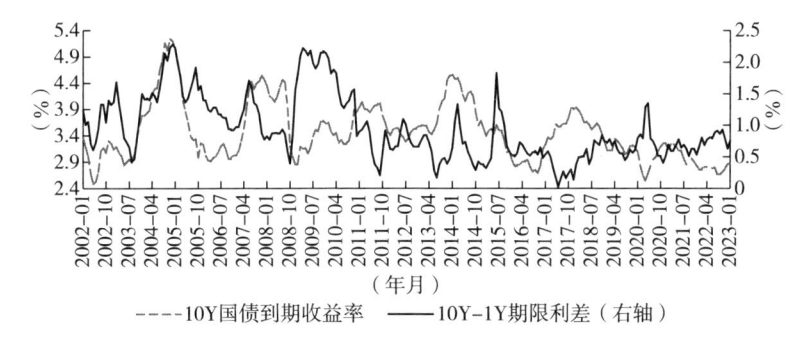

附图1　10年期国债到期收益率和10年期与1年期国债利差走势
资料来源：万得资讯，作者整理。

长端利率走势和经济基本面的相关性更高。所以，以10年期国债为代表的长期限债券价格对于利率波动更为敏感，在牛市中的获利空间更大，与权益市场走势往往呈"跷跷板"的关系，能更好反映市场风险偏好的变化。受国债具有避险资产特征的影响，长端利率走势在很大程度上受到市场对经济基本面预期变化的影响，表现为基本面强势阶段市场风险偏好回升，利空债市而利率上行，反之基本面偏弱阶段市场风险偏好降低，利多债市而利率下行。此外，相较于基本面的实际情况，长端利率更多为交易基本面的"预期"，因而利率拐点往往先于经济拐点（见附图2）。

附图2　10年期国债到期收益率和PMI走势相关性更高

资料来源：万得资讯，作者整理。

短端利率走势和资金面、政策面的相关性更高（见附图3）。以1年期国债为代表的短期限债券价格对于利率波动敏感性较小，在熊市中的抗压能力较强，利率走势与银行间流动性市场宽松程度、货币政策宽松预期相关性更高。相较于长端利率，短端利率在货币政策转向宽松的时候反应迅速，原因在于货币政策转向宽松周期往往发生在一轮债熊尾声阶段，机构行为偏保守而倾向于缩短自身组合的久期，进而对短端利率品种需求增多。而在资金面宽松阶段，债券利率和资金利率间的套息空间走阔，而短期债券是杠杆套息策略的主要交易品种，因此短端利率往往下行。

**附图3　1年期国债到期收益率和资金利率走势
之间存在较高的一致性**

资料来源：万得资讯，作者整理。

收益率曲线的 4 种形态变化

随着利率和期限利差走势变化,收益率曲线的形态也呈现动态调整的状态。期限利差收窄后曲线呈现平坦化,而期限利差走阔后曲线呈现陡峭化,结合利率整体上行或下行的趋势,收益率曲线可以划分为熊陡、熊平、牛陡、牛平 4 种形态。

熊陡行情中债券到期收益率整体上行,但长端的抬升幅度大于短端,通常出现在基本面修复的初期阶段,基本面修复预期较好但短期宽货币工具仍未退出,因而长端利率抬升更多(见附图 4)。

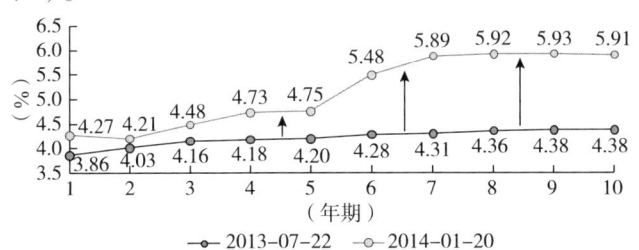

附图 4　2013 年 7 月 22 日—2014 年 1 月 20 日的熊陡行情
资料来源:万得资讯,作者整理。

熊平行情中债券到期收益率整体上行,但短端的抬升幅度大于长端,通常出现在经济过热阶段,货币政策取向转向紧缩而迫使短端利率抬升更多,而长端利率已充分反映了经济强劲的预期,上行幅度不及短端(见附图 5)。

牛陡行情中债券收益率整体下行,但短端利率的下行幅度大于长端,通常出现在基本面深度衰退阶段,一方面基本面衰退已被长端利率充分交易,长端利率进一步下行的空间有限,另一方面货币政策全面转向宽松,短端利率下行幅度更大(见附图 6)。

牛平行情中债券收益率整体下行,但长端利率的下行幅度大于短端,通常出现在基本面衰退的初期阶段,长端利率开始反映经济走弱的预期，但货币政策取向尚未全面转向宽松，短端利率的下行幅度不及长端（见附图7）。

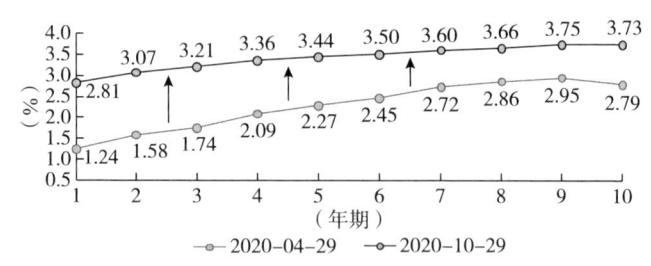

附图5　2020年4月29日—2020年10月29日的熊平行情
资料来源：万得资讯，作者整理。

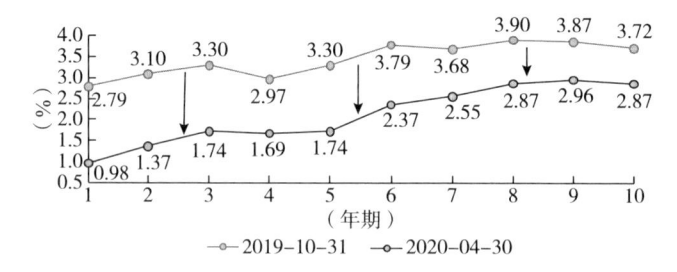

附图6　2019年10月31日—2020年4月30日的牛陡行情
资料来源：万得资讯，作者整理。

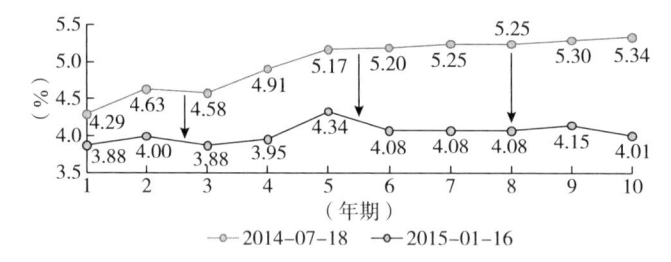

附图7　2014年7月18日—2015年1月16日的牛平行情
资料来源：万得资讯，作者整理。

隐含税率

隐含税率，是指政策性金融债和国债利差与政策性金融债利率的比值，属于债市情绪指标，存在"牛窄熊阔"的特征。国债和国开债利率变动方向基本保持一致，但是政策性金融债利率的变动幅度往往大于国债，且政策性金融债和国债的利差通常为正。政策性金融债和国债的利差实质上是政策性金融债相较于国债增量风险的收益率补偿，因而隐含税率可以代表政策性金融债相较于国债的增量信用风险、流动性风险与税收风险。

隐含税率背后是机构投资者对于国债与国开债偏好的相对变化，有着"牛市收窄、熊市走阔"的趋势特征。所谓"牛窄熊阔"的原理是，牛市阶段市场风险偏好上升，投资者更倾向于投资利率波动幅度更大的国开债以博取更加丰厚的资本利得，促使国债和国开债的利差收窄，隐含税率走低。反之，在熊市中市场的风险偏好降低，国债利率相对稳定，优势相对凸显，国开债则面临较强的抛售压力，隐含税率走高。此外，由于国债投资者构成中商业银行等配置类机构占比最高，该类机构投资风格更偏稳健，而国开债投资者结构中广义基金占比连年增加，这类交易型机构对于突发利多信息下的波段交易机会更为敏感，因而债市"熊转牛"行情下隐含税率拐点要先于长债利率。然而面临"牛转熊"行情，配置型和交易型机构抛售的节奏并不存在较大分化，因此该类行情下隐含税率拐点通常与长债利率拐点同步或略滞后。

隐含税率不仅是指代债市情绪的较好指标，对利率牛熊切换拐点同样存在预测意义。我们以 2022 年的 10 年期隐含税率和 10 年期国债到期收益率的走势为例来探讨前者对于债市牛熊的指示作用。不难发现，大部分时间内两者都保持了一致的走势，"牛窄熊阔"的逻辑得到验证。而在 1 月下旬"牛转熊"、5 月底"熊转牛"、8 月底"牛转熊"的几轮行情中，隐含税率的拐点均比利率更早出现，对于债市牛熊切换的指导意义可见一斑（见附图 8）。

隐含税率对预测利率大周期拐点存在一定参考价值。以 2006

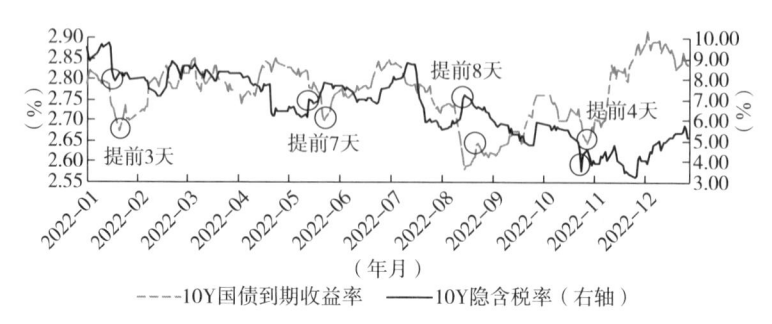

附图8　隐含税率对于债市波段行情拐点指导意义较好

资料来源：万得资讯，作者整理。

年以来的数据为样本，我们测算了 10 年期隐含税率的均值和标准差。通过对比不难发现，历史上共有两次隐含税率上破均值加两倍标准差，均指引了债市"熊转牛"的拐点。除上述两次记录，还有 7 次接近或超过均值加单倍标准差，其中有 4 次指引了债市"熊转牛"的拐点。与之相对，历史上两次隐含税率下破均值减去两倍标准差中仅有一次明确指向了债市"牛转熊"的拐点。除上述两次，还有 6 次下破或接近均值减单倍标准差，其中有 4 次指向债市"牛转熊"的拐点。由此可见，隐含税率的历史相对分位对于债市的牛熊转换存在一定的参考价值（见附图9）。

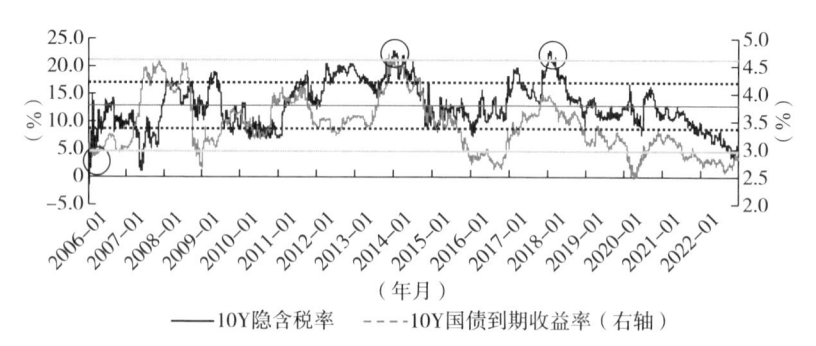

附图9　隐含税率对预测利率大周期拐点存在一定参考价值

资料来源：万得资讯，作者整理。

504　债务周期与交易策略

债券市场的交易结构

债券市场中的杠杆交易

债券杠杆交易主要是指投资者在银行间市场或交易所市场中通过正回购的方式，融入资金并配置债券，以求实现放大组合收益目标的行为。根据交易过程中是否发生债券所有权的转移，可以将回购分为质押式回购和买断式回购。其中，质押式回购是指正回购方以所持有的债券质押，向符合条件的逆回购方融入资金，并约定在未来返还资金、解除质押的交易，交易过程中债券的所有权不发生转移。买断式回购则是指正回购方将债券出售给逆回购方，并约定在未来由正回购方以约定价格赎回的交易，交易过程中债券的所有权发生了转移。

在交易所市场中，质押式回购可进一步分为通用质押式回购、质押式协议回购和质押式三方回购。通用质押式回购是指正回购方将符合要求的债券申报质押，以相应折算率计算出的质押券价值为融资额度进行质押融资，交易双方约定在回购期满后返还资金同时解除债券质押的交易。质押式协议回购交易是指回购双方自主协商约定，由正回购方将债券出质给逆回购方融入资金，并在未来返还资金和支付回购利息，同时解除债券质押登记的交易。质押式三方回购交易则是指正回购方将债券出质给逆回购方以融入资金，约定在未来返还资金和支付回购利息，同时解除债券质押的交易（见附图10）。[①]

杠杆交易已经成为债券投资者常用的增厚投资收益的手段。杠杆交易的增收能力主要源于息差和资本利得两个渠道：一方面，资

---

① 资料来源：上证债券信息网，http://bond.sse.com.cn/market/tradingm/tripartyrepo/。

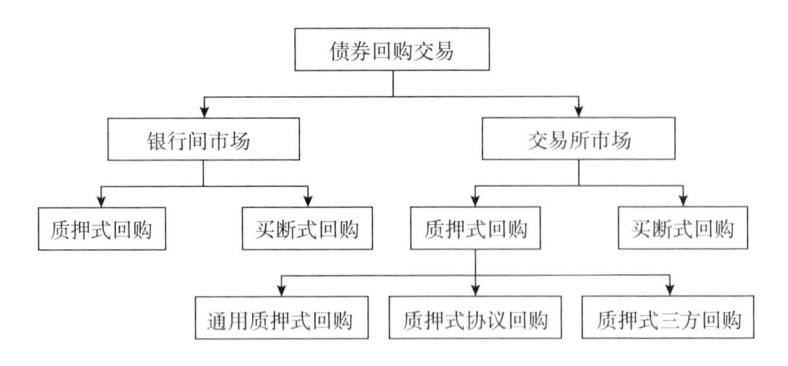

附图 10　常见债券回购交易分类

资料来源：万得资讯，作者整理。

金成本较为稳定，且长期债券收益率和短期回购利率间存在较大差距，这为杠杆交易提供了套利的空间；另一方面，如果所融入债券的价格上行，投资组合收益也会随之提高。

债券市场的投资者结构

我国债券市场高度机构化，商业银行、保险机构、广义基金（主要包括银行理财、公募基金、券商资管和信托计划等）、券商自营和境外机构等都是市场的重要参与者。以银行间市场为例，据万得资讯统计，截至 2022 年年末，我国银行间债券市场托管余额达 123.3 万亿元，而上述 5 类机构或产品托管规模分别为 70.1 万亿、3.6 万亿、34.9 万亿、2.7 万亿、3.4 万亿元，累计占据银行间市场 90% 以上的份额（见附图 11）。

商业银行

我国金融体系以银行为主导，据央行统计，2022 年年末，我国金融业机构总资产约为 420 万亿元，而银行业机构总资产约为 380 万亿元，银行业机构总资产占比为 90%。商业银行同样也是我国债券市场最主要的参与者，其所持债券规模占到银行间市场的 50% 以上。

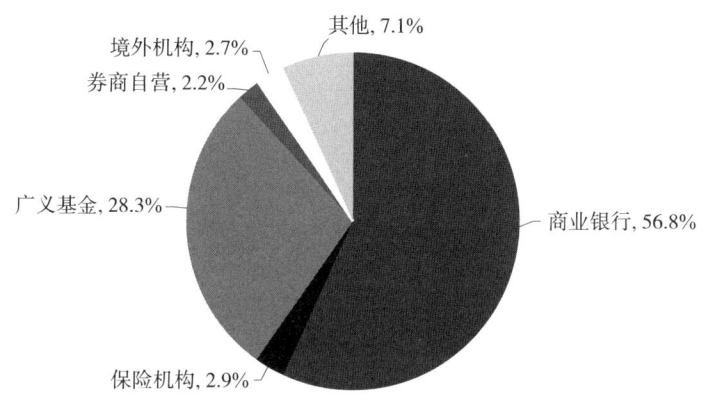

附图 11 银行间债券市场金融机构债券托管占比

资料来源：万得资讯，作者整理。

在投资债券时，商业银行既需要追求一定的收益，也需要满足各类资本监管需求，因此，整体而言，我国商业银行持债以风险权重偏低、可改善银行流动性指标的国债、政策性金融债和地方债等品种为主。其中，国债和地方债凭借免税功能，尤其受到商业银行的青睐，截至 2022 年年末，在商业银行所持债券中，地方债、国债和政策性金融债占比分别达到 41.9%、23.0% 和 17.5%（见附图 12）。

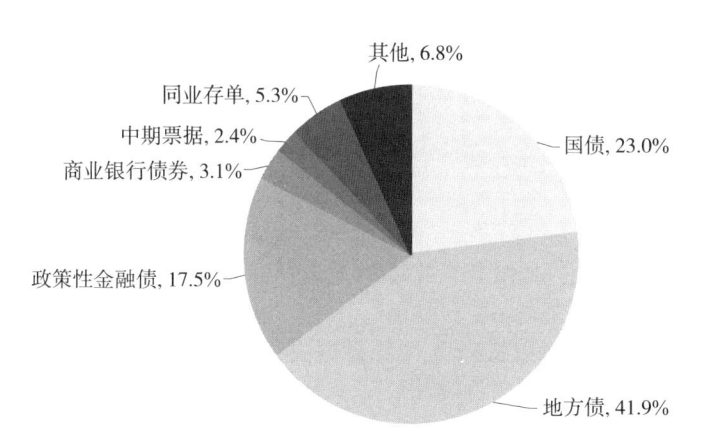

附图 12 商业银行持有债券结构

资料来源：万得资讯，作者整理。

附录 基础概念 507

我国银行业体系庞大，商业银行种类颇多，不同类型的商业银行持债结构略有差异（见附图13）。首先，国有行和股份行配置地方债的比例高于其他银行，这可能是因为地方债的收益和风险相对平衡，且投资地方债有助于国股大行配合财政发力。其次，相比于国股行，政策性金融债对城商行和农商行（及农合行）的吸引力更高。① 截至2021年2月，在城商行和农商行（及农合行）所持债券中政策性金融债占比分别为23.2%和32.5%，均明显高于国股行14%的占比。② 再次，对于经营范围较窄、负债压力较大的农商行（及农合行），同业存单是良好的主动负债工具，截至2021年2月，在农商行（及农合行）所持债券中，同业存单占比接近30%，而其在城商行和国股行中的占比分别不足10%和5%。最后，城商行信用债配置比例偏高，这可能是因为城商行偏大的负债压力向债券投资的收益提出了更高的要求。

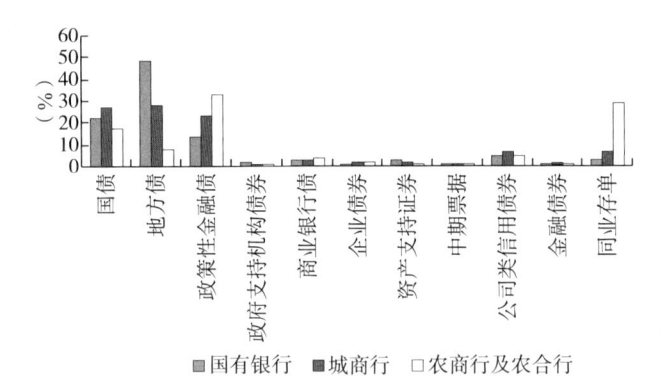

附图13 各类商业银行债券投资结构

资料来源：万得资讯，作者整理。

---

① 资料来源：上清所在公布主要券种投资者结构时，将农商行及农合行数据合并公布。
② 资料来源：中债登自2021年2月后不再披露各类银行债券托管数据。

银行理财

2014 年以来，银行理财产品存续规模整体保持高速增长。尽管资管新规的颁布曾一度导致银行理财规模在 2018 年出现大幅下滑，但随着银行理财净值化转型进程的逐步推进，银行理财规模在 2019 年以后重回扩张通道（见附图 14）。截至 2022 年年末，银行理财产品存续规模已达到 27.65 万亿元，较 2018 年年末上涨 25% 左右。而银行理财与债券市场连接紧密，银行理财资产配置结构以债券类资产为主，约占总投资的 63.7%，其中，信用债、利率债和同业存单占比分别达到 45.7%、4.7% 和 17.5%。

附图 14　银行理财产品资金余额

资料来源：万得资讯，作者整理。

资管新规落地后，银行理财转向净值化管理。截至 2022 年年末，净值型理财产品存续规模已达到 26.4 万亿元，占比约为 95.5%。净值化管理加大了产品管理难度，因此，为实现收益和风险的平衡，高等级的信用债便成为理财产品的首选。截至 2022 年 6 月，在理财产品所持信用债中，约 85% 的债券评级为 AA+（含）以上（见附图 15）。

尽管绝大多数理财产品已经实现净值化管理，但投资者对于理财产品的投资理念尚未完全转变，当债市大幅波动时，可能会爆发产品"产品净值下跌—投资者大规模赎回—产品净值进一步下跌"

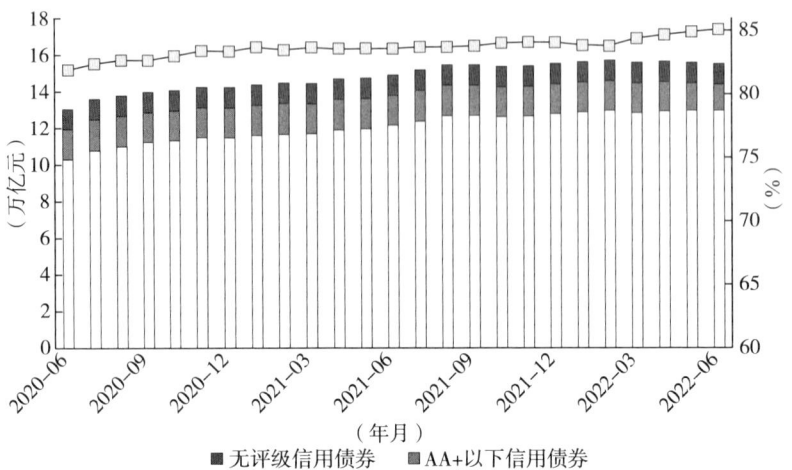

附图15 理财产品持有信用债券的评级情况

注：数据截至2022年6月。
资料来源：银行业理财登记托管中心，作者整理。

的恶性循环，这也导致了理财产品交易属性逐渐增强，即当利率上升，理财产品往往会卖出债券以避免净值的大幅回撤。

保险机构

保险机构投资资金以系统内保险资金为主，来源相对稳定且期限普遍较长，期限较长的资产对保险机构的吸引力较大。同时，保险机构的资金具备一定的刚性成本，所以保险机构也普遍偏好收益稳定且安全边际较高的资产，以求投资收益覆盖保险资金的成本。因此，从投资结构看，保险机构仍以债券为主要配置的资产，债券占比约为40%，而在债券中又以长久期和高信用资质的债券为主，中国人保、中国人寿和新华保险等大型保险机构所持AAA级信用债占比均超过95%。从投资策略看，保险机构是债券市场重要的配置型力量，当债市出现大幅调整时，保险机构的配置成本下降，因而往往会选择加大债券的配置，而当利率走低时，债券对保险机构的吸引力也会有所下降（见附图16）。

附图16　保险机构配置国债规模和国债利率的关系
资料来源：万得资讯，作者整理。

公募基金

投资于债券市场的公募基金主要包括纯债基金、混合型基金（含一级债基和二级债基）以及债券指数型基金等。不同类型债券基金的投资特点不能一概而论，但整体而言，若净值出现大幅回撤，易引发赎回风险，所以债券基金的风险偏好较低，所持债券中利率债和信用债相对平衡。截至2022年年末，两者占比分别为41.8%和49.9%。此外，债券型基金以相对收益为考核标准，业绩压力较大，因此，其投资策略呈现出较强的交易型特征，即当利率下行时，债券型基金往往会选择拉长久期、提高杠杆等方式增厚收益。具体的债券型和混合型基金的持债结构如附图17所示。

证券公司（券商自营部门）

由于券商资管产品计入非法人产品范畴进行统计，为避免统计重复，此处只针对券商自营部门进行讨论。券商自营是指证券公司利用公司自有资金进行证券买卖的业务，因此，券商自营部门资金

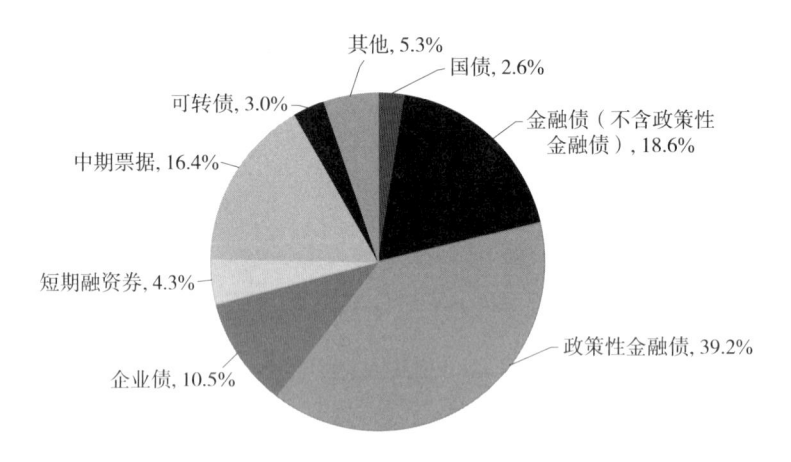

附图17 债券型和混合型基金持债结构

其他，5.3%
国债，2.6%
可转债，3.0%
金融债（不含政策性金融债），18.6%
中期票据，16.4%
短期融资券，4.3%
企业债，10.5%
政策性金融债，39.2%

资料来源：万得资讯，作者整理。

来源较为稳定且受到的监管限制较少，但考核压力较大。偏大的考核压力使得券商自营部门对中期票据和企业债等相对高票息的品种较为青睐，而稳定的资金来源和较少的监管使得券商自营部门同时也会配置较多的利率债和同业存单等流动性较高的品种，以便灵活操作（见附图18）。

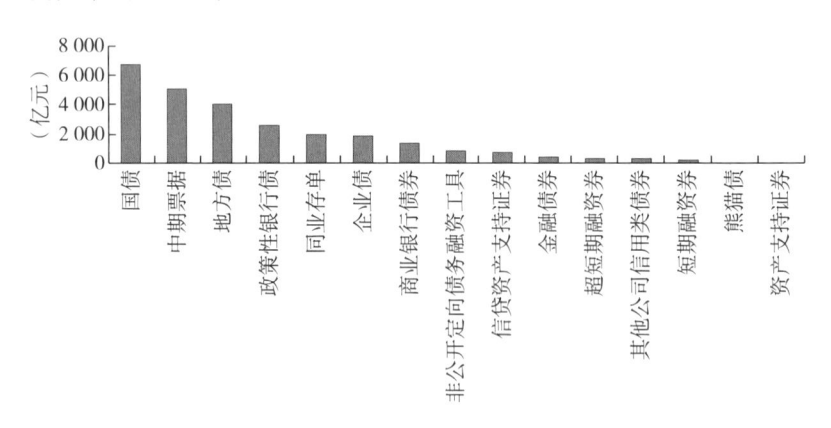

附图18 券商自营部门偏好流动性较好的品种或高票息品种

（纵轴：亿元，从0到8000）
国债、中期票据、地方债、政策性银行债、同业存单、企业债、商业银行债券、非公开定向债务融资工具、信贷资产支持证券、金融债券、超短期融资券、其他公司信用类债券、短期融资券、熊猫债、资产支持证券

资料来源：万得资讯，作者整理。

512 债务周期与交易策略

境外机构

不同于国内各类金融机构，我国金融市场对外开放程度是影响境外机构持有我国债券规模的重要因素，而近年来我国资本市场改革力度不断加大，我国债券市场国际化程度也显著提升。以银行间市场为例，2017年年末，境外机构在银行间市场所持有的债券规模不足1.2万亿元，而到2022年年末，这一数字已经快速上升至3.4万亿元左右（见附图19）。从持债结构看，风险偏低的国债和政策性金融债对境外机构吸引力较高。截至2022年年末，在境外机构所持债券中，国债和政策性金融债分别占到68%和22%。

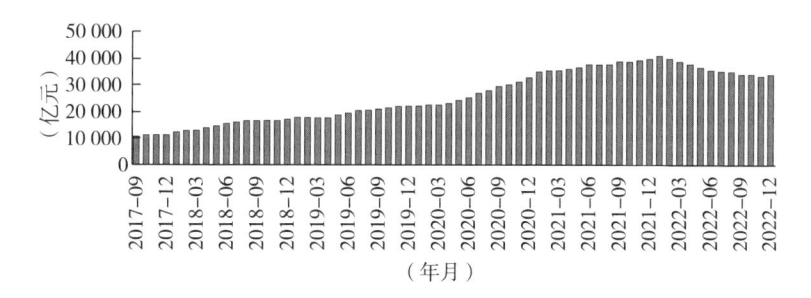

附图19 近年来，境外机构持债规模快速上涨
资料来源：万得资讯，作者整理。

除我国债券市场的开放程度，中美利差和人民币汇率可能是驱动境外机构增、减持国内债券最重要的两大影响因素（见附图20和附图21）。一方面，中美利差在一定程度上代表着中美债券性价比的变化，当中美利差收窄时，相比于美国，我国债券市场对境外机构的吸引力可能减弱，进而引发境外机构减持。另一方面，汇率波动对境外机构投资收益的影响不言而喻，人民币贬值的压力也可能引发境外机构减持国内债券。

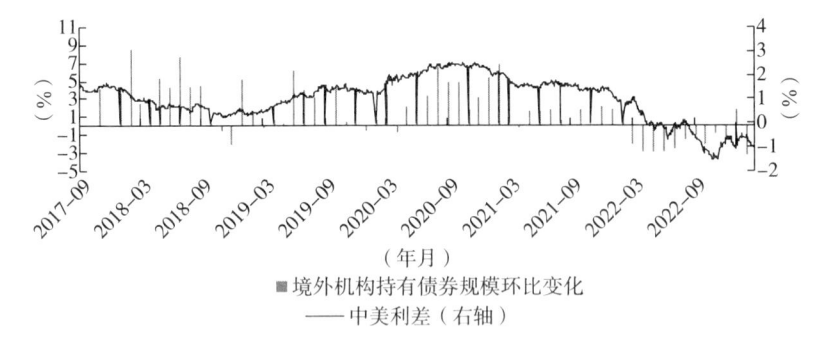

附图20 中美利差对境外机构持债意愿有较大影响

资料来源：万得资讯，作者整理。

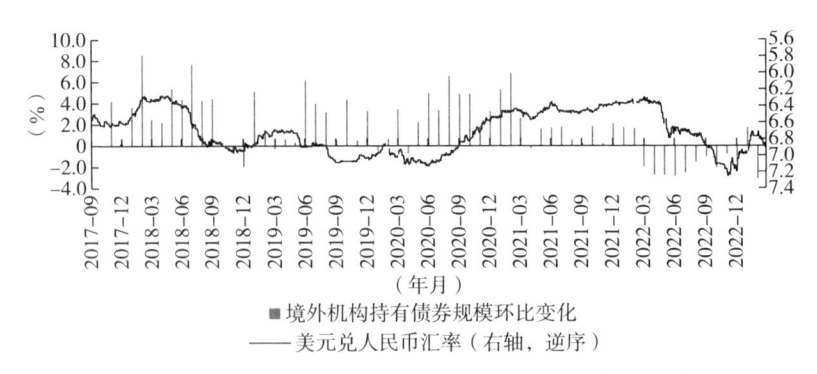

附图21 人民币汇率和境外机构持债规模走势较为同步

资料来源：万得资讯，作者整理。

后记

平凡的坚持

大家好，又到了一本书的结尾，从我的第一本书开始，我都会在每本书的后记里跟大家聊聊心里话。从我的第一本书，到这第五本书，过去了将近十年的时间，我们大家都成长了很多，这个世界也改变了很多。

首先，这本书有很多内容是关于记忆的。互联网上有一句话："互联网没有记忆。"股票市场也有一句话："三根阳线改变世界观。"说的都是人的记忆可能是很短暂的，特别是在这个信息大爆炸的时代，太多的新信息进入大脑，会让我们很快就忘记过去。那么事实是这样吗？我觉得这个问题与年龄、经历都有关。就像大家常说的，年龄越大的人记忆越多，也越喜欢回忆。就像这些年大家会纷纷回忆起过去，比如过去的生活、电影、比赛等，这可能就是因为经历过这些事情的人都到了回忆越来越多的年龄，"80 后"也已经人到中年。我也一样，我经常会和朋友讲起感觉时间过得太快了，特别是这几年像一转眼就过去了。但是，从另一个角度想，可能也是因为值得记忆的事情变少了。有人说，人活着其实就是那么几个瞬间，就好像当我们回忆过去的一年，可能记得的都是几个美好的瞬间，而日常的一些琐事、日复一日的重复劳动都不记得了。同时，真正值得记住的东西并不会消失，反而会随着时间变得越来越深刻。就好像有种说法，当人在受到冲击时，记忆往往选择关闭，好像是一种人自身的保护机制一样，但是随着时间推移记忆慢慢又会涌上心头。过去三年，陪伴父亲病榻和他离开的记忆就时常会涌入我的脑海。有个好朋友告诉我，中国式教育从来没有告诉我们该如何告别。我觉得是这样，父亲离开那天似乎一切事情都是理所当然的就事论事，但是时间越久，记忆的苦涩就会越强烈，因为我一直不知道该怎么告别。所以，我的这本书里，很重要的一个部分就是对过去几年市场的回顾，从技术上说，这是对市场涨跌趋势、背后逻辑的复盘，但更是对我们过去几年的记忆的回顾。

接下来是做研究的内卷与平凡。从事市场研究已经第八个年头，我也从市场的新兵，成为一个市场老兵了，经常会有朋友问到做研究的心得和体会。我在上本书的后记里写过，做研究是一个关于预测的过程，人们总希望能预知未来发生的事情，就比如明天市场的涨跌，但其实是一个悖论，它也是一个听天由命的过程，我们能做的一个是线性外推，用过去发生的规律去推演明天发生的可能，或者就是凭着概率（或运气）去打赌明天会发生什么。过去这几年，越来越感到研究是一个"唯心"的工作，或者说是预期博弈的过程。就像市场常说的，"买预期，卖现实"。比如，国内股市的走势与经济走势往往有背离，但是我们在学校都学过股市是经济的晴雨表，那该如何看待这种背离？我想可能是因为观察的时间还不够久，因为市场反应的预期已经早早超越了当期的数据，所以我们需要把时间维度拉得更长，才能分析二者的相关性。对于研究工作，更是需要紧跟预期，特别是一旦上升到策略的层面，预期就更加重要，比如这两年让人关注的市场"小作文"其实就是一种预期反应或者引导，实际上这并不新鲜，我们去观察发达国家的资本市场,这种"创造"预期自我实现的例子并不少见。所以,当市场研究越来越深入,就会发现其实研究的是"人心"。

还有一点是关于研究的内卷。做这么多年研究,基本流程就是报告撰写、路演、策略会,每年在外奔波的时间很多。有朋友开玩笑说,很羡慕这种工作,可以全国各地,甚至全世界跑,但我说这个过程并不轻松。曾经因为路演辛苦而患肺炎,因为赶路狼狈而大汗淋漓,因为出国路演倒时差而讲话讲到没力气……但是,我想没有哪个工作是容易的,就像别人说成年人的世界没有"容易"二字,重要的是找到自己喜欢的事情。我有个朋友评价我说,每次听我讲起研究,就觉得我很有热情和激情,所以羡慕我找到了一个自己喜欢的工作。这一点我赞同,比如我常常会因为想到一个逻辑或者一些数据而激动到睡不着,恨不得半夜爬起来打开电脑写下来。就像我的另外一位朋友,我觉得她是一位天生的交易员,她说她想好交易、准备好头寸之后,也迫不及待地想要开市交易。但是总体上说,做研究是一个辛苦的工作,因为我们可以依靠的只有自己的大脑和三寸不烂之舌,过去看到《三国演义》里诸葛亮舌战群儒的桥段就会觉得很兴奋,但在现实生活中更多的是总结、汇总、反馈、处理、输出,一遍又一遍地重复,就像生活一样,七天之后是下个七天,这一段的辛苦结束又是下一段的开始……

研究还是一个关于传播的工作。很多朋友问我,到底是研究重要,还是路演重要?我想对刚入门的研究员来说,肯定是研究写报告重要。但是对成熟的分析师来说,路演和传播观点可能更重要。而关于传播观点,江湖上更是各家门派各有高招。有人属于外功门派,路演频次高;有人属于内功门派,路演不多,但是通过短信、微信进行点对点精准沟通,一样效果显著;有人靠喊观点,语不惊人死不休;有人靠神秘莫测的独家观点打动人。所以,你会觉得这个江湖很精彩,每天跟人打交道,实际上都是思维的交流,研究员作为市场的信息节点，要想成为优秀的信息大师，并不是靠拿到独家新闻，而是要成为市场上的信息汇聚点，就像一位前辈曾经告诉我的，研究员不用作为第一个知道信息的人，但要作为总是第二个把握信息的人。

最后，我想说说我从第一本到这本书，为什么都是关于货币政策的。我有个简单的想法，希望能像拍电影大片那样，写出一个"货币政策宇宙"。就像我写了国内货币政策、国外货币政策，甚至还写了关于货币政策的专家学者、国家地理，我想这本书就是关于货币政策和市场交易的。人们常说需要有工匠精神，投资要做价值投资，我想研究也一样，我希望做一个持之以恒的长期研究者。我们每个人在历史上都是微不足道的，但是如何实现自我的价值呢？可能改革家会说推动了某个改革，提高了社会的效率，实践家会说建造了某个公司、项目，那么对研究员来说，最大的目标可能就是创造一个研究的印记，就像我们在写论文查文献时，都会引用某些文献，经典文献就会被无数后人参考和引用，可能这个就是研究最大的收获了。所以，我希望这个关于货币政策的系列可以一直写下去，把这一点做深、做透，因为每个人都是平凡的，但是平凡的坚持也能创造出不平凡。